NVIDIA Xavier NX/Jetson TX2를 기반으로

인공지능과 딥러닝 개발환경 구축 및 응용

박 병 섭 저

B.C.Info

머리말 Preface

4차 산업혁명을 리드하고 있는 인공지능 기술들이 화두가 된 지 몇 년이 지나 이제는 성숙한 시장으로 진입하고 있다. 여러 산업분야에서 적용되어 제품들에 응용되고 있는 인공지능 기술을 NVIDIA 제품의 임베디드 보드에 탑재하여 자율주행 로봇이나 드론 등 기타 제품에서 사용하고 있다.

이에 본 도서에는 고성능 GPU와 인공지능 엔진이 탑재된 NVIDIA 보드에 인공지능 딥러닝 기술을 및 적용 테스트해본 관점에서 기술하고 있다. 특히, 두 종류의 NVIDIA Jetson TX2 보드와 Xavier NX 캐리어보드 하에서 테스트된 응용들을 중점적으로 다루고 있다. 또한, 본 교재에 적용된 응용들은 개발환경이나 상황에 따라 GPU를 탑재한 리눅스 PC에서도 실행이 가능하다. 다음은 각 장에서 학습할 내용을 개략적으로 기술한 것이다.

1장에서는 인공지능, 머신러닝, 딥러닝 기술들을 개략적으로 다루고 있다.

2장에서는 머신러닝에서 모델이나 패턴의 분류 성능 평가에 사용되는 지표들에 대해 기술하고 있다. 어느 모델이든지 알고리즘의 성능을 제대로 평가하는 방법은 현재 모델의 성능을 올바르게 평가하는 것에서부터 시작한다. 이 장에서는 정밀도, 재현율, 정확도의 분류 성능지표와 데이터셋을 다루고 있다. 데이터셋은 정밀하고 세심하게 선정되고 구축되어야 인공지능 알고리즘에 그 성능을 발휘할 수 있는 중요한 항목이다.

3장에서 다루는 데이터 라벨링 작업은 머신러닝이나 딥러닝 모델링 작업 이전에 학습 데이터에 특정한 값을 부여해주는 작업이다. 툴을 적용하여 일관된 품질을 유지하는 작업은 AI 산업의 기본이기도 하지만, 기업 AI 사업의 성공적인 발전을 이루기 위한 핵심 요소이다. 본 장에서는 Window와 리눅스 Ubuntu 환경에서 데이터 라벨링 툴인 labelImg을 설치하여 라벨링 실습을 수행해본다.

4장에서는 머신러닝, 딥러닝 및 인공지능을 위한 최고의 프로그래밍 언어로 파이썬을 포함시킨 다양한 기능을 다루고 있으며, 딥러닝을 위한 다양한 파이썬 라이브러리를 소개하고 있다.

5장에서는 아나콘다(Anaconda)를 이용한 딥러닝 개발환경을 구축하는 과정을 설명한다. 아나콘다를 사용하면 파이썬을 이용한 빅데이터 분석이나 머신러닝을 공부하는 데 필요한 라이브러리 패키지를 쉽게 설치할 수 있어 개발환경 구축이 용이하다. 또한 주피터 노트북(Jupyter Notebook)을 설치하여 딥러닝 알고리즘 및 코드를 실행하는 방법을 학습한다.

6장에서는 Jetson TX2 보드 하에서의 딥러닝 개발환경 구축을 다룬다. TX2는 GPU로 유명한 NVIDIA에서 개발한 임베디드 AI 컴퓨팅 장치로, 다양한 산업용 로봇 서비스를 개발하기 위한 하드웨어 솔루션이다. 본 장에서는 TX2 기반으로 NVIDIA에서 제공하는 AI 어플리케이션 구축을 위한 포괄적인 솔루션인 Jetpack SDK를 리눅스(우분투 18.04 LST) 하에서 설치 및 개발환경을 세팅하는 과정을 기술한다.

7장에서는 Jetson Xavier NX 보드 하에서의 개발환경 구축을 다룬다. Xavier NX 보드는 GPU로 유명한 NVIDIA에서 개발한 임베디드 AI 컴퓨팅 장치로, 다양한 산업용 로봇 서비스를 개발하기 위한 하드웨어 솔루션이다. 인공지능 소형 컴퓨터로서 이 위에 리눅스 계열 OS를 올리고 그 위에 텐서플로우(Tensorflow), ROS 등 다양한 로봇 개발에 필요한 다양한 라이브러리나 프레임워크 등을 올려 사용할 수 있는 인공지능 임베디드 보드이다. NX 캐리어보드 기반 하에서, Jetpack SDK를 리눅스(우분투 18.04 LST) 하에서 설치 및 개발환경을 세팅하는 과정을 기술한다.

8장에서는 TX2 보드에서 CNN을 이용하여 필기체 문자 분류와 동물을 분류하는 실습을 한다. 딥러닝 라이브러리로는 텐서플로우를 이용하여 진행한다.

9장에서는 Xavier NX 캐리어보드에서 CNN을 이용하여 필기체 문자 분류와 동물을 분류하는 실습을 한다. 딥러닝 라이브러리로는 텐서플로우를 이용하여 진행한다.

10장에서는 TX2 보드에서 YOLO 기반 객체 검출응용을 다룬다. YOLO는 ‘You Only Look Once’의 약어로, 실시간 객체 검출에 사용되는 알고리즘이다. 본 장에서는 YOLOv3와 YOLOv5 응용들을 가지고 실습해 본다.

11장에서는 Xavier NX 캐리어보드에서 YOLO 기반 객체 검출응용을 다룬다. YOLO는 실시간 객체 검출에 사용되는 알고리즘이다. 본 장에서는 YOLOv3와 YOLOv5 응용들을 가지고 실습해 본다.

12장에서는 머신러닝 기반의 얼굴인식 및 활용 등 응용들을 다룬다. 얼굴인식 기술은 많은 연구를 통해 여러 가지 모델이 제안되었는데 그 중에서 OpenCV의 Haar Cascade와 Dlib의 HoG(Histogram of oriented Gradient)가 대표적인 오픈소스 모델이다. 본 장에서는 Dlib와 Haar Cascade 라이브러리를 이용한 머신러닝 얼굴인식 응용들을 실습한다.

13장에서는 강화학습을 다룬다. 강화학습은 머신러닝의 범주 안에 있는 학습 방법 중 하나이다. 예를 들어 아이가 처음 걸을 때 어떻게 걸어야 할지 모르지만 환경과 상호작용하면서 걷는 법을 알아가는 것과 같은 학습 방법이다. 본 장에서는 OpenAI GYM 기반의 CartPole 예제 실습, Frozen Lake 예제 실습, Q-Learning 알고리즘 등을 다룬다. Q-Learning은 Model 없이(Model-Free) 학습하는 강화학습 알고리즘이다.

본 도서에서 다루지 못한 부분이나 미흡한 부분은 수정 및 보완하여 추후 개정판에서 더 좋은 콘텐츠로 만들 것을 독자들께 약속드린다.

끝으로 본 도서가 탄생하기까지 여러 테스트보드 및 개발환경을 제공해주신 ㈜휴인스 송태훈 대표와 이하 임직원, 그리고 본 도서를 출간하기까지 수고해주신 복두출판사 대표님과 이하 임직원 여러분께 감사의 인사를 전하고 싶다.

2023년 8월
인하원점에서
박 병 섭

목 차 Preface

1장 인공지능과 딥러닝 개요

2장 분류 성능지표 및 데이터셋

3장 데이터 라벨링

4장 딥러닝 파이썬 라이브러리

5장 아나콘다 개발환경 구축

6장 Jetson TX2 개발환경 구축

7장

Jetson Xavier NX 개발환경 구축

8장

TX2 보드에서 CNN 기반 객체 분류

9장

NX 보드에서 CNN 기반 객체 분류

10장

TX2 보드에서 YOLO 기반 객체 검출

11장

NX 보드에서 YOLO 기반 객체 검출

12장

머신러닝 기반의 얼굴인식 및 활용

13장

강화학습 알고리즘 및 응용

1장
인공지능과 딥러닝 개요

1.1 개요

인공지능(Artificial Intelligence)는 인간의 지능이 갖고 있는 기능을 갖춘 컴퓨터 시스템을 뜻하며, 인간의 지능을 기계 등에 인공적으로 구현한 것을 말한다.

머신러닝(Machine Learning) 혹은 기계학습은 인공지능의 한 분야로, 컴퓨터가 학습할 수 있도록 하는 알고리즘과 기술을 개발하는 분야를 뜻한다.

딥러닝(Deep Learning)은 여러 비선형 변환기법의 조합을 통해 높은 수준의 추상화(다량의 복잡한 자료들에서 핵심적인 내용만 추려내는 작업)을 시도하는 기계학습 알고리즘의 집합을 뜻한다. 인공신경망(Artificial Neural Network)에서 여러 계층을 쌓아서 만든 깊은 신경망(Deep Neural Network)에서 '딥러닝'이 만들어졌다.

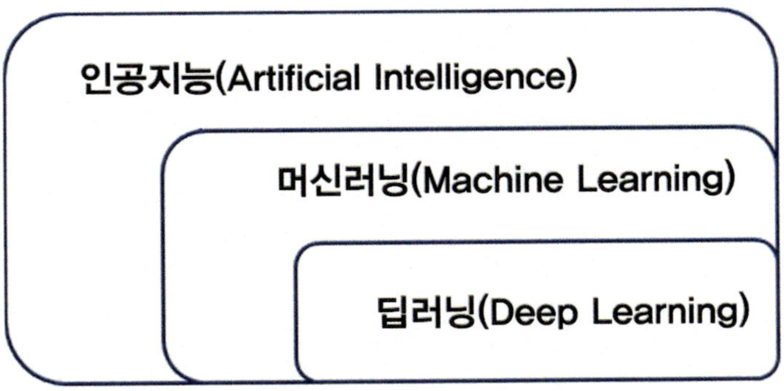

[그림 1.1] 인공지능, 머신러닝, 딥러닝의 관계도

따라서 위의 그림처럼 가장 포괄적인 인공지능 분야 속에 머신러닝 분야가 속해 있고, 머신러닝 분야 속에는 딥러닝 분야가 속해 있다고 볼 수 있다.

(1) 머신러닝과 딥러닝의 비교

머신러닝과 딥러닝 모두 데이터를 분류하는 데 사용하는 기술이지만, 큰 차이점은 바로 사람의 개입 여부이다.

비 고	머신러닝	딥러닝
학습할 데이터셋	Small	Large
특징 추출에 개입	Yes	No
분류기의 수	Many	Few
학습 시간	Short	Long

[그림 1.2] 머신러닝과 딥러닝의 차이점

① 머신러닝

머신러닝은 주어진 데이터를 인간이 먼저 처리한다. 즉, 사람이 먼저 컴퓨터에 특정 패턴을 추출하는 방법을 지시하고, 그 이후 컴퓨터가 스스로 데이터의 특징을 분석하고 축적하며, 이렇게 축적된 데이터를 바탕으로 문제를 해결하도록 하는 방식이다. 예를 들면, 사람이 먼저 개와 고양이의 사진을 보고 개와 고양이의 특징을 추출한 후 많은 예시를 통해 컴퓨터를 학습시키고 식별하게 만든다.

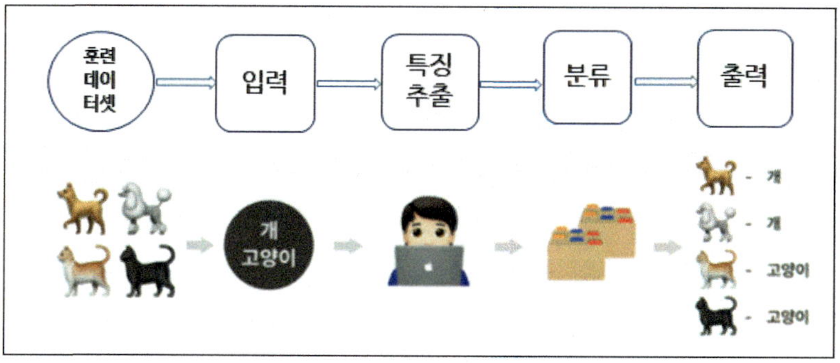

[그림 1.3] 머신러닝의 구조

② 딥러닝

머신러닝에서 사람이 하던 패턴 추출 작업이 생략된다. 컴퓨터가 스스로 데이터를 기반으로 학습할 수 있도록 정해진 신경망을 컴퓨터에게 주고, 어린아이가 학습하는 것처럼 경험 중심으로 학습을 수행한다. 예를 들어 개와 고양이를 분류할 때, 머신러닝에서는 인간이 개, 고양이의 특성을 추려 사전에 정의된 알고리즘과 규칙을 적용하지만 딥러닝에서는 심층 신경망을 통해 스스로 개, 고양이의 특성을 훈련하여 개와 고양이를 분류할 수 있다.

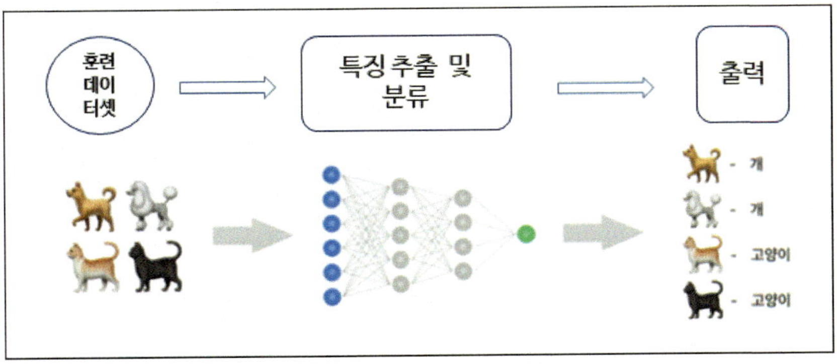

[그림 1.4] 딥러닝의 구조

③ 딥러닝의 역사

2006년 캐나다 토론토대학의 제프리 힌튼 교수가 처음 발표하면서 알려지게 된 딥러닝은 얀 르쿤과 앤드류 응과 같은 세계적인 딥러닝 구루들에 의해 더욱 발전하였고, 당시 이들은 구글, 페이스북, 바이두 같은 글로벌 IT 회사에 영입되어 그 연구를 더욱 가속하고 있었다. 주로 음성 인식, 영상 이해, 기계 번역 등에 쓰이고 있는 딥러닝 알고리즘은 2012년 캐나다 토론토대학의 알렉스 크리제브스키가 이미지넷(ImageNet)이라 불리는 이미지 인식 경진 대회에서 딥러닝을 활용하여 자체적으로 이미지를 인식하는 컴퓨터로 우승을 차지하면서 또 한 번의 획기적인 전환점을 맞이하게 되었다. 딥러닝 연구에 그래픽 처리 장치(GPU)가 전면으로 등장하게 된 계기이다.

다음 그림에서처럼 2012년 이전(2010 ~ 2011년)에는 ImageNet 대회에서 기존 전통적인 컴퓨터 비전 알고리즘 사용으로 인식율이 80% 아래에 머물렀으나, 2012년 딥러닝 알고리즘 적용 이후에는 85%, 2015년에는 97% 정도까지 급속도로 정확도가 상승한 것을 보여준다.

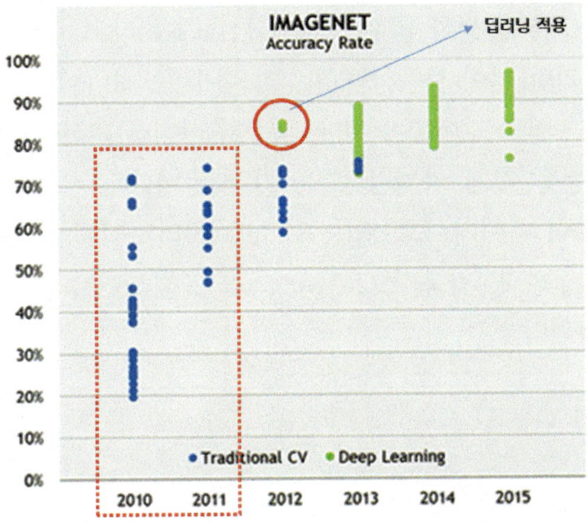

[그림 1.5] ImageNet 대회 알고리즘 정확도 비교

1.2 CNN(합성곱 신경망 : Convolution Neural Network)

기존의 방식은 데이터에서 지식을 추출하여 학습이 이루어졌지만, CNN은 데이터의 특징을 추출하여 특징들의 패턴을 파악하는 구조이다. 이 CNN 알고리즘은 Convolution 과정과 Pooling 과정을 통해 진행된다. Convolution Layer와 Pooling Layer를 복합적으로 구성하여 알고리즘을 만든다.

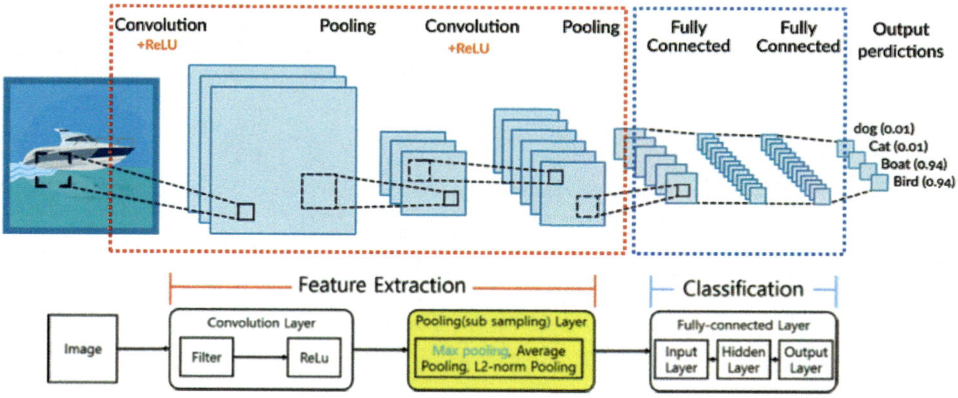

[그림 1.6] CNN의 구조

(1) Convolution

데이터의 특징을 추출하는 과정으로 데이터에 각 성분의 인접 성분들을 조사해 특징을 파악하고, 파악한 특징을 한 장으로 도출시키는 과정이다. 여기서 도출된 장을 **Convolution Layer**라고 한다. 이 과정은 하나의 압축 과정이며 파라미터의 개수를 효과적으로 줄여주는 역할을 한다.

딥러닝 신경망에서 노드에 입력된 값들을 비선형 함수에 통과시킨 후 다음 레이어로 전달하는데, 이때 사용하는 함수를 **활성화 함수(Activation Function)**라고 한다. 선형 ReLU(Rectified Linear Unit, 경사함수)는 가장 많이 사용되는 활성화 함수 중 하나이다. x가 0보다 크면 기울기가 1인 직선, 0보다 작으면 함수 값이 0이 된다. 함수가 아니라 비선형 함수를 사용하는 이유는 딥러닝 모델의 레이어 층을 깊게 가져갈 수 있기 때문이다.

아래 그림에서 xi는 입력 데이터이고, wi는 weight(필터), 각각 곱셈과 합산을 하여 ReLU 함수를 통과시켜 출력을 구한다. 반복적으로 weight를 조절하면서 적절하게 계산하여 학습이 완료되면 weight가 고정된다.

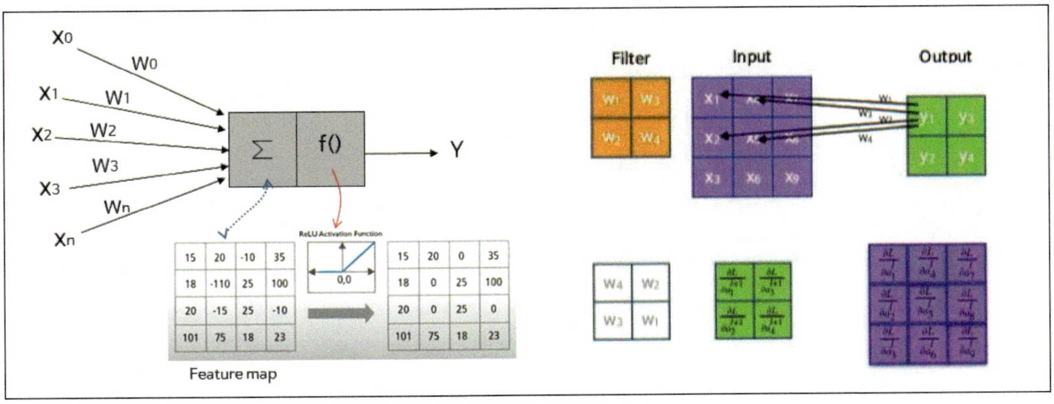

[그림 1.7] CNN - convolution

(2) Pooling

Convolution 과정을 거친 레이어의 사이즈를 줄여주는 과정이다. 단순히 데이터의 사이즈를 줄여주고, 노이즈를 상쇄시키고 미세한 부분에서 일관적인 특징을 제공한다.

요약하자면 CNN은 입력 데이터에 대해 필터를 통해 이미지의 특징을 추출(Convolution Layer)하고, 특징을 강화하며 이미지의 크기를 축소(Pooling Layer)한다. 이 과정을 반복하여 처리된 결과를 출력한다.

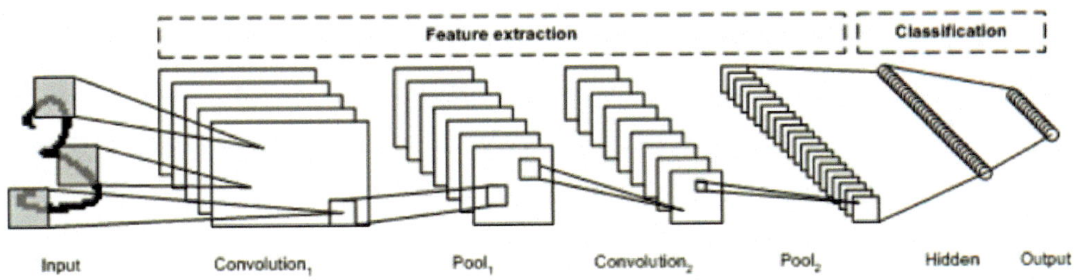

[그림 1.8] CNN 처리과정

CNN은 보통 정보 추출, 문장 분류, 얼굴인식 등의 분야에서 널리 사용되고 있다.

1.3 RNN(순환신경망 : Recurrent Neural Network)

RNN 알고리즘은 반복적이고 순차적인 데이터(Sequential data) 학습에 특화된 인공신경망의 한 종류로서, 내부의 순환구조가 들어있다는 특징을 가지고 있다. 순환구조를 이용하여 과거의 학습을 Weight를 통해 현재 학습에 반영한다. 기존의 지속적이고 반복적이며 순차적인 데이터 학습의 한계를 해결하면 알고리즘이다. 현재의 학습과 과거의 학습의 연결을 가능하게 하고 시간에 종속된다는 특징도 가지고 있다. 음성 웨이브 폼을 파악하거나 텍스트의 앞 뒤 성분을 파악할 때 주로 사용된다. 즉, RNN은 어떤 특정한 부분이 반복되는 구조를 통해 순서를 학습하기에 효과적인 딥러닝 기법 중 하나이며, 음성, 문자 등 순차적으로 등장하는 데이터(시계열 데이터) 처리에 적합한 모델이다.

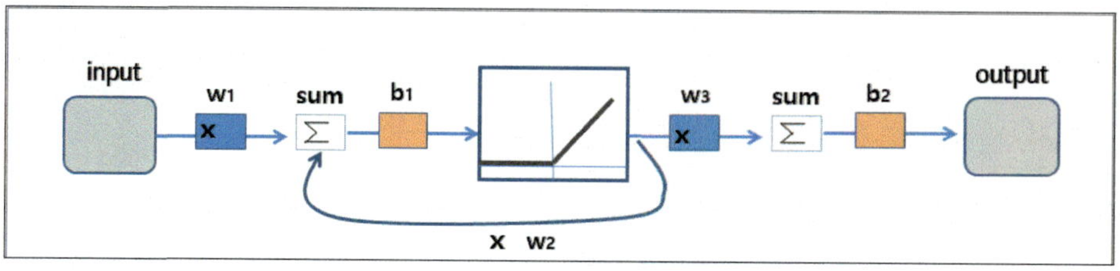

[그림 1.9] RNN의 구조

1.4 YOLO

(1) 개요

YOLO는 'You Only Look Once'의 약어이다. YOLO가 등장할 당시에 객체 검출은 주로 Faster R-CNN(Region with Convolutional Neural Network) 계열이 좋은 성능을 내고 있었다. 그러나 이는 기존보다 빨라졌다는 뜻일 뿐 10 프레임도 안 나오는 성능이다. 대략 R-CNN은 매우 느렸으며(5초), Fast R-CNN도 0.5 프레임으로 느렸고, Faster R-CNN도 7 프레임이 최대였다. 이때 YOLO가 등장하여 45 프레임을 보여주었고, 빠른 버전의 경우 155 프레임을 기록하며 환영 받았다. R-CNN – Fast R-CNN – Faster R-CNN – YOLO는 대략 10배씩 속도 차이가 난다. 게다가 성능도 Faster R-CNN에 비해 크게 떨어지지 않았다.

YOLO는 실시간 객체 검출(real time object detection)에 사용되는 알고리즘이다. Joseph Redmon이 2015년에 YOLOv1 논문을 발표하고 공개했다. 이후 2018년 4월에 YOLO의 세 번째 버전인 YOLOv3를 출시하였다. 현재 YOLOv1 ~ YOLOv8까지 발표되어 있으며, 버전 3에서 COCO 데이터셋의 mAP-50은 YOLOv2의 44.0%에서 57.9%로 증가하였다.

▸ 버전별 출시 현황

- **YOLOv1** : 2016년에 발표된 최초 버전으로, 실시간 객체 검출을 위한 딥러닝 기반의 네트워크
- **YOLOv2** : 2017년에 발표된 두 번째 버전으로, 성능을 개선하고 속도를 높인 것이 특징
- **YOLOv3** : 2018년에 발표된 세 번째 버전으로, 네트워크 구조와 학습 방법을 개선하여 객체 검출의 정확도와 속도를 모두 개선
- **YOLOv4** : 2020년 4월에 발표된 네 번째 버전으로, SPP와 PAN 등의 기술이 적용되어 더욱 정확한 객체 검출과 더 높은 속도를 제공

- **YOLOv5** : 2020년 6월에 발표된 버전으로, YOLOv4와 비교하여 객체 검출 정확도에서 10% 이상 향상되었으며, 더 빠른 속도와 더 작은 모델 크기를 가짐
- **YOLOv7** : 2022년 7월 발표된 버전으로, 훈련 과정의 최적화에 집중하여 훈련 cost를 강화하는 최적화된 모듈과 최적 기법인 trainable bag-of-freebies를 제안
- **YOLOv6** : 2022년 9월 발표된 버전으로, 여러 방법을 이용하여 알고리즘의 효율을 높이고, 특히 시스템에 탑재하기 위한 Quantization과 distillation 방식도 일부 도입하여 성능 향상
- **YOLOv8** : 2023년 1월 발표된 버전으로, YOLO 모델을 위한 완전히 새로운 리포지토리를 출시하여 개체 감지, 인스턴스 세분화 및 이미지 분류 모델을 train하기 위한 통합 프레임워크로 구축됨

▸ YOLO의 처리 과정

- 입력 이미지를 S×S 그리드로 분할하고, 입력 이미지(아래 그림(1))이 네트워크를 통과하면 2개의 데이터를 얻는다(아래 그림 (2), (3)).
- 각각의 그리드 셀은 2개의 바운딩 박스(bounding box)와 각 바운딩 박스에 대한 Confidence score를 갖는다.
- Confidence score = Pr(Object) * IoU(Intersection of Union)

  Pr(Object) = 셀 격자 내에 물체가 존재할 확률, IoU = I / U
- 각각의 바운딩 박스는 x, y, w, h와 confidence로 구성됨

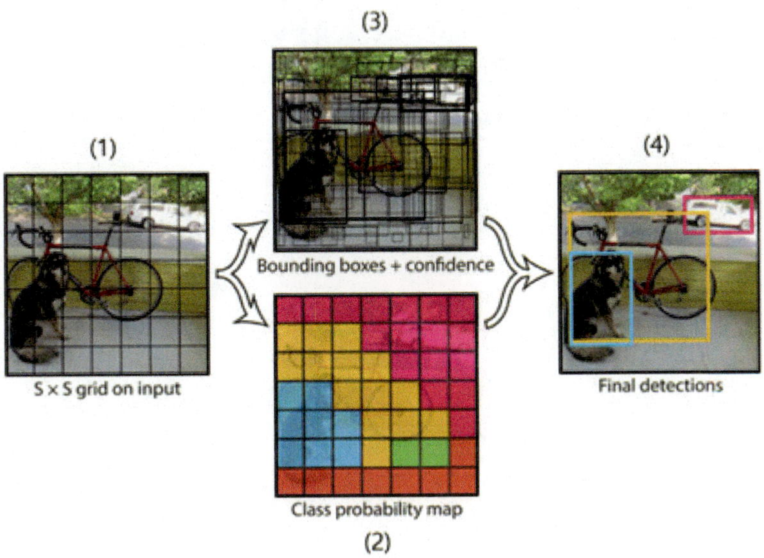

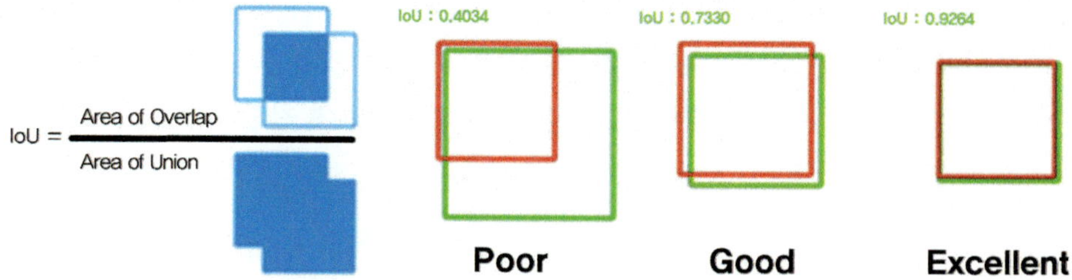

[그림 1.10] YOLO의 처리과정

(2) YOLOv3

YOLOv3는 당시 유행하던 새로운 기법들을 도입하여 성능을 향상시켰다. YOLOv2 논문과 비슷하게 새로 도입한 아이디어를 중심으로 기술한다.

① 바운딩 박스의 예측

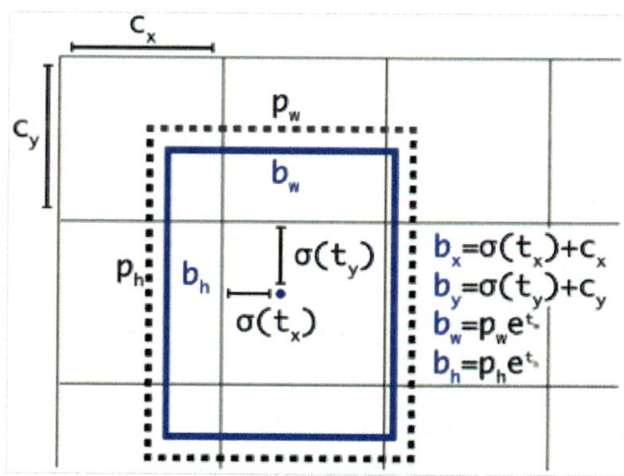

[그림 1.11] 바운딩 박스의 정의
[출처 : Yolov3: An incremental improvement, J Redmon, A Farhadi, 2018]

$$b_* = \sigma(t_*) + c_x$$
$$\sigma(t_*) = b_* - c_*$$
$$t_* = \log(b_* - c_*)$$

YOLOv2는 바운딩 박스를 예측할 때 t_x, t_y, t_w, t_h를 구한 후 위의 그림과 b_x, b_y, b_w, b_h로 변형한 후 L2 loss를 통해 학습시켰다. 여기서 c_x, c_y는 grid cell의 좌상단 offset이다. 하지만 YOLOv3는 위의 공식을 거꾸로 적용시켜 ground truth 좌표를 t_*로 변형시킨 후 t_x와 직접 L1 loss를 통해 학습시키는 방식을 선택한다.

가령 ground truth box의 x 좌표는 위의 공식을 통해 t_*로 변환된다. 예측한 bounding box마다 objectness score를 logistic 함수를 적용하여 구한다. 또한 prior box(anchor box)와 ground truth box와의 IoU 값이 가장 높은 박스만 매칭시킨다. ground truth box에 할당되지 못한 바운딩 박스는 bounding box regression loss를 유발하지 않고, 오직 objectness score에 대한 loss만 발생시킨다.

② 클래스 예측(Class Prediction)

각각의 바운딩 박스는 다중-레벨 분류(multi-label classification)을 수행한다. softmax 함수를 사용하여 class를 예측할 경우 성능 면에서 좋지 않기 때문에 binary cross-entropy를 사용한다. 이러한 방식은 더 복잡한 데이터셋이 있을 때 유의미한 결과를 보여준다. 가령 하나의 박스 안에 복수의 객체가 존재하는 경우 softmax 함수를 사용하여 class를 예측하면 적절하게 객체를 포착하지 못한다는 문제가 있다. 따라서 박스에서 각 class가 존재하는 여부를 확인하는 binary-cross entropy가 보다 적절하다고 할 수 있다.

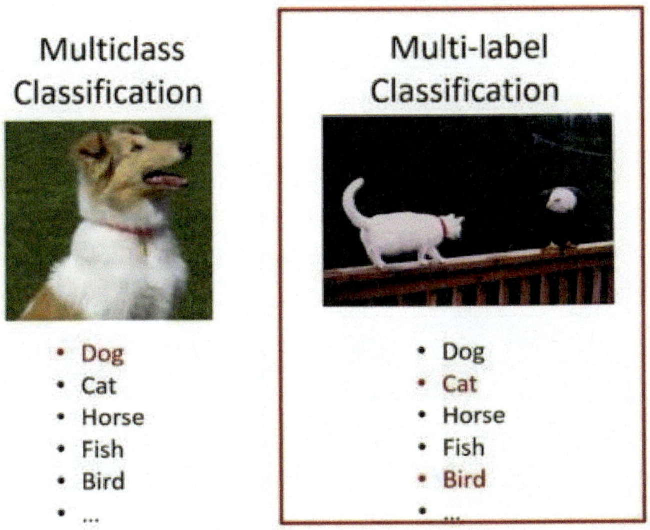

[그림 1.12] 다중 레벨 분류

③ 3가지 스케일의 예측(Prediction across scales)

YOLOv3는 서로 다른 3개의 scale을 사용하여 최종 결과를 예측한다. 여기서 multi-scale feature map을 얻는 방법은 FPN(Feature Pyramid Network)과 유사하다.

먼저 416×416 크기의 이미지를 네트워크에 입력하여 feature map이 크기가 52×52, 26×26, 13×13이 되는 layer에서 feature map을 추출한다. 그 다음 가장 높은 level, 즉 해상도가 가장 낮은 feature map을 1×1, 3×3 conv layer로 구성된 작은 FCN(Fully Convolutional Network)에 입력한다. 이후 FCN의 output channel이 512가 되는 지점에서 feature map을

추출한 뒤 2배로 upsampling을 수행한다. 이후 바로 아래 level에 있는 feature map과 concatenate해준다. 이후 merged feature map을 FCN에 입력한다. 이 과정을 다음 level에 있는 feature map에도 똑같이 수행한다. 이를 통해 3개의 scale을 가진 feature map을 얻을 수 있다.

이때 각 scale의 feature map의 output channel 수가 [3 × (4+1+80)](= 255)이 되도록 마지막 1x1 conv layer의 channel 수를 조정한다. 여기서 3은 grid cell당 예측하는 anchor box의 수를, 4는 bounding box offset, 1은 objectness score, 80은 COCO 데이터셋을 사용했을 때의 class 수이다. 즉, 최종적으로 52 × 52(x255), 26 × 26(x255), 13 × 13(x255) 크기의 feature map을 얻을 수 있다.

이러한 방법을 통해 더 높은 level의 feature map에서 fine-grained 정보를 얻을 수 있으며, 더 낮은 level의 feature map에서 더 유용한 semantic 정보를 얻을 수 있다.

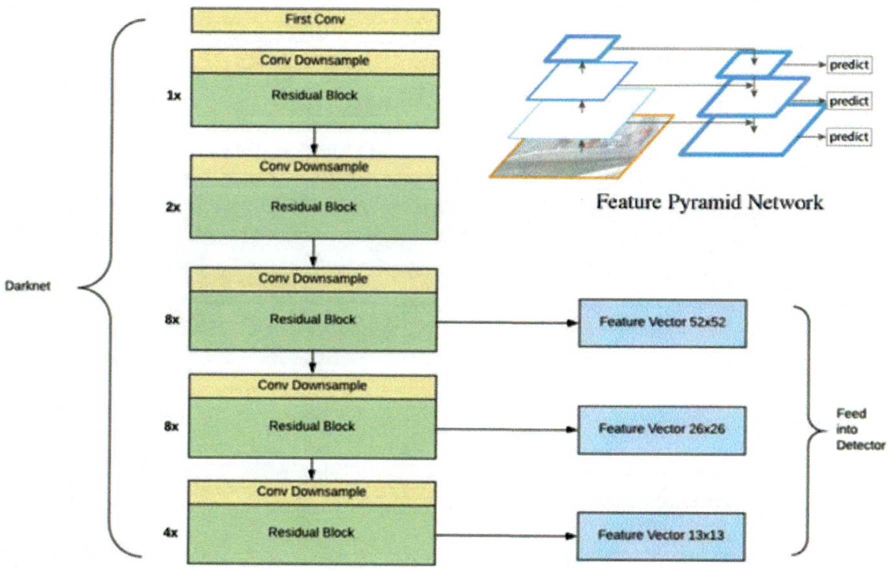

[그림 1.13] YOLOv3에서의 멀티-스케일 feature map

④ 특징 검출기(Feature Extractor)

YOLOv3에서는 shortcut connection이 추가되어 53개의 layer를 가지는 Darknet-53을 백본 네트워크로 사용한다. Darkenet-53은 ResNet-101보다 1.5배 빠르며, ResNet-152와 비슷한 성능을 보이지만 2배 이상 빠르다. 또한 당시 초당 가장 높은 floating point operation 속도를 보여주었으며, 이는 GPU를 효율적으로 사용함을 의미한다.

Darknet-53

	Type	Filters	Size	Output
	Convolutional	32	3 × 3	256 × 256
	Convolutional	64	3 × 3 / 2	128 × 128
1×	Convolutional	32	1 × 1	
	Convolutional	64	3 × 3	
	Residual			128 × 128
	Convolutional	128	3 × 3 / 2	64 × 64
2×	Convolutional	64	1 × 1	
	Convolutional	128	3 × 3	
	Residual			64 × 64
	Convolutional	256	3 × 3 / 2	32 × 32
8×	Convolutional	128	1 × 1	
	Convolutional	256	3 × 3	
	Residual			32 × 32
	Convolutional	512	3 × 3 / 2	16 × 16
8×	Convolutional	256	1 × 1	
	Convolutional	512	3 × 3	
	Residual			16 × 16
	Convolutional	1024	3 × 3 / 2	8 × 8
4×	Convolutional	512	1 × 1	
	Convolutional	1024	3 × 3	
	Residual			8 × 8
	Avgpool		Global	
	Connected		1000	
	Softmax			

[그림 1.14] YOLOv3의 백본 Darknet-53

⑤ YOLOv3 학습

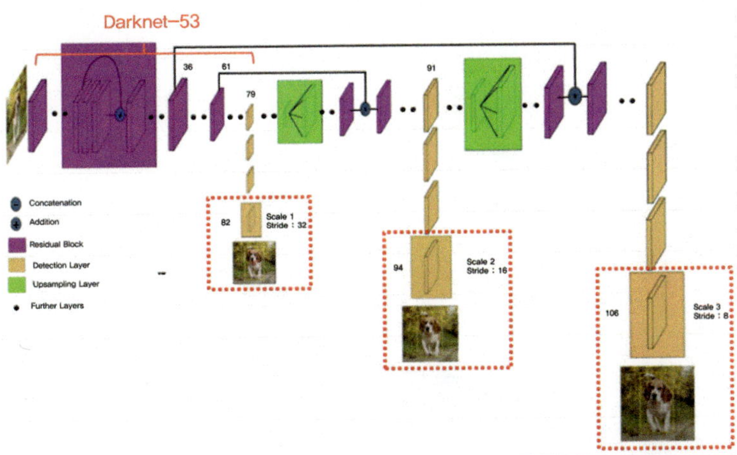

[그림 1.15] YOLOv3 구조

[feature map by Darknet-53]

먼저 이미지를 입력하여 지정한 layer에서 52 × 52, 26 × 26, 13 × 13 크기의 feature map을 추출한다.

- Input : 416 × 416 sized image
- Process : extract feature maps

- Output : 52×52, 26×26, 13×13 sized feature maps

[Building feature pyramid by FCN]

앞서 얻은 3개의 서로 다른 scale을 가진 feature map을 1×1, 3×3 conv로 구성된 FCN에 입력하여 feature pyramid를 설계한다. 위에서 언급한 순서에 따라 진행되어 52×52(x255), 26×26(x255), 13×13(x255) 크기의 feature map을 얻는다.

- Input : 52×52, 26×26, 13×13 sized feature maps
- Process : building feature pyramid by FCN
- Output : 52×52(x255), 26×26(x255), 13×13(x255) sized feature maps

[Train YOLOv3 by loss function]

앞서 얻은 multi-scale feature maps를 loss function을 통해 학습시킨다. 논문에서는 구체적으로 언급되지 않지만 YOLOv3의 loss function은 4개의 항으로 구성되어 있다.

1) bounding box offset의 MSE(Mean Squared Error)
2) 객체를 예측하도록 할당된(responsible for) bounding box의 objectness score의 BCE (Binary Cross Entropy)
3) 객체를 예측하도록 할당되지 않은 bounding box의 no objectness score의 BCE
4) bounding box의 multi-class BCE

YOLOv2가 모든 예측 결과에 대해 MSE를 적용한 반면, YOLOv3는 BCE를 주로 사용하였다.

[Inference]

Inference 시에는 마지막 예측 결과에 NMS(Non Maximum Suppression)을 적용한다.

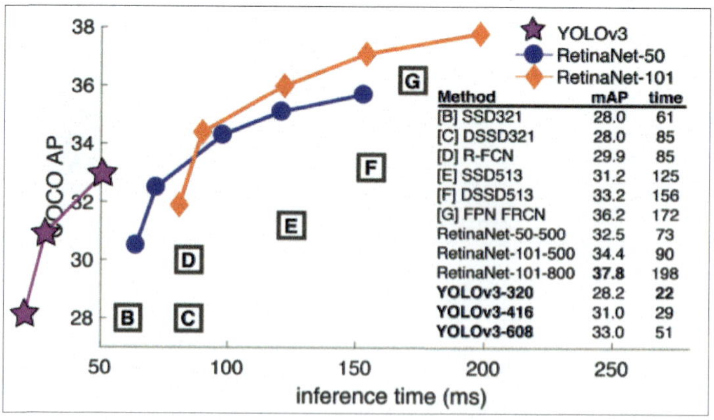

Method	mAP	time
[B] SSD321	28.0	61
[C] DSSD321	28.0	85
[D] R-FCN	29.9	85
[E] SSD513	31.2	125
[F] DSSD513	33.2	156
[G] FPN FRCN	36.2	172
RetinaNet-50-500	32.5	73
RetinaNet-101-500	34.4	90
RetinaNet-101-800	**37.8**	198
YOLOv3-320	28.2	**22**
YOLOv3-416	31.0	**29**
YOLOv3-608	33.0	51

[그림 1.16] YOLOv3 성능그래프

[출처 : Yolov3: An incremental improvement, J Redmon, A Farhadi, 2018]

YOLOv3는 RetinaNet에 비해서는 다소 낮은 성능을 보였지만, SSD와 성능이 비슷함에도 3배 이상 빠른 속도를 보였다. 위의 그래프에서 볼 수 있듯이 inference 속도 면에서 혁신적인 성과를 보여주었다. x, y축을 뚫고 가버리는 YOLOv3의 그래프가 인상적이다.

[YOLOv3]

2018년 4월 출시되었다. 백본 아키텍처 Darknet 53을 기반으로 만들어져 있으며 YOLO를 만든 Joseph Redmon이 발표했다. 하지만 Joseph Redmon은 YOLOv3을 마지막으로 더 이상 개발하지 않는다고 밝혔다.

[YOLOv4]

2020년 4월 출시되었으며, v3에 비해 AP, FPS가 각각 10%, 12% 증가했다. v3와 다른 개발자인 Alexey Bochkovsky가 발표했다. v3에서 다양한 딥러닝 기법(WRC, CS 등)들을 사용해 성능을 향상시켰다. CSPNet 기반의 backbone(CSPDarkNet53)을 설계하여 사용했다.

[YOLOv5]

2020년 6월 출시되었다. v4에 비해 낮은 용량과 빠른 속도를 가지고 있으며 성능은 비슷하다. YOLOv4와 같은 CSPNet 기반의 backbone을 설계하여 사용하였으며, YOLOv3를 파이토치(PyTorch)로 구현한 Glenn Jocher가 발표했다. Darknet이 아닌 파이토치 구현이기 때문에 이전 버전들과 다르다고 할 수 있다. 다만 처음 출시될 때 논문이 함께 출시되지 않았고, 이름을 YOLOv5로 하는 것에 대한 논란이 있다.

⑥ 학습속도 비교

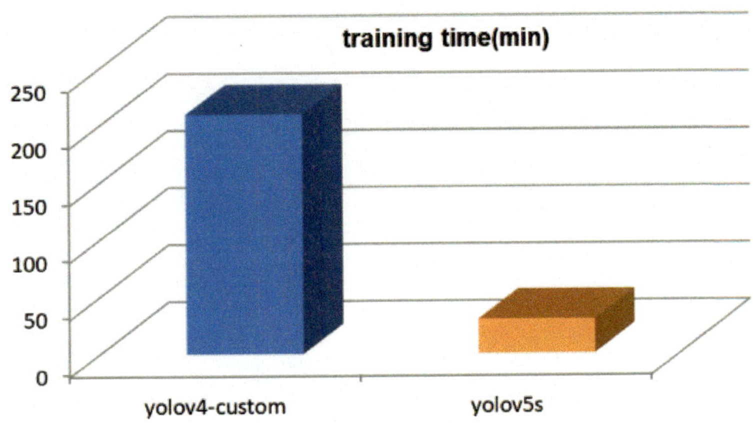

[그림 1.17] YOLOv4와 v5의 학습속도 비교

⑦ model 메모리 크기

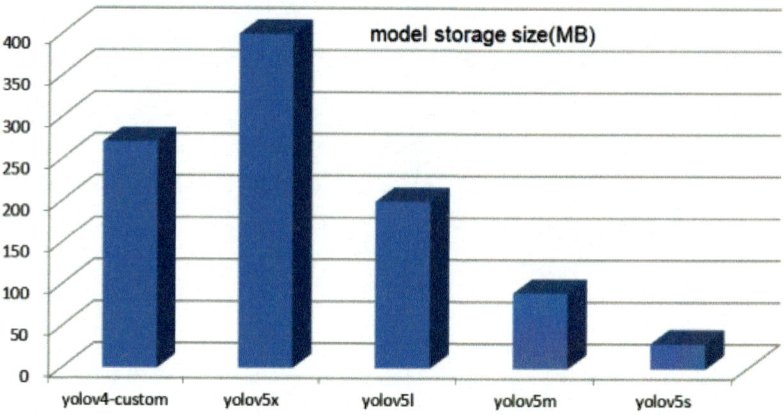

[그림 1.18] YOLOv4와 v5의 메모리 크기 비교

⑧ YOLO 모델별 비교

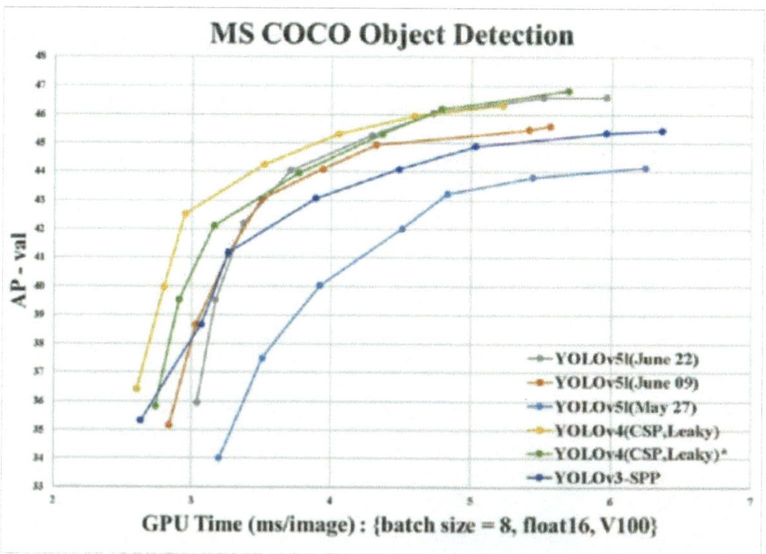

[그림 1.20] YOLO 모델별 성능 비교

2장
분류 성능지표 및 데이터셋

2.1 분류 성능평가지표

머신러닝에서 모델이나 패턴의 분류 성능평가에 사용되는 지표들이 있다. 어느 모델이든 알고리즘의 성능을 제대로 평가하는 방법은 현재 모델의 성능을 올바르게 평가하는 것에서 시작한다. 이 절에서는 모델이 평가해야 하는 요소와 그것을 수치화한 지표들, 그리고 관련 개념들을 다루어본다.

(1) 모델의 분류와 정답

모델을 평가하는 요소는 모델이 내놓은 답과 실제 정답의 관계로써 정의를 내릴 수 있다. 정답이 True와 False로 나누어져 있고, 분류 모델 또한 True False의 답을 낸다. 그렇게 하면 아래와 같이 2×2 matrix로 케이스들을 case를 나누어볼 수 있다.

		실제 정답	
		TRUE	FALSE
분류 결과	TRUE	True Positive	False Positive
	FALSE	False Negative	True Negative

[그림 2.1] 혼동 행렬(Confusion matrix)

이제 각 case별로 살펴보자.

- True Positive(TP) : 실제 True인 정답을 True라고 예측(정답)
- False Positive(FP) : 실제 False인 정답을 True라고 예측(오답)
- False Negative(FN) : 실제 True인 정답을 False라고 예측(오답)
- True Negative(TN) : 실제 False인 정답을 False라고 예측(정답)

이러한 case별로 우리의 분류 모델의 성능을 어떻게 평가할 수 있을까?

(2) 정밀도, 재현율, 정확도

정밀도(Precision), 재현율(Recall), 정확도(Accuracy)는 논문에서도 사용하는 지표들이며 머신러닝에서 잘 알려진 성능 지표들이다. 여기서 모델이 예측한 다양한 경우를 생각해보면서 위의 2×2 matrix에 해당하는 것을 어떻게 지표화할 것인지 고민해보자. 그리고 지표를 고민함과 동시에 실제 사례를 들어서 해당 지표를 왜 써야 하는지도 함께 생각해보자. 여기서는 한 달 동안의 날씨를 예측하는 상황을 적용하여 지표를 설명해 보겠다. 이때 날씨는 비가 는 경우와 맑은 경우 두 가지만 존재한다고 가정한다.

① 정밀도(Precision)

정밀도란 모델이 True라고 분류한 것 중에서 실제 True인 것의 비율이다. 즉, 알고리즘이 검출해낸 것들 중에서 제대로 검출해낸 것의 비율을 의미하는 것이다. 이는 아래와 같은 식으로 표현할 수 있다.

$$(\mathrm{Precision}) = \frac{TP}{TP+FP}$$

Positive 정답률, PPV(Positive Predictive Value)라고도 불린다. 정밀도는 알고리즘이 검출해낸 것들 중에서 제대로 검출해낸 것의 비율을 의미한다. 즉, 날씨 예측 모델이 '맑다'로 예측했다면 실제 날씨가 맑았는지 살펴보는 지표라고 할 수 있겠다. 또 다른 예로 알고리즘이 5개를 검출해냈는데(실제 몇 개의 물체가 검출되어야 하는지와 상관없이) 그 중 4개가 옳게 검출해낸 것이라면 정밀도는 4/5 = 0.8이다.

② 재현율(Recall)

재현율이란 실제 True인 것 중에서 모델이 True라고 예측한 것의 비율이다.

$$(\mathrm{Recall}) = \frac{TP}{TP+FN}$$

통계학에서는 sensitivity로, 다른 분야에서는 hit rate라는 용어로도 사용한다. 실제 날씨가 맑은 날 중에서 모델이 맑다고 예측한 비율을 나타낸 지표이다. 또 다른 예를 들어보면, 라벨이 붙어 있는 물체(마땅히 검출되어야 할 물체)가 10개인데 그 중 4개가 옳게 검출되었다면 recall은 4/10 = 0.4가 된다.

정밀도와 True Positive의 경우를 다르게 바라보는 것이다. 즉, 정밀도나 재현율은 모두 실제 True인 정답을 모델이 True라고 예측한 경우에 관심이 있으나, 바라보고자 하는 관점만 다르다. 정밀도는 모델의 입장에서, 그리고 재현율은 실제 정답(data)의 입장에서 정답을 정답이라고 맞힌 경우를 바라보고 있다. 다음의 경우를 생각해보자.

"어떤 요소에 의해 확실히 맑은 날을 예측할 수 있다면
해당하는 날에만 맑은 날이라고 예측하면 되겠다."

이 경우, 확실하지 않은 날에는 예측하지 않고 보류하여 FP의 경우의 수를 줄여 정밀도를 극도로 끌어올리는 일종의 편법이다. 예를 들어 한 달 30일 동안 맑은 날이 20일이었는데, 확실한 2일만 맑다고 예측한다면 맑다고 한 날 중에 실제 맑은 날(Precision)은 당연히 100%가 나오게 된다. 하지만 이러한 모델이 과연 이상적인 모델일까?

따라서 우리는 실제 맑은 20일 중에서 예측한 맑은 날의 수도 고려해 보아야 한다. 이 경우에는 정밀도만큼 높은 결과가 나오지 않는다. 정밀도와 함께 재현율을 함께 고려하면 실제 맑은 날들(분류의 대상이 되는 정의역), 실제 데이터의 입장에서 우리의 모델이 맑다고 예측한 비율을 함께 고려하게 되어 제대로 평가할 수 있다. 정밀도과 재현율은 상호보완적으로 사용할 수 있으며, 두 지표가 모두 높을수록 좋은 모델이다.

③ 정밀도–재현율(Precision–recall) 트레이드오프

▸ with Type 1, 2 error

위 혼동 행렬을 보면 어딘가 익숙한 테이블인 듯한 느낌을 받는데, 가설 검정에 대해 배울 때 해당 행렬과 유사한 테이블을 본 적이 있을 것이다.

		H_0	
		True	False
테스트 결과	Accept		Type 2 error
	Reject	Type 1 error	

[그림 2.2] Type 1, 2 error

이 테이블과 위 행렬은 같은 개념을 다르게 표현한 것뿐이다. 가설 검정에서도 Type 1 error와 Type 2 error는 서로 trade off 관계에 있다고 배웠다.

먼저 Type 1, 2 error의 정의는 다음과 같다.

$$(\text{Type 1 error}) = P(reject\, H_0 \mid H_0\ is\ true)$$
$$(\text{Type 2 error}) = P(accept\, H_0 \mid H_0\ is\ not\ true)$$

이 정의에 따라 Type 1, 2 error를 그림으로 살펴보자.

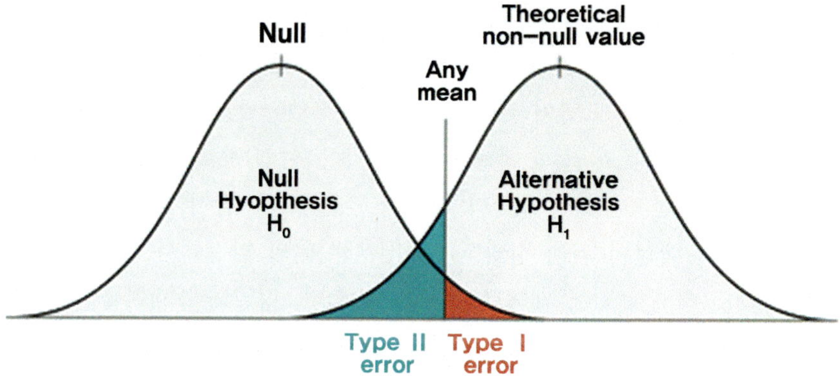

[그림 2.3] 가설 검증 - Type 1, 2 error

[출처: https://stats.stackexchange.com/questions/211736/type-i-error-and-type-ii-error-trade-off]

가설 검정 시에 어떤 상황에서 어떤 가설을 받아들일지 기준이 필요하다. 그래서 그 기준으로써 critical region을 잡게 되는데 Type 1 error는 H0가 true일 때 reject H0일 확률, 즉 미리 설정해둔 critical region의 표본을 뽑을 확률이다. 위의 그림에서 Any mean이 기준점이고 H0 관점에서 빨간색 영역이 기각역이라고 볼 수 있다. 그리고 이 기각역에 따라 Type 2 error도 정해진다. 그림으로 보다시피 Any mean을 좌우로 조정하게 되면 Type 1, 2 error의 크기가 변한다. 하지만 둘 다 커지거나 둘 다 작아지는 경우가 없는 trade-off 관계이다.

다시 본론으로 돌아와서, 정밀도과 재현율은 TP를 분자로써 같이하고 분모에는 TP에 Type 1, 2 error에 해당하는 FN, FP를 더하여 계산한다. 이때, FN, FP는 각각 Type 1, 2 error에 있으므로 정밀도와 재현율 또한 trade-off 관계에 있다고 할 수 있다.

▸ with Venn-diagram

조금 더 직관적으로 벤다이어그램으로 두 관계를 생각해볼 수 있다.

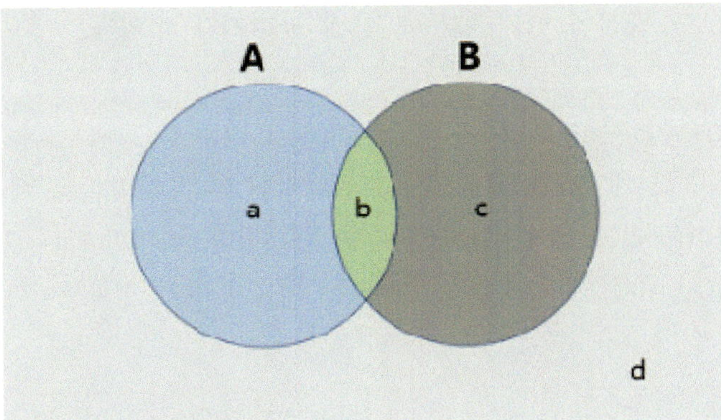

[그림 2.4] 벤다이어그램으로 분류

A는 실제 날씨가 맑은 날이다. 그리고 B는 모델에서 날씨가 맑은 날이라고 예측한 것이다. 이때 b의 영역은 TP로 실제 맑은 날씨를 모델이 맑다고 제대로 예측한 영역이다. 이러한 영역 상에서 정밀도와 재현율은 다음과 같다.

$$(\text{Precision}) = \frac{b}{b+c} \ / \ (\text{Recall}) = \frac{b}{a+b}$$

모델의 입장에서 모두 맑은 날이라고만 예측하는 경우를 생각해보자. 그렇게 되면 TN(d)의 영역이 줄어들게 되고 그에 따라 FN(a)의 영역 또한 줄게 된다. 그러므로 분모의 일부인 FN(a) 영역이 줄기 때문에 재현율은 100%가 되고, 즉 여기서 A⊂B인 관계를 형성한다. 하지만 주의할 것은 단순히 a의 영역만 줄어드는 것이 아니라 d의 영역과 a의 영역이 모두 c로 흡수된다는 것이다. 정밀도의 경우에는 기존보다 FP(c)의 영역이 커져 정밀도는 줄게 된다.

		실제 정답	
		TRUE	FALSE
분류 결과	TRUE	TP(20)	FP(40)
	FALSE	FN(30)	TN(10)

		실제 정답	
		TRUE	FALSE
분류 결과	TRUE	TP(20)	FP(80)

[그림 2.5] 정밀도-재현율 트레이드-오프 예제

General Case에서 재현율은 20/50 = 40%, 정밀도는 20/60 = 33.3%이다. 그리고 분류모델이 모두 True라고 예측한 오른쪽의 case에서의 재현율은 FN = 0이므로 100%이지만 그에 따라 FP가 늘어서 정밀도는 20/100 = 20%가 되었다. 이처럼 정밀도와 재현율은 모두 높은 것이 좋지만, 트레이드-오프 관계에 있기 때문에 함께 늘리기가 어렵다.

④ 정확도(Accuracy)

이제는 또 관점을 다르게 생각해보자. 사고의 확장이 빠른 사람들은 예상했겠지만, 위 두 지표는 모두 True를 True라고 옳게 예측한 경우만 다루었다. 하지만 False를 False라고 예측한 경우도 옳은 경우이다. 이때, 해당 경우를 고려하는 지표가 바로 정확도이다. 수식으로는 다음과 같이 나타낸다.

$$(\text{Accuracy}) = \frac{TP + TN}{TP + FN + FP + TN}$$

정확도는 가장 직관적으로 모델의 성능을 나타낼 수 있는 평가 지표이다. 하지만 여기서 고려해야 하는 것이 있다. 바로 domain의 편중(bias)이다. 만약 우리가 예측하고자 하는 한 달 동안의 기간이 특정 기후에 부합하여 비 오는 날이 흔치 않다고 생각해자. 이 경우에는 해당 데이터의 domain이 불균형하게 되므로 맑은 것을 예측하는 성능은 높지만, 비가 오는 것을 예측하는 성능은 매우 낮을 수밖에 없다. 따라서 이를 보완할 지표가 필요하다.

⑤ 정밀도-재현율(Precision-recall) 그래프

정밀도만으로 물체 검출 알고리즘의 성능을 평가하는 것은 적절하지 않다. 또한 재현율만으로 성능을 평가하는 것도 적절하지 않다. 위에서 예시로 든 것처럼, 실제 검출되어야 하는 물체가 10개인데 알고리즘이 검출해낸 물체는 5개이고 그 중 4개가 맞다고 가정해보자. 그러면 이때 정밀도는 4/5 = 0.8이고, 재현율은 4/10 = 0.4이다. 정밀도로 보면 성능이 좋아 보이지만 재현율로 보면 성능이 그렇게 좋지는 않다.

중요한 것은 정밀도와 재현율은 항상 0과 1 사이의 값으로 나오게 되는데, 정밀도가 높으면 재현율은 낮은 경향이 있고, 정밀도가 낮으면 재현율이 높은 경향이 있다는 것이다. 따라서 어느 한 값만으로 알고리즘의 성능을 평가하는 것은 거의 불가능하고, 두 값을 종합해서 알고리즘의 성능을 평가해야 한다. 그래서 필요한 것이 정밀도-재현율 곡선 및 AP이다.

정밀도-재현율 곡선 및 AP알고리즘의 파라미터(threshold 등) 조절에 따른 정밀도와 재현율의 값의 변화를 그래프로 표현한 것이다. 일례로 아래 그림은 〈Object Detection with Discriminatively Trained Part Based Models〉, TPAMI 2010 논문에서 DPM 모델의 여러 변형에 따른 성능변화를 그래프로 표현한 것이다.

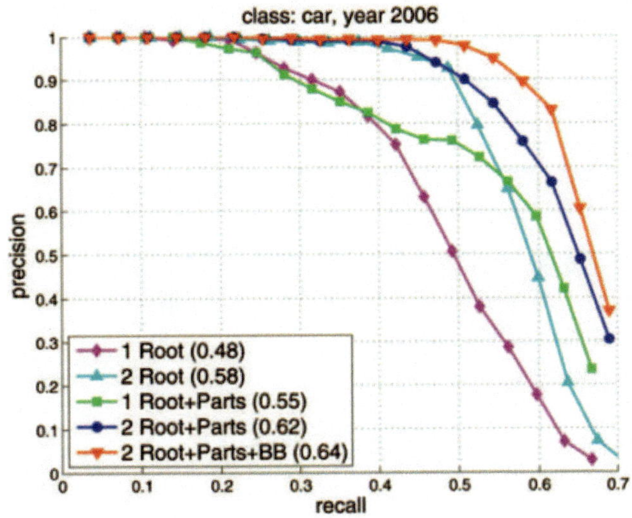

[그림 2.6] 정밀도–재현율 그래프의 예

정밀도-재현율 그래프는 다양한 형태로 변형되어 표현될 수 있는데 재현율 대신 miss rate(miss rate = 1-recall), 정밀도 대신 false alarm rate(false alarm rate = 1-precision) 등이 사용될 수 있다.

⑥ 평균 정밀도(AP : Average Precision)

정밀도-재현율 그래프는 어떤 알고리즘의 성능을 전반적으로 파악하기에는 좋으나 서로 다른 두 알고리즘의 성능을 정량적으로 비교하기에는 불편한 점이 있다. 그래서 나온 개념이 **평균 정밀도**(Average precision)이다. 평균 정밀도는 인식 알고리즘의 성능을 하나의 값으로 표현한 것으로서 정밀도-재현율 그래프에서 그래프 선 아래쪽의 면적으로 계산된다(아래 그림 참조). 위 그림의 예에서 괄호 안의 숫자가 해당 알고리즘의 평균 정밀도 값이다. 그리고 평균 정밀도가 높으면 높을수록 그 알고리즘의 성능이 전체적으로 우수하다는 의미이다. 컴퓨터 비전 분야에서 물체인식 알고리즘의 성능은 대부분 평균 정밀도로 평가한다.

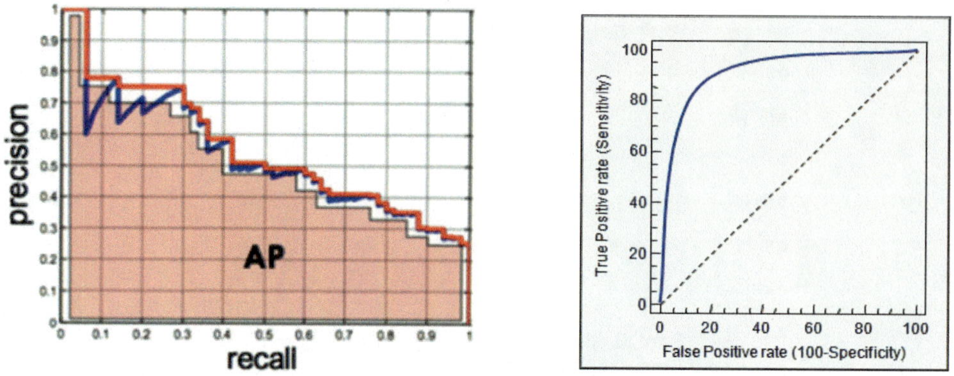

[그림 2.7] 평균 정밀도

컴퓨터 비전 분야에서 물체 검출 및 이미지 분류 알고리즘의 성능은 대부분 이 AP로 평가한다. 물체 클래스가 여러 개인 경우 각 클래스당 AP를 구한 다음에 그것을 모두 합한 다음에 물체 클래스의 개수로 나눠줌으로써 알고리즘의 성능을 평가한다. 이것을 **mAP**(mean average precision)라고 한다. 즉, 각 class마다 한 AP를 갖게 되는데, 모든 class의 AP에 대해 평균값을 낸 것이 바로 mAP(mean AP)이다. 모든 class에 대하여 Precision/Recall의 값을 평균을 취한 것이라고 볼 수 있다.

다음 예제를 살펴보자. 왼쪽 이미지는 야생 동물 4종의 클래스(코끼리, 아프리카들소, 코뿔소, 얼룩말)의 바운딩 박스를 보여준다. 오른쪽 코드는 class별 모든 AP 값이 저장된 result 변수를 인자로 받아 모든 AP값을 전체 class의 수(= result 리스트의 길이)로 나누는 mAP 계산코드이다. 하단의 mAP는 VOC 2007 test에서 사용된 여러 클래스에 대한 mAP 값을 보여준다.

```
def mAP(result):
    ap = 0
    for r in result:
        ap += r['AP']
    mAP = ap / len(result)

    return mAP
```

VOC 2007 test	aero	bike	bird	boat	bottle	bus	car	cat	chair	cow	table	dog	horse	mbike	person	plant	sheep	sofa	train	tv	mAP
R-CNN T-Net	64.2	69.7	50.0	41.9	32.0	62.6	71.0	60.7	32.7	58.5	46.5	56.1	60.6	66.8	54.2	31.5	52.8	48.9	57.9	64.7	54.2
R-CNN T-Net BB	68.1	72.8	56.8	43.0	36.8	66.3	74.2	67.6	34.4	63.5	54.5	61.2	69.1	68.6	58.7	33.4	62.9	51.1	62.5	64.8	58.5
R-CNN O-Net	71.6	73.5	58.1	42.2	39.4	70.7	76.0	74.5	38.7	71.0	56.9	74.5	67.9	69.6	59.3	**35.7**	62.1	64.0	66.5	**71.2**	62.2
R-CNN O-Net BB	**73.4**	**77.0**	**63.4**	**45.4**	**44.6**	**75.1**	**78.1**	**79.8**	**40.5**	**73.7**	**62.2**	**79.4**	**78.1**	**73.1**	**64.2**	35.6	**66.8**	**67.2**	**70.4**	71.1	**66.0**

[그림 2.8] mAP 예제

⑦ F1-score

▸ F1-score

F1-score는 정밀도와 재현율의 조화평균이다.

$$(\mathrm{F1-score}) = 2 \times \frac{1}{\frac{1}{\mathrm{Precision}} + \frac{1}{\mathrm{Recall}}} = 2 \times \frac{\mathrm{Precision} \times \mathrm{Recall}}{\mathrm{Precision} + \mathrm{Recall}}$$

F1-score는 데이터 label이 불균형 구조일 때 모델의 성능을 정확하게 평가할 수 있으며, 성능을 하나의 숫자로 표현할 수 있다. 여기서 단순 산술평균으로 사용하지 않는 이유는 무엇일까? 평균 속력을 구할 때, 이 조화평균의 개념을 사용해 본 경험이 있을 것이다. 이 조화평균의 본질에 대해 이해해 보자.

▸ 조화평균의 기하학적 접근

조화평균은 기하학적으로 다음과 같이 표현할 수 있다. 서로 다른 길이의 A, B와 이 두 길이의 합만큼 떨어진 변(AB)으로 이루어진 사다리꼴을 생각해 보자. 이 AB에서 각 변의 길이가 만나는 지점으로부터 맞은편의 사다리꼴의 변으로 내린 선분이 바로 조화평균을 나타낸다.

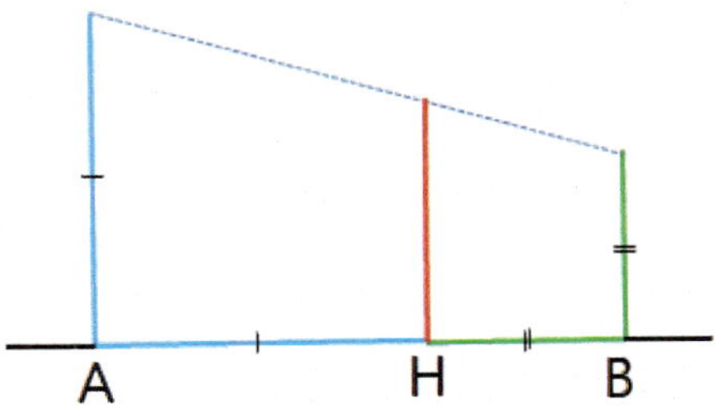

[그림 2.9] 조화평균의 기하학적 의미

기하학적으로 봤을 때 단순 평균이라기보다는 작은 길이 쪽으로 치우치게 된, 그러면서 작은 쪽과 큰 쪽의 사이의 값을 가진 평균이 도출된다. 이렇게 조화평균을 이용하면 산술평균을 이용하는 것보다 큰 비중이 끼치는 bias가 줄어든다고 볼 수 있다. 즉, F1-score는 아래와 같이 생각할 수 있다.

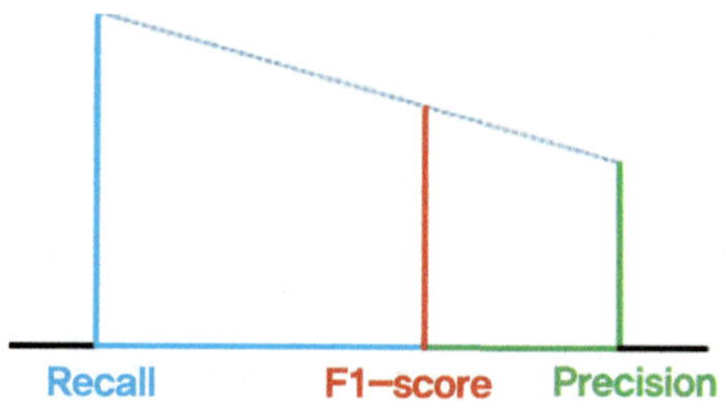

[그림 2.10] F1-score의 기하학적 의미

⑧ 정밀도, 재현율, 정확도 계산 예제

다음과 같은 2개의 클래스, Dog와 Cat에 대한 20개의 인식 결과를 가지고 위 3가지 척도를 계산해보자.

(20)	Ground Truth
A	Cat
B	Cat
C	Cat
D	Cat
E	Cat
F	Cat
G	Cat
H	Cat
I	Cat
J	Cat
K	Dog
L	Dog
M	Dog
N	Dog
O	Dog
P	Dog
Q	Dog
R	Dog
S	Dog
T	Dog

Dog (10)	confidence	결과 (Threshold〉40)
A	53%	FP
B	32%	TN
C	48%	FP
D	20%	TN
E	34%	TN
F	54%	FP
G	9%	TN
H	60%	FP
I	39%	TN
J	22%	TN
K	38%	FN
L	45%	TP
M	67%	TP
N	84%	TP
O	35%	FN
P	28%	FN
Q	88%	TP
R	75%	TP
S	85%	TP
T	96%	TP

Cat (10)	confidence	결과 (Threshold〉40)
A	82%	TP
B	95%	TP
C	28%	FN
D	34%	FN
E	78%	TP
F	33%	FN
G	41%	TP
H	33%	FN
I	88%	TP
J	97%	TP
K	53%	FP
L	45%	FP
M	27%	TN
N	18%	TN
O	9%	TN
P	37%	TN
Q	28%	TN
R	20%	TN
S	48%	FP
T	17%	TN

성능척도	Dog	Cat
정밀도(P)	7/7+4 = 0.64	6/6+3 = 0.67
재현율(R)	7/7+3 = 0.7	6/6+4 = 0.6
정확도(A)	7+6/7+4+3+6 = 0.65	6+7/6+3+4+7 = 0.65

2.2 분류 성능척도의 응용

① 재현율이 더 중요한 경우

- 실제 Positive 데이터를 Negative로 잘못 판단하면 업무상 큰 영향이 있는 경우
- FN(False Negative)를 낮추는 데 초점을 맞춘다.
- 암 환자 판정 모델, 보험사기 적발 모델 등

② 정밀도가 더 중요한 경우

- 실제 Negative 데이터를 Positive로 잘못 판단하면 업무상 큰 영향이 있는 경우
- FP(False Positive)를 낮추는 데 초점을 맞춘다.
- 스팸메일 판정 모델

③ 임계값 변경

- 임계값 : 모델이 분류의 답을 결정할 때 기준값
- 정밀도나 재현율을 특히 강조해야 하는 상황일 경우 임계값 변경으로 평가 수치를 올릴 수 있다.
- 단, 극단적으로 임계점을 올리거나 낮춰서 한쪽의 점수를 높이면 안 된다.
- 예를 들어, 암 환자 예측 시 재현율을 너무 높이면 정밀도가 낮아져 종종 정상인을 암 환자로 예측한다.

2.3 학습세트와 테스트세트

딥러닝에서 신경망 모델을 학습하고 평가하기 위해 데이터셋(dataset)이 필요하다. 이때 데이터셋을 용도에 따라 다음 3가지로 분류한다.

- 학습세트(Training set)
- 검증세트(Validation set)
- 테스트세트(Test set)

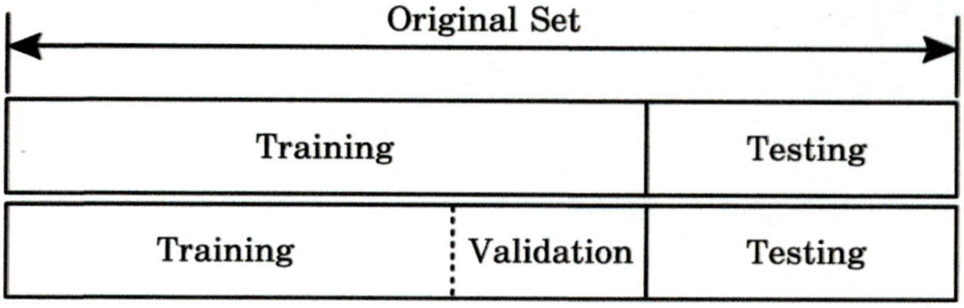

이렇게 각각 모델을 학습 · 검증 · 평가하는 데 목적을 서로 다르게 두고 있다. 이 세 가지 데이터셋이 정확히 무엇이고 어떤 성질을 띠는지 살펴보자.

① 학습세트(Train set)

모델을 학습하기 위한 데이터셋이다. 한 가지 중요한 사실은 '모델을 학습하는 데는 오직 유일하게 학습세트만 이용한다'는 점이다. 보통 학습세트를 이용해 각기 다른 모델을 서로 다른 epoch로 학습을 시킨다. 여기서 각기 다른 모델이란 hidden layer 혹은 hyper parameter에 약간씩 변화를 주는 것을 뜻한다.

② 검증세트(Validation set) & 테스트세트(Test set)

검증세트는 학습이 이미 완료된 모델을 검증하기 위한 데이터셋이다. 테스트세트는 학습과 검증이 완료된 모델의 성능을 평가하기 위한 데이터셋이다.

보통 Train : Test 데이터를 8 : 2로 나누는데, 여기서 Train 데이터 중 일부를 검증세트로 이용해 결국 Train : Validation : Test을 일반적으로 6 : 2 : 2로 이용한다.

검증세트와 테스트세트의 공통점은 이 데이터를 통해 모델을 업데이트, 즉 학습을 시키지 않는다는 것이다. 이렇게 검증세트와 테스트세트는 모두 이미 학습을 완료한 모델에 대해 평가하고 학습을 시키지 않는데, 그렇다면 둘의 차이는 과연 무엇일까? 결론부터 말하자면 검증세트는 모델을 업데이트, 즉 학습을 시키지는 않고 학습에 '관여'는 하지만, 테스트세트는 학습에 전혀 관여하지 않고 오직 '최종 성능'을 평가하기 위해 쓰인다.

즉, 학습세트로 학습을 할 때 너무 높은 epoch(학습의 횟수)로 학습시키면 overfitting의 문제가 있다.

[그림 2.11] Overfitting

위 그림을 보면 파란색 baseline을 기준으로 더 학습시키면 overfitting되어 테스트세트에 대한 결과가 점점 안 좋아진다. 따라서 우리는 파란색 baseline까지만 학습을 해야 한다. 다시 말해 파란색 baseline에 해당하는 epoch를 찾아야 하는 것이다. 그러나 이때 테스트세트는 '최종 성능'을 평가할 때만 사용하므로 이처럼 학습에 관여해서는 안 된다. 결국 여기서 검증세트가 사용되는 것이다. 검증세트를 사용하여 학습세트에 대한 epoch를 바꿔가면서 위 그림과 같은 error 곡선을 그린다.

그 후 baseline에 해당하는 epoch를 찾으면 해당 epoch까지만 모델을 학습시켜 테스트세트로 '최종 성능'을 평가한다. 한마디로 위 그림에서의 test error를 검증세트에 의한 validation error라고 생각하면 된다.

이렇게 검증세트는 학습세트에 의한 epoch뿐만 아니라 다른 hyperparameter, hidden layer를 조정할 때도 사용될 수 있다. 예를 들어, learning rate와 hidden layer를 조금 변형해가면서 검증세트에 대한 accuracy를 보면서 적절한 hyperparameter, hidden layer를 결정하는 것이다.

검증세트에 대한 accuracy가 중요한 이유는 학습에서 overfitting에 빠지지 않는 것과 unseen data에 대한 좋은 성능 이 두 가지가 핵심적이기 때문이다.

따라서 최종 성능 평가를 위한 테스트 이전에 검증으로 어떤 모델을 어떤 epoch로 학습시킬 때 unseen data에 대해서 좋은 성능을 보이는 모델이 무엇인지 파악하야 한다.

2.4 데이터셋 학습 절차

① 첫 번째 단계에서 가용 데이터를 학습 세트와 테스트세트 두 부분으로 랜덤하게 나눈다. 테스트 데이터를 따로 두는 것은 데이터나 리소스 부족 같은 현실적인 문제와 더 많은 데이터를 모을 수 없을 때를 위한 해결책이다. 테스트세트는 학습 알고리즘을 위한 새로운, 본 적이 없는 데이터의 역할을 한다. 일반화 정확도를 추정할 때 어떤 편향도 만들지 않도록 테스트세트는 한 번만 사용해야 한다. 보통 2/3을 학습세트로, 1/3을 테스트세트로 만든다.

다른 경우엔 학습/테스트 비율을 60/40, 70/30, 80/20 또는 90/10으로 할 때도 있다.

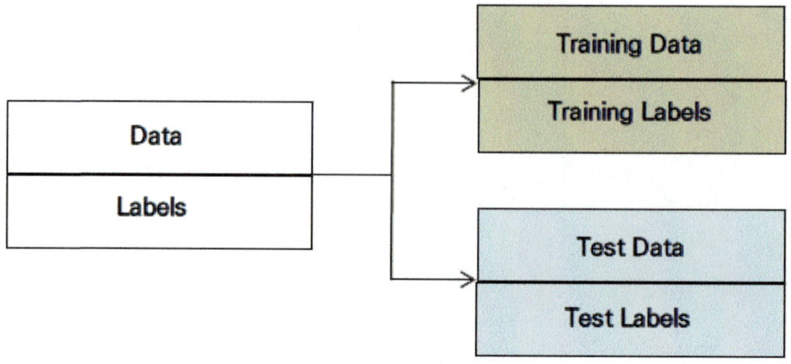

② 테스트 샘플을 떼어 놓은 후에 주어진 문제에 적합한 학습 알고리즘을 고른다. 다음 그림에 나타난 하이퍼파라미터 값(Hyperparameter Values)은 학습 알고리즘의 파라미터 또는 메타 파라미터이다. 하이퍼파라미터는 수동으로 지정해야 한다. 학습 알고리즘은 모델 파라미터와는 달리 학습 데이터로부터 하이퍼파라미터를 학습할 수 없다.
하이퍼파라미터는 모델이 학습하는 동안 학습되지 않기 때문에 이들을 별도로 최적화하기 위한 추가적인 과정 또는 외부 루프가 필요하다. 홀드아웃 방식은 이 작업에는 적합하지 않다. 여기서는 어떤 고정된 하이퍼파라미터를 사용해 진행한다. 직관에 따라 정할 수도 있고 또는 머신러닝 라이브러리를 사용한다면 알고리즘에 내장된 기본 값을 사용할 수도 있다.

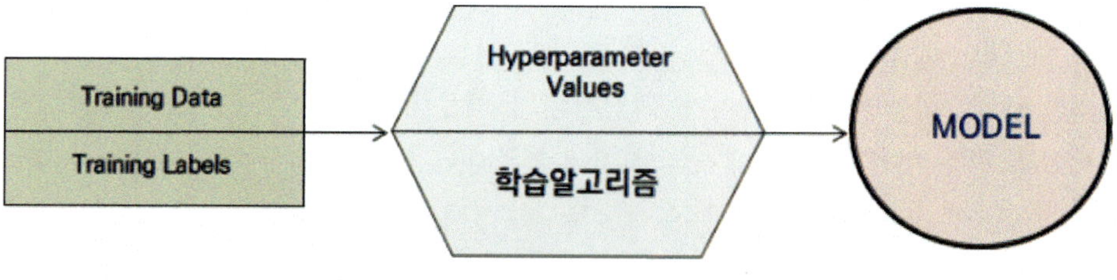

③ 학습 알고리즘이 이전 단계에서 모델을 학습시켰다. 다음 질문은 '이 모델이 얼마나 좋은가?' 이며, 이제 테스트세트가 사용될 차례이다. 알고리즘은 이전에 테스트세트를 본 적이 없으므로 새로운 처음 본 데이터에 대해 편향되지 않는 성능 추정을 한다. 그러므로 해야 할 일은 모델을 사용해 테스트세트의 클래스 레이블을 예측하는 것이다. 그런 다음 일반화 성능을 추정하기 위해 예측된 클래스 레이블과 진짜 레이블을 비교한다.

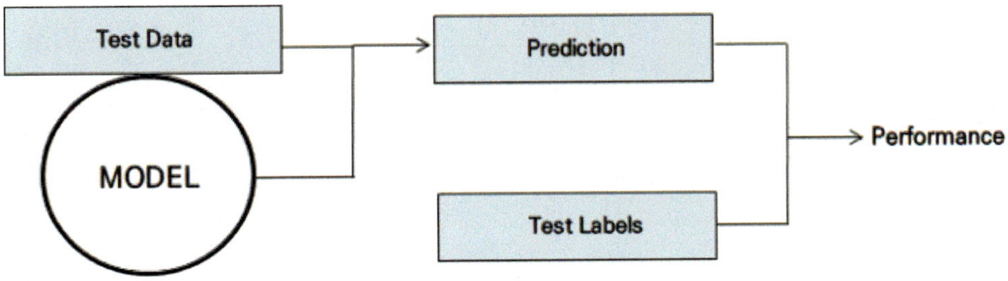

④ 결국 우리는 새로운 데이터에 대해 모델이 얼마나 잘 작동하는지 추정했다. 그러므로 더 이상 테스트 데이터를 따로 떼어 놓을 필요가 없다. 샘플이 독립적이고 동일한 분포를 가진다고 가정했으므로 가용한 모든 데이터를 사용한다고 해서 모델의 성능이 더 나빠질 이유가 없다. 통상적으로 모델의 성능이 한계치에 이르기 전에는 알고리즘에 유용한 데이터를 더 제공할수록 일반화 성능은 좋아진다.

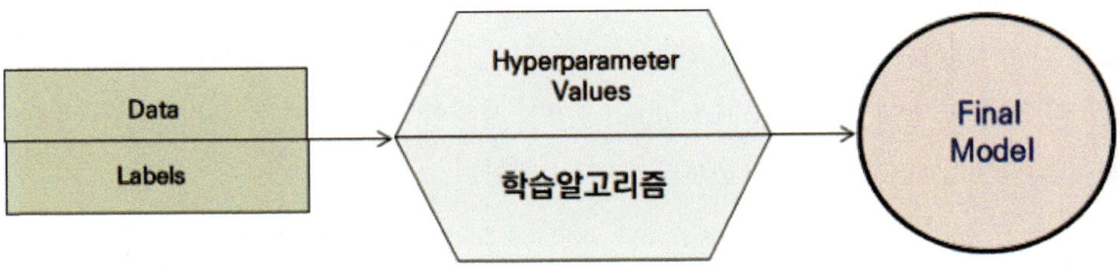

2.5 COCO 데이터셋

머신러닝을 위해 많은 데이터셋이 만들어져 있는데, 그 중에 COCO 데이터셋은 객체 탐지(object detection), 세그먼테이션(segmentation), 키포인트 탐지(keypoint detection) 등을 위한 데이터셋으로, 매년 다른 데이터셋으로 전 세계의 여러 대학/기업이 참가하는 대회에 사용되고 있다. 구글이 공개한 TensorFlow Object Detection API에도 COCO 데이터셋으로 학습시킨 모델이 들어있다. 이 COCO 데이터셋과 이것을 다루기 위한 COCO API에 대해 알아보자.

COCO 데이터셋은 객체 탐지, 세그먼테이션, 키포인트 탐지 등의 컴퓨터 비전(computer vision) 분야의 task를 목적으로 만들어진 데이터셋이다. 실제로 객체 탐지 관련 논문을 읽어보면, 논문에서 성능 평가 목적으로 많이 사용되는 데이터셋 중에서 COCO 2017을 확인할 수 있다. 더불어 많은 객체 탐지 라이브러리는 이러한 COCO 데이터셋으로 사전 학습된(pre-trained) 모델을 제공하고 있다. COCO 2017 데이터셋은 다음과 같이 구성되어 있다.

- 학습(training) 데이터셋 : 118,000장의 이미지

• 검증(validation) 데이터셋 : 5,000장의 이미지
• 테스트(test) 데이터셋 : 41,000장의 이미지

COCO 데이터셋은 https://cocodataset.org/에서 자세한 내용을 확인할 수 있다.

person	fire hydrant	elephant	skis	wine glass	broccoli	dining table	toaster
bicycle	stop sign	bear	snowboard	cup	carrot	toilet	sink
car	parking meter	zebra	sports ball	fork	hot dog	tv	refrigerator
motorcycle	bench	giraffe	kite	knife	pizza	laptop	book
airplane	bird	backpack	baseball bat	spoon	donut	mouse	clock
bus	cat	umbrella	baseball glove	bowl	cake	remote	vase
train	dog	handbag	skateboard	banana	chair	keyboard	scissors
truck	horse	tie	surfboard	apple	couch	cell phone	teddy bear
boat	sheep	suitcase	tennis racket	sandwich	potted plant	microwave	hair drier
traffic light	cow	frisbee	bottle	orange	bed	oven	toothbrush

다음과 같이 [데이터셋(dataset)] 페이지로 이동한 뒤, 데이터셋을 다운로드할 수 있다. 간단히 사전 학습된 모델에 대한 평가(evaluation)만 진행할 경우, 2017 validation 데이터셋과 Train/Val annotations 파일을 다운로드하여 진행한다.

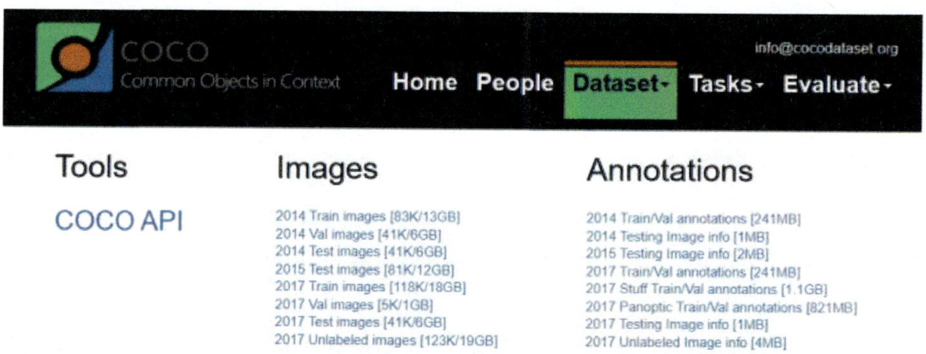

또한 annotations 파일을 다운로드하면 다음과 같이 captions_val2017.json 파일이 존재한다. 이 파일은 이미지에 대한 기본적인 설명이 포함되어 있다. 그리고 instances_val2017.json 파일에는 각 이미지 파일 내부에 어떠한 객체(object)가 존재하는지, 바운딩 박스(bounding box)와 함께 그 클래스(class) 정보가 함께 주어진다.

(1) Instances json file

Instances json file의 첫 부분은 아래와 같이 information과 license의 종류에 대한 내용이다.

```
{
  "info": {
    "description": "COCO 2017 Dataset",
    "url": "http://cocodataset.org",
    "version": "1.0",
    "year": 2017,
    "contributor": "COCO Consortium",
    "date_created": "2017/09/01"
  },
  "licenses": [
    {
      "url": "http://creativecommons.org/licenses/by-nc-sa/2.0/",
      "id": 1,
      "name": "Attribution-NonCommercial-ShareAlike License"
    },
    ...
  ],
```

그 다음 그림 파일에 대한 내용이 나온다.

```
"images": [
    ...
    {
      "license": 1,
      "file_name": "000000324158.jpg",
      "coco_url": "http://images.cocodataset.org/val2017/000000324158.jpg",
      "height": 334,
      "width": 500,
      "date_captured": "2013-11-19 23:54:06",
      "flickr_url": "http://farm1.staticflickr.com/169/417836491_5bf8762150_z.jpg",
      "id": 324158
    },
    ...
  ],
```

그 다음에는 각 그림에 대한 annotation 정보가 나온다. Annotation이란 그림에 있는 사물/사람의 segmentation mask와 box 영역, 카테고리 등의 정보를 말한다.

```
  "annotations": [
    ...
    {
      "segmentation": [
        [
```

```
          216.7,
          211.89,
          216.16,
          217.81,
          215.89,
          220.77,

          ...
          212.16
        ]
      ],
      "area": 759.3375500000002,
      "iscrowd": 0,
      "image_id": 324158,
      "bbox": [
        196.51,
        183.36,
        23.95,
        53.02
      ],
      "category_id": 18,
      "id": 10673
    },
    ...
    {
      "segmentation": [
        [
          44.2,
          167.74,
          48.39,
          162.71,
          ...
          167.58
        ]
      ],
      "area": 331.9790999999998,
      "iscrowd": 0,
      "image_id": 324158,
      "bbox": [
        44.2,
        161.19,
        36.78,
        13.78
      ],
      "category_id": 3,
      "id": 345846
    },
```

```
    ...
  ],
```

2.6 MNIST 데이터셋

NIST는 미국 국립표준기술연구소(National Institute of Standards and Technology)의 약자이다. MNIST 데이터란 인공지능 연구의 권위자 Yann LeCun 교수가 만든 데이터셋으로, 숫자 0 ~ 9까지의 손글씨 이미지의 집합이다. 28*28 픽셀의 0 ~ 9 사이의 숫자 이미지와 레이블로 구성된 데이터셋으로서, 머신러닝을 공부하는 사람들이 입문용으로 사용한다. 학습데이터 60,000개(확인용 데이터 5,000개), 테스트데이터 10,000개로 구성되어 있다. 사이즈는 28 × 28의 크기이다. 이미지의 값은 0 또는 1이다(흑, 백).

IST 데이터셋은 Yann LeCun의 웹사이트에 호스팅되어 있다. 편의를 위해 데이터를 자동으로 다운로드하고 설치하는 코드를 포함해 놓았다. 코드를 다운로드하고 아래와 같이 import하면 된다.

```
from tensorflow.examples.tutorials.mnist import input_data
mnist = input_data.read_data_sets("./samples/MNIST_data/", one_hot=True)
```

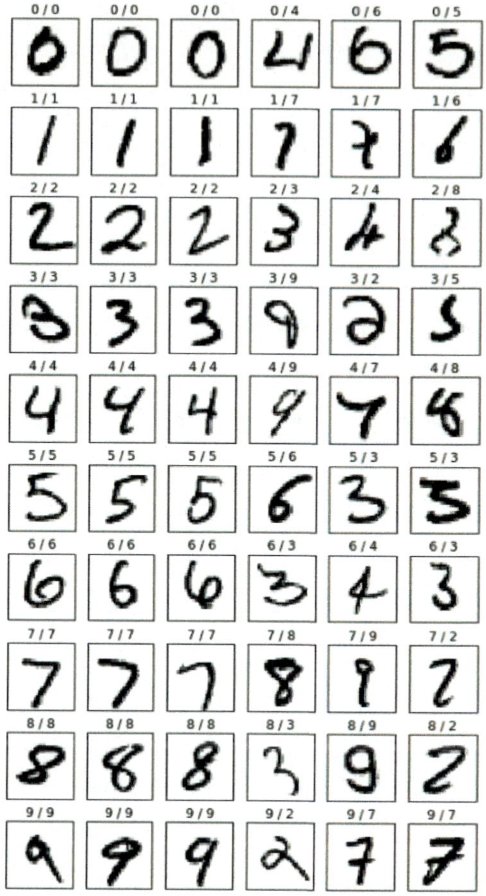

[그림 2.12] MNIST의 숫자 손글씨 데이터셋

(1) MNIST 데이터 구조

다운로드된 데이터는 55,000개의 학습 데이터(mnist.train), 10,000개의 테스트 데이터(mnist.text), 그리고 5,000개의 검증 데이터(mnist.validation) 이렇게 세 부분으로 나뉜다. 데이터가 이렇게 나뉜다는 것은 매우 중요하다. 왜냐하면 우리가 학습시키지 않는 데이터를 통해 우리가 학습한 것이 정말로 일반화되었다고 확신할 수 있기 때문이다.

앞서 언급했듯이, 각 MNIST 데이터셋은 두 부분으로 나뉜다. 손으로 쓴 숫자와 그에 따른 라벨이다. 우리는 이미지를 "xs"라고 부르고 라벨을 "ys"라고 부를 것이다. 학습 데이터셋과 테스트 데이터셋은 둘 다 xs와 ys를 가진다. 예를 들어, 학습 이미지는 mnist.train.images이고 학습 라벨은 mnist.train.labels이다.

데이터셋 명	행렬 차원	데이터 종류
mnist.train.images	55000 x 784	학습 이미지 데이터
mnist.train.labels	55000 x 10	학습 라벨 데이터
mnist.test.images	10000 x 784	테스트용 이미지 데이터
mnist.test.labels	10000 x 10	테스트용 라벨 데이터
mnist.validation.images	5000 x 784	확인용 이미지 데이터
mnist.validation.labels	5000 x 10	확인용 라벨 데이터

① 이미지

각 이미지는 28×28 픽셀이며, 이를 숫자의 큰 배열로 해석할 수 있다. 이미지 데이터를 보면, 아래 그림과 같이 28×28로 구성되어 있는데, 이를 2차원 행렬에서 1차원으로 쭈욱 핀 형태로 784개의 열을 가진 1차원 행렬로 변환되어 저장되어 있다. mnist.train.image는 이러한 784개의 열로 구성된 이미지가 55,000개가 저장되어 있다.

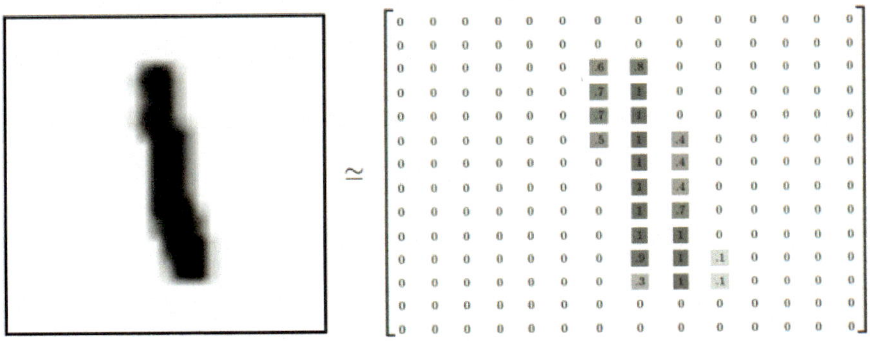

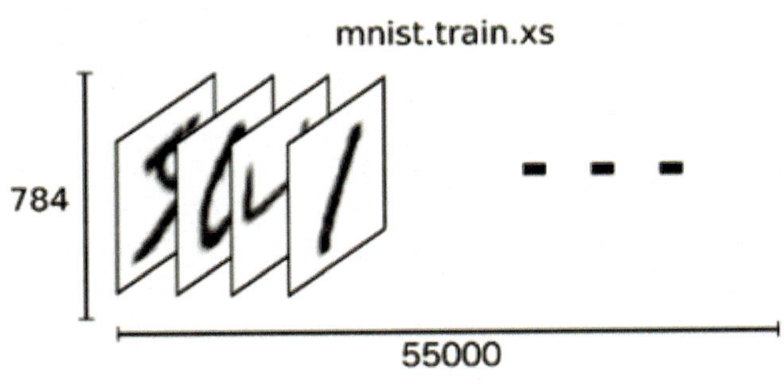

[그림 2.13] MNIST 이미지 데이터 구조

② 라벨

라벨(Label)은 이미지가 나타내는 숫자가 어떤 숫자인지를 나타내는 라벨 데이터로 10개의 숫자로 이루어진 1행 행렬이다. 0~9 순서로, 그 숫자면 1 아니면 0으로 표현된다. 예를 들어 1인 경우는 [0,1,0,0,0,0,0,0,0,0,0], 9인 경우는 [0,0,0,0,0,0,0,0,0,0,1]로 표현된다. 이미지 데이터에 대한 라벨이기 때문에 당연히 이미지 데이터 수만큼의 라벨을 가지게 된다.

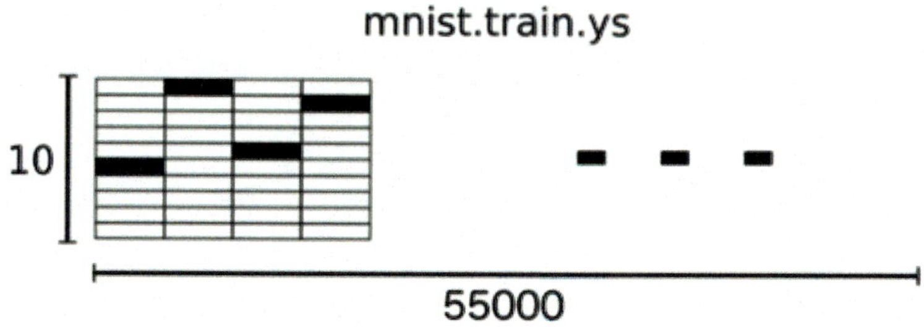

[그림 2.14] MNIST 라벨 구조

3장
데이터 라벨링

3.1 라벨링 개요

데이터 라벨링은 머신러닝이나 딥러닝 모델링 작업 이전에 학습 데이터에 특정한 값을 부여해주는 작업이다. 이 작업은 AI 산업의 기본이기도 하지만, 기업의 AI 사업의 성공적인 발전을 이루기 위한 핵심 요소로 생각된다. 그러나 라벨링 작업은 사람이 일일이 수작업으로 하다 보니 비용이 많이 들고 시간이 오래 걸리는 작업이다. 따라서 일부 기업이나 국가에서는 이러한 작업을 자동화하는 툴들에 대한 많은 연구가 진행되고 있다.

데이터 라벨링 작업의 특징은 머신러닝을 위해서는 많은 양의 데이터가 필요한데, 이미지를 분류할 때 최소 수천, 수만 장의 이미지가 요구되며 시간을 포함한 많은 비용이 든다는 점이다. 라벨링 작업자가 많아질수록 일관되고 정확한 라벨링 작업이 어려워진다. 이것이 얼마나 어렵고 오래 걸리는 작업인지 보여주는 실제 사례로 영국 경제지 파이낸셜타임스(FT)는 '자율 주행차 알고리즘이 도로 표지판 등을 학습하려면 수천 시간 분량의 라벨링된 운전 동영상이 필요하며, 1시간짜리 동영상에 라벨링하는 데 8시간이 걸린다'고 했다. 통상 AI 학습 시간의 약 80 ~ 90%를 라벨링 작업이 차지하는 것으로 알려졌다.

따라서 데이터 라벨링 툴을 사용했을 때 인력 · 돈 · 시간 모두 줄일 수 있고, 일관된 데이터 품질을 어느 정도 보장할 수 있다는 장점이 있다.

3.2 라벨링 툴(labeling tools)

다음은 현재 많이 사용되는 데이터 라벨링 툴들을 정리한 표이다.

툴 이름	설명	이미지	링크
labelImg	• 유명한 이미지 라벨링 툴 labelImg이다. • object detection 학습을 위해 영상에서 Bounding Box를 지정하여 라벨링을 수행하고, 그 bounding box 정보들을 .xml로 저장할 수 있다. • labelImg라는 Python 및 Pyqt 기반의 프로그램을 사용한다.		https://github.com/tzutalin/labelImg
CVAT (Computer Vision Annotation Tool)	• 컴퓨터 비전 알고리즘의 데이터 레이블을 지정하는 데 사용되는 무료 오픈 소스 웹 기반 이미지 및 비디오 주석 도구이다. • 웹 기반의 툴이고, 디지털 이미지와 동영상 레이블링에 쓰인다. 주로 object detection, image segmentation and image classification을 위해 쓰인다. • Computer vision data 레이블링을 위한 광범위한 feature를 보유하고 있다. • CVAT는 데이터 레이블링에 다소 시간이 걸린다.		https://github.com/openvinotoolkit/cvat
LabelMe	• MIT 컴퓨터 과학 및 인공지능 연구소에서 만든 프로젝트로 주석과 함께 디지털 이미지의 데이터 세트를 제공한다. • 데이터 세트는 동적이며 사용이 자유롭고 대중에게 공개된다. • 컴퓨터 비전 연구에 적절하다. • Rectangle뿐만 아니라 Polygon, Line, Point 등 다양한 형태의 도형을 labeling 할 수 있다. • Classification, Segmentation 등 다양한 task의 labeling도 지원한다. • 다양한 기능을 가진 만큼 tutorial로 약간의 사용법을 익힐 필요가 있다.		https://github.com/wkentaro/labelme

Labelbox	• Computer vision application을 구축하기 위한 데이터 annotation에서 가장 빠른 툴로 인식된다. • Labelbox은 artificial intelligence applications을 만들기 위한 데이터 라벨링 툴이다. • Labelbox를 사용하면 사용자 지정 레이블 인터페이스를 사용할 수 있다. • Labelbox를 사용하면 이미지와 텍스트의 기본 레이블을 간단하게 만들 수 있지만, point clouds, maps, videos or medical DICOM imagery와 같은 다양한 데이터 유형이 있으므로 맞춤형 레이블 인터페이스가 필요하다. 이를 위해 Labelbox는 사용자 지정 레이블 프런트엔드를 쉽게 작성, 설치 및 유지 관리할 수 있도록 설계하는 데 도움을 준다. • labeling 결과를 csv, json뿐만 아니라 일반적으로 많이 사용하는 데이터셋의 format(COCO, VOC, TFRecord) 등으로 export할 수 있어서 사용 중인 코드가 만약 저러한 format을 input으로 사용하도록 짜여 있는 경우 별도의 변환 과정 없이 쉽게 사용이 가능하다는 장점이 있다. • 웹을 통해 데이터를 업로드하고 annotation을 제작하는 방식이라 인터넷이 연결되어 있는 상황에서만 사용 가능하며, 데이터 보안 issue가 존재하는 경우에는 사용하기 어렵다는 단점이 있다.	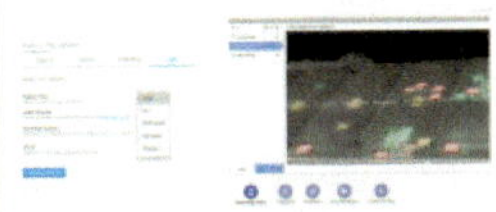	https://github.com/Labelbox/Labelbox
Pixie	경계 상자, 다각형, 자유 그리기 및 시맨틱 분할 객체 레이블을 제공하는 GUI Annotation 도구이다.		https://github.com/buni-rock/Pixie
VoTT	• 데이터셋을 제작하는 데 end-to-end support를 제공한다(자료처리 시스템 / 학습시스템에서 여러 단계의 필요한 처리과정을 한 번에 처리한다. 즉, 데이터만 입력하고 원하는 목적을 학습시키는 것을 뜻한다). • 비디오와 이미지를 기반으로 한 객체 탐지 모델(Object Detection)을 검증하는 데 쓰인다. • 마이크로소프트가 개발하였다.	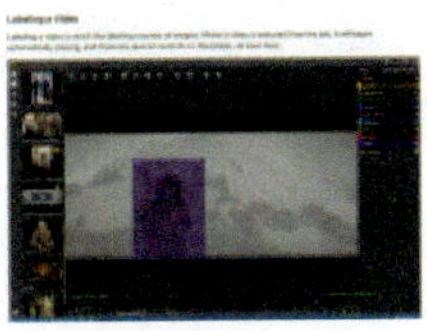	https://github.com/microsoft/VoTT

3.3 라벨링 포맷

라벨링 포맷은 여러 가지가 있으며, 다음 3개가 가장 유명하다. 하지만 사용할 모델에 따라 데이터 구조, 처리에 대한 편이에 따라 선정하는 라벨링 포맷이 달라지기도 한다.

- COCO format
- YOLO format
- PASCAL VOC format

또한 라벨링 포맷에 따라 annotation, 즉 객체의 좌표 표현법과 object의 label에 대한 형식이 달라지고, 이를 저장한 파일 형식자도 달라진다.

① COCO 포맷

COCO 포맷에는 객체검출(object detection), 키포인트 검출(keypoint detection), 스터프 세그멘테이션(stuff segmentation), 파놉틱 세그멘테이션(panoptic segmentation), 이미지 캡셔닝(image captioning) 등 5개의 annotation 타입이 있다.

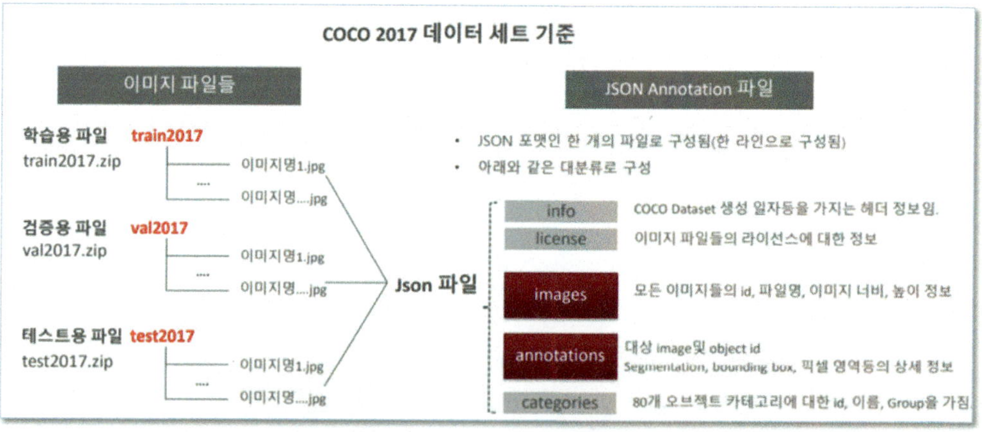

[그림 3.1] COCO 2017 데이터셋

▸ 키포인트 검출

키포인트 검출은 사람을 감지하는 동시에 키포인트를 localize하는 것이다. 즉, 키포인트는 관심 포인트와 같은 것이다. 그것들은 공간적 위치, 또는 이미지에서 흥미로운 것이나 눈에 띄는 것을 정의하는 이미지의 포인트를 나타낸다. 다음 이미지는 키포인트 검출 사례이다.

[그림 3.2] 키포인트 검출

▸ 스터프 세그멘테이션

스터프는 background를 말한다. 즉, sky, grass, wall, road 등을 세분류해서 세그멘테이션 하는 것이다.

[그림 3.3] 스터프 세그멘테이션

▸ 세그멘테이션의 종류

- **semantic 세그멘테이션** : 객체별로 구분, 동일한 객체는 같은 색상으로 표현한다. 배경을 포함하여 모든 픽셀을 레이블링한다.
- **instance 세그멘테이션** : 각각 개체들을 개별로 취급한다. 하늘이나 도로 등 정해진 형태가 없는 물체의 경우는 클래스 라벨을 부여하지 않는 점이다.
- **panoptic 세그멘테이션** : semantic과 instance를 합친 것이다.

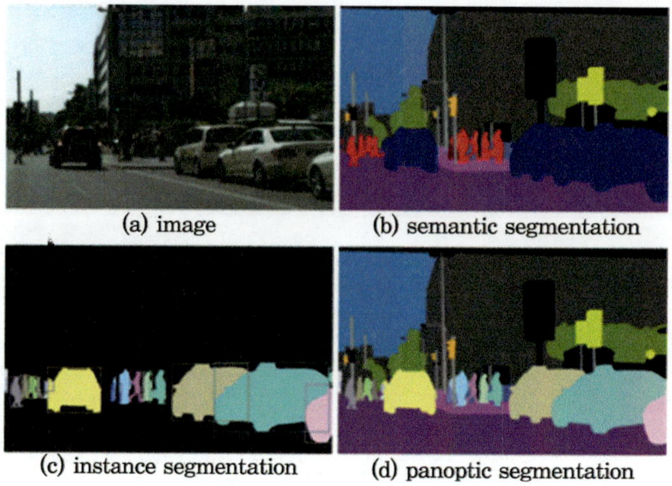

[그림 3.4] 세그멘테이션의 종류

Annotation은 JSON 파일 형식으로 저장되어 있다. 아래는 object detection의 경우 COCO 포맷 JSON 파일의 예시이다.

```
annotation{
"id" : int,
"image_id": int,
"category_id": int,
"segmentation": RLE or [polygon],
"area": float,
"bbox": [x,y,width,height],
"iscrowd": 0 or 1,
}
categories[{
"id": int,
"name": str,
"supercategory": str,
}]
```

▸ Json annotation 파일의 기본 빌딩 블록

- info : 데이터 세트에 대한 높은 수준의 정보를 포함.
- licenses : 데이터 세트의 이미지에 적용되는 이미지 라이선스 목록을 포함.
- category : 카테고리 목록을 포함. 범주는 상위 범주에 속할 수 있다.
- images : 경계 상자 또는 분할 정보 없이 데이터 세트의 모든 이미지 정보를 포함. 이미지 ID는 고유.
- annotations : 데이터 세트에 있는 모든 이미지의 모든 개별 개체 주석 목록

```
{
  "info": info,
  "licenses": [license],
  "categories": [category],
  "images": [image],
  "annotations": [annotation]
}
```

• Info : 데이터 세트에 대한 정보를 제공

```
"info"                                "info":
{                                        {
"year": int,                                 "year": 2019,
 "version": str,                             "version": "1.0",
 "description": str,                         "description": "Flower and Fruits dataset",
 "contributor": str,                         "contributor": "Flowers Inc.",
 "url": str,                                 "url": "http://test.org",
 "date_created": datetime,                   "date_created": "2019/12/04"
}                                        }
```

• 라이선스 : 데이터 세트에 사용된 다양한 이미지 라이선스 목록을 제공

```
licenses                      "licenses":
[{                            [{
"id": int,                            "id": 1,
 "name": str,                         "name": "Free License",
 "url": str,                          "url": "http://flower.org/",
}]                            }]
```

• 카테고리 : 각 카테고리 ID는 고유해야 함. 범주는 상위 범주에 속할 수 있음. 예를 들어 꽃과 과일을 식별하는 데이터 세트가 있는 경우, 꽃은 슈퍼 카테고리가 될 것이고 장미, 백합, 튤립은 우리가 감지하고자 하는 꽃의 이름이 될 것임.

```
Categories                    "categories":
[{                            [
"id": int,                        {"id": 1,"name": "rose", "supercategory": "flower"},
 "name": str,                     {"id": 2,"name": "tulip", "supercategory": "flower"},
 "supercategory": str,            {"id": 10,"name": "Apple", "supercategory": "fruit"}
}]                            ]
```

- 이미지 : 데이터 세트의 모든 이미지 목록을 포함. 이미지 ID는 고유해야 함. flickr_url, coco_url 및 date_captured는 선택 사항

```
image{                                    "images": [
"id": int,                                   {
 "width": int,                                   "id": 397133,
 "height": int,                                  "width": 640,
 "file_name": str,                               "height": 640,
 "license": int,                                 "file_name": "101.jpg",
 "flickr_url": str,                              "license":1,
 "coco_url": str,                                 "date_captured": "2019-12-04 17:02:52"
 "date_captured": datetime,                  },
}                                            {
                                                  "id": 397122,
                                                 "height": 640,
                                                 "width": 640,
                                                 "file_name": "102.jpg",
                                                 "license": 1,
                                                 "date_captured": "2019-12-04 17:02:52"
                                             }
                                             ]
```

- Annotation : 데이터 세트에 있는 모든 단일 이미지의 각 개별 객체 annotation 목록을 포함. 물체 감지를 위한 경계 상자 출력 또는 물체 분할을 포함하는 섹션. 이미지에 감지하려는 4개의 개체가 있는 경우 4개 개체 모두에 대한 annotation이 존재. 전체 데이터 세트가 150개의 이미지로 구성되고, 총 200개의 개체가 있는 경우 200개의 annotation이 있음.

```
annotation{                               "annotations": [
"id": int,                                    {
 "image_id": int,                                  "segmentation":
 "category_id": int,                      [[510.66,423.01,511.72,420.03,...,510.45,423.01]],
 "segmentation": RLE or [polygon],                 "area": 702.10,
 "area": float,                                    "iscrowd": 0,
 "bbox": [x,y,width,height],                       "image_id":  397133,
 "iscrowd": 0 or 1,                                "bbox": [433.07,355.93,138.65,228.67],
}                                                  "category_id": 18,
                                                   "id": 1768
                                              },
                                              {
                                                   "segmentation":
                                                {
                                                   "counts":[12,56,198,10]
                                                   "size":[120, 240]
                                                }
                                                  "area": 500.2,
                                                  "iscrowd": 1,
                                                  "image_id": 397122,
                                                  "bbox": [473.07,395.93,38.65,28.67],
                                                  "category_id": 18,
                                                  "id": 1768
                                              }]
```

② PASCAL VOC 포맷

PASCAL VOC 포맷은 xml 파일 형태로 저장되어 있다. Pascal VOC는 객체 감지를 위한 표준화된 이미지 데이터 세트를 제공한다.

- http://host.robots.ox.ac.uk/pascal/VOC/

▸ COCO와 Pascal VOC 데이터 형식의 차이점

Pascal VOC는 JSON 파일이 있는 COCO와 달리 xml 파일이다. Pascal VOC에서는 데이터셋의 각 이미지에 대한 파일을 만드나, COCO에는 훈련, 테스트 및 검증을 위한 전체 데이터셋에 대해 각각 하나의 파일이 있다. Pascal VOC 및 COCO 데이터 형식의 bounding box(경계 상자)가 다르다.

- COCO bounding box : (x-top left, y-top left, width, height),
- Pascal bounding box : (xmin-왼쪽 위, ymin-왼쪽 위, xmax-오른쪽 아래, ymax-오른쪽 아래)

object detection에 대한 PASCAL VOC 포맷 예시는 다음과 같다.

```
<annotation>
  <folder>Train</folder>
  <filename>01.png</filename>
  <path>/path/Train/01.png</path>
  <source>
    <database>Unknown</database>
  </source>
  <size>
    <width>224</width>
    <height>224</height>
    <depth>3</depth>
  </size>
  <segmented>0</segmented>
  <object>
    <name>36</name>
    <pose>Frontal</pose>
    <truncated>0</truncated>
    <difficult>0</difficult>
    <occluded>0</occluded>
    <bndbox>
      <xmin>90</xmin>
      <xmax>190</xmax>
      <ymin>54</ymin>
      <ymax>70</ymax>
    </bndbox>
  </object>
</annotation>
```

▸ xml 파일의 구조

〈folder〉	: 이미지가 들어있는 폴더
〈filename〉	: 폴더에 존재하는 물리적 파일 이름
〈size〉	: xml 파일과 대응되는 이미지의 width, height, channels 정보에 대한 tag
〈width〉	: xml 파일에 대응되는 이미지의 width값
〈height〉	: xml 파일에 대응되는 이미지의 height값
〈depth〉	: xml 파일에 대응되는 이미지의 channels값(흑백 = 1, 컬러 이미지 = 3)
〈object〉	: xml 파일과 대응되는 이미지 속에 object의 정보에 대한 tag
〈name〉	: 클래스 이름
〈bndbox〉	: 해당 object의 바운딩 박스 정보에 대한 tag
xmin	: object 바운딩 박스의 왼쪽 상단의 x축 좌표값
ymin	: object 바운딩 박스의 왼쪽 상단의 y축 좌표값
xmax	: object 바운딩 박스의 우측 하단의 x축 좌표값
ymax	: object 바운딩 박스의 우측 하단의 y축 좌표값

PASCAL VOC의 폴더 구조는 아래와 같은 형식으로 구성되어 있다.

```
VOC20XX
├── Annotations
├── ImageSets
├── JPEGImages
├── SegmentationClass
└── SegmentationObject
```

- Annotations : JPEGImages 폴더 속 원본 이미지와 같은 이름들의 xml 파일들이 존재한다. Object Detection을 위한 정답 데이터가 된다.
- ImageSets : 어떤 이미지 그룹을 test, train, trainval, val로 사용할 것인지, 특정 클래스가 어떤 이미지에 있는지 등에 대한 정보들을 포함하고 있는 폴더이다.
- JPEGImages : *. jpg 확장자를 가진 이미지 파일들이 모여 있는 폴더이다. Object Detection에서 입력 데이터가 된다.
- SegmentationClass : Semantic segmentation을 학습하기 위한 label 이미지이다.
- SegmentationObject : Instance segmentation을 학습하기 위한 label 이미지이다.

모델에 입력으로 넣는 입력 데이터인 경우 그냥 load해서 사용하면 되지만, 지도 학습에 핵심이 되는 정답 데이터의 경우는 parsing이 필요한 경우가 있으므로 Annotations의 *.xml

구조는 잘 알아두는 것이 중요하다.

③ YOLO 포맷

YOLO 포맷은 각 이미지 파일당 같은 파일명의 txt 파일로 라벨이 저장되어 있다는 것이 특징이다. 이때 두 파일은 같은 디렉토리에 저장되어야 한다. 각 txt 파일은 아래와 같은 정보를 갖는다.

```
<object-class> <x> <y> <width> <height>
```

여러 개의 object가 있는 경우 line by line으로 기록되어 있다. 아래는 2가지의 object가 탐지된 예시이다.

```
0 45 55 29 67
1 99 83 28 44
```

YOLO 포맷의 annotation은 VOC보다 비교적 매우 간단하다. 첫 번째 0은 label에 해당하는 index(데이터의 label은 객체가 1개이면 모든 객체의 index가 0이다)이고, 그 다음은 각각 x, y, width, height의 값을 의미한다.

3.4 Window 환경에서 labelImg 설치

(1) labelImg 툴 개요

labelImg는 그래픽 이미지 annotation(주석) 도구로, Python으로 작성되었으며 그래픽 인터페이스로 Qt를 사용한다. annotation은 ImageNet에서 사용하는 형식인 PASCAL VOC 형식의 XML 파일로 저장 가능하며, 또한 YOLO 및 CreateML(Json) 형식도 지원한다.

▸ 소스의 깃허브 위치

- https://github.com/heartexlabs/labelImg

[그림 3.5] labelImg 화면

(2) 설치

▸ 설치환경 구성

먼저 딥러닝 개발환경 플랫폼인 아나콘다(Anaconda)를 설치한다.

① 아나콘다를 설치함

- https://www.anaconda.com/products/distribution#Downloads

② Window installer 다운 후 설치(window 버전 설치시)

자세한 설치는 5장에 설명되어 있다.

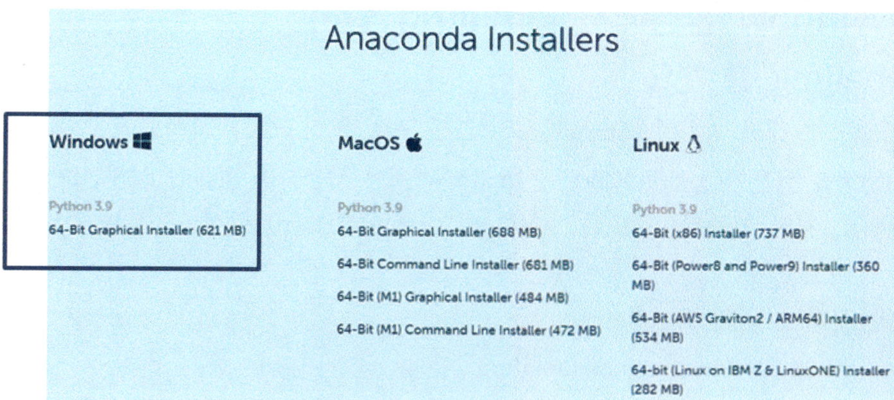

[그림 3.6] 아나콘다 설치화면

▸ 설치환경 : 아나콘다, Windows 10 환경

① 아나콘다 CMD를 관리자 권한으로 연다.

② 다음 위치로 접근(본인 가상 환경으로 진입)

cd C:₩Users₩PBS₩labelimg₩labelImg-master

• 소스파일이 c:₩Users₩PBS 아래 저장되어 있다고 가정

③ 콘다로 labelImg.py 실행

```
(base) C:\Users\PBS\labelimg-master> python labelImg.py
```

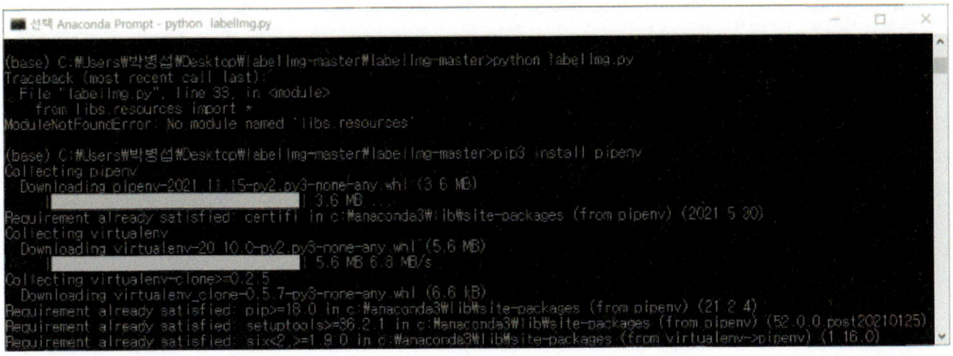

▸ **ModuleNotFoundError: No module named 'libs.resources' 에러 발생**

```
(base) C:\Users\PBS\labelimg-master> python -m pip install --upgrade pip
```

```
(base) C:\Users\PBS\labelimg-master> pip3 install pipenv
```

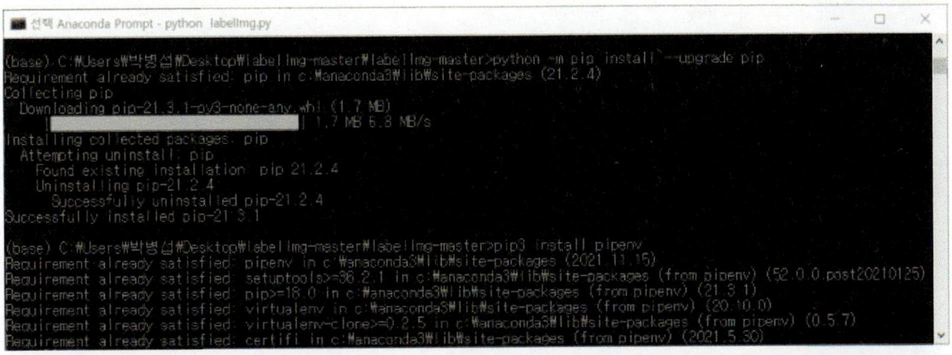

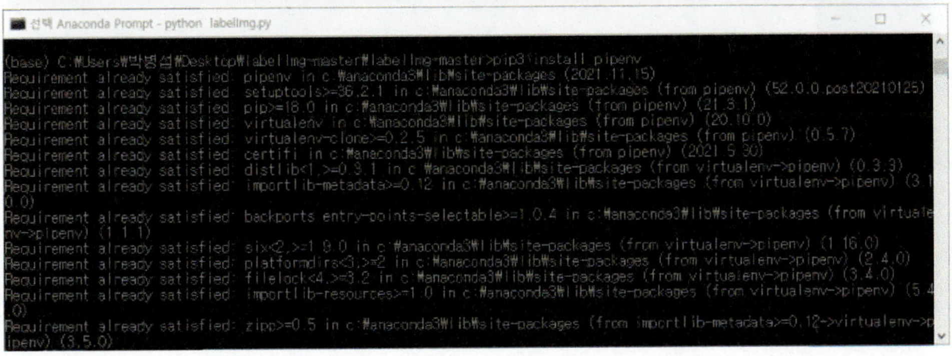

파이썬 소스코드를 실행하면 'ModuleNotFoundError: No module named 'libs.resources'' 에러가 또 발생한다. 따라서 다음처럼 리소스 파일 적용 명령어 실행 후, 다시 labelImg.py 실행하면 에러 없이 labelImg 화면이 뜬다.

```
(base) C:\Users\PBS\labelimg-master> pyrcc5 -o libs/resources.py resources.qrc
```

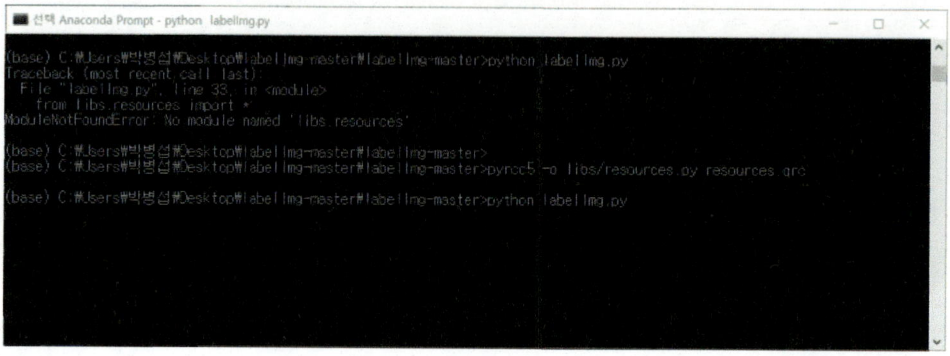

```
(base) C:\Users\PBS\labelimg-master> python labelImg.py
```

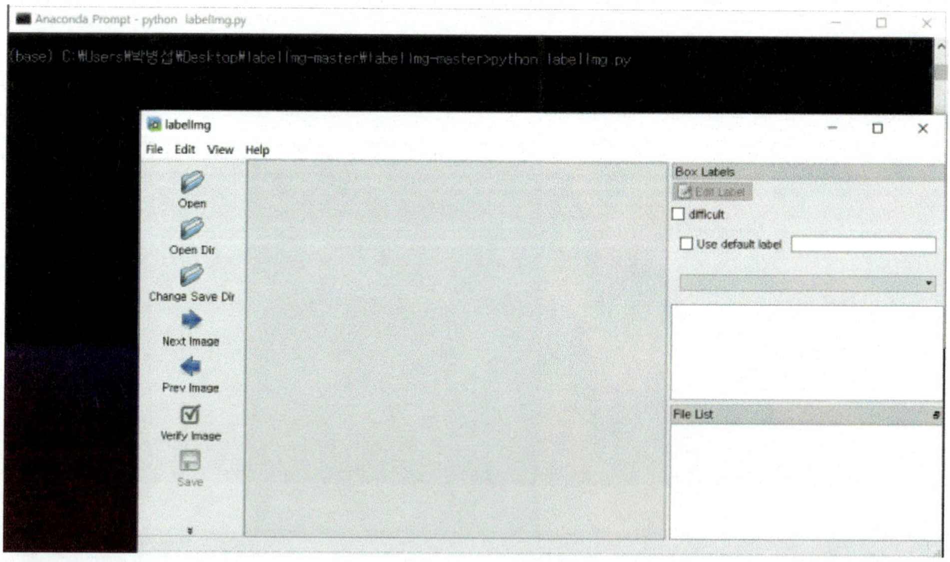

▸ 이미지 로딩

3.5 Ubuntu 환경에서 labelImg 설치

▸ 설치환경 : Ubuntu 18.04 환경

① git clone을 하기 위해 다운로드 받을 폴더를 찾는다. /home/label/에 설치하기로 한다.

```
$ cd /label
$ git clone https://github.com/tzutalin/labelImg.git
```

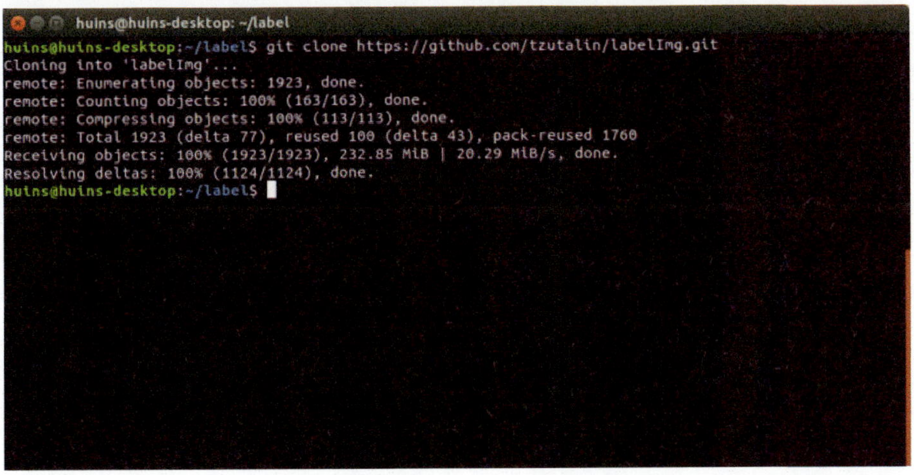

② pyqt5, lxml 설치(Python 3 + Qt5 설치 : 최신 버전)

```
$ sudo apt-get install pyqt5-dev-tools
$ sudo apt-get install python3-lxml
$ sudo pip3 install -r requirements/requirements-linux-python3.txt
```

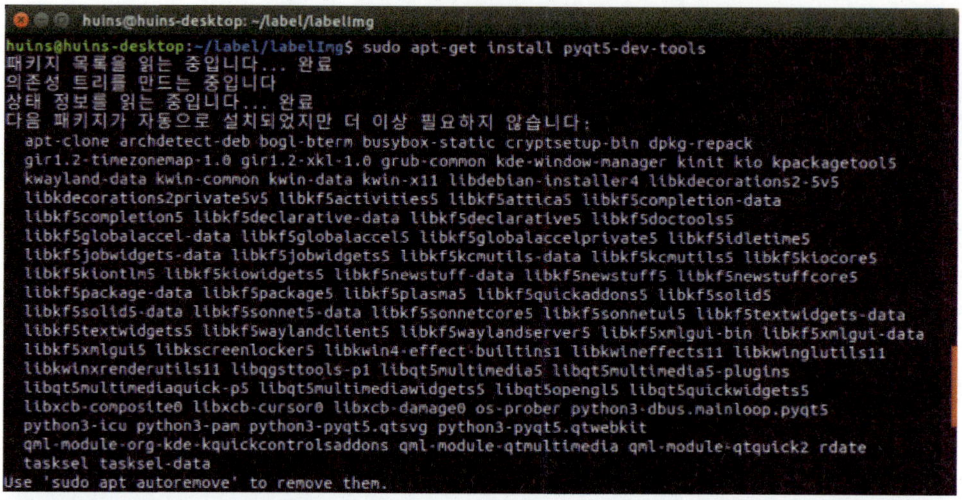

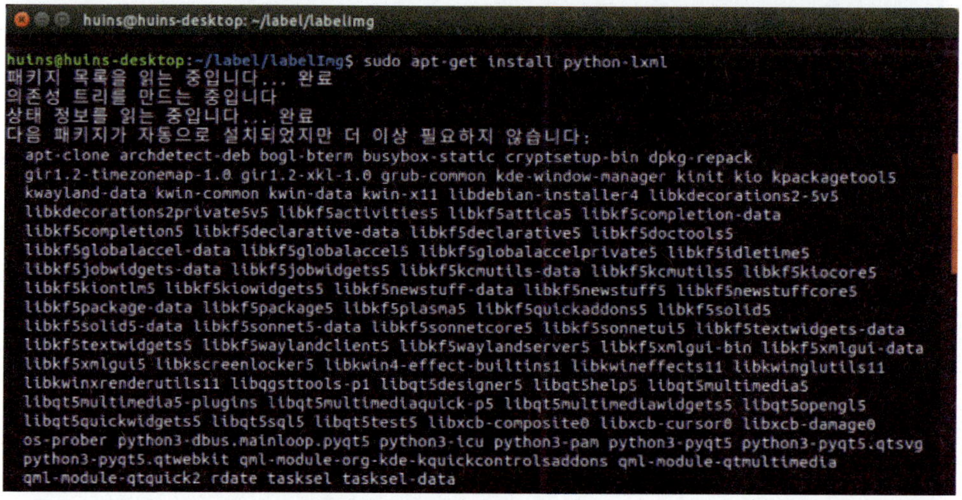

• pyqt4, lxml 설치 시(python 1 + Qt4 설치)

```
$ sudo apt-get install pyqt4-dev-tools
$ sudo apt-get install python-lxml
```

③ labelImg 실행

• Python 3 + Qt5 버전 실행 시

```
$ make qt5py3
$ python3 labelImg.py
```

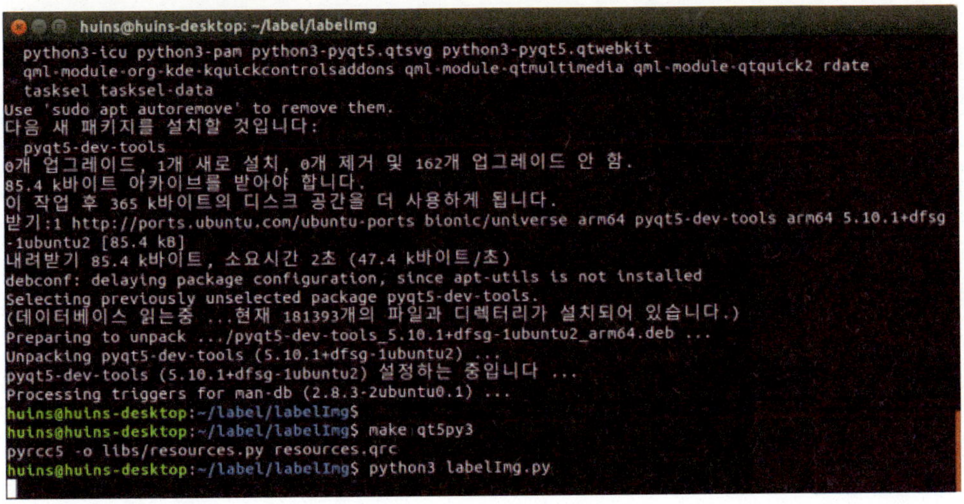

• Python 1 + Qt4 버전 실행 시(old)

```
$ make qt4py2
$ python labelImg.py
```

④ labelImg가 실행되어 창이 나타나면 이미지를 불러와 'create RectBox'로 crop한다. 주석 형식을 먼저 선택하는데, 아래 화면은 'PascalVOC'를 선택한 예이다. 왼쪽 **save**를 누르면 xml 파일로 저장되며, 그 파일 위치에서 우클릭 후 gedit로 파일 정보를 수정할 수 있다. 추후에 다시 실행할 때는 cd로 labelImg로 들어가서 'python labelImg.py' 명령어로 실행한다.

▸ 이미지 불러오기

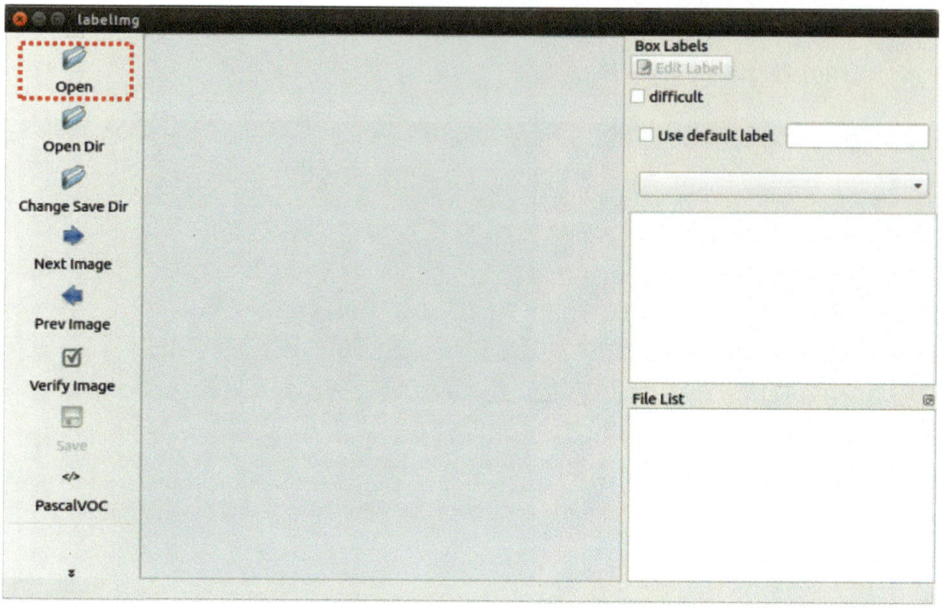

▸ Box 라벨링 : 'Create RectBox' 메뉴

• fire 라벨링 예(주석 형식은 'CreateML' 선택한 예)

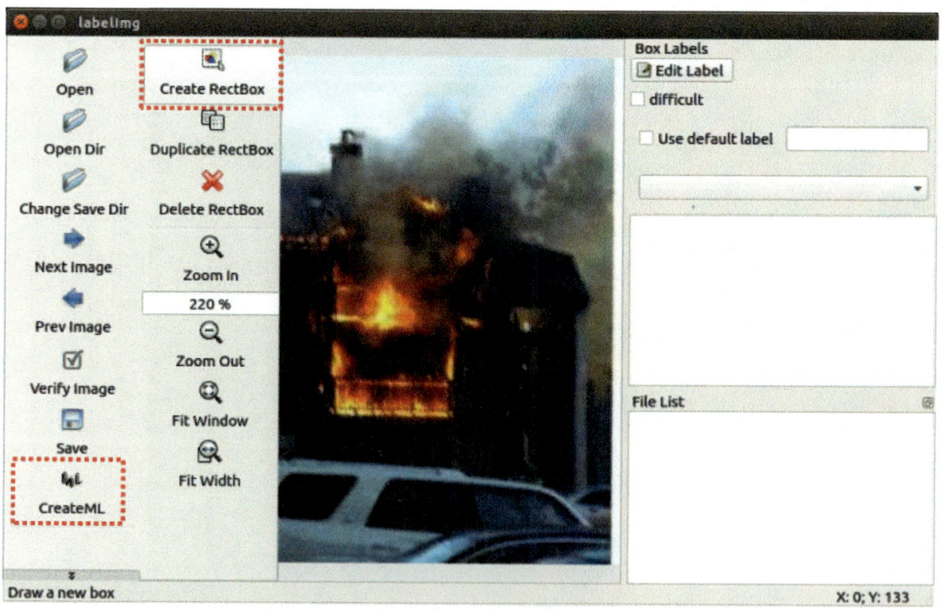

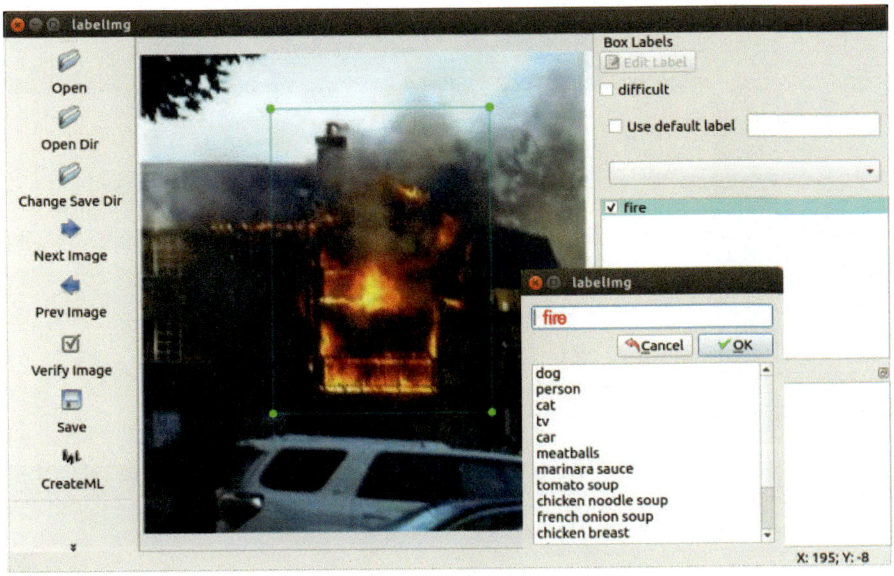

• 라벨링된 파일 형식 : .txt, .xml, .json 파일 저장 가능

주석 형식	파일 형식
Pascal VOC(ImageNet 사용 시)	.xml
YOLO	.txt
CreateML	.json

▶ json 파일

문서
Home
문서
Recent
Home
Desktop
다운로드
문서
비디오
사진
음악
Trash
16 GB V...
000000.
json

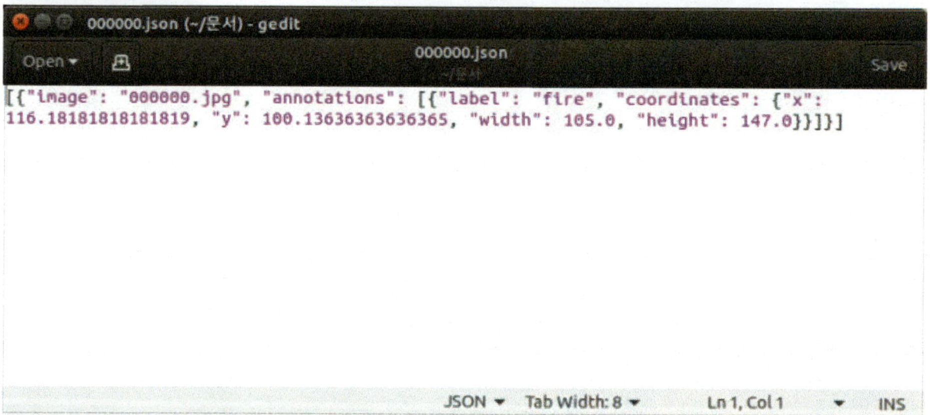
000000.json (~/문서) - gedit
Open
000000.json
Save
[{"image": "000000.jpg", "annotations": [{"label": "fire", "coordinates": {"x":
116.18181818181819, "y": 100.13636363636365, "width": 105.0, "height": 147.0}}]}]
JSON
Tab Width: 8
Ln 1, Col 1
INS

▸ txt 파일

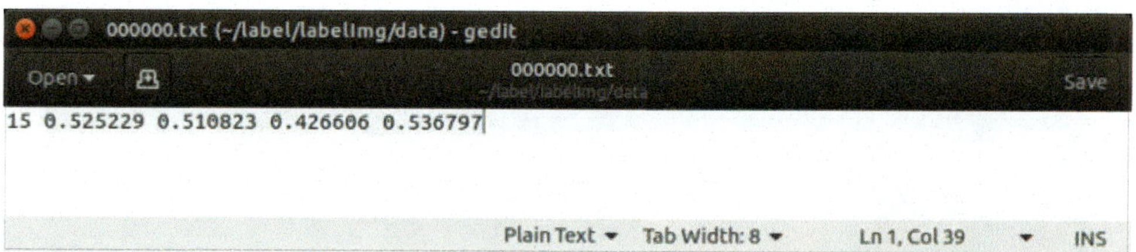
000000.txt (~/label/labelImg/data) - gedit
Open
000000.txt
Save
15 0.525229 0.510823 0.426606 0.536797
Plain Text
Tab Width: 8
Ln 1, Col 39
INS

▸ xml 파일

```xml
<annotation>
	<folder>fire_image</folder>
	<filename>000000.jpg</filename>
	<path>/home/huins/ex_data/fire_detection_example/fire_image/000000.jpg</path>
	<source>
		<database>Unknown</database>
	</source>
	<size>
		<width>218</width>
		<height>231</height>
		<depth>3</depth>
	</size>
	<segmented>0</segmented>
	<object>
		<name>fire</name>
		<pose>Unspecified</pose>
		<truncated>0</truncated>
		<difficult>0</difficult>
		<bndbox>
			<xmin>68</xmin>
			<ymin>56</ymin>
			<xmax>161</xmax>
			<ymax>180</ymax>
		</bndbox>
	</object>
</annotation>
```

4장 딥러닝 파이썬 라이브러리

4.1 개요

파이썬(Python)은 ML(Machine Learning)의 선호 언어로 급부상하고 있다. 라이브러리 및 오픈 소스 도구의 사용 가능 여부는 이상적인 선택을 위한 ML 모델을 개발하고 있다. 파이썬은 오랫동안 기계 학습 및 인공지능 개발자를 위한 선택이었다. 파이썬은 작업 부하를 줄이는 데 도움이 되는 광범위한 라이브러리는 물론, 생산성을 높일 뿐만 아니라 코드의 품질을 높이는 최고의 유연성과 기능을 개발자에게 제공한다.

기계 학습, 딥러닝 및 인공지능을 위한 최고의 프로그래밍 언어로 파이썬을 포함시킨 다양한 기능은 다음과 같다.

- 무료 및 오픈 소스 특성으로 인해 커뮤니티 친화적이고 장기적으로 개선을 보장
- 포괄적인 라이브러리를 통해 기존의 모든 문제에 대한 솔루션이 있음
- 원활한 구현 및 통합을 통해 다양한 기술 수준을 가진 사람들이 이를 적용할 수 있음
- 코딩 및 디버그 시간을 줄여 생산성 향상
- Soft Computing, Natural Language Processing에도 사용 가능
- C 및 C++ 코드 모듈과 원활하게 작동

4.2 텐서플로우(TensorFlow)

(1) 개요

텐서플로우는 구글이 2011년에 개발을 시작하여 2015년에 오픈 소스로 공개한 기계학습 라이브러리이다. 하이 레벨 프로그래밍 언어로 알려진 파이썬을 활용하여 연산처리를 작성할 수 있다. 다른 언어들도 대부분 지원하지만 파이썬 관련 자료가 가장 많다. 때문에 공개된 지 그리 오래되지 않았음에도 불구하고 텐서플로우가 다양한 분야에서 활용되고 있다.

(2) 특징

텐서플로우는 다음과 같은 특징을 가진다.

- 데이터 플로우 그래프를 통한 풍부한 표현력
- 아이디어 테스트에서 서비스 단계까지 이용 가능
- 계산 구조와 목표 함수만 정의하면 자동으로 미분 계산을 처리
- Python, C++, Go, Java, R을 지원하며, SWIG를 통해 다양한 언어 지원 가능

텐서플로우 2.0의 네 가지 주요 구성 요소는 다음과 같다.

- 텐서플로우 코어(Tensorflow core) : 머신러닝 모델을 개발하고 학습시키기 위한 오픈소스 라이브러리
- TensorFlow.js : 브라우저와 Node.js에서 모델을 학습 및 배포하기 위한 자바스크립트 라이브러리
- 텐서플로우 라이트(Tensorflow Lite) : 모바일 및 임베디드 디바이스에 모델을 배포하기 위한 가벼운 라이브러리
- 텐서플로우 익스텐디드(Tensorflow Extended, TFX) : 대규모 프로덕션 환경에서 데이터를 준비하고 모델을 학습, 검증, 배포하기 위한 플랫폼

최근에 케라스(Keras)가 텐서플로우에 편입되었다(tf.keras import). tf.keras는 케라스 API와 호환되는 어떤 코드라도 실행시킬 수 있다.

(3) 텐서플로우 버전

공개된 버전은 일반 버전과 GPU 가속 버전 두 가지이다. 일반 버전은 어떤 컴퓨터에서든 실행할 수 있다는 장점이 있다. GPU 가속 버전은 GPGPU(General Purpose GPU)를 사용해 대량 연산을 빠르게 수행하므로 훨씬 빠르게 동작하게 된다. 현재 NVIDIA의 GPGPU 언어인 CUDA(Compute Unified Device Architecture)를 사용하기 때문에 NVIDIA 그래픽카드가 없으면 사용할 수 없다. GPU 가속 버전의 성능은 CPU 성능과는 별 관계가 없고 GPU 성능이 중요하다. CUDA 드라이버와 cuDNN 드라이버를 추가적으로 설치하여야 한다.

그 외에 구글이 자사 서비스를 위해 내부적으로 사용하고 있는 버전도 있는데, 이것은 구글이 자체 개발한 AI 가속 하드웨어인 TPU(Tensor Processing Unit) 위에서 동작하기 때문에 인텔 제온이나 엔비디아 테슬라보다도 15~30배 더 빠르다.

텐서플로우 2.0이 출시되면서 CPU 버전과 GPU 버전이 통합되었다. CUDA 환경 설치가 올바르게 되었다면 자동으로 GPU를 인식해준다.

(4) Tensorflow Lite

텐서플로우로 훈련한 모델을 안드로이드나 iOS 또는 더 작은 라즈베리파이 등에 사용할 수 있게 변환하는 기술이다. 즉, Tensorflow Lite는 모바일(안드로이드나 iOS), 임베디드 및 IoT 기기(또는 더 작은 라즈베리 파이)에서 텐서플로우 모델을 변환하고 실행하는 데 필요한 모든 도구를 제공한다.

기기 내 머신러닝에 최적화되며, 다음 5가지 핵심 제약사항을 해결하고 있다.

- 지연 시간(서버까지의 왕복 없음)
- 개인 정보 보호(기기에 개인 정보를 남기지 않음)
- 연결성(인터넷 연결이 필요하지 않음)
- 크기(모델 및 바이너리 크기 축소)
- 전력 소비(효율적인 추론 및 네트워크 연결 불필요)

안드로이드의 경우 .tflite 파일을 직접 넣을 수도 있으며, MLKit 등을 활용해 좀 더 쉽게 적용할 수 있다. 예를 들어 이미지 분류 문제를 위해 ResNet50을 훈련했다면, model에 해당 tflite 파일을 설정하고 이미지를 1*224*224*3 사이즈의 비트맵으로 변환한 후 각 RGB 값에 255를 나눠서 preprocess하면 된다. 그 다음 이 파일을 모델에 input하면 각 label별로 예측한 확률의 array가 나오는데, 여기다가 argmax 같은 함수를 사용해서 prediction 결과를 뽑을 수 있다.

(5) TensorFlow 2 설치

① 설치환경

텐서플로우는 다음 64비트 시스템에서 테스트 및 지원된다.

- Python 3.6 ~ 3.9
- Ubuntu 16.04 이상
- Windows 7 이상(C++ 재배포 가능 패키지)
- macOS 10.12.6(Sierra) 이상(GPU 지원 없음)

② 패키지 다운로드

파이썬의 pip 패키지 관리자를 사용해 텐서플로우를 설치한다. TensorFlow 2 패키지에는 pip 19.0가 넘는 버전(또는 macOS의 경우 20.3이 넘는 버전)이 필요하다. 공식 패키지는 Ubuntu, Windows, macOS에서 사용할 수 있다.

▸ pip를 사용하여 텐서플로우 설치

[TensorFlow 2 패키지 사용 가능]

- tensorflow : CPU와 GPU 지원이 포함된 안정적인 최신 출시(Ubuntu 및 Windows)
- tf-nightly : 미리보기 빌드(불안정). Ubuntu 및 Windows에는 GPU 지원이 포함되어 있다.

[이전 버전의 텐서플로우]

TensorFlow 1.x의 경우 CPU와 GPU 패키지는 다음과 같이 구분된다.

- tensorflow==1.15 : CPU 전용 출시
- tensorflow-gpu==1.15 : GPU 지원이 포함된 출시(Ubuntu 및 Windows)

[시스템 요구사항]

1) Python 3.6–3.9

- Python 3.9 지원에는 TensorFlow 2.5 이상 필요
- Python 3.8 지원에는 TensorFlow 2.2 이상 필요
- pip 19.0 이상(manylinux2010 지원 필요)
- Ubuntu 16.04 이상(64비트)
- macOS 10.12.6(Sierra) 이상(64비트)(GPU 지원 없음)
- macOS에는 pip 20.3 이상 필요
- Windows 7 이상(64비트)

2) Visual Studio 2015, 2017 및 2019용 Microsoft Visual C++ 재배포 가능 패키지

- GPU 지원에는 CUDA 지원 카드 필요(Ubuntu 및 Windows)

※ 참고 : TensorFlow 2를 설치하려면 최신 버전의 pip가 필요하다.

[하드웨어 요구사항]

- TensorFlow 1.6부터 바이너리는 이전 CPU에서 실행되지 않을 수 있는 AVX 명령어 사용
- GPU 지원 가이드에 따라 Ubuntu 또는 Windows에서 CUDA 사용 GPU 카드를 설정

③ 시스템에 파이썬 개발환경 설치

파이썬 환경이 이미 구성되었는지 확인한다.

```
$ python3 --version
$ pip3 --version
```

이 패키지가 이미 설치된 경우 다음 단계로 건너뛴다. 설치되지 않았으면 파이썬, pip 패키지 관리자 및 venv를 설치한다.

[Ubuntu용]

```
$ sudo apt update
$ sudo apt install python3-dev python3-pip python3-venv
```

[Windows용]

> Visual Studio 2015, 2017 및 2019용 Microsoft Visual C++ 재배포 가능 패키지를 설치한다. TensorFlow 2.1.0 버전부터 msvcp140_1.dll 파일이 이 패키지에 필요하다(이전 재배포 가능 패키지에서는 제공되지 않을 수 있음). 재배포 가능 패키지는 Visual Studio 2019와 함께 제공되지만 별도로 설치할 수 있다.
>
> - Microsoft Visual C++ 다운로드로 이동
> - Visual Studio 2015, 2017 및 2019 섹션까지 페이지를 아래로 스크롤
> - Visual Studio 2015, 2017 및 2019용 Microsoft Visual C++ 재배포 가능 패키지를 플랫폼에 다운로드하여 설치
>
> Windows에서 긴 경로가 사용 설정되었는지 확인
> 64비트 Windows용 Python 3 출시를 설치한다(선택적 기능으로 pip 선택).

④ 가상 환경 만들기(권장)

파이썬 가상 환경은 패키지 설치를 시스템으로부터 분리하는 데 사용된다.

[Ubuntu/macOS 환경]

파이썬 인터프리터를 선택하고 저장할 ./venv 디렉터리를 만들어 새로운 가상 환경을 만든다.

```
python3 -m venv --system-site-packages ./venv
```

쉘 특정 명령어를 사용하여 가상 환경을 활성화한다.

```
$ source ./venv/bin/activate  # sh, bash, or zsh

$ . ./venv/bin/activate.fish  # fish

$ source ./venv/bin/activate.csh  # csh or tcsh
```

가상 환경이 활성화되면 쉘 프롬프트가 (venv)로 시작한다. 호스트 시스템 설정에 영향을 주지 않고 가상 환경 내에 패키지를 설치한다. pip 업그레이드로 시작한다.

```
$ pip install --upgrade pip

$ pip list  # show packages installed within the virtual environment
```

가상 환경을 나중에 종료하려면 다음 단계를 진행한다.

```
$ deactivate  # don't exit until you're done using TensorFlow
```

[Windows 환경]

파이썬 인터프리터를 선택하고 저장할 .₩venv 디렉터리를 만들어 새로운 가상 환경을 만든다.

```
C:\> python -m venv --system-site-packages .\venv
```

가상 환경을 활성화한다.

```
(venv) C:\> .\venv\Scripts\activate
```

호스트 시스템 설정에 영향을 주지 않고 가상 환경 내에 패키지를 설치한다. pip 업그레이드로 시작한다.

```
(venv) C:\> pip install --upgrade pip
(venv) C:\> pip list  # show packages installed within the virtual environment
```

가상 환경을 나중에 종료하려면 다음 단계를 진행한다.

```
(venv) C:\> deactivate
```

▸ Conda 환경

[텐서플로우]

아나콘다를 사용하면 텐서플로우를 쉽게 설치할 수 있으므로 데이터 과학, 기계 학습 및 인공지능 워크플로가 가능하다. 이 내용은 아나콘다 및 Miniconda에 포함된 conda 패키지 관리자로 텐서플로우를 설치하는 방법을 보여준다.

Conda가 포함된 텐서플로우는 64비트 Windows 7 이상, 64비트 Ubuntu Linux 14.04 이상, 64비트 CentOS Linux 6 이상, macOS 10.10 이상에서 지원된다.

지침은 모든 운영체제에서 동일하며, apt install이나 yum install 명령은 필요 없다.

[텐서플로우 설치]

1) 아나콘다 또는 더 작은 Miniconda를 다운로드하여 설치한다.
2) Windows에서 시작 메뉴를 열고 아나콘다 명령 프롬프트를 연다. macOS 또는 Linux에서 터미널 창을 연다. macOS 또는 Linux에서 기본 bash 쉘을 사용한다.
3) 텐서플로우 환경의 이름(예: "tf")을 선택한다.
4) 초보자에게 권장되는 CPU 전용 텐서플로우의 현재 릴리스를 설치하려면 :

```
conda create -n tf tensorflow
conda activate tf
```

또는 Linux 또는 Windows에 GPU 텐서플로우의 현재 릴리스를 설치하려면 :

```
conda create -n tf-gpu tensorflow-gpu
conda activate tf-gpu
```

이제 텐서플로우가 설치되어 사용할 준비가 되었다. GPU와 함께 텐서플로우를 사용하는 경우 해당 페이지 텐서플로우 문서를 참조한다.

[CUDA 버전]

GPU 텐서플로우는 CUDA를 사용한다. Windows 및 Linux에서는 TensorFlow 2.0 릴리스에 대해 CUDA 10.0만 지원된다. 이전 버전의 텐서플로우는 다른 버전의 CUDA를 지원한다.

9.0과 같은 기본이 아닌 CUDA 버전으로 GPU 텐서플로우를 설치하려면 다음을 실행한다.

```
conda create -n tf-gpu-cuda8 tensorflow-gpu cudatoolkit=9.0
conda activate tf-gpu-cuda8
```

[파이썬 2]

파이썬 3을 권장하지만 Linux 및 macOS에서 파이썬 2와 함께 텐서플로우를 사용할 수 있다.

- Linux 또는 macOS용 파이썬 2의 CPU 전용 텐서플로우 :

```
conda create -n tf-2 tensorflow python=2
conda activate tf-2
```

• Linux용 파이썬 2의 GPU 텐서플로우 :

```
conda create -n tf-2-gpu tensorflow python=2
conda activate tf-2-gpu
```

[Nightly 빌드]

고급 사용자는 텐서플로우의 최신 Nightly 빌드를 설치하기를 원할 수 있다. 이러한 Nightly 빌드는 불안정하며 PyPI에서 pip 패키지로만 사용할 수 있다.

• CPU 전용 텐서플로우의 Nightly 빌드를 설치하려면 :

```
conda create -n tf-n python
conda activate tf-n
pip install tf-nightly
```

• 또는 Linux 또는 Windows에 GPU 텐서플로우의 Nightly 빌드를 설치하려면 :

```
conda create -n tf-n-gpu python
conda activate tf-n-gpu
pip install tf-nightly-gpu
```

• Linux 또는 macOS의 파이썬 2에서 CPU 전용 텐서플로우의 Nightly 빌드 :

```
conda create -n tf-2-n python=2
conda activate tf-2-n
pip install tf-nightly
```

• Linux의 파이썬 2에서 GPU 텐서플로우의 Nightly 빌드 :

```
conda create -n tf-2-n-gpu python=2
conda activate tf-2-n-gpu
pip install tf-nightly-gpu
```

4.3 케라스(Keras) 라이브러리

(1) 이름이 왜 케라스인가?

케라스(*κέρας*)는 그리스어로 뿔을 의미한다. 케라스는 《오디세이》에서 처음 발견된 고대 그리스와 라틴 문학의 문학적 이미지에 대한 언급으로, 꿈의 정령(오네이로이, 단수 오네이로스)이 거짓 환상으로 몽상가를 속이는 자들과 상아의 문을 통해 지구에 도착하는 자들로 나뉜다. 그리고 장차 올 미래를 선포하는 자들, 뿔의 문을 통해 도착하는 자들, *κέρας*(뿔) / *κραίνω*(성취), *ἐλέφας*(상아) / *ἐλεφαίρομαι*(기만)이라는 단어에 대한 언어유희이다.

케라스는 처음에 ONEIROS(개방형 신경 전자 지능형 로봇 운영 체제) 프로젝트의 연구 노력의 일환으로 개발되었다.

(2) 케라스의 기본 개념

케라스는 기계 학습 플랫폼 텐서플로우에서 실행되는 파이썬으로 작성된 딥러닝 API이다. 케라스의 핵심 데이터 구조는 레이어와 모델이다. 가장 단순한 유형의 모델은 계층의 선형 스택인 Sequential 모델이다. 다중 출력이 필요하는 등 좀 더 복잡한 모델을 구성하려면 케라스 기능 API(functional API)를 사용하면 된다. 이 API를 사용하면 임의의 레이어 그래프를 빌드하거나 서브클래싱을 통해 완전히 처음부터 모델을 작성할 수 있다. 케라스로 딥러닝 모델을 만들 때는 다음과 같은 순서로 작성한다. 다른 딥러닝 라이브러리와 비슷한 순서이지만 훨씬 직관적이고 간결하다.

① 데이터셋 생성하기

원본 데이터를 불러오거나 시뮬레이션을 통해 데이터를 생성한다. 데이터로부터 훈련셋, 검증셋, 시험셋을 생성한다. 이때 딥러닝 모델의 학습 및 평가를 할 수 있도록 포맷 변환을 한다.

② 모델 구성하기

Sequential 모델을 생성한 뒤 필요한 레이어를 추가하여 구성한다. 좀 더 복잡한 모델이 필요할 때는 케라스 함수 API를 사용한다.

③ 모델 학습과정 설정하기

학습하기 전에 학습에 대한 설정을 수행한다. 손실 함수 및 최적화 방법을 정의하며, 케라스에서는 compile() 함수를 사용한다.

④ 모델 학습시키기

훈련셋을 이용하여 구성한 모델로 학습시킨다. 케라스에서는 fit() 함수를 사용한다.

⑤ 학습과정 살펴보기

모델 학습 시 훈련셋, 검증셋의 손실 및 정확도를 측정한다. 반복횟수에 따른 손실 및 정확도 추이를 보면서 학습 상황을 판단한다.

⑥ 모델 평가하기

준비된 시험셋으로 학습한 모델을 평가한다. 케라스에서는 evaluate() 함수를 사용한다.

⑦ 모델 사용하기

임의의 입력으로 모델의 출력을 얻는다. 케라스에서는 predict() 함수를 사용한다.

주요 케라스 코드로 절차를 알아보면 다음과 같이 기술할 수 있다. 이 절차가 케라스를 사용하는 가장 기본적인 방법이다.

Sequential 모델은 다음과 같다.

```
from keras.models import Sequential
model = Sequential()
```

레이어를 쌓는 것은 다음과 같이 사용한다. .add()

```
from keras.layers import Dense

model.add(Dense(units=64, activation='relu'))
model.add(Dense(units=10, activation='softmax'))
```

모델이 적절해 보이면 다음을 사용하여 학습 프로세스를 구성한다. .compile()

```
model.compile(loss='categorical_crossentropy',
              optimizer='sgd',
              metrics=['accuracy'])
```

필요한 경우 최적화 프로그램을 추가로 구성할 수 있다. 케라스 철학은 단순한 것을 단순하게 유지하면서 사용자가 필요할 때 완전히 제어할 수 있도록 하는 것이다(최종 제어는 서브클래싱을 통한 소스코드의 쉬운 확장성).

```
model.compile(loss=keras.losses.categorical_crossentropy,
    optimizer=keras.optimizers.SGD(learning_rate=0.01, momentum=0.9,
nesterov=True))
```

이제 훈련 데이터를 일괄적으로 반복할 수 있다.

```
# x_train and y_train are Numpy arrays
model.fit(x_train, y_train, epochs=5, batch_size=32)
```

테스트 손실 및 측정항목을 한 줄로 평가한다.

```
loss_and_metrics = model.evaluate(x_test, y_test, batch_size=128)
```

또는 새 데이터에 대한 예측을 생성한다.

```
classes = model.predict(x_test, batch_size=128)
```

다음은 간단한 케라스 딥러닝 모델을 구성하는 예제들이다. 첫 예제는 3-레이어를 구성하는 모델 구조이며, 레이어별 입출력 노드 개수를 주의하자.

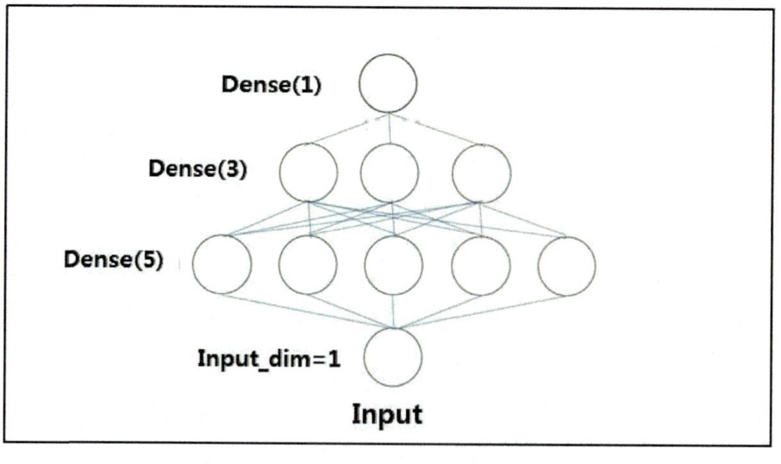

[그림 4.1] 케라스 3-레이어 모델

```
from keras.models import Sequential
from keras.layers import Dense
import numpy as np

x = np.array([1,2,3,4,5])
y = np.array([1,2,3,4,5])

model = Sequential()
model.add(Dense(5, input_dim=1, activation='relu'))
# input 1 output 5
model.add(Dense(3))
model.add(Dense(1))

model.compile(loss='mse', optimizer='adam')
model.fit(x, y, epochs=100, batch_size=1)

mse  = model.evaluate(x, y, batch_size=1)
print('mse : ', mse)
```

두 번째 예제는 1-레이어를 구성하는 모델 구조이며, 레이어별 입출력 노드 개수를 주의하자.

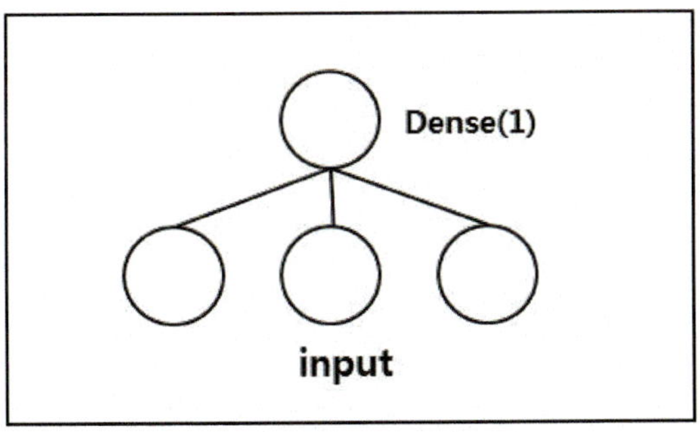

[그림 4.2] 케라스 1-레이어 구조

```
from keras.models import Sequential
from keras.layers import Dense
import numpy as np

x = np.array([1,2,3,4,5])
y = np.array([1,2,3,4,5])

model = Sequential()

model.add(Dense(1, input_dim=3, activation=sigmoid'))

# input 3 output 1

model.compile(loss='mse', optimizer='adam')
model.fit(x, y, epochs=100, batch_size=1)

mse  = model.evaluate(x, y, batch_size=1)
print('mse  :  ',  mse)
```

세 번째 예제는 3-레이어를 구성하는 모델 구조이나, 레이어별 입출력 노드 개수가 다르게 구성된 예제이다. 단순화를 위해 입출력 링크는 첫 노드만 도시하였다.

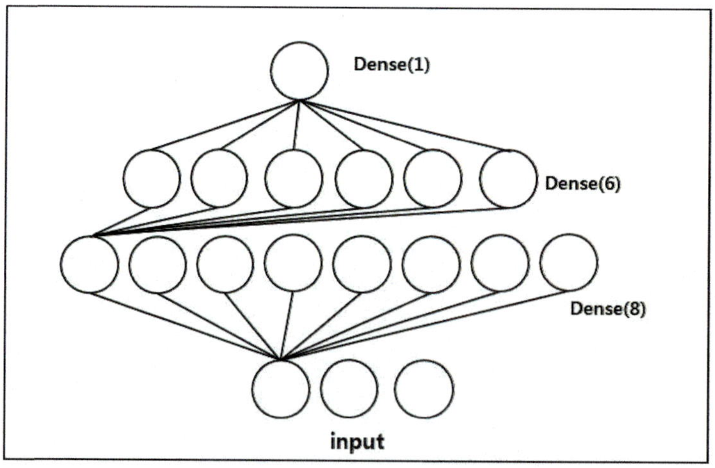

[그림 4.3] 케라스 3-레이어 구조

```
from keras.models import Sequential
from keras.layers import Dense
import numpy as np

x = np.array([1,2,3,4,5])
y = np.array([1,2,3,4,5])

model = Sequential()

model.add(Dense(8, input_dim=4, init='uniform', activation='relu'))
# input 4 output 8
model.add(Dense(6, init='uniform', activation='relu'))
model.add(Dense(1, init='uniform', activation='sigmoid'))

model.compile(loss='mse', optimizer='adam')
model.fit(x, y, epochs=100, batch_size=1)

mse = model.evaluate(x, y, batch_size=1)
print('mse : ', mse)
```

(3) 설치환경

케라스는 TensorFlow 2와 함께 Tensorflow.keras. Keras 사용을 시작하려면 TensorFlow 2를 설치하기만 하면 된다.

Keras/TensorFlow는 다음과 호환된다.

- 파이썬 3.6-3.9
- 우분투 16.04 이상
- 윈도우 7 이상
- macOS 10.12.6(Sierra) 이상

4.4 텐서플로우와 케라스의 차이점

(1) 차이

텐서플로우는 잘 알려진 것처럼 구글에서 개발하고 오픈소스로 공개한 머신러닝 프레임워크이다. 케라스 역시 프레임워크이지만, 케라스는 텐서플로우 위에서 동작한다. 왜 텐서플로우가 있는데 그 위에서 동작하는 케라스가 필요할까?

텐서플로우는 훌륭한 프레임워크이지만, 아직 사용하기에는 어려운 부분이 많다. 특히 처음 머신러닝을 접하는 사람이라면 더욱 그렇다. 반면 케라스는 사용자 친화적으로 개발되었기 때문에 사용하기 매우 편하다. 정말 간단한 신경망의 경우, 겨우 몇 줄만으로 만들 수 있다.

(2) 그렇다면 케라스만 사용해도 충분한가?

비교적 단순한 신경망을 구성하거나 기존의 갖추어진 기능만을 사용한다면 케라스만으로 충분할 수 있다. 하지만 역시 텐서플로우를 사용하는 쪽이 훨씬 더 디테일한 조작이 가능하다. 따라서 사용 목적에 따라서 어느 쪽을 사용할지 선택하는 것이 좋다.

(3) 언제 케라스를 사용해야 하는가?

만약 머신러닝을 처음 시작하고 매우 간단한 것을 제작하거나 빠른 시간 내에 프로토타이핑을 하고자 한다면 케라스가 훨씬 좋은 선택일 수 있다.

(4) 언제 텐서플로우를 사용해야 하는가?

만약 기존에 있던 기능만 사용할 것이 아니라 새로운 방식을 이용할 가능성이 높다면 텐서플로우를 사용하는 것이 좋다. 텐서플로우에서는 Threading이나 Queue 등의 메커니즘을 훨씬 디테일하게 사용할 수 있고 내부 구조를 확인할 수 있는 디버거를 사용할 수도 있다. 따라서 만약 신경망을 유심히 관찰하고 연구 개발을 해야 하는 경우라면 텐서플로우를 사용하는 것이 훨씬 좋다.

(5) 더 좋은 옵션은?

케라스가 Tensorflow 1, 2에서부터 통합되었다고 한다. 따라서 tf.keras로 텐서플로우 안에서 케라스를 사용할 수 있다. 따라서 주요 틀을 tf.keras로 구현하고, 순수한 텐서플로우로 그 내용을 채워 넣는 방법을 사용하는 것이 가장 좋은 옵션이 될 수 있다.

4.5 파이토치(Pytorch)

(1) 개요

파이썬을 위한 오픈소스 머신러닝 라이브러리이다. Torch를 기반으로 하며, 자연어 처리와 같은 애플리케이션을 위해 사용된다. GPU 사용이 가능하기 때문에 속도가 상당히 빠르다. 아직까지는 텐서플로우의 사용자가 많지만, 비직관적인 구조와 난이도 때문에 파이토치의 사용자가 늘어나고 있는 추세이다. 파이토치는 Facebook의 인공지능 연구팀이 개발했으며, Uber의 "Pyro"(확률론적 프로그래밍 언어) 소프트웨어가 파이토치를 기반으로 한다.

파이썬 기반의 과학 연산 패키지로 다음과 같은 두 집단을 대상으로 한다:

- 넘파이를 대체하면서 GPU를 이용한 연산이 필요한 경우
- 최대한의 유연성과 속도를 제공하는 딥러닝 연구 플랫폼이 필요한 경우

(2) 데이터 작업하기

파이토치에는 데이터 작업을 위한 기본 요소가 있는데, 바로 torch.utils.data.DataLoader와 torch.utils.data.Dataset이다. Dataset은 샘플과 정답(label)을 저장하고, DataLoader는 Dataset을 순회 가능한 객체(iterable)로 감싼다.

```
import torch
from torch import nn
from torch.utils.data import DataLoader
from torchvision import datasets
from torchvision.transforms import ToTensor, Lambda, Compose
import matplotlib.pyplot as plt
```

파이토치는 TorchText, TorchVision 및 TorchAudio와 같이 도메인 특화 라이브러리를 데이터셋과 함께 제공하고 있다. 여기서는 TorchVision 데이터셋을 사용하겠다.

torchvision.datasets 모듈은 CIFAR, COCO 등과 같은 다양한 실제 비전(vision) 데이터에 대한 Dataset을 포함하고 있다.

여기서는 FasionMNIST 데이터셋을 사용한다. 모든 TorchVision Dataset은 샘플과 정답을 각각 변경하기 위한 transform과 target_transform의 두 인자를 포함한다.

```
# 공개 데이터셋에서 학습 데이터를 내려받는다.
training_data = datasets.FashionMNIST(
    root="data",
    train=True,
    download=True,
    transform=ToTensor(),
)
# 공개 데이터셋에서 테스트 데이터를 내려받는다.
test_data = datasets.FashionMNIST(
    root="data",
    train=False,
    download=True,
    transform=ToTensor(),
)
```

Dataset을 DataLoader의 인자로 전달한다. 이는 데이터셋을 순회 가능한 객체(iterable)로 감싸고, 자동화된 배치(batch), 샘플링(sampling), 섞기(shuffle) 및 다중 프로세스로 데이터 불러오기(multiprocess data loading)를 지원한다. 여기서는 배치 크기(batch size)를 **64**로 정의한다. 즉, 데이터로더(dataloader) 객체의 각 요소는 64개의 특징(feature)과 정답(label)을 묶음(batch)으로 반환한다.

```
batch_size = 64

# 데이터로더를 생성
train_dataloader = DataLoader(training_data, batch_size=batch_size)
test_dataloader = DataLoader(test_data, batch_size=batch_size)

for X, y in test_dataloader:
    print("Shape of X [N, C, H, W]: ", X.shape)
    print("Shape of y: ", y.shape, y.dtype)
    break
```

out:

```
Shape of X [N, C, H, W]: torch.Size([64, 1, 28, 28])
Shape of y: torch.Size([64]) torch.int64
```

(3) 모델 만들기

파이토치에서 신경망 모델은 nn.Module을 상속받는 클래스(class)를 생성하여 정의한다. __init__ 함수에서 신경망의 계층(layer)들을 정의하고 forward 함수에서 신경망에 데이터를 어떻게 전달할지 지정한다. 가능한 경우 GPU로 신경망을 이동시켜 연산을 가속(accelerate)한다.

```
# 학습에 사용할 CPU나 GPU 장치를 얻음.
device = "cuda" if torch.cuda.is_available() else "cpu"
print("Using  { } device".format(device))

# 모델을 정의.
class NeuralNetwork(nn.Module):
  def __init__(self):
     super(NeuralNetwork, self).__init__()
     self.flatten = nn.Flatten()
     self.linear_relu_stack = nn.Sequential(
        nn.Linear(28*28, 512),
        nn.ReLU(),
        nn.Linear(512, 512),
        nn.ReLU(),
        nn.Linear(512, 10),
        nn.ReLU()
     )
  def forward(self, x):
     x = self.flatten(x)
     logits = self.linear_relu_stack(x)
     return logits

model = NeuralNetwork().to(device)
print(model)
```

out :

```
Using cuda device
NeuralNetwork(
        (flatten): Flatten(start_dim=1, end_dim=-1)
        (linear_relu_stack): Sequential(
            (0): Linear(in_features=784, out_features=512, bias=True)
            (1): ReLU()
            (2): Linear(in_features=512, out_features=512, bias=True)
            (3): ReLU()
            (4): Linear(in_features=512, out_features=10, bias=True)
            (5): ReLU()
          )
        )
```

(4) 모델 매개변수 최적화하기

모델을 학습하려면 손실 함수(loss function)와 옵티마이저(optimizer)가 필요하다.

```
loss_fn = nn.CrossEntropyLoss()
optimizer = torch.optim.SGD(model.parameters(), lr=1e-3)
```

각 학습 단계(training loop)에서 모델은 (배치(batch)로 제공되는) 학습 데이터셋에 대한 예측을 수행하고, 예측 오류를 역전파하여 모델의 매개변수를 조정한다.

```
def train(dataloader, model, loss_fn, optimizer):
    size = len(dataloader.dataset)
    for batch, (X, y) in enumerate(dataloader):
        X, y = X.to(device), y.to(device)

        # 예측 오류 계산
        pred = model(X)
        loss = loss_fn(pred, y)

        # 역전파
        optimizer.zero_grad()
        loss.backward()
        optimizer.step()
        if batch % 100 == 0:
            loss, current = loss.item(), batch * len(X)
            print(f"loss: {loss:>7f } [ {current:>5d }/ {size:>5d }]")
```

모델이 학습하고 있는지 확인하기 위해 테스트 데이터셋으로 모델의 성능을 확인한다.

```
def test(dataloader, model, loss_fn):
    size = len(dataloader.dataset)
    num_batches = len(dataloader)
    model.eval()
    test_loss, correct = 0, 0
    with torch.no_grad():
        for X, y in dataloader:
            X, y = X.to(device), y.to(device)
            pred = model(X)
            test_loss += loss_fn(pred, y).item()
            correct += (pred.argmax(1) == y).type(torch.float).sum().item()
    test_loss /= num_batches
    correct /= size
    print(f"Test Error: \n Accuracy: {(100*correct):>0.1f }%, Avg loss:
{test_loss:>8f } \n")
```

학습 단계는 여러 번의 반복 단계(에폭(epochs))를 거쳐서 수행된다. 각 에폭에서 모델은 더 나은 예측을 하기 위해 매개변수를 학습한다. 각 에폭마다 모델의 정확도(accuracy)와 손실(loss)을 출력한다. 에폭마다 정확도가 증가하고 손실이 감소하는 것을 보려고 한다.

```
epochs = 5
for t in range(epochs):
    print(f"Epoch {t+1}\n-------------------------------")
    train(train_dataloader, model, loss_fn, optimizer)
    test(test_dataloader, model, loss_fn)
print("Done!")
```

out:

Epoch 1

----

loss: 2.315199 [0/60000]

loss: 2.300242 [6400/60000]

loss: 2.291656 [12800/60000]

loss: 2.282312 [19200/60000]

loss: 2.271603 [25600/60000]

loss: 2.277737 [32000/60000]

loss: 2.261104 [38400/60000]

loss: 2.261341 [44800/60000]

loss: 2.256667 [51200/60000]

loss: 2.235347 [57600/60000]

Test Error:

Accuracy: 46.7%, Avg loss: 2.233732

Epoch 2

----

loss: 2.244398 [0/60000]

loss: 2.227241 [6400/60000]

(5) 모델 저장하기

모델을 저장하는 일반적인 방법은 (모델의 매개변수들을 포함하여) 내부 상태 사전(internal state dictionary)을 직렬화(serialize)하는 것이다.

```
torch.save(model.state_dict(), "model.pth")
print("Saved PyTorch Model State to model.pth")
```

out:

Saved PyTorch Model State to model.pth

(6) 모델 불러오기

모델을 불러오는 과정에는 모델 구조를 다시 만들고 상태 사전을 모델에 불러오는 과정이 포함된다.

```
model = NeuralNetwork()
model.load_state_dict(torch.load("model.pth"))
```

이제 이 모델을 사용해서 예측할 수 있다.

```
classes = [
    "T-shirt/top",
    "Trouser",
    "Pullover",
    "Dress",
    "Coat",
    "Sandal",
    "Shirt",
    "Sneaker",
    "Bag",
    "Ankle boot",
]
model.eval()
x, y = test_data[0][0], test_data[0][1]
with torch.no_grad():
    pred = model(x)
    predicted, actual = classes[pred[0].argmax(0)], classes[y]
    print(f'Predicted: " {predicted}", Actual: " {actual}"')
```

out:

Predicted: "Ankle boot", Actual: "Ankle boot"

4.6 넘파이(NumPy)

(1) 개요

넘파이는 C언어로 구현된 파이썬 라이브러리로서, 고성능의 수치 계산을 위해 제작되었다. Numerical Python의 줄임말이기도 한 넘파이는 벡터 및 행렬 연산에 있어서 매우 편리한 기능을 제공한다. 또한 이는 데이터분석을 할 때 사용되는 라이브러리인 pandas와 matplotlib의 기반으로 사용되기도 한다.

넘파이는 Python에서 벡터, 행렬 등 수치 연산을 수행하는 선형대수(Linear algebra) 라이브러리이다. 선형대수 관련 수치 연산을 지원하고 내부적으로는 C로 구현되어 있어 연산이 빠른 속도로 수행된다. 또한 Scipy와 함께 사용하면 공학용 소프트웨어인 MATLAB에 버금가는 기능을 지원한다고 알려져 있다.

▸ 넘파이 패키지 추가 방법

랜덤값을 생성해주는 .random도 사용하므로 같이 추가해준다.

```
import numpy as np
import numpy.random as npr
```

넘파이를 설치하고 단순히 import numpy만 기술해도 되지만, 이를 코드에서 보다 편하게 사용하기 위해 as np를 붙임으로써 np라는 이름으로 numpy를 사용한다.

(2) 특징

넘파이의 특징은 다음과 같다.

- 일반 List에 비해 빠르고, 메모리를 효율적으로 사용한다.
- 반복문 없이 데이터 배열에 대한 처리를 지원하여 빠르고 편리하다.
- 선형대수와 관련된 다양한 기능을 제공한다.
- C, C++, 포트란 등의 언어와 통합이 가능하다.

(3) 넘파이 배열

① np.array의 특징

- np.array 함수를 활용하여 배열을 생성한다.
- 하나의 데이터 타입만 정의가 가능하며 배열에 넣을 수 있다.
- List와 가장 큰 차이점은 다이나믹 타이핑을 지원하지 않는다.
- C의 Array를 사용하여 배열을 생성하여 속도가 빠르다.

넘파이에서 오브젝트는 Homogeneous 다차원 배열이라고 한다. Homogeneous하다는 것은 수학적인 보완 설명이 필요하지만 단순히 다차원 배열로 표현한다는 정도로만 이해해도 사용하는 데 문제없다. 넘파이에서는 모든 배열의 값이 기본적으로 같은 타입이어야 한다. 그리고 넘파이에서는 각 차원(Dimension)을 축(axis)이라고 표현한다.

3D Space의 포인트를 [1, 2, 1]과 같은 배열로 표현 가능한데, 1개의 축을 가진다고 표현한다. 또한 여기서 축은 3개의 요소(Element)를 가지고 있다고 하며 길이(Length)도 3이다.

아래와 같은 데이터는 2개의 축을 가진다. 1번째 축은 길이가 2이며, 2번째 축은 길이가 3이다.

```
[[ 1, 0, 0],
[ 0, 1, 2]]
```

넘파이에서 배열은 nparray 또는 array라고도 부른다. Numpy.array와 Python.array는 다르다.

② np.array 구조

파이썬의 리스트는 데이터 주소값을 저장한다. 그리고 데이터를 가져올 때는 해당 주소에 가서 데이터를 가져온다. 하지만 Numpy Array는 C 배열과 유사하여 연속된 주소를 가지고 있다. 배열에 담긴 데이터를 가져온다면 순서대로 가져오면 되기 때문에 메모리를 효율적으로 사용하게 된다.

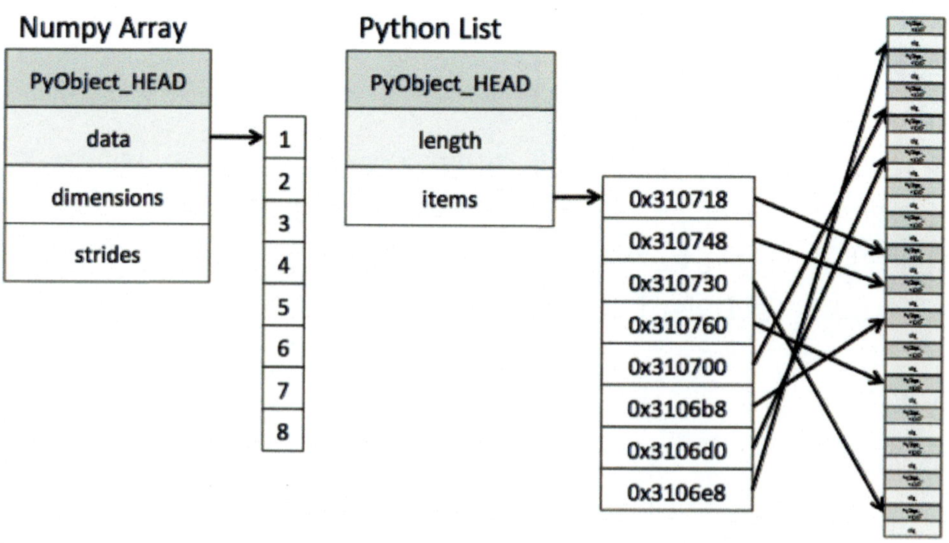

[그림 4.4] Numpy array와 Python array의 차이점

③ ndarray: 다차원 배열 객체

넘파이의 N차원 배열 객체로, 특징 중의 하나가 n차원 배열(ndarray) 객체이다. 이 객체는 빠르고 유연한 자료형이다. 수학식에서 행렬 연산과 비슷한 연산을 할 수 있다. 즉, 성분별 계산을 할 수 있다.

파이썬의 list와 가장 큰 차이점은 하나의 데이터 타입만 넣을 수 있다는 점이다. 다음은 사용 예제이다. np.array 함수는 기존의 리스트 형태의 데이터와 데이터 타입을 입력받아 ndarray 형태로 변환해주는 함수이다.

```
# a의 list를 int 타입의 ndarray로 생성하여 a_ndarray 변수에 담는다.
a = [1, 2, 3, 4, 5]
a_ndarray = np.array(a, int)
```

5장

아나콘다 개발환경 구축

이 장에서는 아나콘다를 이용한 딥러닝 개발환경을 구축하는 과정을 설명한다. 아나콘다를 사용하면 파이썬을 이용한 빅데이터 분석, 머신러닝 스터디에 필요한 라이브러리 패키지를 쉽게 설치할 수 있어 개발환경 구축이 용이하다. 또한 파이썬 코드를 쉽게 쓰고 확인하고 싶으며, 이를 쉽게 문서화하고 싶은 경우에는 주피터 노트북(Jupyter notebook)을 사용한다. 따라서 본 장에서는 파이썬으로 데이터 분석을 위한 코드 작성에 굉장히 유용한 웹 애플리케이션인 주피터 노트북을 리눅스 기반 OS나 cmd 등을 사용하지 않고도, Windows에서 간편하게 설치하여 활용하는 과정을 설명한다.

본 환경구축 과정은 Windows 10의 64bit 버전 환경이다.

5.1 아나콘다(Anaconda)

아나콘다는 Continuum Analytics에서 개발한 파이썬 데이터 과학 플랫폼 중 가장 유명한 플랫폼이다. 아나콘다에서는 파이썬 설치를 기본 지원하는 것은 물론, 넘파이, 판다스(Pandas), 텐서플로우 등의 데이터 분석에 꼭 필요한 수많은 파이썬 라이브러리들을 모아 놓은 패키지를 제공한다. 따라서 아나콘다만 설치해도 이후 아나콘다에 별도로 신경 쓸 필요 없이 파이썬 프로그램 자체가 설치되고, 데이터 분석에 필요한 다양한 라이브러리를 일일이 설치하는 번거로움을 덜 수 있다.

ANACONDA
Powered by Continuum Analytics

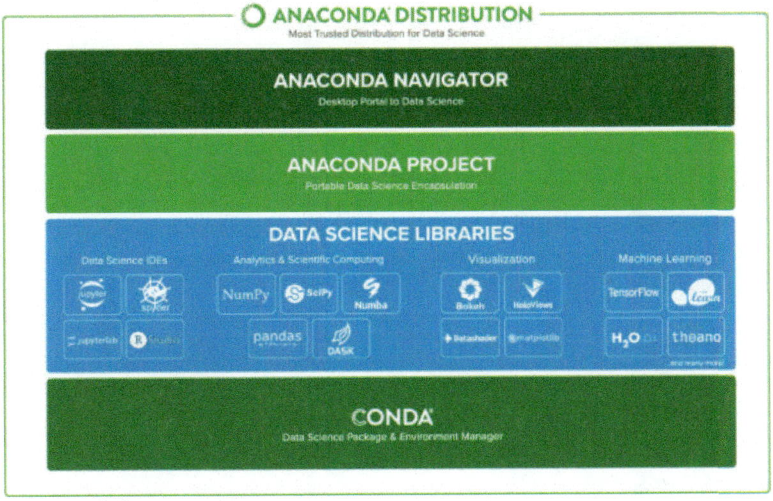

[그림 5.1] 아나콘다에서 관리되는 다양한 파이썬 라이브러리, 패키지들

(1) 아나콘다 설치

다운로드 : https://www.anaconda.com/products/distribution#Downloads

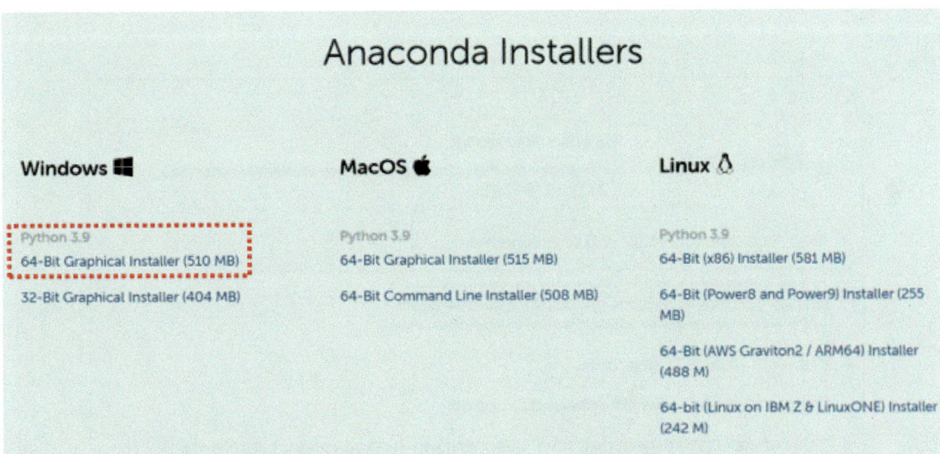

[그림 5.2] 아나콘다(현 버전 4.10.3)의 Windows 버전 installer 다운로드 화면

딥러닝을 위한 텐서플로우에서는 Python 3.6-3.9 버전 이상을 설치하면 되는데, 최신 아나콘다(ver 4.10.3)에는 Python 3.9 버전을 설치하게 된다. 그리고 기본적으로는 윈도우 시스템 비트를 따르면 되며, 텐서플로우 라이브러리를 쓰고자 할 경우 64bit를 설치해야만 한다.

다음은 아나콘다 Setup 화면이다. 순서대로 점선 박스를 클릭한다.

▸ 셋업 진행

Anaconda3 2021.11 (64-bit) Setup
ANACONDA.
Welcome to Anaconda3 2021.11 (64-bit) Setup
Setup will guide you through the installation of Anaconda3 2021.11 (64-bit).
It is recommended that you close all other applications before starting Setup. This will make it possible to update relevant system files without having to reboot your computer.
Click Next to continue.
Next >
Cancel

▸ 라이선스 동의

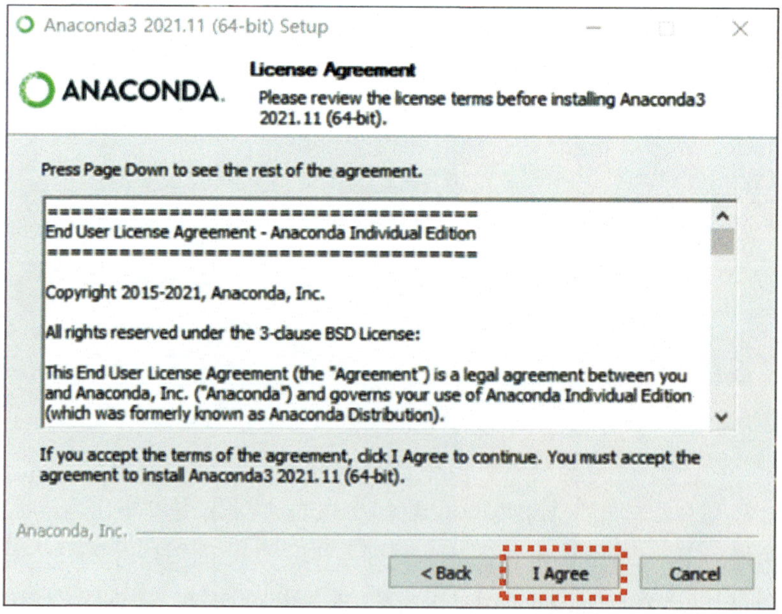
Anaconda3 2021.11 (64-bit) Setup
ANACONDA.
License Agreement
Please review the license terms before installing Anaconda3 2021.11 (64-bit).
Press Page Down to see the rest of the agreement.
End User License Agreement - Anaconda Individual Edition
Copyright 2015-2021, Anaconda, Inc.
All rights reserved under the 3-clause BSD License:
This End User License Agreement (the "Agreement") is a legal agreement between you and Anaconda, Inc. ("Anaconda") and governs your use of Anaconda Individual Edition (which was formerly known as Anaconda Distribution).
If you accept the terms of the agreement, click I Agree to continue. You must accept the agreement to install Anaconda3 2021.11 (64-bit).
Anaconda, Inc.
< Back
I Agree
Cancel

▸ **설치경로 설정**

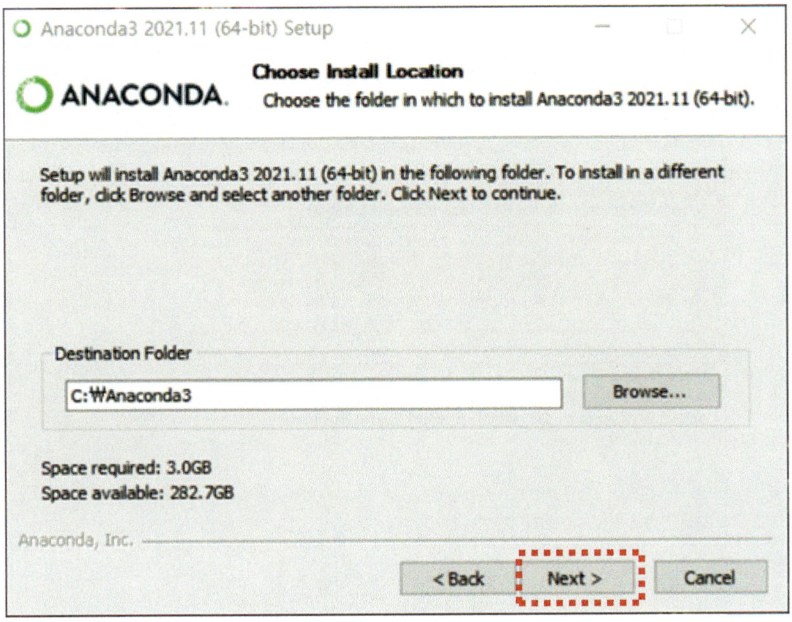

▸ **설치 옵션 설정**

반드시 붉은 박스의 두 옵션을 모두 체크한다.

Anaconda3 패키지 안에 파이썬도 들어가 있기 때문에 기존에 설치된 버전이 있다면 둘 중 하나만 설치해야 한다. 두 개를 같이 설치하면 환경변수가 꼬여 문제가 생길 수 있다. 이 경우에는 **프로그램 추가/제거**에서 Python과 관련된 프로그램을 모두 삭제하고(드라이브에 Python 폴더도 삭제) 아나콘다를 다시 설치하는 것이 좋다.

▸ **Add Anaconda3 my PATH environment variable**

→ 아나콘다 외에 다른 Python interpreter를 환경 변수에 등록해서 사용한다면 해제

→ 아나콘다를 주력으로 윈도우 cmd 창에서 파이썬을 사용하려면 체크

Register Anaconda3 as my default Python 3.9 체크 후 **Install** 누름

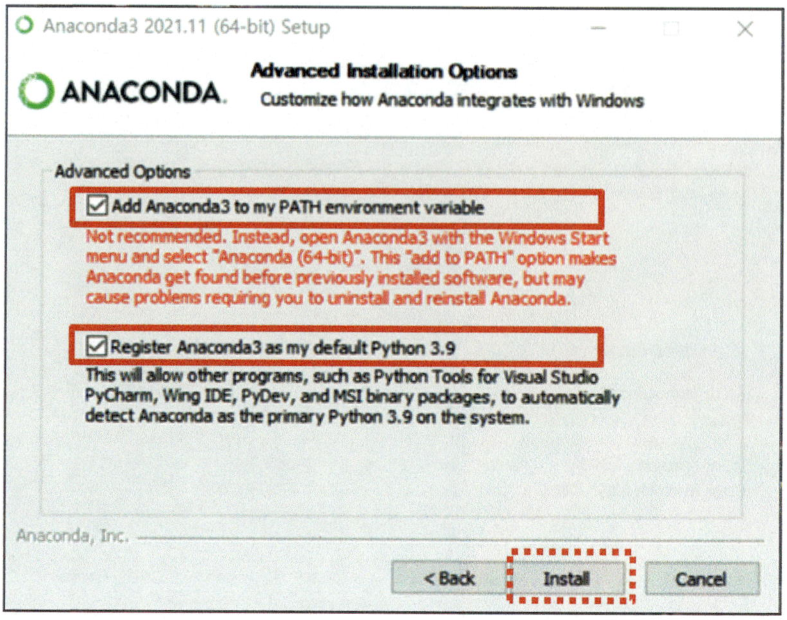

설치 완료

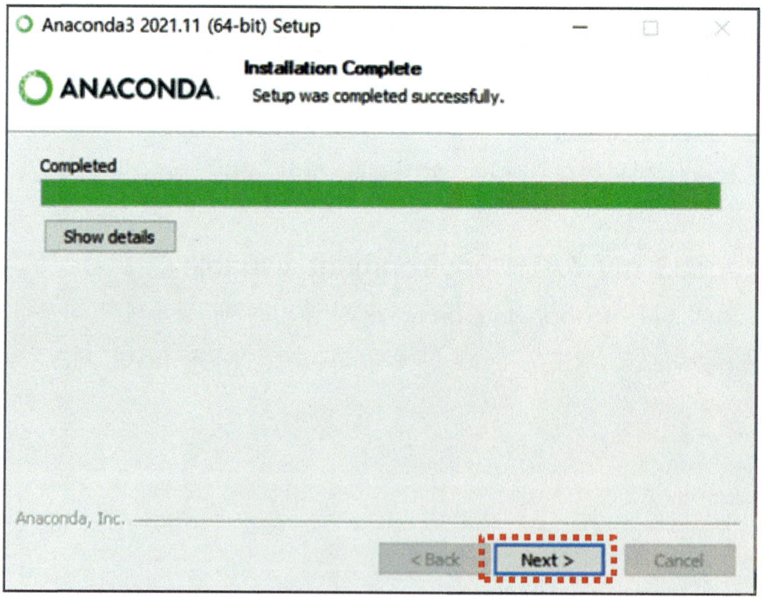

파이참을 사용하려면 이때 설치할 수 있다.

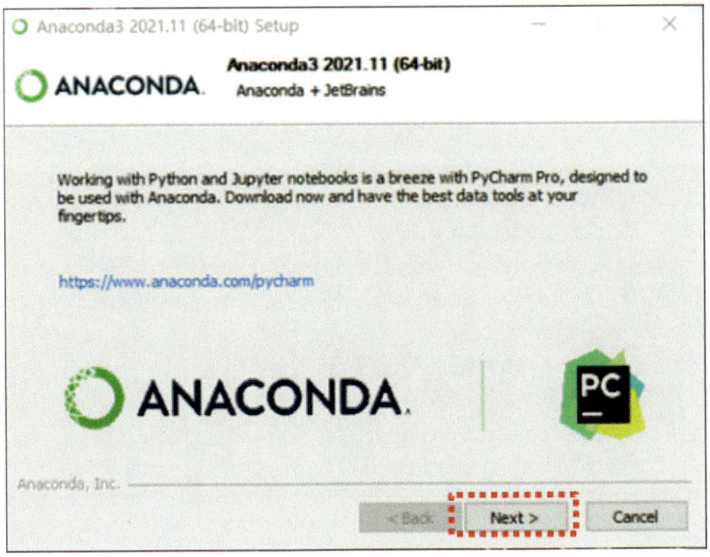

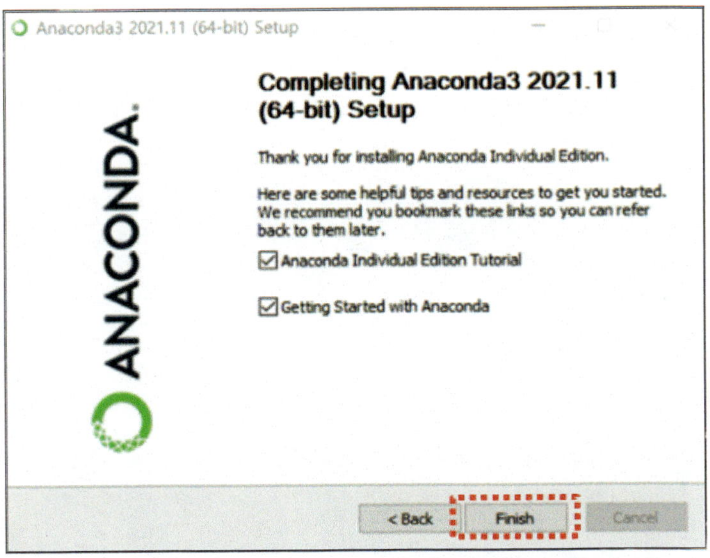

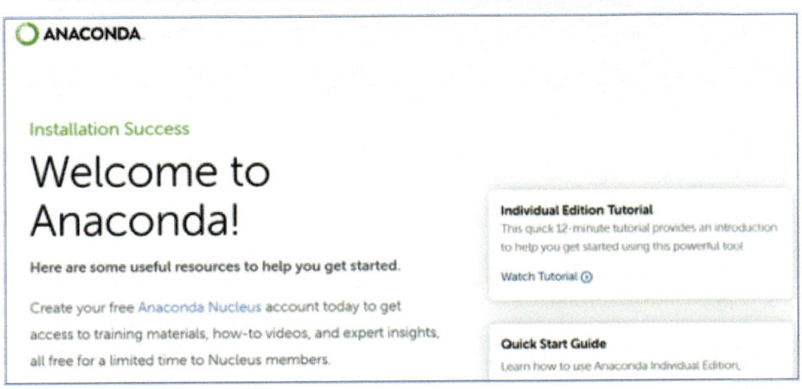

(2) 아나콘다 가상 환경 생성

이번에는 아나콘다의 패키지 관리의 핵심인 가상 환경 생성에 대해 알아본다. 가상 환경 생성 및 확인 명령어는 아주 간단하다.

[명령어 정리(일부)]

```
conda 버전 확인 : conda --version or -V
conda 업데이트 : conda update conda
가상 환경 생성 : conda create -n [가상 환경 이름] python=[원하는 python 버전]
  -가상 환경 생성 예 : conda create -n TEST_py36 python=3.6
가상 환경 확인 : conda env list
가상 환경 활성화 : conda activate [가상 환경 이름]
가상 환경에 설치된 패키지 확인 : 활성화 이후 conda list
가상 환경 비활성화 : conda deactivate [가상 환경 이름]
가상 환경 삭제 : conda remove -name [가상 환경이름] --all
```

▸ 버전 확인

```
conda --version
```

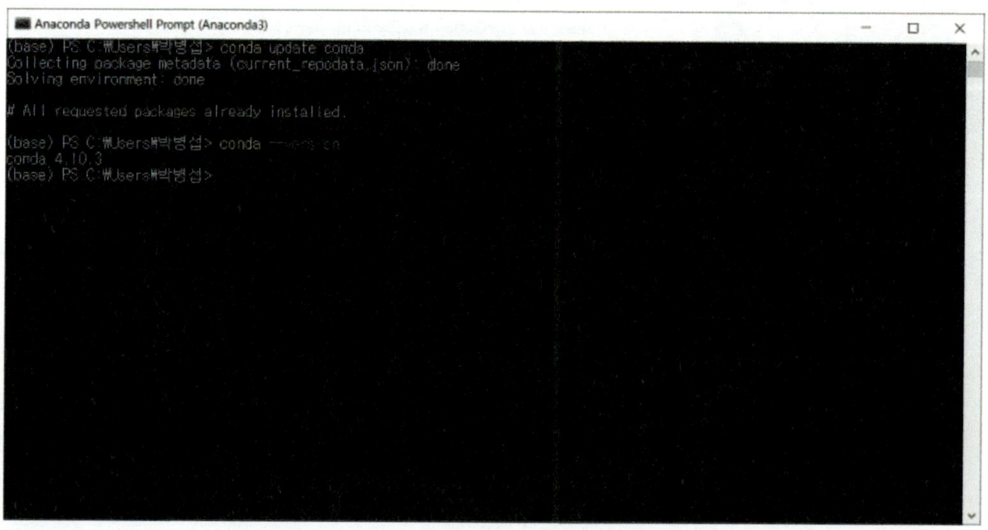

① 가상 환경 생성 전에 conda 업데이트

```
conda update conda
```

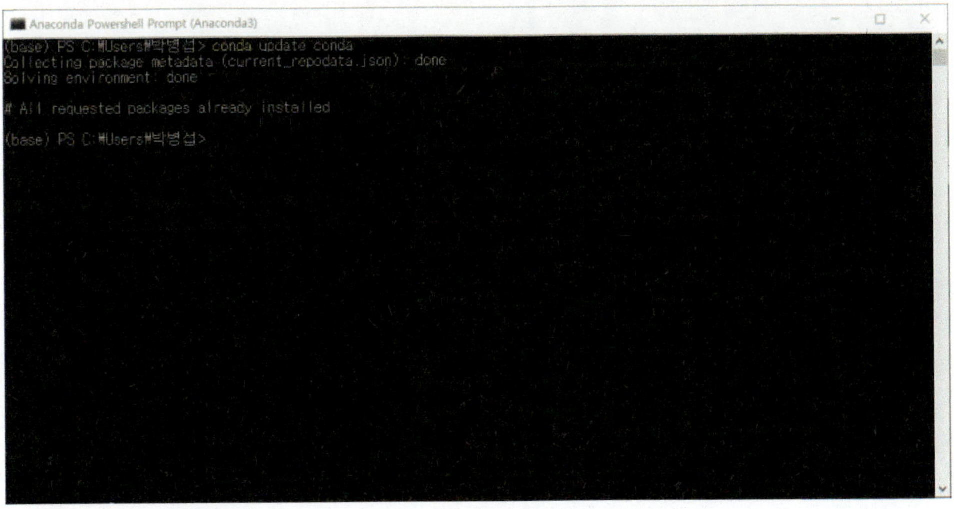

② 가상 환경 생성

▶ **예시, 가상 환경 이름 : AI-SW, 파이썬 버전 : 3.9**

```
conda create -n AI-SW python=3.9
```

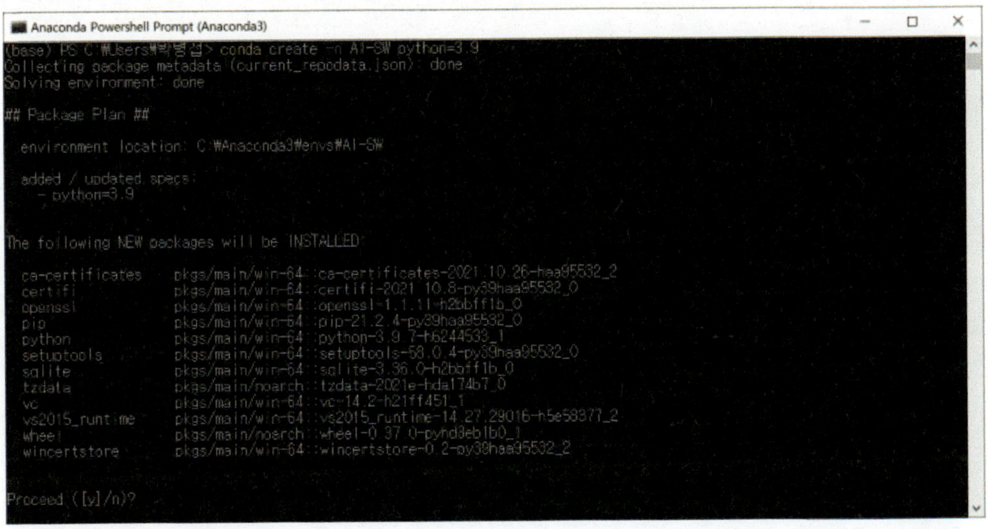

y를 누르면, 가상 환경 AI-SW가 생성됨을 볼 수 있다.

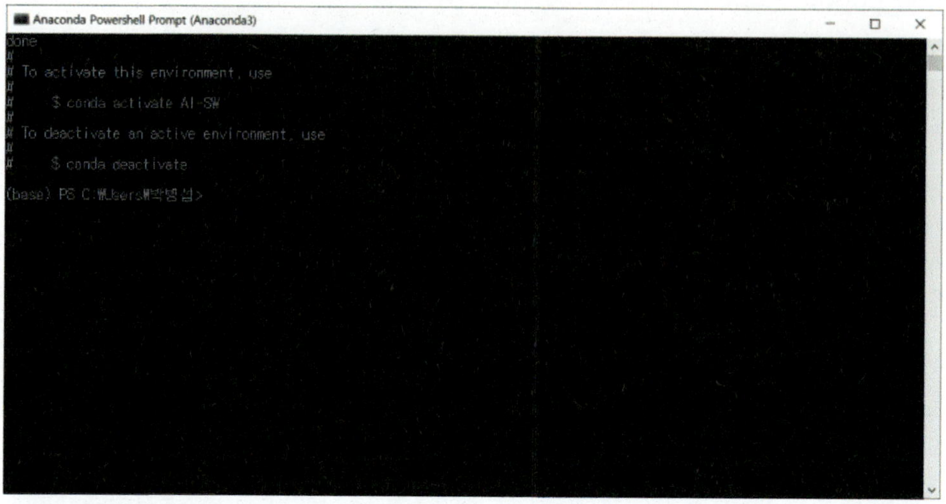

③ 가상 환경 활성화

```
conda activate [가상 환경 이름]
```

예시로 'conda activate AI-SW'를 실행하면 아래 화면처럼 AI-SW가 활성화된 것을 볼 수 있다.

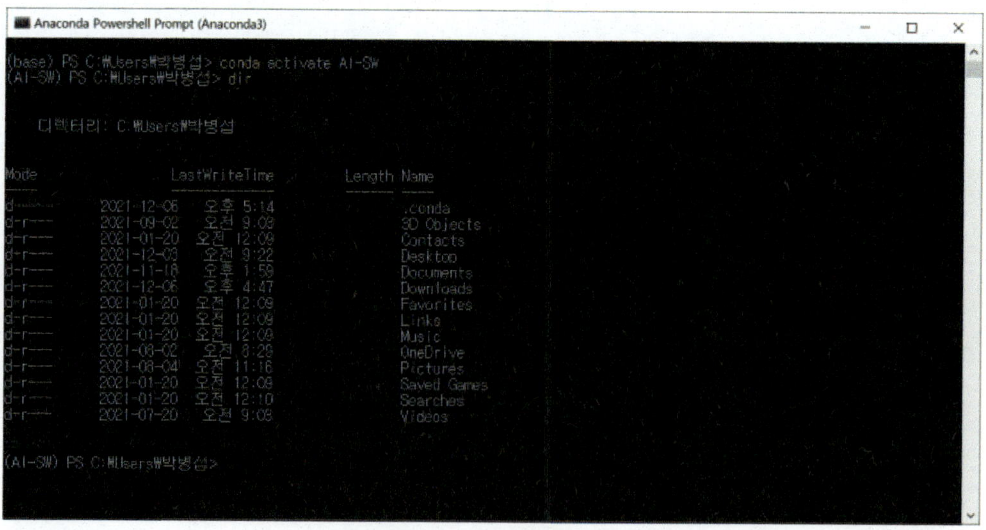

④ 가상 환경에 설치된 패키지 확인

가상 환경 활성화(activation) 이후, 프롬프트 앞 괄호()에 가상 환경 이름이 있다. 예시에서는 AI-SW가 가상 환경 이름이다. 다음 명령으로 내 가상 환경에 설치된 패키지와 버전 등을 확인할 수 있다.

```
conda list
```

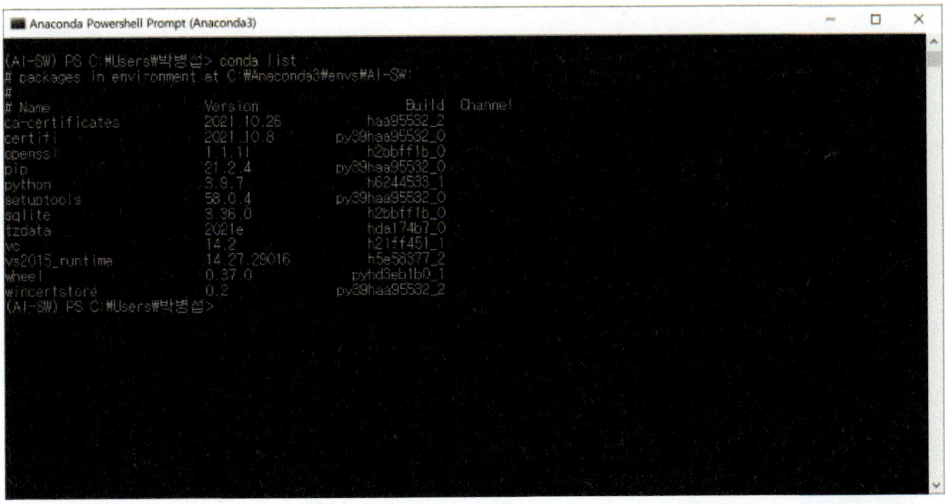

⑤ 가상 환경 비활성화

이 예시에서는 AI-SW를 비활성화시킨다.

```
conda deactivate [가상 환경 이름]
```

(3) 아나콘다 네비게이터

아나콘다 네비게이터(Anaconda Navigator)는 UI 클라이언트로서 하부 컴포넌트를 쉽게 사용하도록 한 데스크탑 포털 기능을 담당한다. 예를 들어, Jupyter나 Spyder 같은 개발도구를 이곳에서 Launch할 수 있다.

(4) 아나콘다 제거

아나콘다를 더 이상 사용하지 않고 제거해야 하는 anaconda-clean의 경우 아나콘다를 제거할 때 구성 파일을 제거하는 모듈로 시작해야 한다.

```
conda install anaconda-clean
```

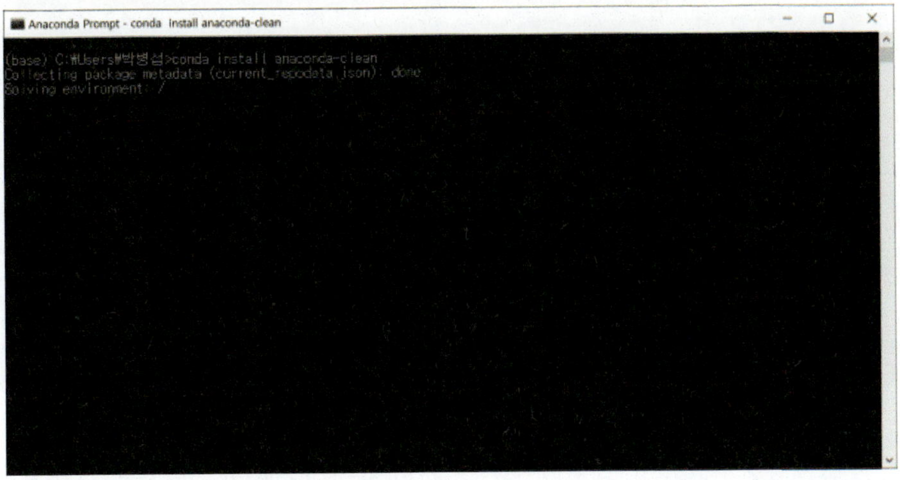

입력 y라는 메시지가 표시될 때이다.

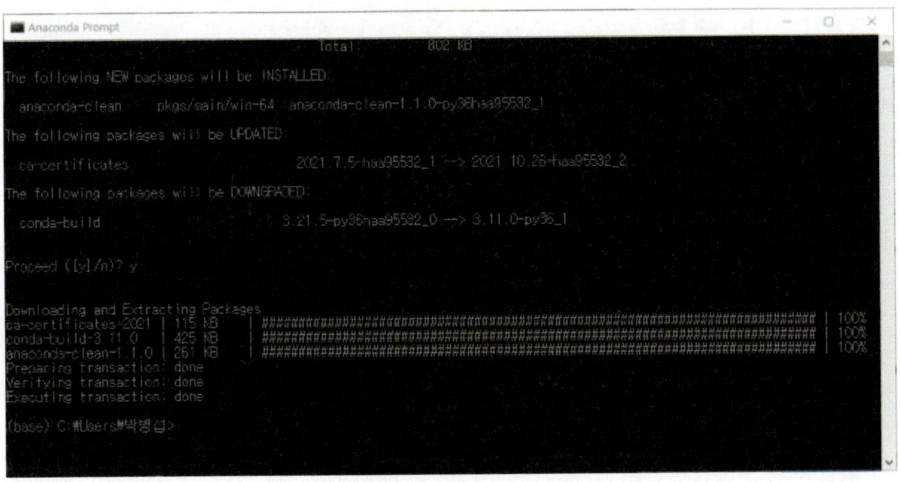

설치가 완료되면 다음 명령을 실행할 수 있다. y각 항목을 삭제하기 전에 응답하라는 메시지가 표시된다. 프롬프트를 표시하지 않으려면 명령 끝에 **--yes**를 추가한다.

```
$ anaconda-clean
```

이렇게 하면 .anaconda_backup 홈 디렉토리라는 백업 폴더도 생성된다.

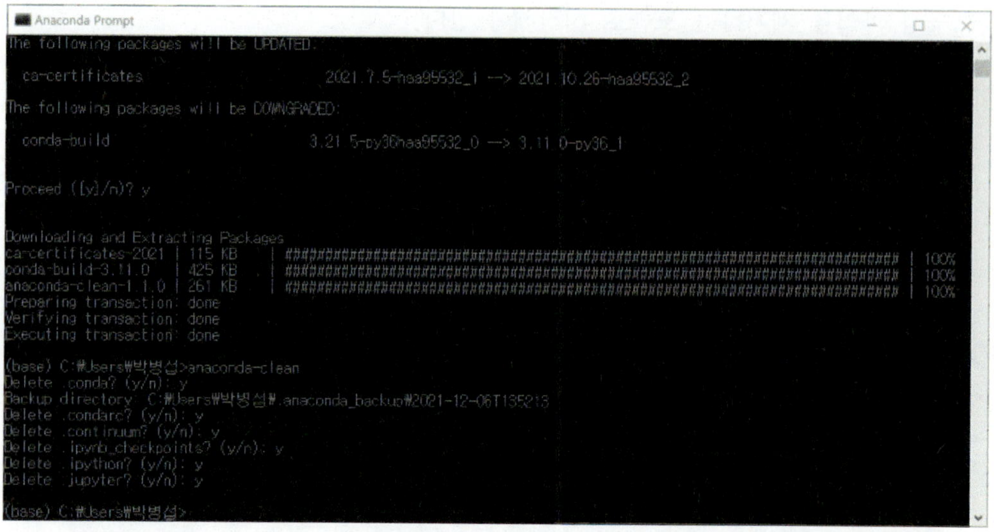


```
Output
Backup directory: /home/user-name/.anaconda_backup/2021-12-06T135213
```

5.2 주피터 노트북(Jupyter Notebook) 설치

(1) 개요

주피터 노트북은 세 가지 언어인 Julia, Python, R 파일을 작성 · 실행하는 개발환경을 제공하는 웹 애플리케이션이다.

주피터 노트북의 장점은 셀 단위로 작성하여 실행할 수 있기에 큰 파이썬 파일도 셀 단위로 나누어 번역, 실행하면서 인터랙티브한 동작이 가능하다는 점이다. 오픈소스 웹 실행 가능한 소스코드 및 공식, 시각화 및 설명 텍스트를 포함하는 문서들을 생성하고 공유하는 기능을 제공한다. 데이터 정제, 변환, 산술 시뮬레이션, 수치모델링, 데이터 가시화, 기계학습 등에 사용될 수 있다.

또한 데이터 분석을 위한 파이썬 파일 작성 후 실행하였을 때, 차트, 표 등의 결과값 출력도 즉시 직관적으로 볼 수 있고, 이후 Github에 주피터 노트북의 결과 출력 방식을 그대로 올릴 수 있다는 장점도 가지고 있다.

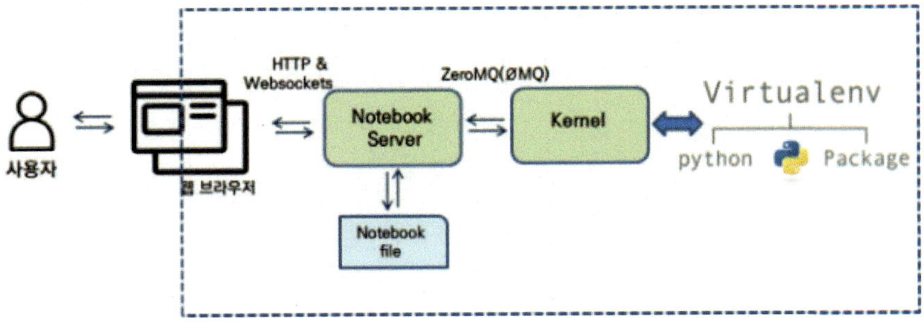

[그림 5.3] 주피터 노트북의 구성요소

구성요소	설 명
Notebook App	• 클라이언트와 서버로 구분된 Notebook Document를 실행 및 편집을 지원하며 다음과 같이 프론트 엔드(브라우저 구동)와 백엔드(서버로 실행)로 구성된다. ◦ 프론트 엔드 : 브라우저 구동 ◦ 백엔드 : 웹 소켓을 통하여 브라우저로부터 요청을 Python으로 전달하고 실행 결과를 다시 브라우저에 전달하는 응용) 서버 프로그램
Notebook Dashboard	Notebook App 클라이언트 파트 사용자 인터페이스로 Notebook Document를 실행 및 편집 화면을 제공
Notebook Document	Notebook App에서 생성/편집/실행되는 결과들을 저장하는 json 형식 파일로 ".ipynb" 확장자를 가짐
Kernels	• Notebook Document에 포함된 실행 코드를 수행하는 엔진으로 python의 경우 IPython 커널을 사용 • Notebook Document을 오픈하면 자동으로 관련 커널이 수행됨

주피터 노트북은 코드 작성과 실행을 서버-클라이언트 모델로 분리하였다. 즉, 사용자가 웹브라우저(클라이언트)에서 코드를 작성하면 코드는 서버로 전송되어 실행되고, 그 결과가 다시 웹브라우저로 전달되어 사용자에게 보이는 것이다. 이때 서버에서 실제로 코드를 실행하는 핵심 컴포넌트를 '**커널**(Kernel)'이라 한다. 주피터 노트북은 IPython을 커널로 사용한다.

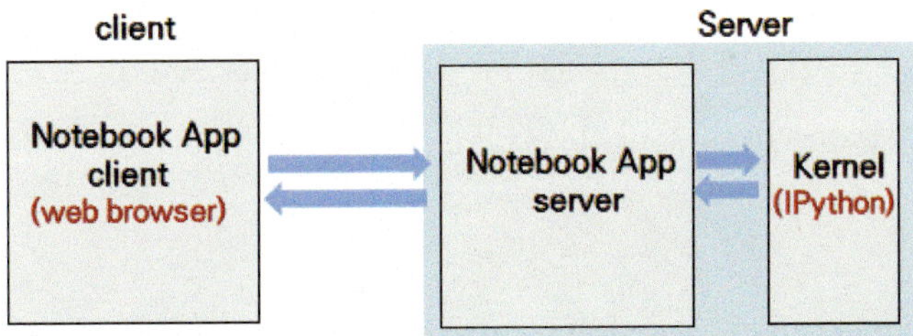

[그림 5.4] 주피터 노트북의 구조

① 노트북 문서

노트북 문서(또는 "노트북", 모두 소문자)는 컴퓨터 코드(예: 파이썬)와 서식 있는 텍스트 요소(단락, 방정식, 그림, 링크 등)를 모두 포함하는 주피터 노트북 앱에서 생성된 문서이다. 노트북 문서는 분석 설명과 결과(그림, 표 등)를 포함하는 사람이 읽을 수 있는 문서와 데이터 분석을 수행하기 위해 실행할 수 있는 실행 가능한 문서이다.

② 주피터 노트북 앱

주피터 노트북 앱은 편집하고 실행할 수 있는 서버 - 클라이언트 응용 프로그램이다. 노트북 문서를 웹브라우저를 통해서 또는 원격 서버에 설치하고 인터넷을 통해 액세스할 수 있는 인터넷 접속을 필요로 하지 않는 로컬 데스크톱에서 실행할 수 있다.

노트북 문서를 표시/편집/실행하는 것 외에도 주피터 노트북 앱에는 로컬 파일을 표시하고 노트북 문서를 열거나 커널을 종료할 수 있는 '제어판'인 '대시보드'(노트북 대시보드)가 있다.

③ 커널

노트북 커널은 노트북 문서에 포함된 코드를 실행하는 '컴퓨팅 엔진'이다. 여기서 사용하는 IPython 커널은 파이썬 코드를 실행한다. 다른 많은 언어에 대한 커널이 존재한다.

노트북 문서를 열면 연결된 커널이 자동으로 실행된다. 노트북이 실행될 때(셀 단위 또는 메뉴 **Cell** → **Run All**), 커널은 계산을 수행하고 결과를 생성한다. 계산 유형에 따라 커널은 상당한 CPU와 RAM을 소모할 수 있다. 커널이 종료될 때까지 RAM은 해제되지 않는다.

④ 노트북 대시보드

노트북 대시보드는 주피터 노트북 앱을 실행할 때 가장 먼저 표시되는 구성 요소이다. 노트북 대시보드는 주로 노트북 문서를 열고 실행 중인 커널을 관리(시각화 및 종료)하는 데 사용된다. 노트북 대시보드에는 파일 관리자와 유사한 다른 기능, 즉 폴더 탐색 및 파일 이름 바꾸기/삭제 기능이 있다.

(2) 주피터 노트북 설치방법

① 0단계 : 브라우저

0단계는 최신 표준 호환 브라우저 설치로 구성된다. Mozilla Firefox 또는 Google Chrome이 잘 작동한다. MS Explorer는 추천하지 않는다.

② 1단계 : 설치

주피터 노트북 앱을 설치하는 가장 쉬운 방법은 과학용 파이썬 패키지도 포함하는 과학용 파이썬 배포판을 설치하는 것이다. 가장 일반적인 배포판은 아나콘다이다.

- 아나콘다 배포(몇 100메가바이트), Python 3, 64비트
- 단일 사용자에 대한 기본 설정을 사용하여 설치

(3) 주피터 노트북 실행하기

① 주피터 노트북 앱 시작

주피터 노트북 앱은 **온(ON)**을 클릭하여 시작할 수 있다.

주피터 노트북 시작 메뉴(Windows) 또는 터미널(입력하여 아나콘다 설치 아이콘 cmd를 Windows에서) :

```
jupyter notebook
```

위 명령을 입력하면 자동으로 어떤 html 파일을 열면서 브라우저가 실행된다. 만약 실행되지 않는다면 http://localhost:8888으로 접속하거나 위 그림의 맨 마지막 줄에 있는 url을 복사하여 브라우저에서 접속한다.

주피터 노트북 앱이 시작되면 시작 폴더(하위 폴더 포함) 내의 파일에만 액세스할 수 있다. 노트북을 홈 폴더나 하위 폴더에 배치하는 경우 구성이 필요하지 않다. 그렇지 않으면 모든 노트북을 포함할 주피터 노트북 앱 시작 폴더를 선택해야 한다.

② 주피터 노트북 실행

▸ **런칭(아나콘다 내에서 실행 시)**

```
(AI-SW) $ anaconda-navigator
```

먼저 리눅스(우분투) 터미널을 열고, 내 가상머신 터미널 명령 프롬프트에서 아나콘다 네비게이터를 실행한다. 그러면 아래 그림과 같은 네비게이터 화면이 나타나고, 여기서 **런치** 버튼을 눌러 주피터 노트북을 실행한다.

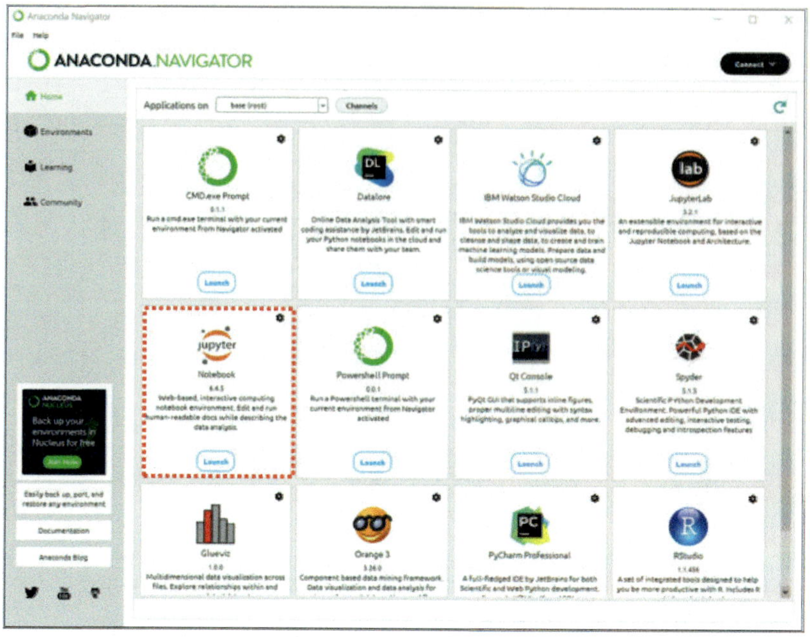

[그림 5.5] 아나콘다 네비게이터 내의 주피터 노트북 실행과정

▸ 작업 환경 설정(네비게이터 내에서 가상머신 설정 시)

네비게이터 내에서도 가상머신을 만들 수 있다. 이 과정은 다음과 같다. 노트북 파일들을 저장하고 관리할 환경을 새로 생성한다. Environments에서 **Create**를 선택한다. 아래 화면에서는 'AISW_Note'란 이름으로 환경을 설정했다. 이때 파이썬 버전을 선택할 수 있다. 본 화면에서는 최신 버전을 **3.9**로 유지하였다.

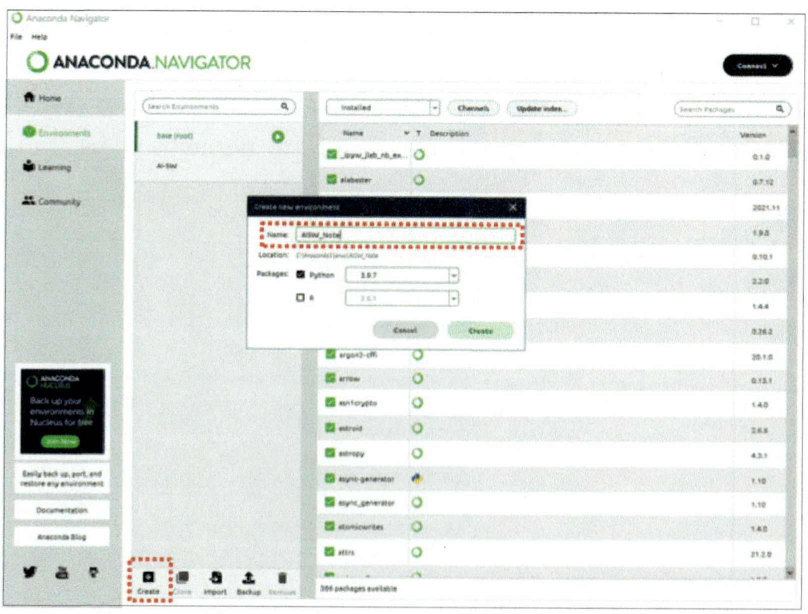

Create를 누르면 해당 이름으로 아래의 경로에 폴더가 생성된다. 이후 다시 부팅해도 이 개발환경설정을 그대로 유지해서 사용할 수 있다.

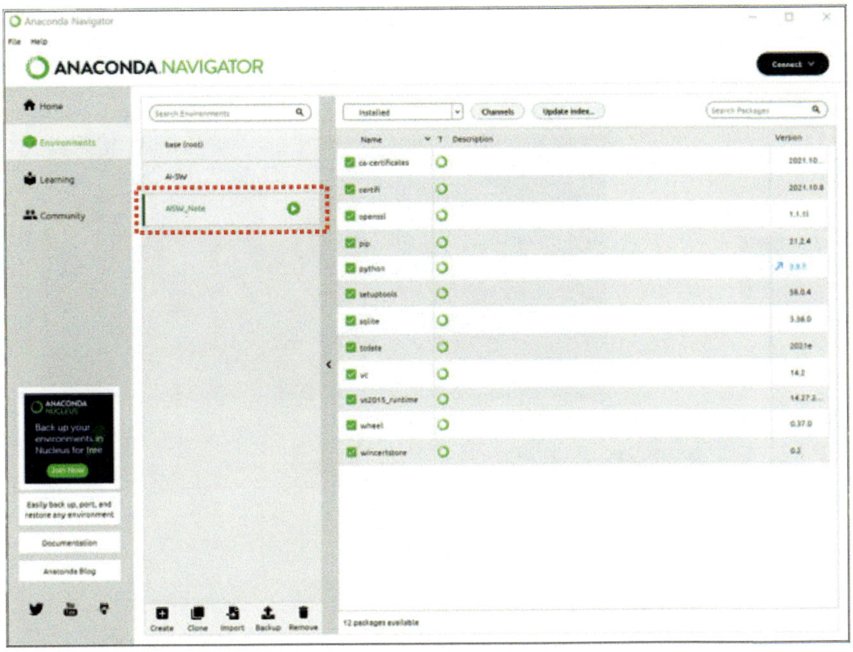

AISW_Note 환경에서 마우스 클릭하면 나오는 **Open Terminal** 메뉴를 눌러 터미널을 연다.

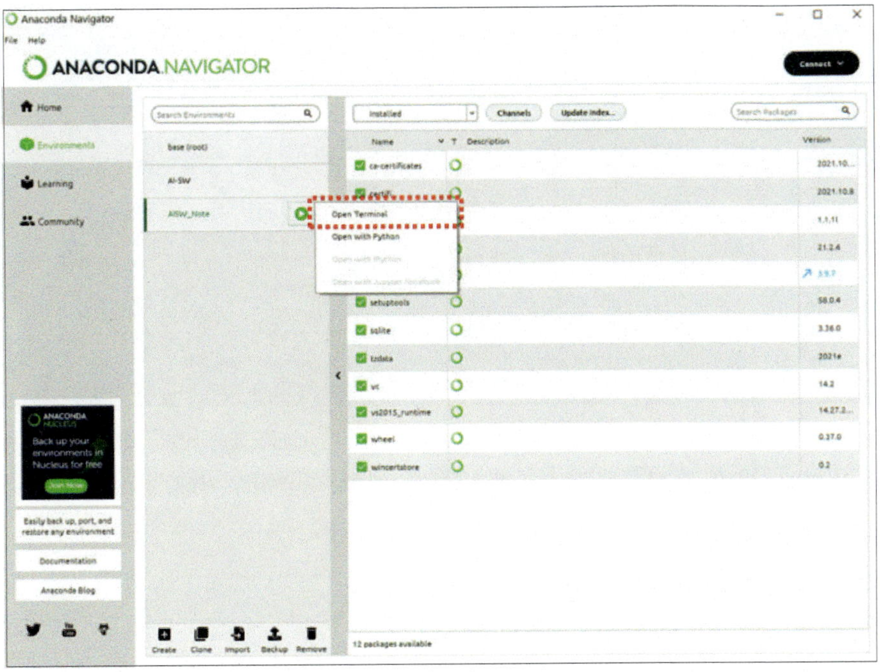

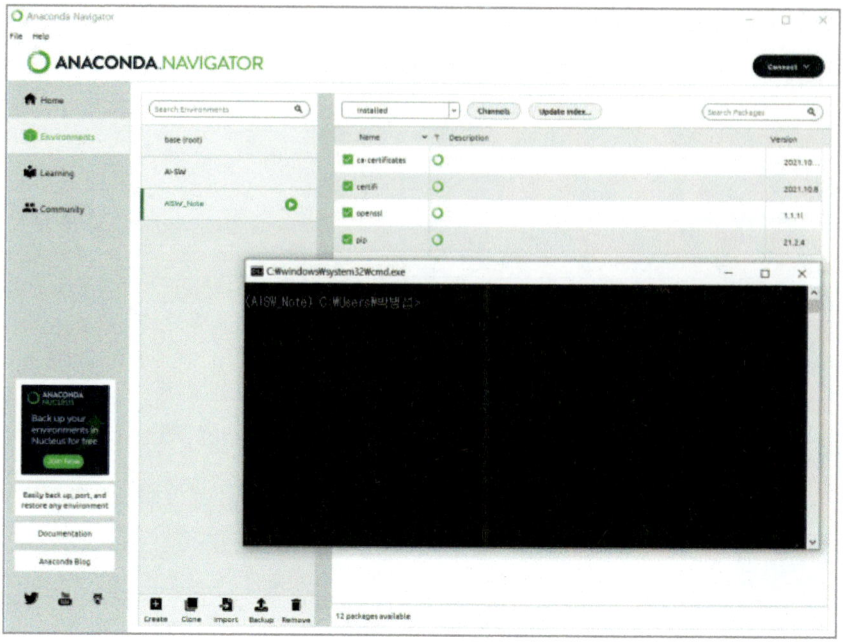

▸ **주피터 노트북 서버 실행하기**

```
jupyter notebook
```

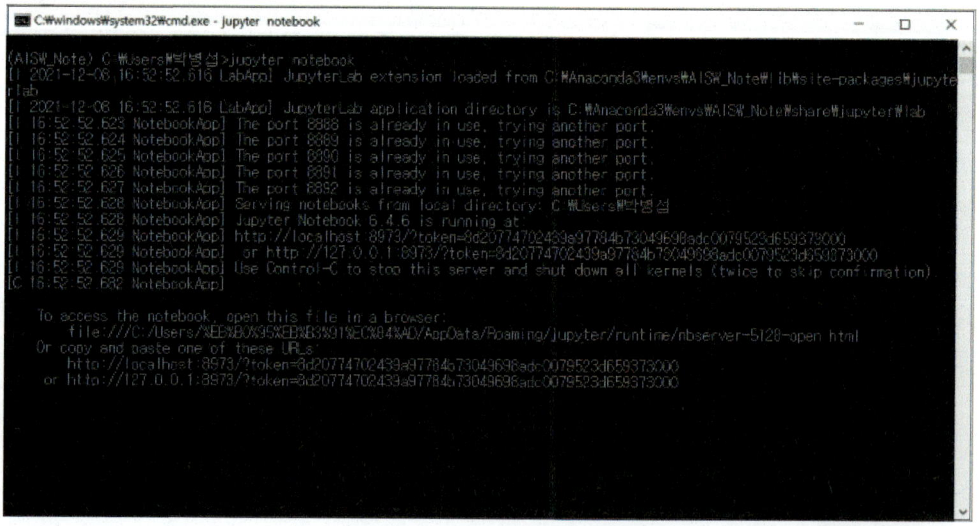

주피터 노트북 서버를 실행한 후 아래 절차에 따라 웹브라우저에 접속한다.

▸ 주피터 랩 또는 노트북 실행시 토큰 확인 방법

http://localhost:8888/로 접속하면 아래와 같이 Password나 token을 입력하라는 창이 뜬다.

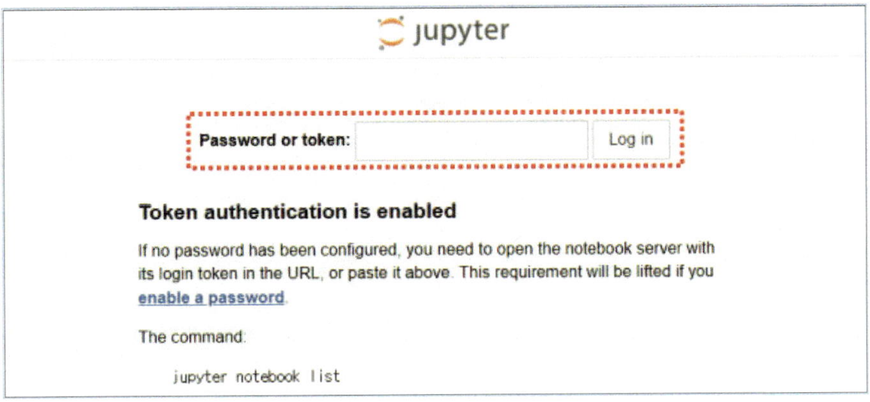

열리는 터미널에 **jupyter notebook list**라고 입력하면 해당 token이 나온다. 이 토큰을 복사하여 붙여 넣는다.

```
jupyter notebook list
```

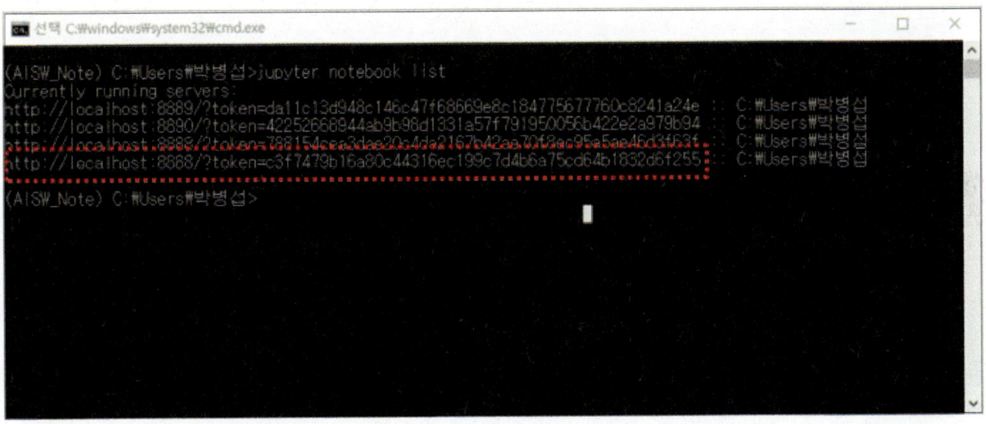

적당한 토큰을 입력하면 다음과 같은 주피터 노트북 화면이 표출된다. 이제 오른쪽에 **new** 버튼을 눌러 작업 준비를 한다.

▸ 주피터 노트북 실행하기

주피터 노트북에서 파이썬 파일을 간단하게 만들어 보겠다. 주피터 노트북 기본 화면 New에서 새 파이썬 파일을 만들 수 있다.

• Notebook Dashboard 화면

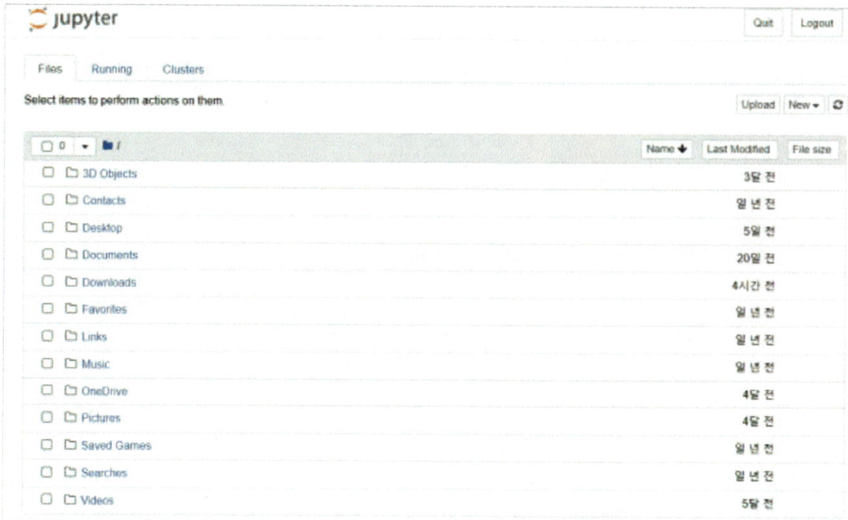

python 3를 눌러 python 3 버전 파일을 만들어보자. 다음 그림은 주피터 노트북 실행 초기화면이다.

파이썬 3 에디터 화면의 붉은 박스를 클릭하여 파일 이름을 바꿀 수 있다(확장자는 자동으로 .ipynb가 된다). **test**라는 이름으로 파이썬 파일을 저장하고, 파이썬 코드를 작성해볼 수 있다.

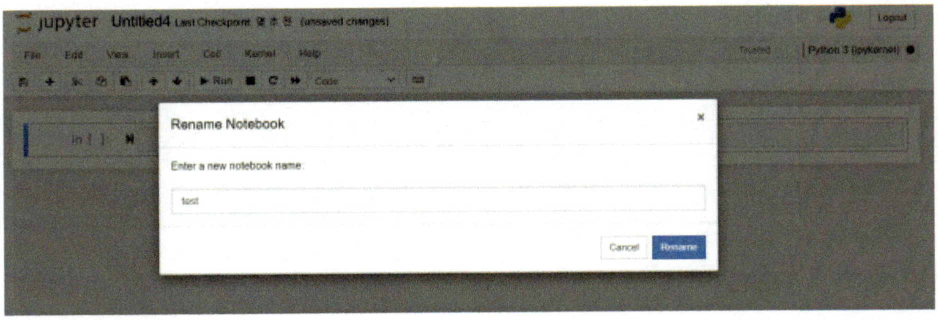

③ 주피터 노트북 앱 종료

브라우저(또는 탭)를 닫아도 주피터 노트북 앱은 닫히지 않는다. 완전히 종료하려면 연결된 터미널을 닫아야 한다. 좀 더 자세히 말하자면 주피터 노트북 앱은 브라우저의 기본 주소(http://localhost:8888)에 나타나는 서버이다. 브라우저를 닫아도 서버가 종료되지 않는다. 이전 주소를 다시 열 수 있으며 주피터 노트북 앱이 다시 표시된다.

주피터 노트북 앱의 여러 복사본을 실행할 수 있으며 비슷한 주소에 표시된다(포트인 ":" 뒤의 숫자만 새 복사본마다 증가한다). 단일 주피터 노트북 앱으로 이미 많은 노트북을 열 수 있으므로 주피터 노트북 앱의 여러 복사본을 실행하지 않는 것이 좋다.

④ 노트북 닫기 : 커널 종료

노트북이 열리면 '컴퓨팅 엔진'(커널이라고 함)이 자동으로 시작된다. 노트북 브라우저 탭을 닫아도 커널이 종료되지 않는다. 대신 커널은 명시적으로 종료될 때까지 계속 실행된다.

커널을 종료하려면 관련 노트북으로 이동하여 **메뉴 파일** → **닫기 및 중지**를 클릭한다.

⑤ 여러 특징들

박스 하나하나가 바로 셀이다. 이 파일 내의 파이썬 코드는 여러 셀로 나누어 별도로 실행해 볼 수 있다. 기본적으로 주피터 노트북은 Command Mode와 Edit Mode의 셀 단위로 실행 단위가 구성되어 있으며 코드 실행 키는 **Shift+Enter**이다. 이외의 다양한 단축키는 Command Mode에서 **H**를 누르면 확인할 수 있다.

주피터 노트북은 코딩 작업 중 자동 저장도 지원하고, MarkDown, pdf 등 다양한 문서 형태로 저장도 지원한다. 에디터에서는 주석 형태를 빌린 텍스트 편집을 비롯한 여러 다양한 기능을 단축키를 통해 사용할 수 있다.

5.3 주피터 랩(Jupyter Lab) 설치

(1) 개요

주피터 노트북을 개선한 형태가 **주피터 랩**(Jupyter Lab)이다. 주피터 랩은 기존 주피터 노트북에 다중 탭 지원, 수려한 UI, 다양한 확장 기능 등을 추가해 만든 웹 어플리케이션이다.

① 주피터 랩의 장점

주피터 랩은 다음과 같은 장점을 가진다.

▸ 셀(Cell) 단위 코드 실행

주피터 랩에서는 전체 코드를 한 번에 실행하는 것이 아니라, 셀(Cell)이라 부르는 작은 코드 조각들을 단위로 코드를 실행할 수 있다. 코드 작성 중 80번째 줄에 오류가 있어 약간의 수정을 가하는 상황을 생각해 보자. 셀 단위 코드 실행이 지원되지 않는 시스템에서는 수정이 올바르게 되었는지 확인하기 위해서는 전체 코드를 다 실행해야 한다. 하지만 주피터 랩에서는 셀 단위로 코드를 실행할 수 있어서 80번째 줄을 담고 있는 셀만 다시 실행해 보면 된다.

▸ 대화형(interactive) 개발환경

비(非)대화형 개발환경에서는 전체 코드를 작성하기 전까지는 변수에 어떤 값이 할당되어 있는지, 중간중간 실행 결과가 어떻게 되는지 알 수 없다. 그 결과 일반적으로 '전체 코드 작성 - 실행 - 디버깅 - 최종 완성' 순으로 개발이 이루어진다. 하지만 대화형 개발환경에서는 마치 시스템과 대화하듯이, 즉 '코드 작성 - 중간 실행 - 중간 점검 - 코드 작성 - 중간 실행 - 중간 점검 - 최종 완성' 순으로 개발할 수 있다.

▸ 문서화의 용이성

주피터 랩에서는 노트북 문서(.ipynb) 포맷으로 텍스트, 코드, 코드 실행 결과, 수식, 이미지, 그래프 등을 하나의 문서로 한 번에 저장할 수 있다. 이 포맷은 사실상 표준으로서 구글 Colab, 깃허브 등에서 바로 사용 가능하다. 실제로 많은 기계학습 관련 문서 혹은 실습 예제들이 .ipynb 포맷의 문서로 웹상에 배포되어 있다.

▸ 웹 기반의 개발환경

주피터 랩은 웹브라우저에서 작동한다. 주피터 랩을 사용하면 무거운 IDE를 쓰지 않고, 가볍고 친숙한 환경의 웹브라우저에서 개발할 수 있다. 또한 서버에 주피터 랩을 설치해 놓으면 복잡한 ssh 설정 등을 할 필요 없이 바로 웹브라우저의 주피터 랩을 이용해 서버에 접속해 개발할 수 있다.

이러한 장점들로 인해 파이썬으로 코드를 작성할 때, 특히 기계 학습 코드를 작성할 때는 주피터 랩(주피터 노트북)을 쓰는 것이 일반적이다.

② 주피터 랩 설치 및 실행하기

▸ 아나콘다 설치하기

주피터 랩은 그냥 시스템에 글로벌하게 설치된 파이썬에 대해 설치해도 되지만, 일반적으로 가상 환경에 대해 설치한다. 가상 환경을 이용하기 위해서는 파이썬 가상 환경 관리자를 설치해야 하는데, 일반적으로 많이 사용하는 아나콘다를 이용하자.

▸ 주피터 랩 설치하기

Anaconda Prompt를 이용해 수행하며, 먼저 conda에서 새로운 가상 환경을 생성한다. 가상 환경의 이름은 JL, 파이썬 버전은 3.9을 사용했다.

다음과 같이 설치 명령을 실행한다.

```
pip install jupyter lab
```

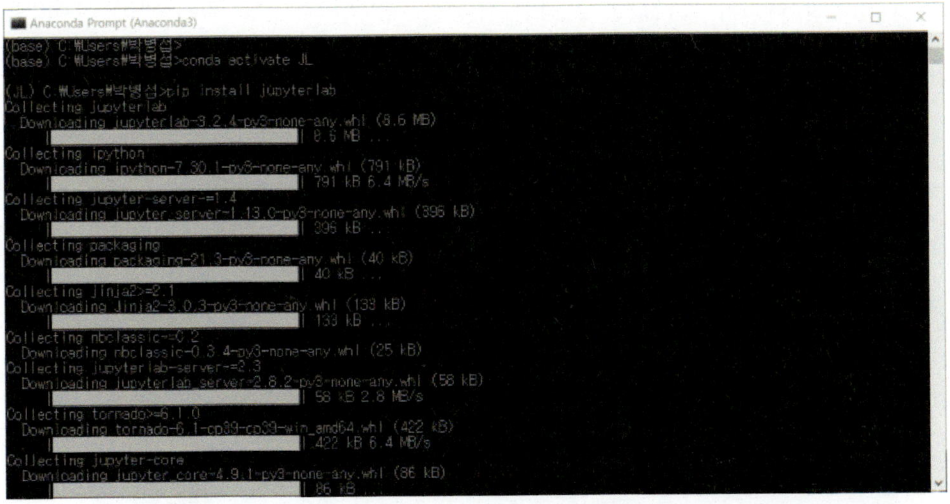

다음으로 주피터 랩을 실행한다.

```
jupyter lab
```

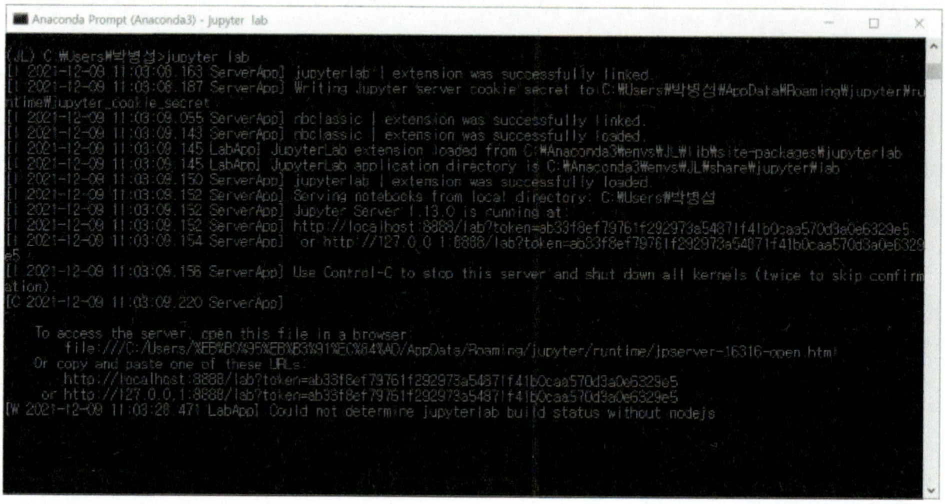

http://localhost:8888의 토큰값을 포함한 내용을 복사한 후 브라우저 창에 붙여 넣는다.

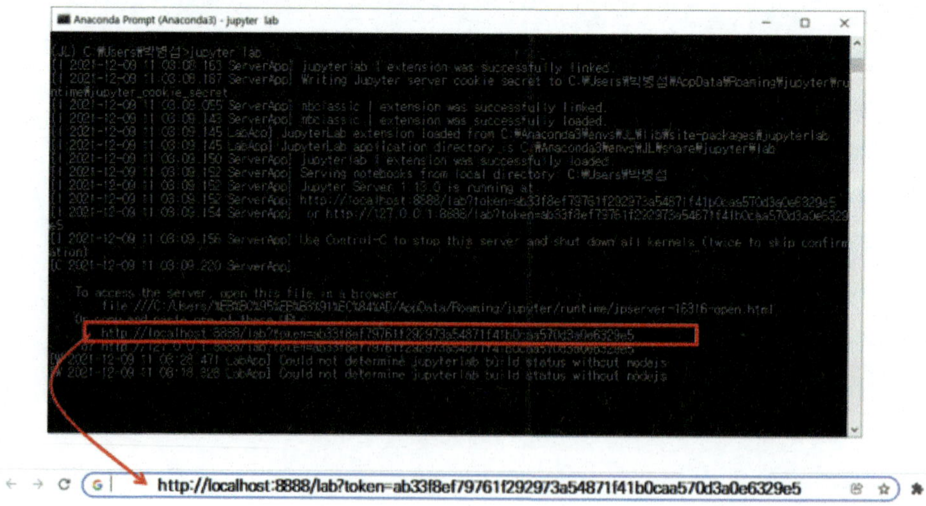

다음과 같이 주피터 랩 화면에 브라우저에 나타난다.

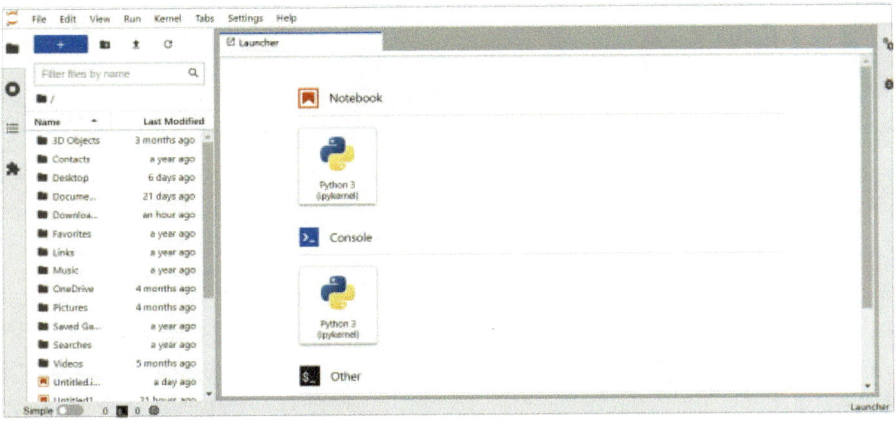

6장

Jetson TX2 개발환경 구축

6.1 TX2 개요

Jetson TX2는 GPU로 유명한 NVIDIA에서 개발한 임베디드 AI 컴퓨팅 장치로, 다양한 산업용 로봇 서비스를 개발하기 위한 하드웨어 솔루션이다. 인공지능 소형 컴퓨터로서 이 위에 Linux계열 OS(주로 Ubuntu 사용)를 올리고 그 위에 텐서플로우, ROS 등 다양한 로봇 개발에 필요한 다양한 라이브러리나 프레임워크 등을 올려 사용할 수 있는 인공지능 임베디드 보드이다. Jetson TX2는 신용카드 정도의 크기로 소형화되어 실제 개발에 사용할 수 있는 모듈 형태의 제품이 있고, 다음 사진처럼 다양한 포트(HDMI, USB 등)와 쉽게 사용할 수 있는 GPIO 핀 등을 가지고 있는 개발자 키트가 있다.

▸ **Jetson TX2 임베디드 보드 개발자 키트 외형**

[그림 6.1] Jetson TX2 개발자 키트

▸ Jetson TX2 임베디드 보드 블록도

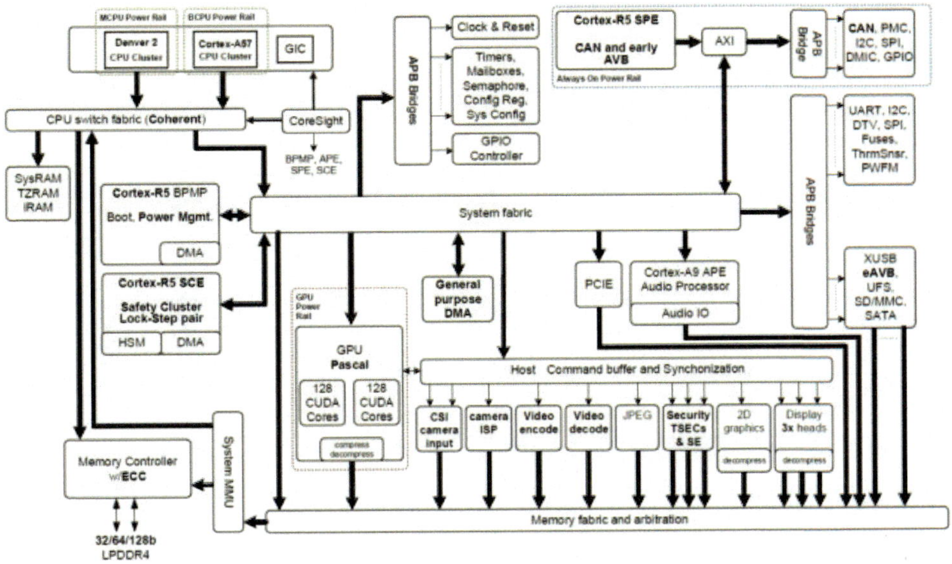

[그림 6.2] TX2 모듈 블록도

▸ Jetson TX2 임베디드 보드 박스

[그림 6.3] Jetson TX2 개발자 키트 박스

본 내용은 개발자 키트를 기준으로 작성되었다.

[개발환경]

- Host PC : Ubuntu 18.04 LTS
- Target Device : Jetson TX2 Developer Kit

Ubuntu를 직접 설치하지 않고 Windows 상에서 VMware, VirtualBox 등을 통해 가상머신으로 구동하여도 문제가 없지만, 실제 로봇 개발을 할 때 성능적인 이슈나 가상머신 네트워크 라우팅에서 생기는 통신 문제들로 인해 직접 OS Image를 올리는 것을 추천한다.

6.2 Jetpack, NVIDIA SDK Manager 개요

(1) Jetpack이란?

- Jetpack 또는 Jetpack SDK
- NVIDIA에서 제공하는 AI 어플리케이션 구축을 위한 포괄적인 솔루션
- OS Image부터 각종 Library와 developer tools, sample, document 등을 제공한다.
- 설치되는 Jetpack은 버전 4.6이고, CUDA는 10.2 버전이 디폴트로 설치된다.

(2) NVIDIA SDK Manager란?

- Host PC에서 설치하는 응용 소프트웨어
- NVIDIA Cloud로부터 각종 자율주행 및 인공지능 개발에 필요한 SDK를 다운로드한 후, usb로 연결된 NVIDIA Target Device(이 구성에서는 Jetson TX2)에 OS 및 각종 SDK Components를 자동으로 설치해준다.

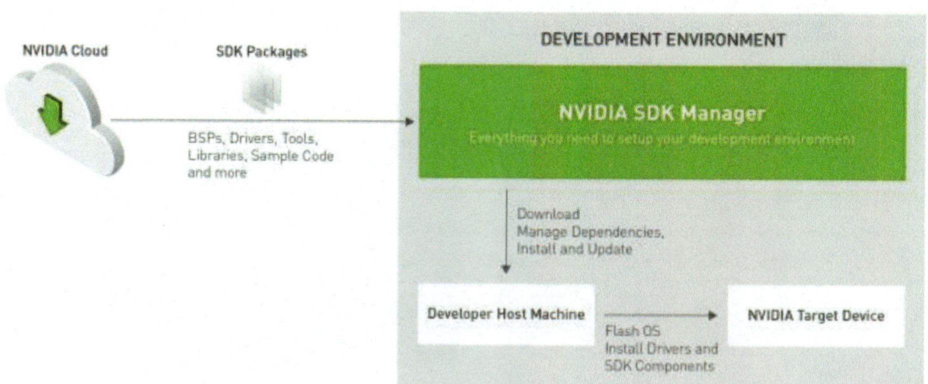

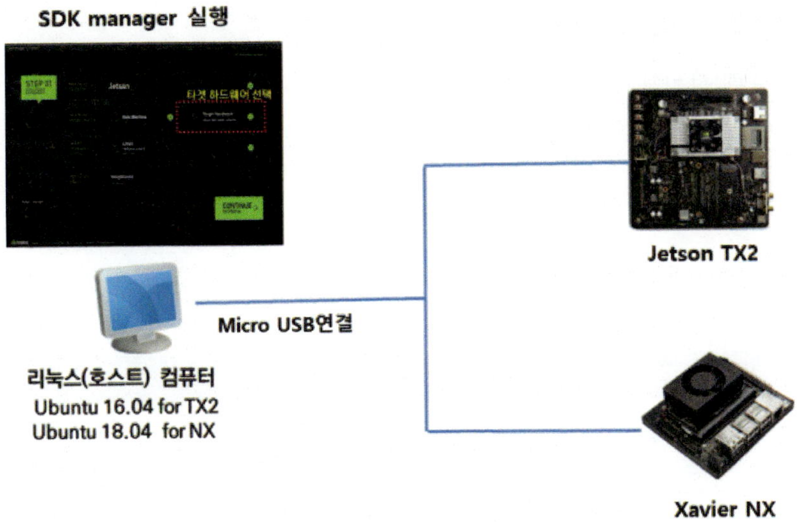

[그림 6.4] NVIDIA Jetson 개발환경 구축

NVIDIA SDK Manager를 사용하지 않고 OS 설치부터 각종 라이브러리 설치를 직접 하는 방법이 있는데, 이때 NVIDIA graphic driver login loop issue부터 텐서플로우를 위한 CUDA(Compute Unified Device Architecture), python, cuDNN(CUDA Deep Neural Network) 버전 간 호환성 충돌 등 수많은 문제들을 겪을 수 있다. 따라서 SDK Manager를 사용하면 클릭 몇 번으로 쉽게 개발환경을 구축할 수 있는 장점이 있다.

6.3 NVIDIA SDK Manager 설치

SDK Manager를 설치하기 위해 다음 링크로 접속하여 SDK Manager를 다운로드한다. 이때 NVIDIA 로그인이 필요하며 계정이 없다면 만들어야 한다.

[다운링크]

https://developer.nvidia.com/nvidia-sdk-manager

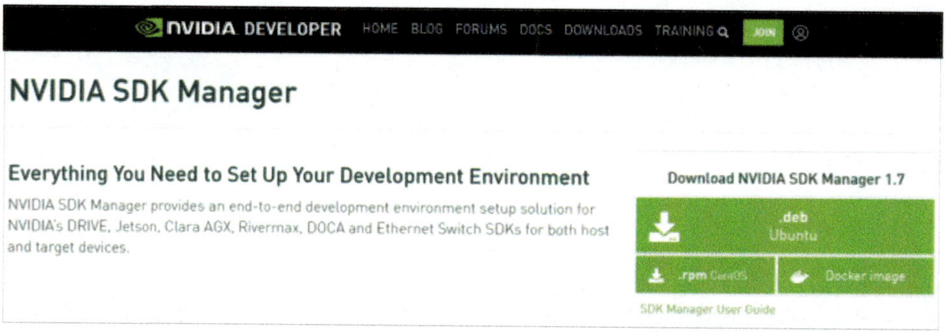

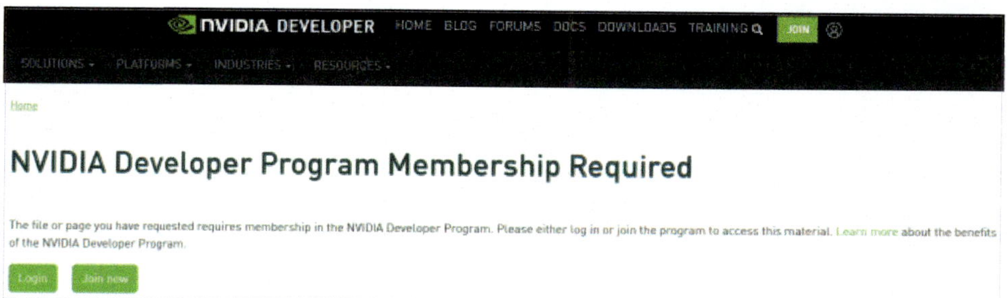

- 다운로드된 파일 : sdkmanager_1.7.0-8846_amd64.deb

다운로드가 완료된 후, 터미널을 하나 열어서 Downloads 디렉토리로 이동하여 .deb 확장자 파일을 실행시켜 설치를 진행한다. 설치를 위한 bash 명령어는 다음과 같다.

```
$ cd Downloads
$ sudo apt install ./sdkmanager_1.7.0-8846_amd64.deb
    # 뒤의 숫자는 버전으로 설치 시점에 따라 다를 수 있다.
```

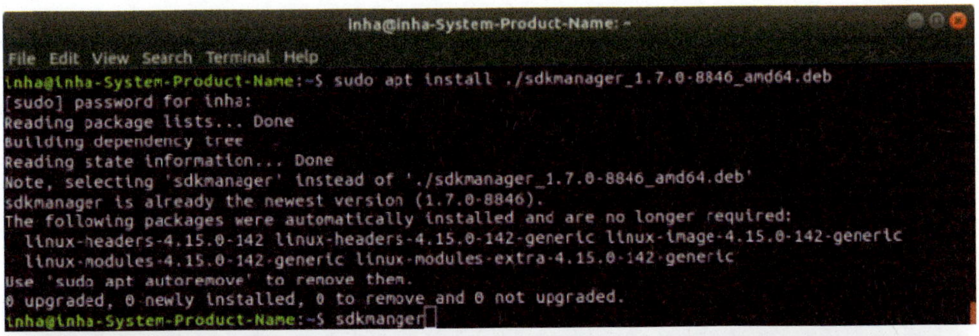

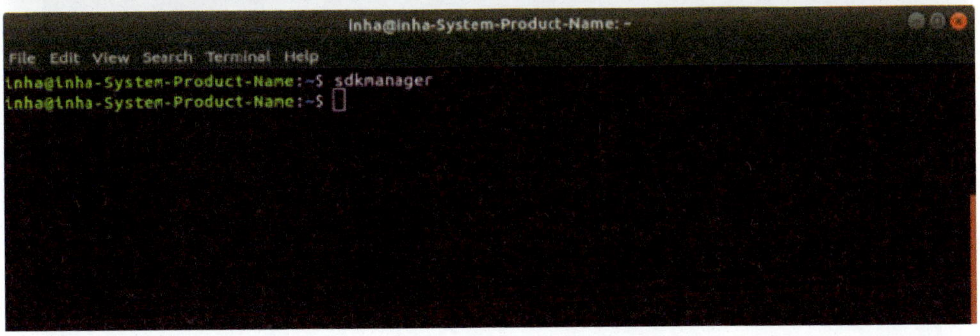

sdkmanager를 실행하면 로그인 화면이 보인다. SDK Manager가 성공적으로 설치되었다면, 이제 TX2에 Jetpack을 올린다. NVIDIA 계정으로 로그인 과정을 거친 후 설치 과정에 진입한다.

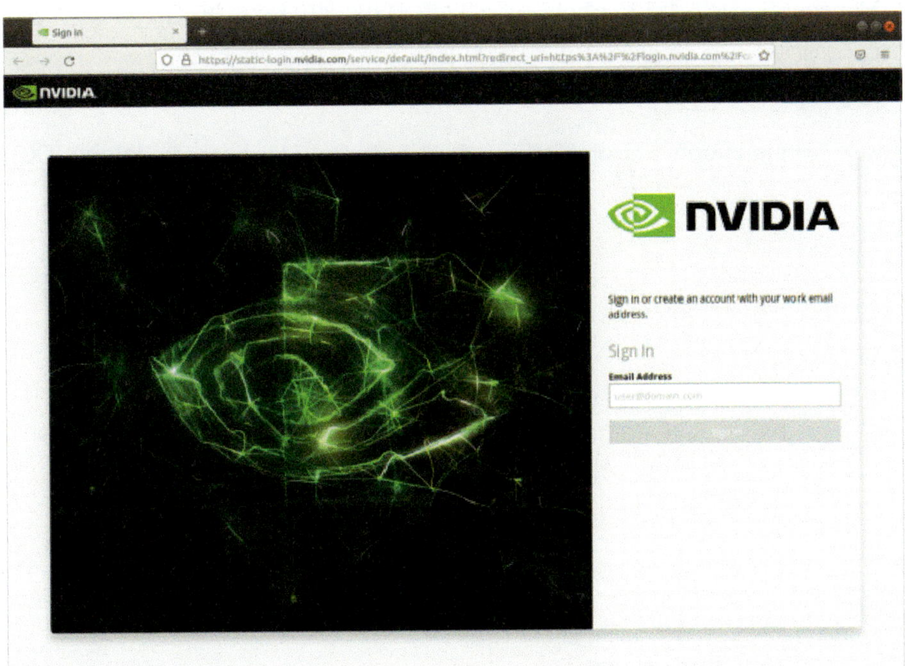

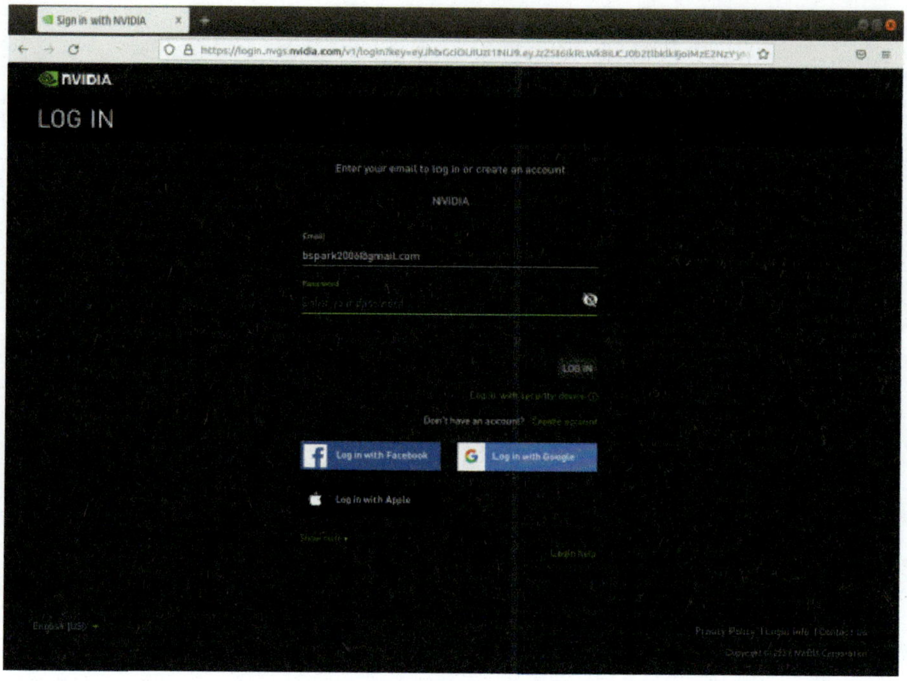

6.4 NVIDIA SDK Manager로 Jetson TX2에 Jetpack 설치

① SDK Manager가 설치된 리눅스 PC와 TX2를 USB 케이블로 연결

② NVIDIA SDK Manager 실행(응용 프로그램)

③ NVIDIA 계정으로 로그인

④ Hardware Configuration : Host Machine 해제 + Target Hardware를 **Jetson TX2**로 선택

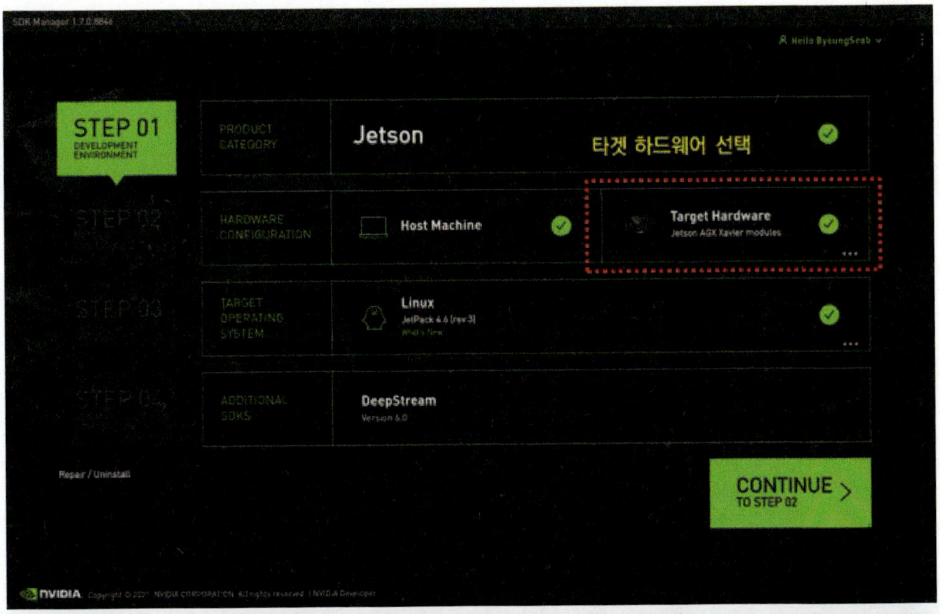
STEP 01
DEVELOPMENT ENVIRONMENT
STEP 02
STEP 03
STEP 04
PRODUCT CATEGORY
Jetson
타겟 하드웨어 선택
HARDWARE CONFIGURATION
Host Machine
Target Hardware
Jetson AGX Xavier modules
TARGET OPERATING SYSTEM
Linux
JetPack 4.6 (rev.3)
ADDITIONAL SDKS
DeepStream
Version 6.0
Repair / Uninstall
CONTINUE
TO STEP 02

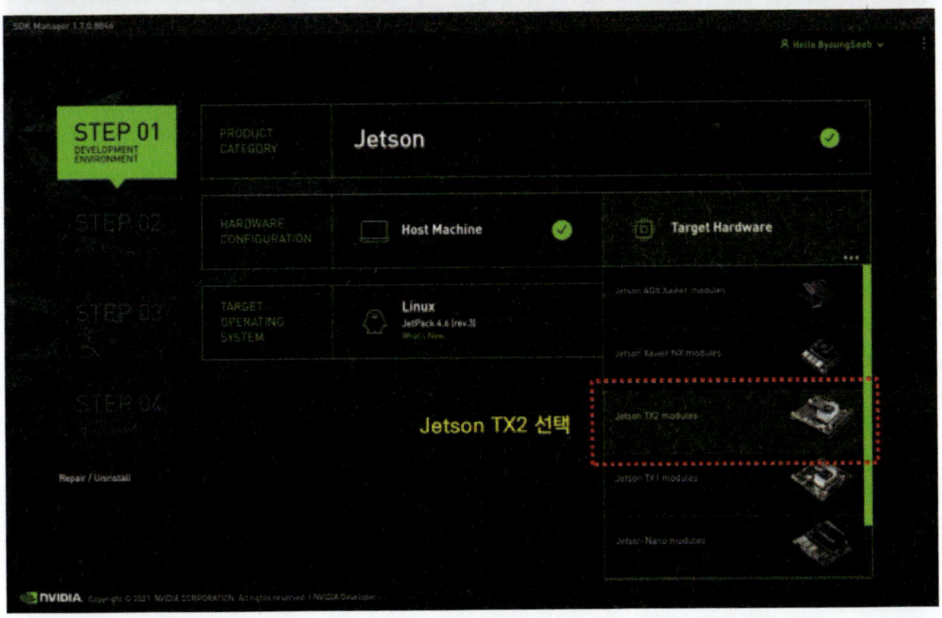
STEP 01
DEVELOPMENT ENVIRONMENT
STEP 02
STEP 03
STEP 04
PRODUCT CATEGORY
Jetson
HARDWARE CONFIGURATION
Host Machine
Target Hardware
TARGET OPERATING SYSTEM
Linux
JetPack 4.6 (rev.3)
Jetson TX2 선택
Jetson TX2 modules
Repair / Uninstall

⑤ Target Operating System : Jetpack 버전 선택(본 설치에서는 최신 Jetpack 4.6 설치를 권장함)

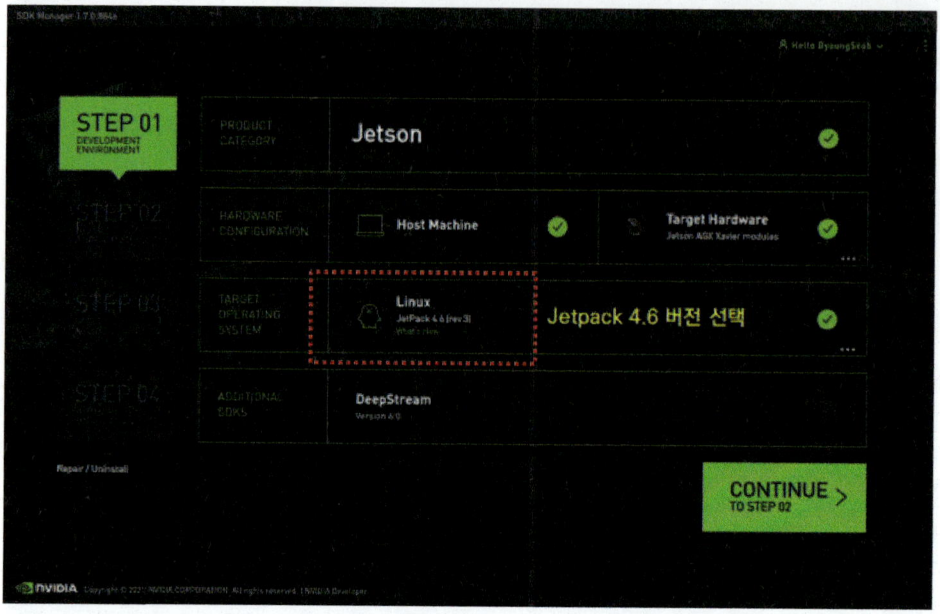

⑥ Additional SDK : 본인의 필요에 따라 선택 후 우측 하단 **Continue** 버튼 클릭

⑦ Detail 선택(만약 본인이 수동으로 설치하고자 하는 SDK가 있다면, 해당 항목을 체크 해제) 후 라이선스 동의, **Continue** 버튼 클릭

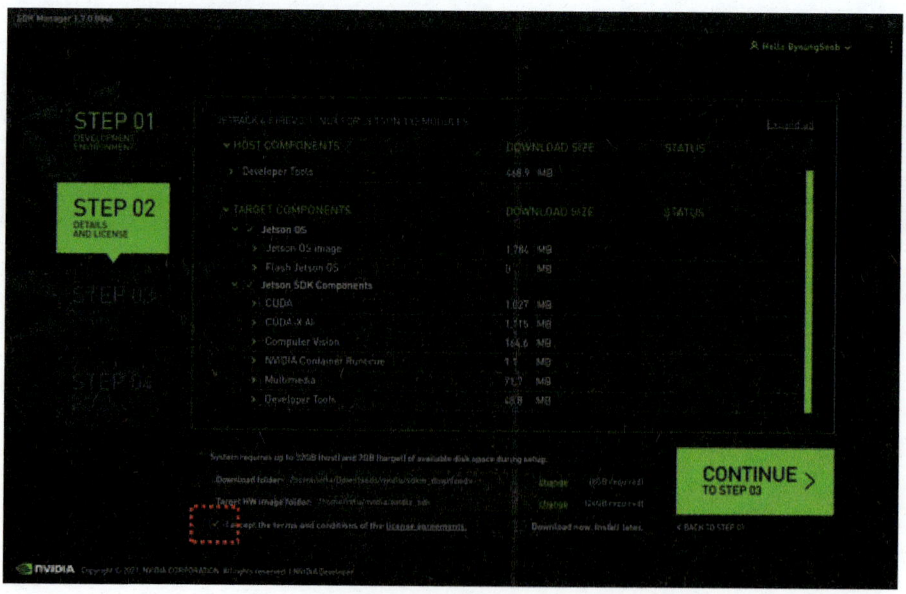

설치과정에 필요한 폴더를 설치, 그 이후에 3단계를 진행한다.

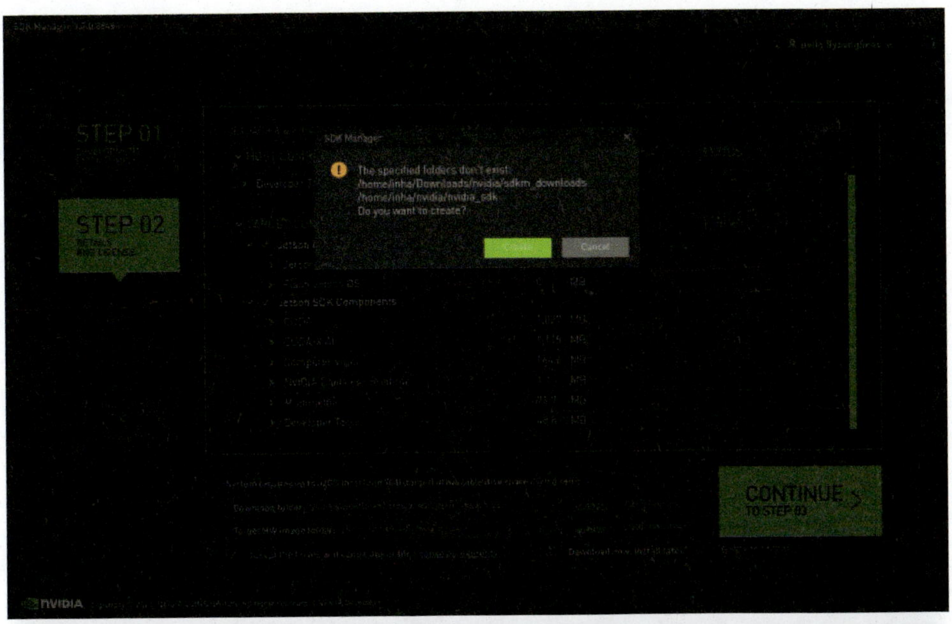

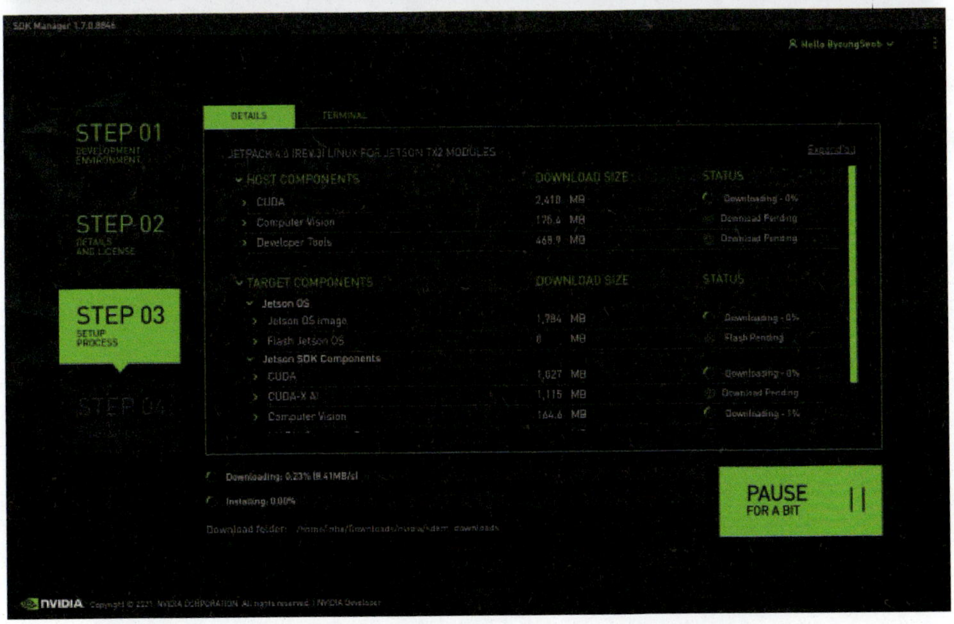

⑧ 어느 정도 다운로드가 완료되면 다음 화면이 나온다. 이때 Automatic Setup을 **Manual Setup**으로 변경하고 타겟보드에 Flash를 시작함

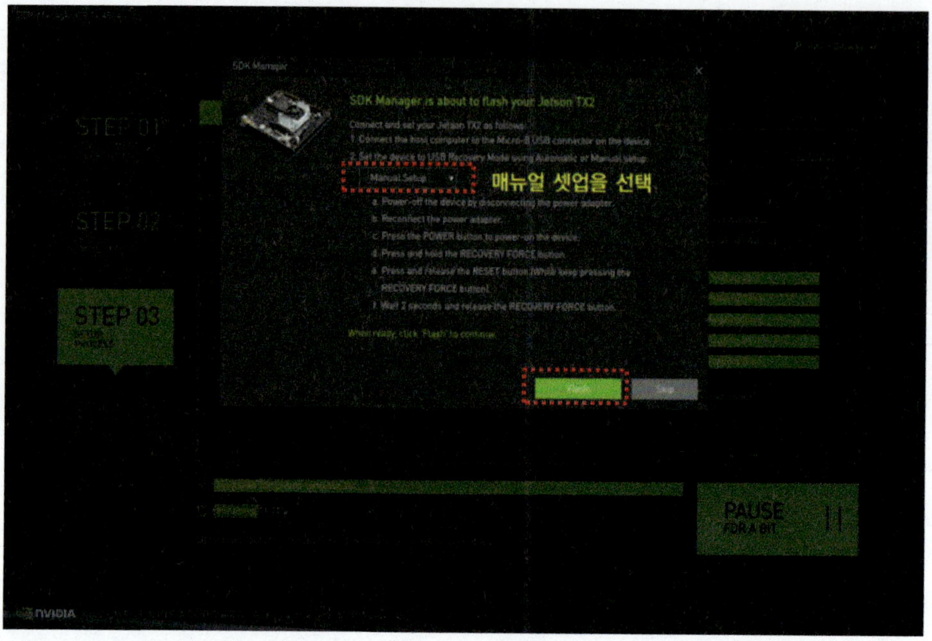

⑨ 전원이 꺼지고 전원 잭만 연결된 상태에서 다음과 같이 실행한다(리커버리 모드 진입).

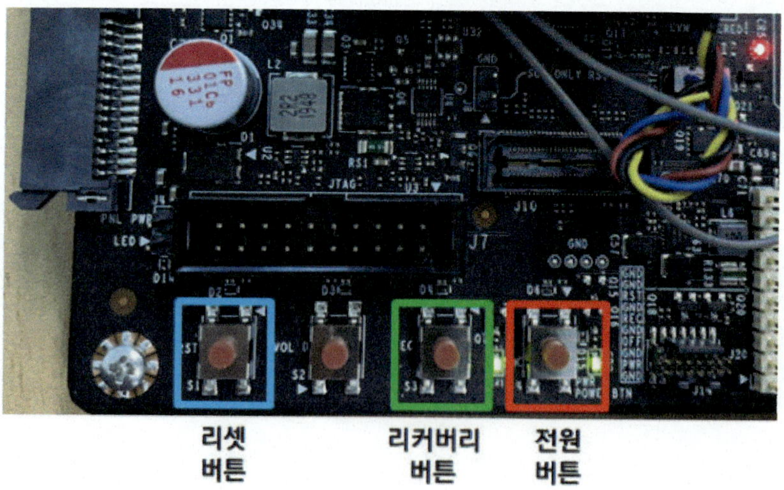

[리커버리 모드 진입 절차]

1) 리커버리 버튼 누른 상태에서 전원 버튼 가볍게 누름
2) 리셋 버튼을 가볍게 누름
3) 2초 후 리커버리 버튼에서 손 뗌

리커버리 모드 진입이 성공하면 REC 버튼 오른쪽 LED에 불이 들어옴

⑩ 다시 이전의 SDK 매니저로 돌아와서 초록색 **Finish** 버튼을 클릭하면, 다음 화면처럼 Jetson TX2에 SDK 설치를 시작한다.

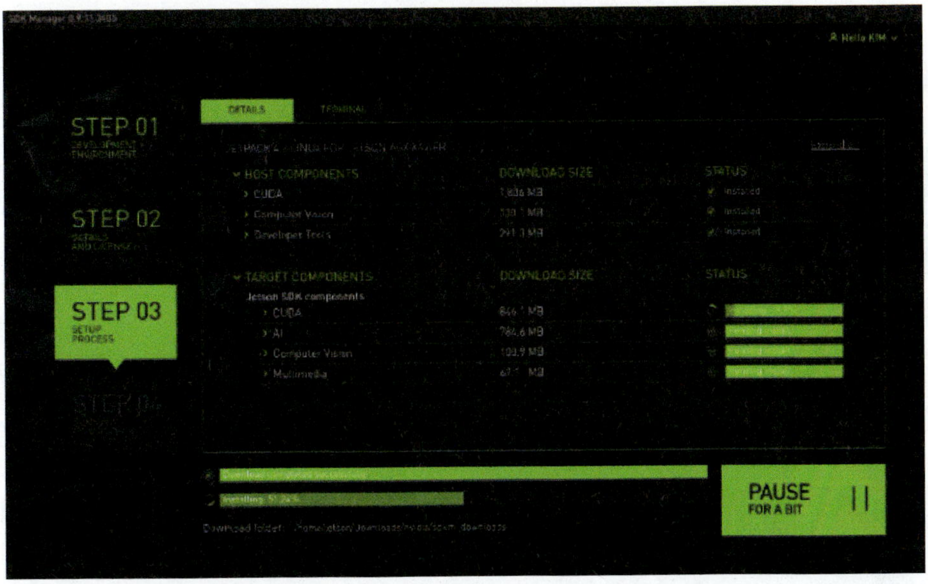

⑪ 이때 USB 케이블을 제거하지 않고 아무 버튼도 누르지 않은 상태로 Jetson TX2에 HDMI로 모니터를 연결하면 타겟보드에 Ubuntu 초기 설정하는 화면이 나온다.

⑫ **Continue** 버튼을 누른 채 따라가면서 언어, 키보드 레이아웃, 국가, 타겟보드의 Username과 Password 등을 설정한다. 이 설정과정은 시간이 걸릴 수 있다. 바탕화면이 나오면 터미널을 실행하여 USB의 IP 주소를 확인한다(디폴트 IP: 192.168.55.1).

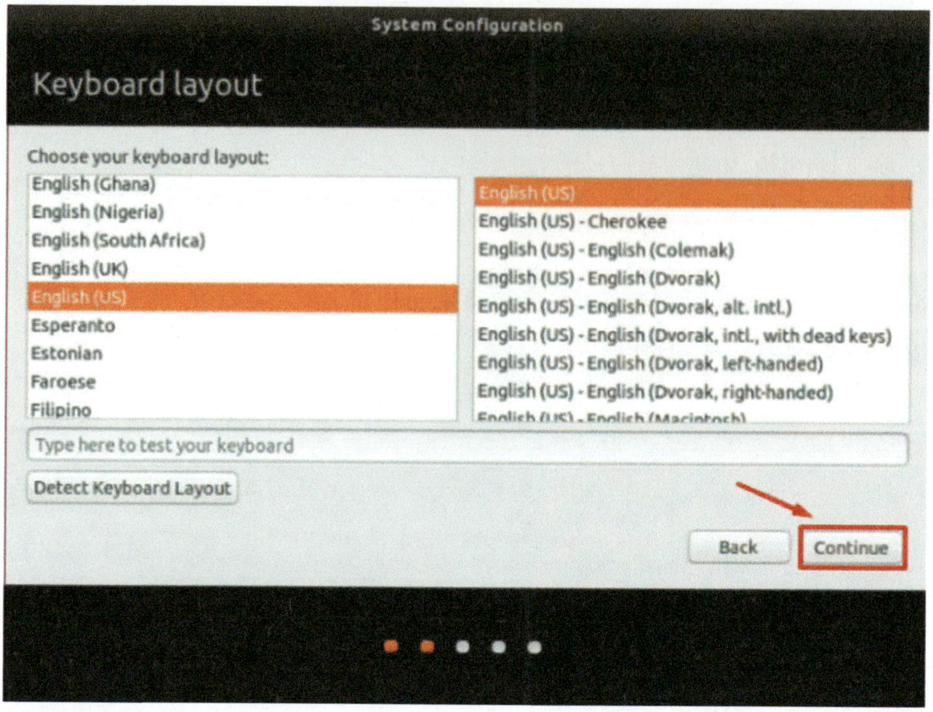

⑬ 다시 SDK Manager로 돌아와서 다음 입력창에 Jetson TX2의 IP 주소와 설정한 Username과 Password 입력 후 **Install** 버튼을 클릭한다.

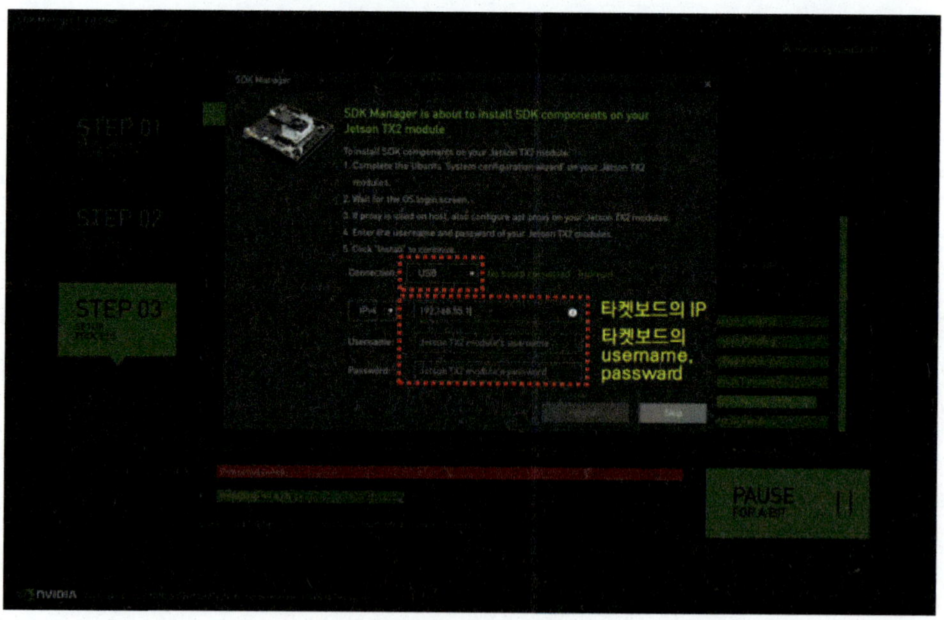

⑭ 설치 완료!

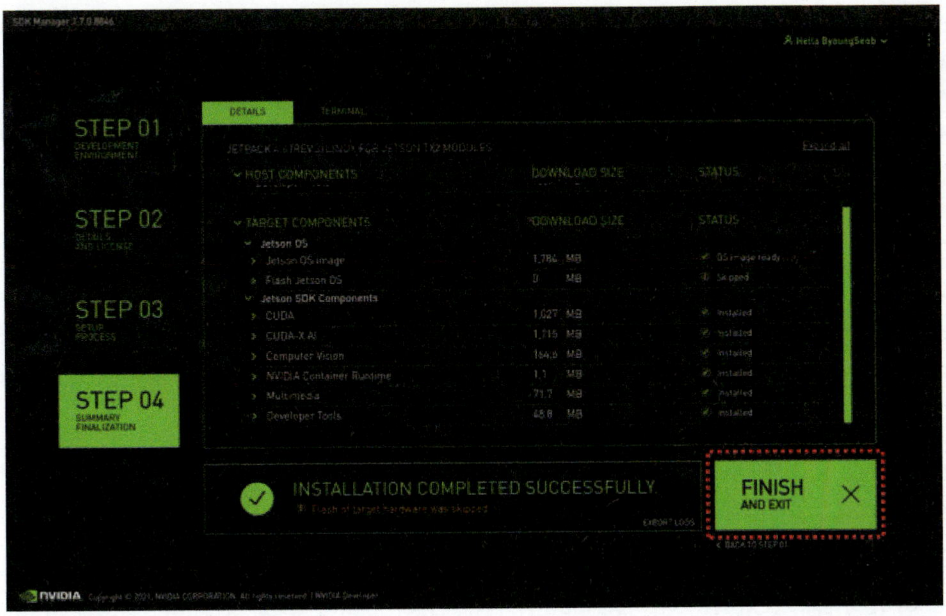

STEP 01
STEP 02
STEP 03
STEP 04
SUMMARY FINALIZATION
DETAILS
HOST COMPONENTS
DOWNLOAD SIZE
STATUS
TARGET COMPONENTS
DOWNLOAD SIZE
STATUS
Jetson OS
Jetson SDK Components
CUDA
Computer Vision
Developer Tools
INSTALLATION COMPLETED SUCCESSFULLY
FINISH
AND EXIT

7장

Jetson Xavier NX 개발환경 구축

7.1 Jetson Xavier NX 개요

Jetson Xavier NX는 GPU로 유명한 NVIDIA에서 개발한 임베디드 AI 컴퓨팅 장치로, 다양한 산업용 로봇 서비스를 개발하기 위한 하드웨어 솔루션이다. 인공지능 소형 컴퓨터로서 이 위에 Linux계열 OS(주로 Ubuntu 사용)를 올리고 그 위에 텐서플로우, ROS 등 다양한 로봇 개발에 필요한 다양한 라이브러리나 프레임워크 등을 올려 사용할 수 있는 인공지능 임베디드 보드이다.

Jetson Xavier NX는 신용카드 크기로 소형화되어 실제 개발에 사용할 수 있는 모듈 형태의 제품이 있고, 아래 사진처럼 다양한 포트(HDMI, USB 등)와 쉽게 사용할 수 있는 GPIO 핀 등을 가지고 있는 캐리어보드 기반 개발자 키트가 있다.

▸ Jetson Xavier NX module

소형 70×45mm 폼-팩터에서 서버급 성능을 배포할 수 있는 Jetson Xavier NX는 15W 전력에서 최대 21 TOPS(Tera Operations Per Second)의 컴퓨팅 또는 10W 미만에서 최대 14 TOPS 컴퓨팅을 제공한다. Jetson Xavier NX 모듈(그림 7.1)은 Jetson Nano와 핀 호환이 가능하며 최신 MLPerf Inference 0.5 결과를 에지 SoC에서 주도한 NVIDIA Xavier SoC의 저전력 버전을 기반으로 하여 AI 기반 배포를 위한 향상된 성능을 제공한다.

[그림 7.1] Jetson Xavier NX 모듈

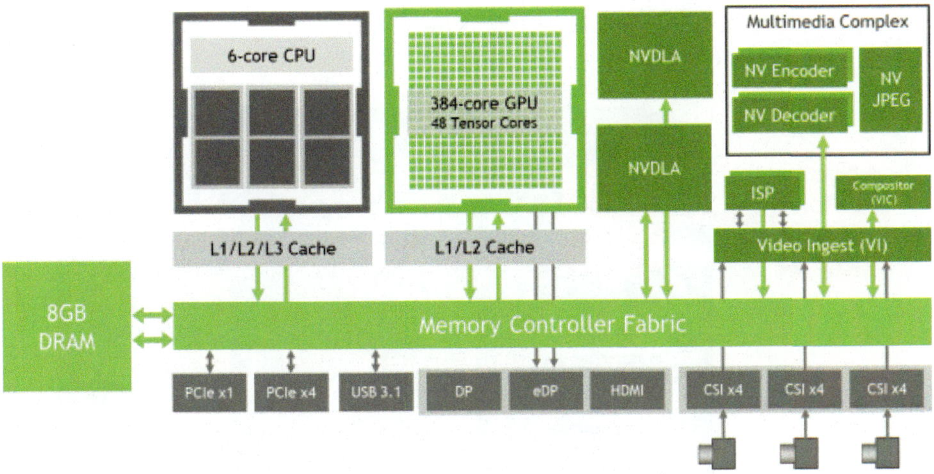

[그림 7.2] Jetson Xavier NX 모듈 블록도

▸ Jetson Xavier NX 임베디드 캐리어보드 개발자 키트 외형

최대 21 TOPS의 AI 성능, 48개의 Tensor 코어가 장착된 384코어 NVIDIA Volta GPU 및 6코어 64비트 CPU를 내장하고, 8GB LPDDR4 내부 메모리와 16GB eMMC 5.1의 저장공간을 가진 NVIDIA Xavier NX 모듈이 탑재되어 있다(딥러닝 관련 패키지들을 설치하다 보면 16GB로는 용량이 매우 부족하다). 아래 캐리어보드는 256GB SSD로 메모리를 확장하여 사용한다. HDMI 디스플레이 출력과 MIPI 4 lane 카메라 3개를 동시에 연결해서 사용할 수 있어서 다양한 AI 영상처리가 가능하며, 기가비트 이더넷 및 BT/Wifi 모듈(옵션)을 통해 외부장치와 통신할 수 있다. 외부 스토리지로 SSD 및 SD 카드를 장착해서 저장용량을 확장할 수 있다. 또한 USB 3.0 허브 및 USB2.0 포트가 각 2포트 지원되고 UART 및 EXT con을 통해 다양한 I/O를 연결할 수 있다.

[그림 7.3] Jetson Xavier NX 모듈이 탑재된 캐리어보드((주)H사 버전)

▸ Jetson Xavier NX 모듈이 탑재된 캐리어보드 블록도

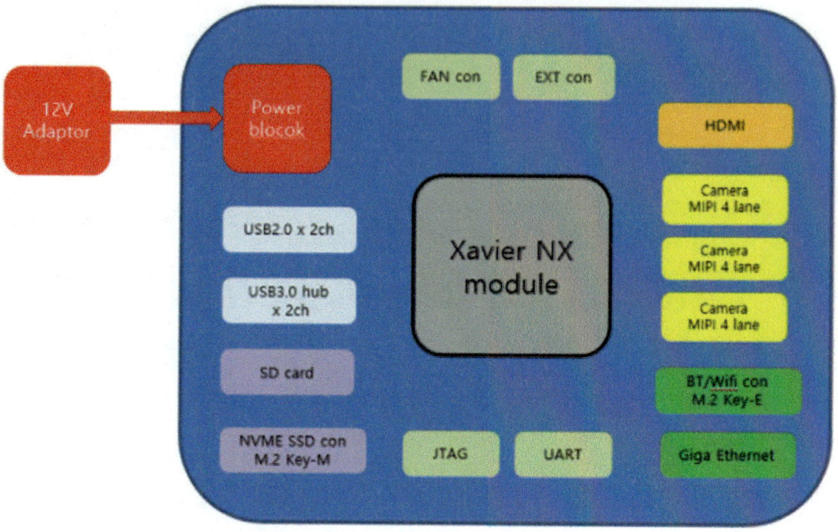

[그림 7.4] Jetson Xavier NX 캐리어보드 블록도

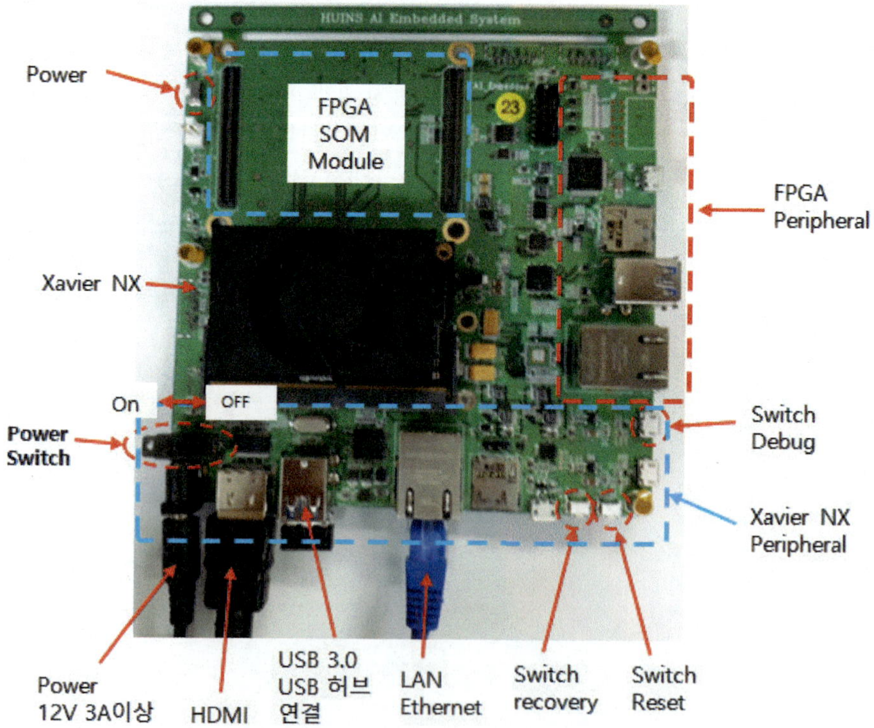

[그림 7.5] Jetson Xavier NX 캐리어보드 핀 설명

본 교재는 캐리어보드를 장착한 개발자 키트를 기준으로 작성되었다.

[개발환경]

- Host PC : Ubuntu 18.04 LTS
- Target Device : Jetson Xavier NX Module이 장착된 캐리어보드

Ubuntu를 직접 설치하지 않고 Windows 상에서 VMware, VirtualBox 등을 통해 가상머신으로 구동하여도 문제가 없지만, 실제 로봇 개발을 할 때 성능적인 이슈나 가상머신 네트워크 라우팅에서 생기는 통신 문제들로 인해 직접 OS Image를 올리는 것을 추천한다.

7.2 Jetpack, NVIDIA SDK Manager

(1) Jetpack이란?

- Jetpack 또는 Jetpack SDK
- NVIDIA에서 제공하는 AI 어플리케이션 구축을 위한 포괄적인 솔루션
- OS Image부터 각종 Library와 developer tools, sample, document 등 제공
- 설치되는 Jetpack은 버전 4.6이고, CUDA는 10.2 버전이 디폴트로 설치됨

(2) NVIDIA SDK Manager란?

- Host PC에서 설치하는 응용 소프트웨어
- NVIDIA Cloud로부터 각종 자율주행 및 인공지능 개발에 필요한 SDK를 다운로드한 후, USB로 연결된 NVIDIA Target Device(이 구성에서는 Jetson Xavier NX module)에 OS 및 각종 SDK Components를 자동으로 설치해줌

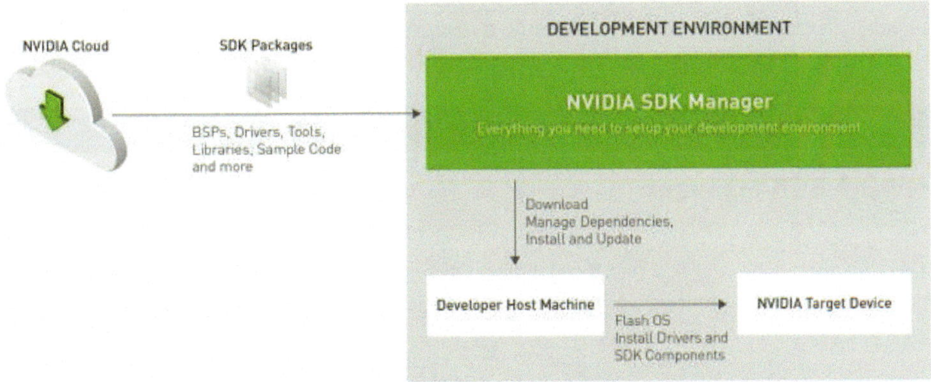

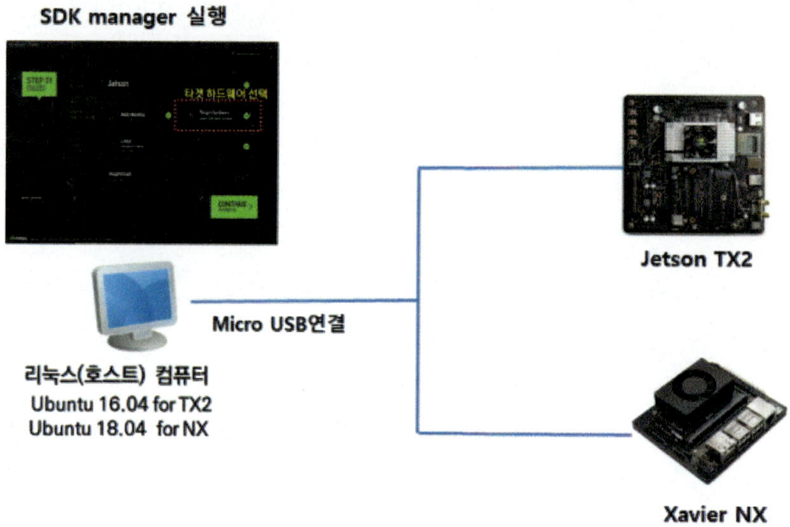

[그림 7.6] NVIDIA Jetson 개발환경 구축

NVIDIA SDK Manager를 사용하지 않고 OS 설치부터 각종 라이브러리 설치까지 직접 하는 방법이 있는데, 이때 NVIDIA graphic driver login loop issue부터 텐서플로우를 위한 CUDA, Python, cuDNN 버전 간 호환성 충돌 등 수많은 문제들을 겪을 수 있다. 따라서 SDK Manager를 사용하면 클릭 몇 번으로 쉽게 개발환경을 구축할 수 있는 장점이 있다.

7.3 NVIDIA SDK Manager 설치

SDK Manager를 설치하기 위해 다음 링크로 접속해 SDK Manager를 다운로드한다. 이때 NVIDIA 로그인이 필요하며, 계정이 없다면 만들어야 한다.

[다운링크]

- https://developer.nvidia.com/nvidia-sdk-manager

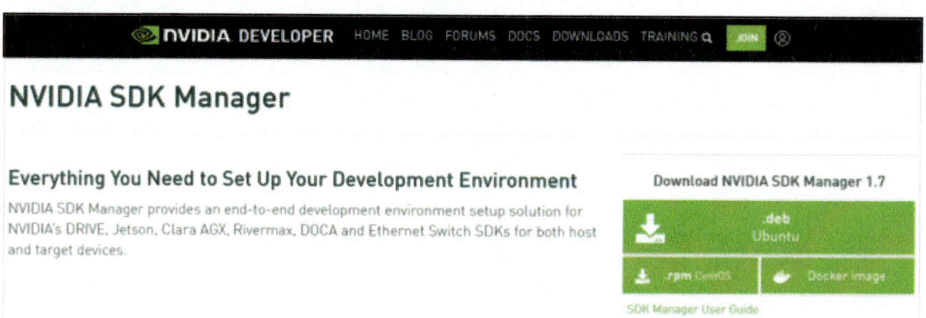

• 다운로드된 파일 : sdkmanager_1.7.0-8846_amd64.deb

다운로드가 완료된 후, 터미널을 하나 열고 Downloads 디렉토리로 이동하여 .deb 확장자 파일을 실행시켜 설치를 진행한다. 설치를 위한 bash 명령어는 다음과 같다.

```
$ cd Downloads
$ sudo apt install ./sdkmanager_1.7.0-8846_amd64.deb
    # 뒤의 숫자는 버전으로 설치 시점에 따라 다를 수 있다.
```

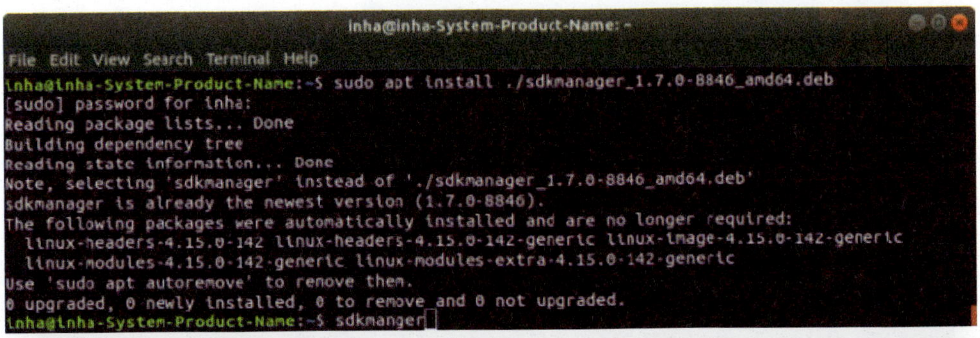

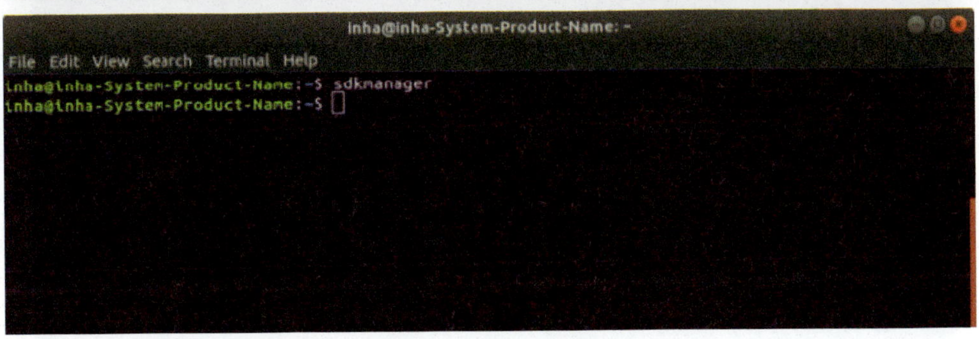

sdkmanager를 실행하면 로그인 화면이 보인다. SDK Manager가 성공적으로 설치되었다면 이제 NX에 Jetpack을 올린다. NVIDIA 계정으로 로그인 과정을 거친 후 설치 과정에 진입한다.

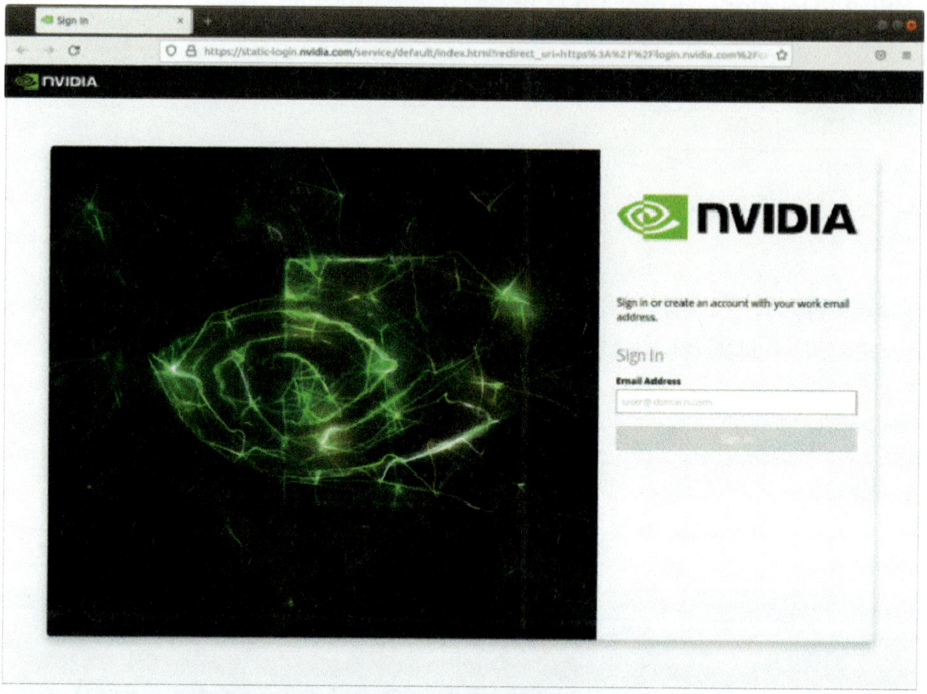

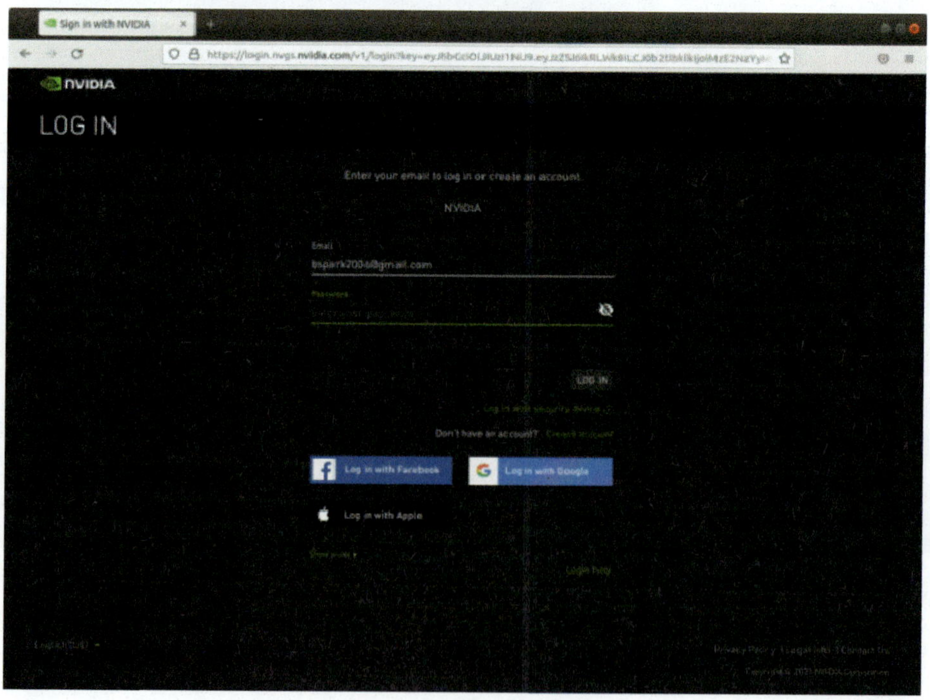

7.4 NVIDIA SDK Manager로 Jetson Xavier NX에 Jetpack 설치

① SDK Manager가 설치된 리눅스 PC와 NX 보드를 USB 케이블로 연결

② NVIDIA SDK Manager 실행(응용 프로그램)

③ NVIDIA 계정으로 로그인

④ Hardware Configuration : Host Machine 해제 + Target Hardware를 **Jetson Xavier NX module**로 선택

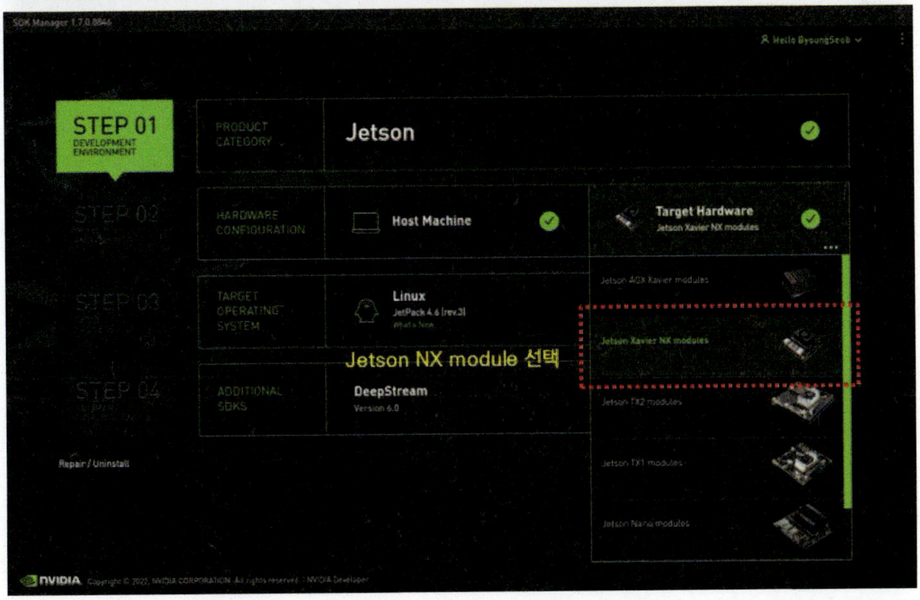

⑤ Target Operating System : JetPack 버전 선택(본 설치에서는 최신 Jetpack 4.6을 설치 권장함)

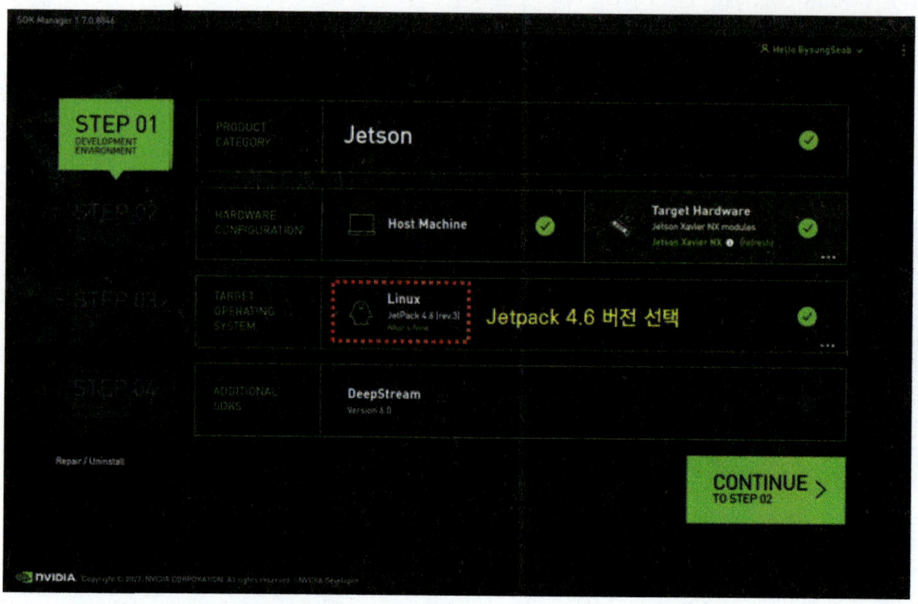

⑥ Additional SDK : 본인이 필요에 따라 선택 후 우측 하단 **Continue** 버튼 클릭한다.

⑦ Detail 선택(만약 본인이 수동으로 설치하고자 하는 SDK가 있다면, 해당 항목을 체크해제) 후 라이선스 동의, **Continue** 버튼을 클릭한다.

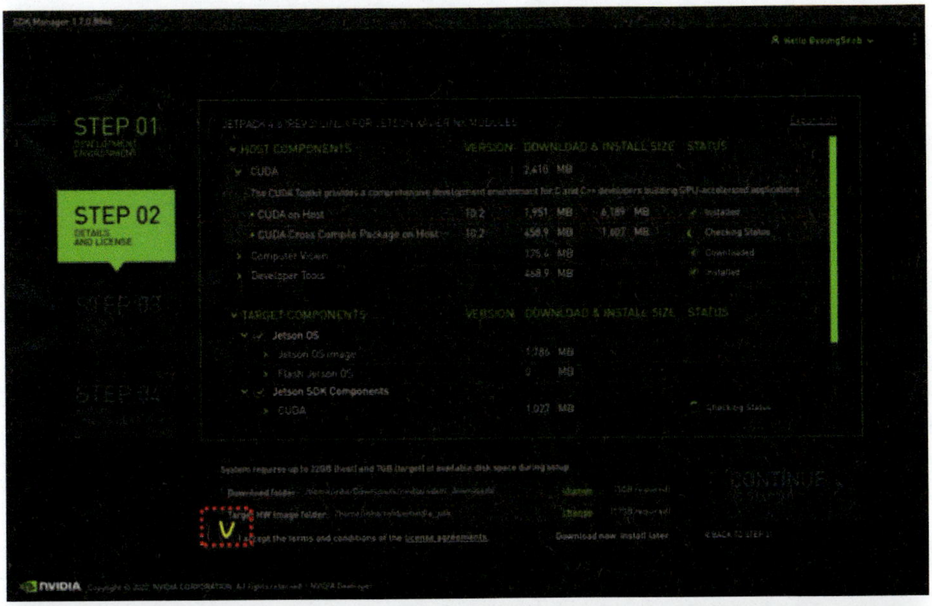

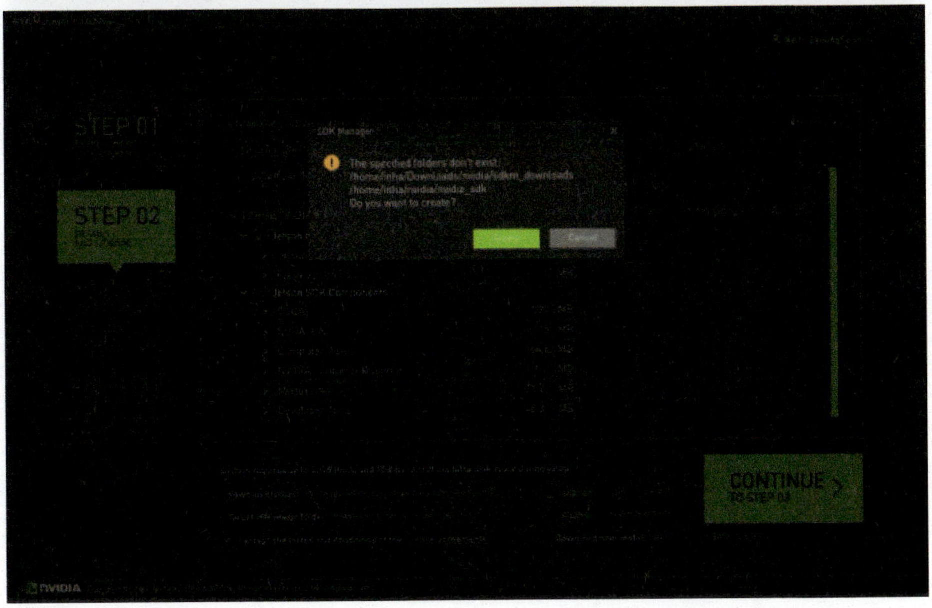

설치 과정에 필요한 폴더를 설치, 그 이후에 3단계를 진행한다.

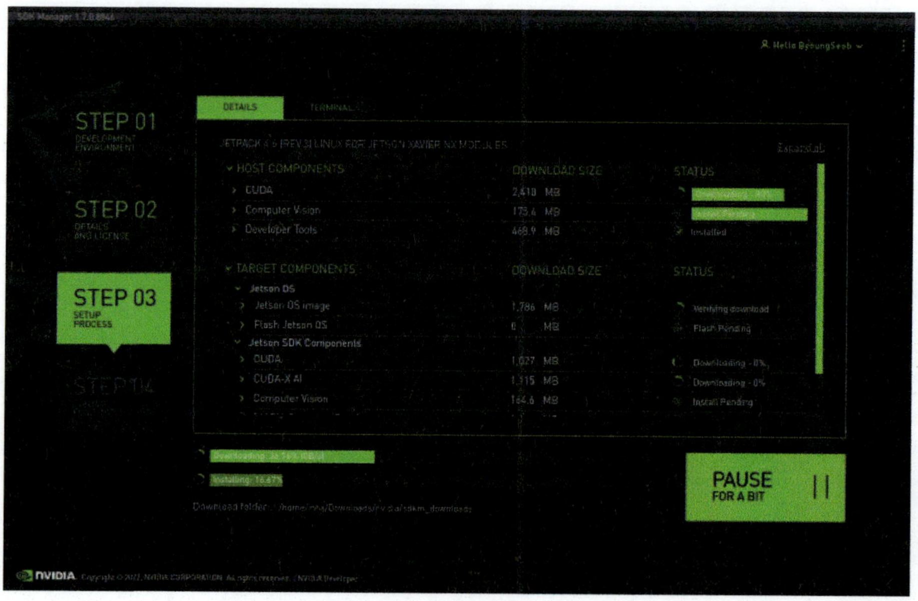

⑧ 어느 정도 다운로드가 완료되면 다음과 같은 화면이 나온다. 타켓 NX보드와 USB로 연결하고 설치를 계속 진행한다.

⑨ 이때 USB 케이블을 제거하지 않고 아무 버튼도 누르지 않은 상태로 Jetson NX 보드에 HDMI로 모니터를 연결하면 타겟보드(Xavier NX)에 Ubuntu 초기 설정하는 화면이 나온다.

⑩ **Continue** 버튼을 누르면서 따라가며 언어, 키보드 레이아웃, 국가, 타겟보드의 Username과 Password 등을 설정한다. 이 설정 과정은 시간이 걸릴 수 있다. 바탕화면이 나오면 터미널을 실행하여 USB의 IP 주소를 확인한다(디폴트 IP: 192.168.55.1).

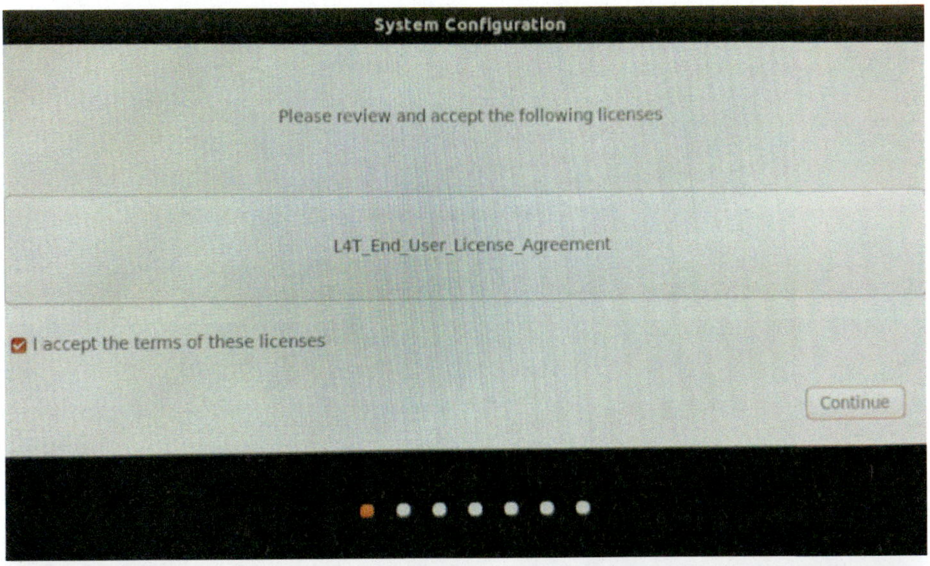

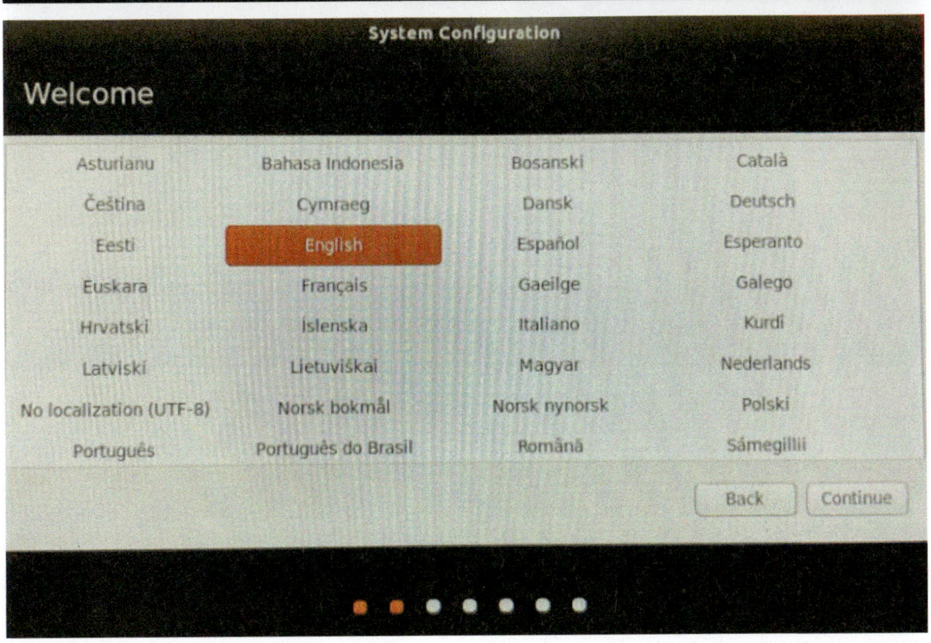

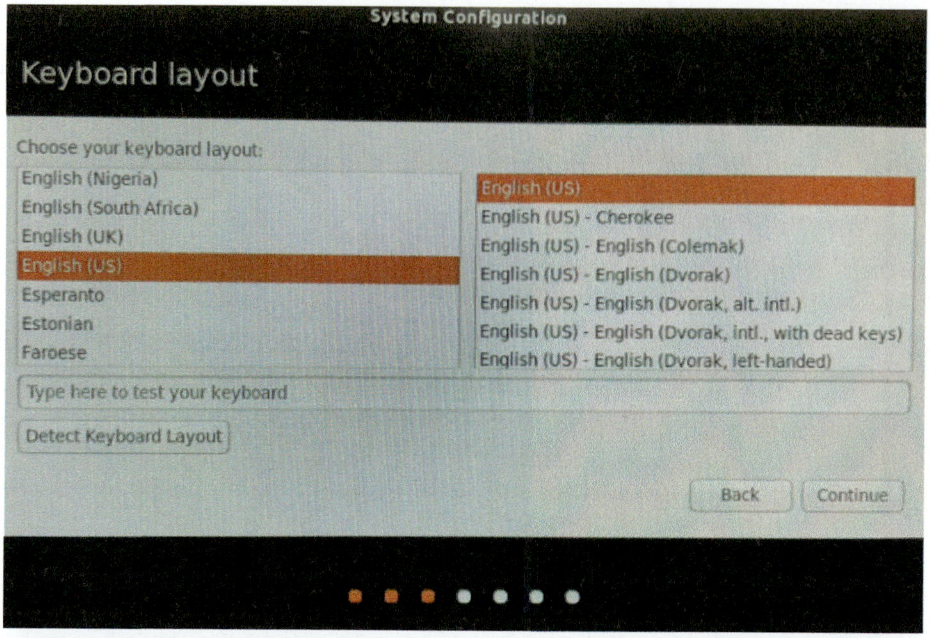
System Configuration
Keyboard layout
Choose your keyboard layout:
English (Nigeria)
English (South Africa)
English (UK)
English (US)
Esperanto
Estonian
Faroese
English (US)
English (US) - Cherokee
English (US) - English (Colemak)
English (US) - English (Dvorak)
English (US) - English (Dvorak, alt. intl.)
English (US) - English (Dvorak, intl., with dead keys)
English (US) - English (Dvorak, left-handed)
Type here to test your keyboard
Detect Keyboard Layout
Back
Continue

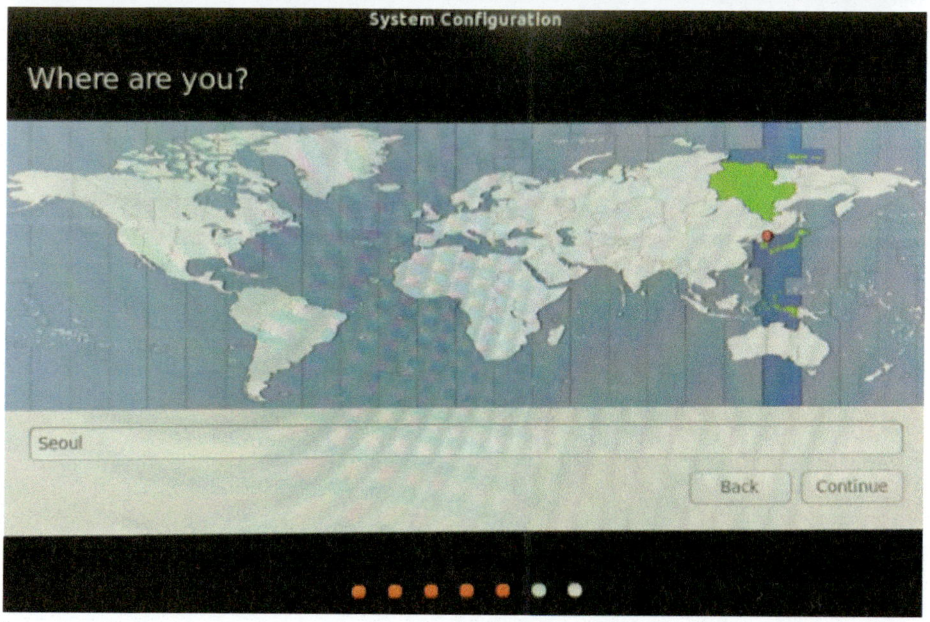
System Configuration
Where are you?
Seoul
Back
Continue

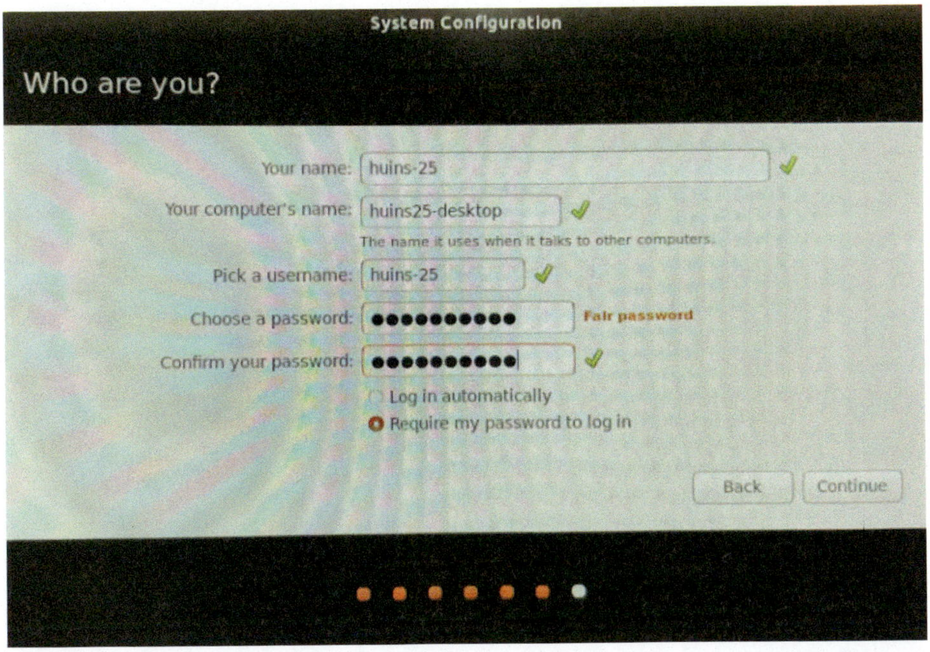

⑪ 다시 SDK Manager로 돌아와서 다음 입력창에 연결방법 : USB, Jetson NX의 IP 주소와 설정한 Username과 Password를 입력한 후 **Install** 버튼을 클릭한다.

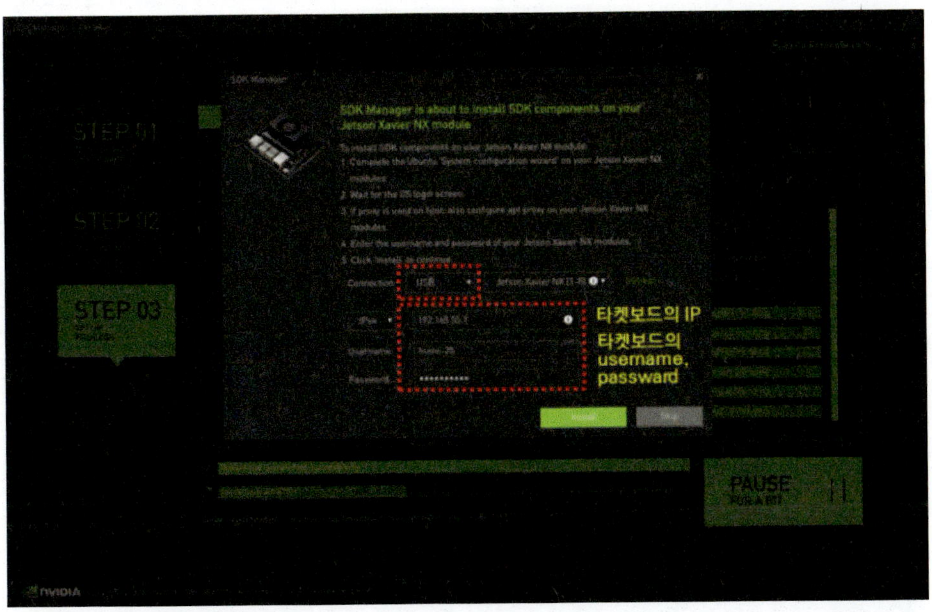

⑫ 설치 완료!

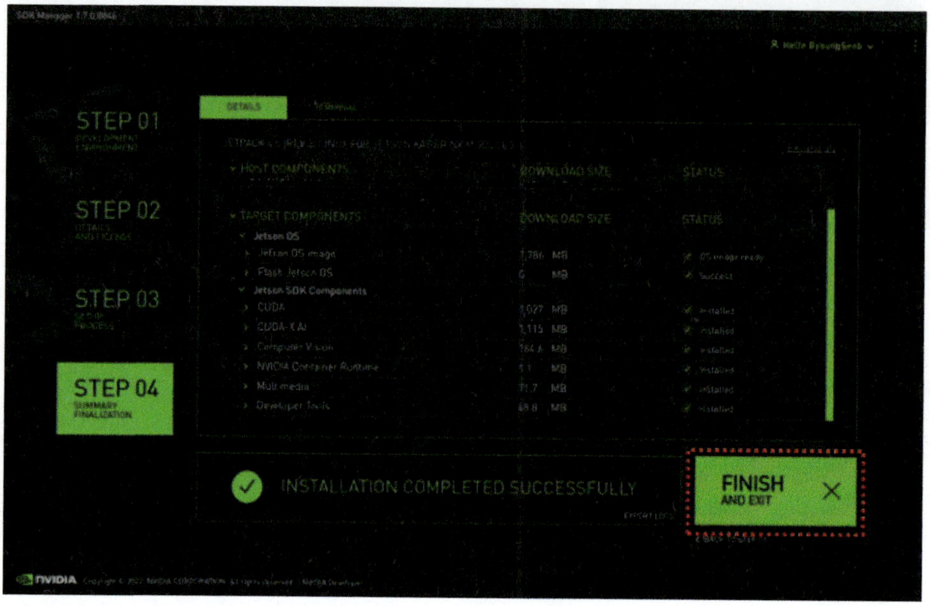

⑬ JetPack이 제대로 설치되었는지 확인하기 위해 타겟보드 Xavier NX에서 다음 명령으로 JetPack 버전을 확인한다. 아래처럼 4.6 버전임을 확인한다.

```
$ sudo apt-cache show nvidia-jetpack
```

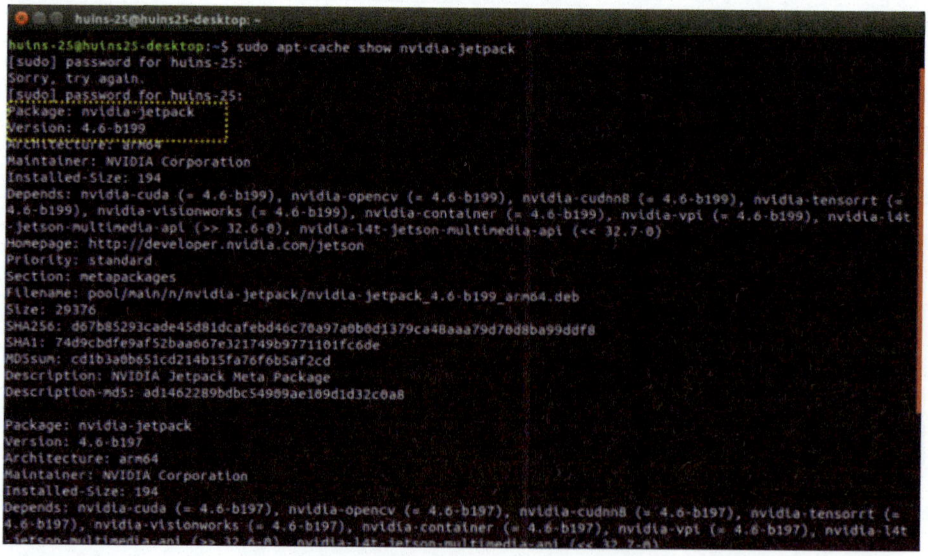

8장 TX2 보드에서 CNN 기반 객체 분류

8.1 CNN 개요

CNN은 Convolutional Neural Networks의 약자로, 딥러닝에서 주로 이미지나 영상 데이터를 처리할 때 쓰이며 이름에서 알 수 있듯이 Convolution이라는 전처리 작업이 들어가는 Neural Network 모델이다. CNN은 동물의 시각피질의 구조에서 영감을 받아 만들어진 딥러닝 신경망 모델로 특징을 추출하는 Convolution 층과 정보를 압축하는 Pooling 층의 반복 그리고 후반에 다층 퍼셉트론 층으로 이루어져 있다.

보통 입력되는 2차원 데이터를 1차원적으로 해석하게 되면 이미지의 공간적/지역적 정보(spatial/topological information)가 손실된다. 또한 추상화 과정 없이 바로 연산 과정으로 넘어가 버리기 때문에 학습시간과 능률의 효율성이 저하된다. 이러한 문제점에서 고안한 해결책이 바로 CNN이다. CNN은 이미지를 날것(raw input) 그대로 받음으로써 공간적/지역적 정보를 유지한 채 특성(feature)들의 계층을 빌드업한다. CNN의 중요 포인트는 이미지 전체보다는 부분을 보는 것 그리고 이미지의 한 픽셀과 주변 픽셀들의 연관성을 살리는 것이다.

이번 장에서는 TX2 보드에서 CNN을 이용하여 필기체 문자와 동물을 분류하는 실습을 한다. 딥러닝 라이브러리로는 텐서플로우를 이용하여 진행하기로 한다.

8.2 텐서플로우 설치실습

(1) 환경설치

① 파이썬3 설치 확인

파이썬3 환경이 이미 구성되었는지 확인한다. Python 3.6~3.9, pip 19.0 이상이 필요하다.

```
$ python3 --version
$ pip3 --version
```

이 패키지가 이미 설치된 경우 다음 단계로 건너뛴다.

```
$ sudo apt update
$ sudo apt install python3-dev python3-pip python3-venv
```

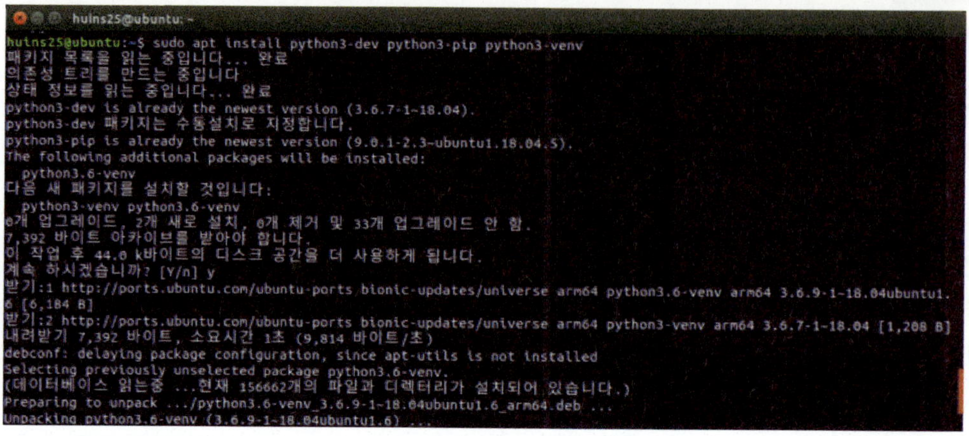

② Test resources 설치

파이썬 테스트 관련 API를 제공하는 패키지를 설치한다.

```
$ sudo pip3 install testresources
```

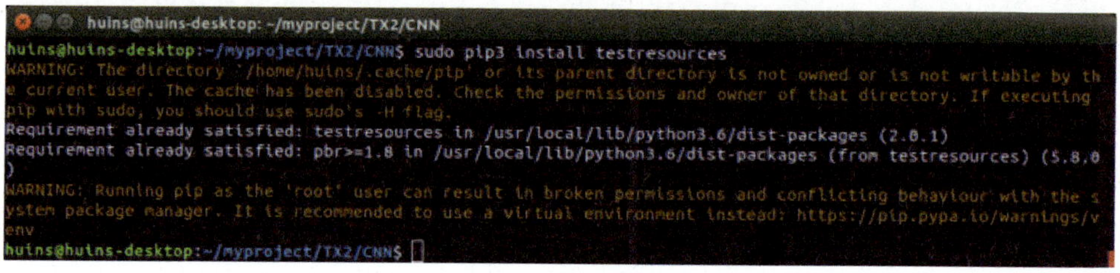

③ Setuptools 설치

셋업툴은 파이썬 프로젝트를 수행하기 위한 기본 패키지이다.

```
$ sudo apt-get install python3-setuptools
```

④ 텐서플로우 설치

A. NVIDIA 캐리어 보드 하에서 설치법

i) 다운로드 후 설치법

텐서플로우 설치를 위해 NVIDIA 개발자 사이트에서 TX2용 텐서플로우 버전을 준비한다.

"tensorflow-2.5.0+nv21.7-cp36-cp36m-linux_aarch64.whl"

다음 그림의 URL에서 해당 버전을 찾아 다운로드를 시작한다.

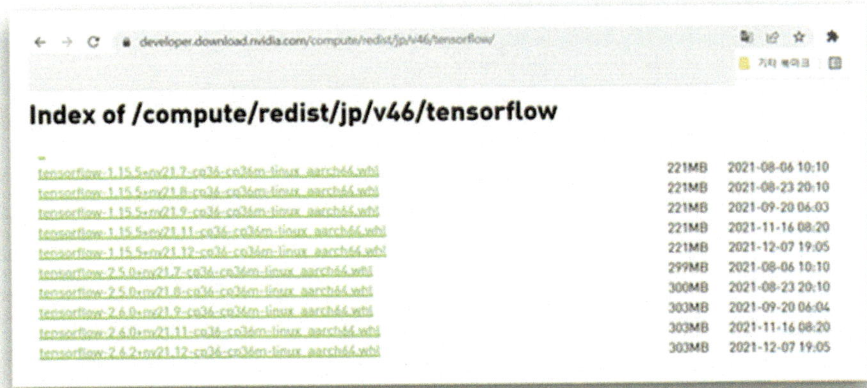

다운로드가 완료되었으면, 다음 명령을 사용하여 Tensorflow를 설치한다.

```
$ sudo pip3 install tensorflow-2.5.0+nv21.7-cp36-cp36m-linux_aarch64.whl
```

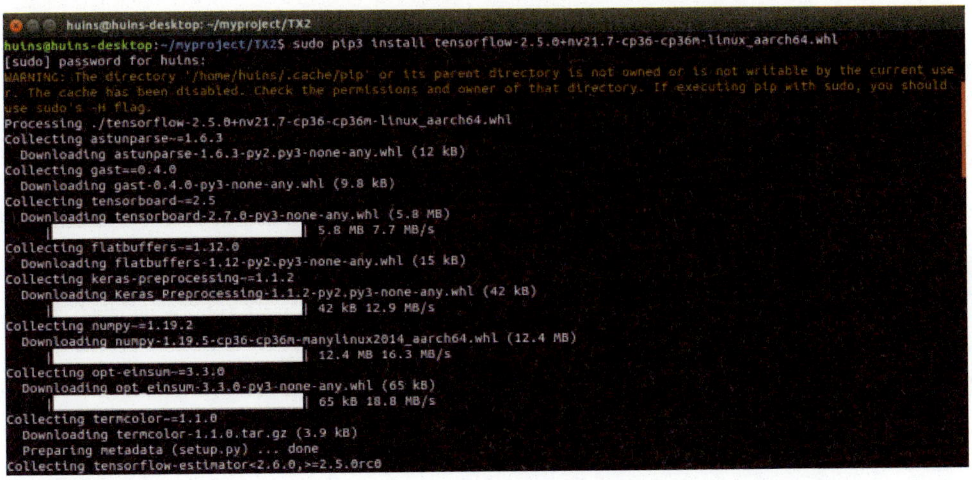

ii) 직접 설치법

Jetpack 버전이 4.6일 경우, v46을 적용하여 다운로드한다.

```
$ sudo pip3 install --pre --extra-index-url
https://developer.download.nvidia.com/compute/redist/jp/v46 tensorflow
```

B. 일반 리눅스 PC(우분투) 환경에서 설치법

i) 우분투 터미널 환경에서 설치법

다음 URL을 참고하여 필요한 설치 조건을 준비한다. 다음은 GPU 버전에 대한 설치 명령이다(https://www.tensorflow.org/install/pip?hl=ko).

```
$ pip install --upgrade pip
$ pip install tensorflow==2.12.*        # GPU 버전 설치
```

필요에 따라 다음과 같이 CPU 버전을 설치할 수도 있으나 학습시간 및 컴퓨팅 파워로 인해 권장하지는 않는다.

```
$ pip install --upgrade pip
$ pip install tensorflow-cpu            # CPU 버전 설치
```

ii) 우분투 아나콘다 환경에서 설치법(권장)

- 패키지 위치 : https://www.tensorflow.org/install/pip?hl=ko#gpu

패키지 위치

몇 가지 설치 메커니즘에는 TensorFlow Python 패키지의 URL이 필요합니다. 지정하는 값은 Python 버전에 따라 다릅니다.

버전	URL
리눅스	
파이썬 3.8 GPU 지원	https://storage.googleapis.com/tensorflow/linux/gpu/tensorflow-2.12.0-cp38-cp38-manylinux_2_17_x86_64.manylinux2014_x86_64.whl
Python 3.8 CPU 전용	https://storage.googleapis.com/tensorflow/linux/cpu/tensorflow_cpu-2.12.0-cp38-cp38-manylinux_2_17_x86_64.manylinux2014_x86_64.whl
파이썬 3.9 GPU 지원	https://storage.googleapis.com/tensorflow/linux/gpu/tensorflow-2.12.0-cp39-cp39-manylinux_2_17_x86_64.manylinux2014_x86_64.whl
Python 3.9 CPU 전용	https://storage.googleapis.com/tensorflow/linux/cpu/tensorflow_cpu-2.12.0-cp39-cp39-manylinux_2_17_x86_64.manylinux2014_x86_64.whl
파이썬 3.10 GPU 지원	https://storage.googleapis.com/tensorflow/linux/gpu/tensorflow-2.12.0-cp310-cp310-manylinux_2_17_x86_64.manylinux2014_x86_64.whl
Python 3.10 CPU 전용	https://storage.googleapis.com/tensorflow/linux/cpu/tensorflow_cpu-2.12.0-cp310-cp310-manylinux_2_17_x86_64.manylinux2014_x86_64.whl

Python=3.9, Tensorflow=2.12 버전의 설치 패키지를 다운받아서 다음과 같이 아나콘다 환경에서 설치한다.

```
(base) $:
(base) $ export
TF_BINARY_URL=https://storage.googleapis.com/tensorflow/linux/gpu/tensorflo
w-2.12.0-cp39-cp39-manylinux_2_17_x86_64.manylinux2014_x86_64.whl

(base) $ pip install --ignore-installed --upgrade $TF_BINARY_URL
```

⑤ 텐서플로우 설치 확인

Python3을 실행한 후 'import tensorflow as tf'로 텐서플로우 라이브러리를 임포트한다. 그런 다음 'tf.__version__'으로 설치되어 있는 텐서플로우 버전을 확인한다. 확인되면 텐서플로우가 정상적으로 설치된 것이다.

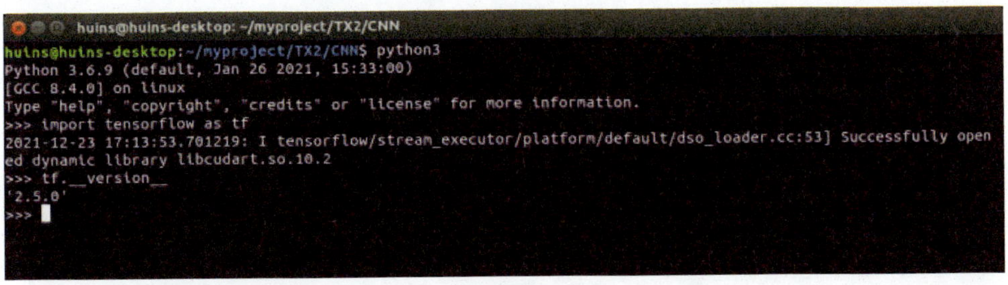

(2) 주피터 노트북(Jupyter Notebook) 설치

① 주피터 노트북 설치

마지막으로 주피터 노트북을 설치한다. 주피터 노트북은 라이브 코드, 등식, 시각화와 주석을 위한 텍스트 등을 포함한 문서를 만드는 오픈소스 웹 어플리케이션이다. pip3를 통해 주피터 노트북을 설치한다.

```
$ sudo pip3 install notebook
```

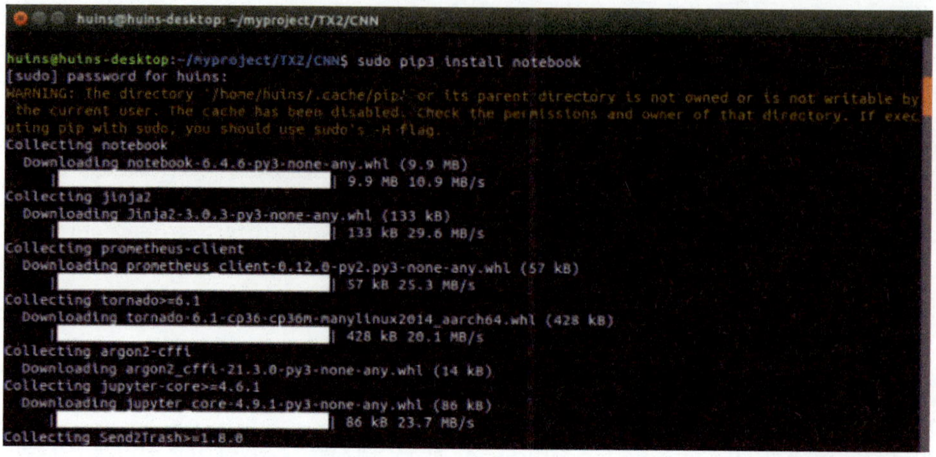

② 주피터 노트북 실행

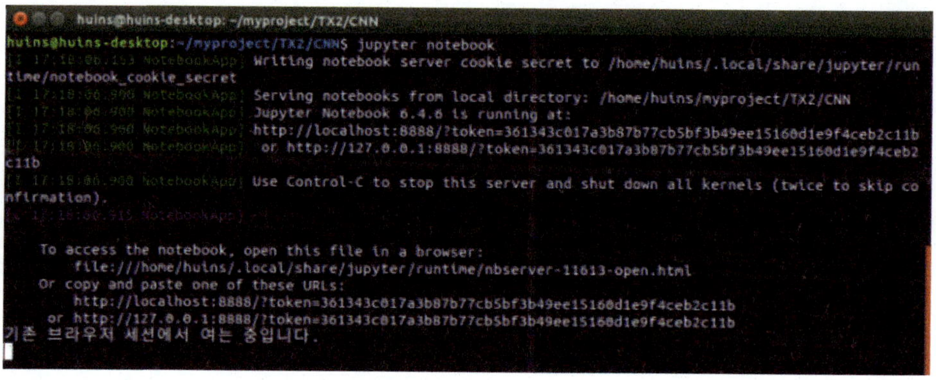

주피터 노트북을 실행하면 다음과 같은 화면이 표출되며, 노트북을 실행한 디렉토리 내용이 표시된다.

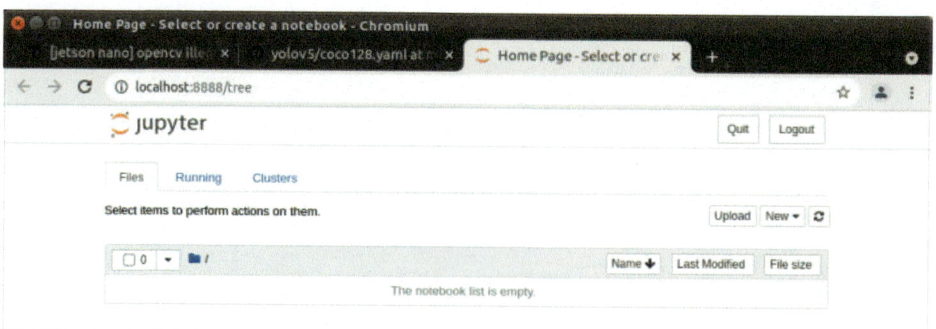

③ 새 노트북 만들기

새로운 작업을 시작하기 위해 우측 상단의 **new** 버튼을 누르면 새로운 파일 형태를 선택하는 창이 나온다. 여기서는 파이썬을 사용하므로 **python**을 선택한다.

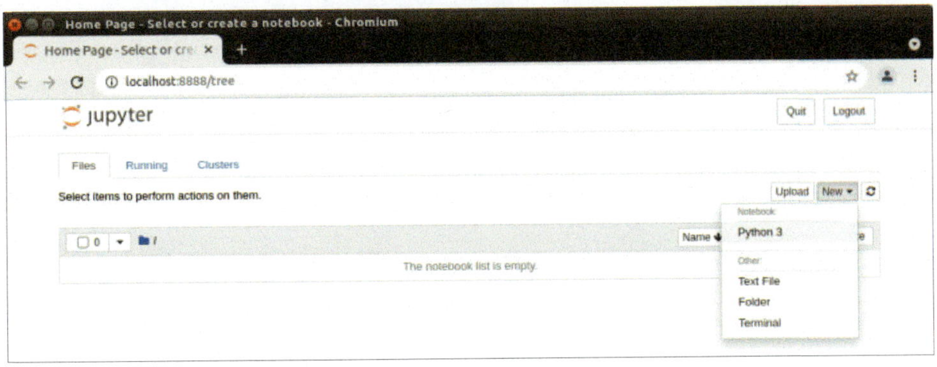

이제 새 노트북이 활성화되었다. 현재는 첫 활성화이므로 상단에 'untitled' 이름의 파이썬 파일이 생성되었다. 파일 이름 아래는 코딩할 수 있는 공간이 존재한다.

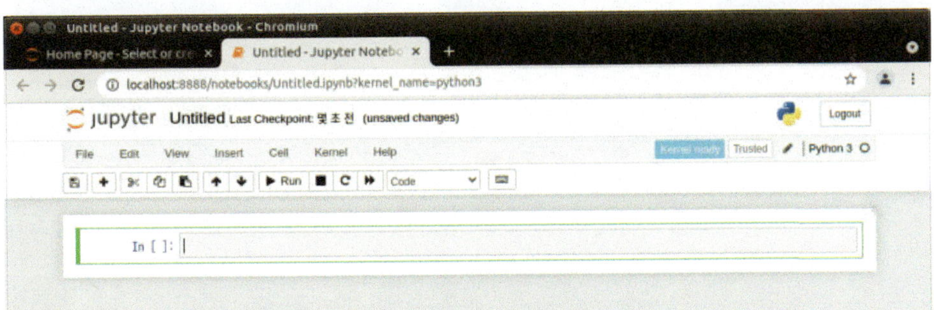

다음 화면처럼 가장 간단한 명령어를 입력한다.

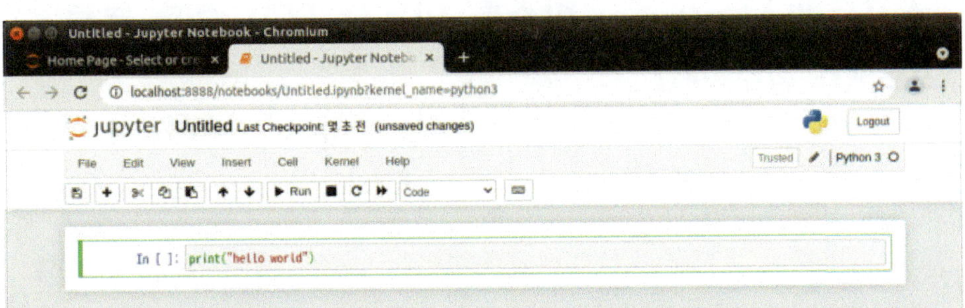

아래 그림처럼 명령 입력창에서 <u>**hello world**</u>를 입력하고 <u>**Run**</u>을 실행하면 실행 결과가 명령어 하단에 나타난다.

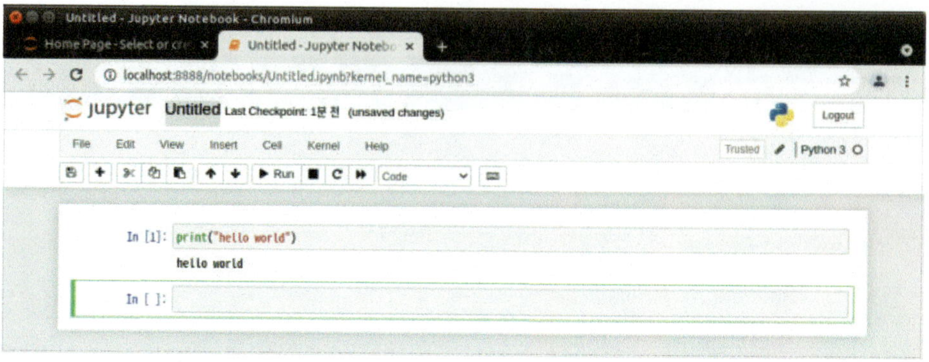

각각의 cell은 아래 화면처럼 <u>**Code**</u>를 선택하면 코딩할 수 있고, <u>**Markdown**</u>을 선택하면 주석문을 추가할 수 있다.

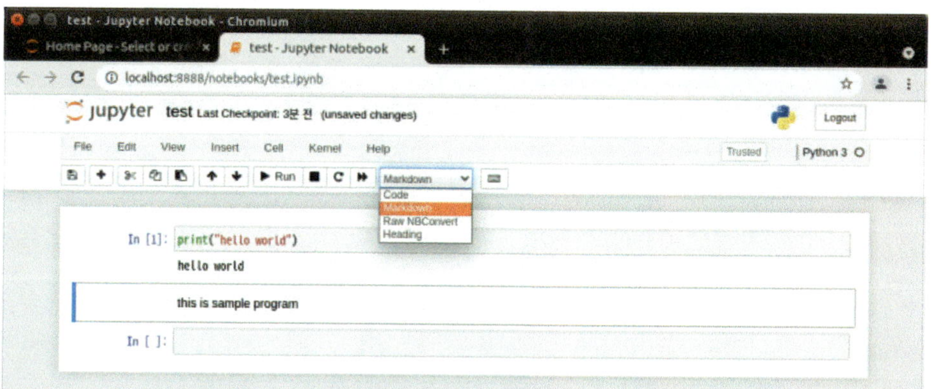

8.3 소프트맥스(Softmax) 함수를 이용한 필기 숫자 분류

(1) 소프트맥스 함수 개요

소프트맥스 클래스 분류 문제를 풀 때 점수 벡터를 클래스별 확률로 변환하기 위해 흔히 사용하는 함수이다. 각 점수 벡터에 지수를 취한 후 정규화 상수로 나누어 총합이 1이 되도록 계산된다.

입력받은 값을 출력으로 0 ~ 1 사이의 값으로 모두 정규화하며 출력 값들의 총합은 항상 1이 되는 특성을 가진 함수이다. 분류하고 싶은 클래스의 수만큼 출력으로 구성한다. 가장 큰 출력 값을 부여받은 클래스가 확률이 가장 높은 것으로 이용된다.

(2) 필기 숫자 분류 실습

필기 숫자 인식은 사람의 손으로 쓴 숫자를 컴퓨터가 인식하는 기능이다. 손으로 쓴 숫자는 완벽하지 않은 데다 사람마다 다를 수 있기 때문에 기계에게는 어려운 작업이다. 필기 숫자 인식은 숫자의 이미지를 사용하고 이미지에 있는 숫자를 인식하는 이 문제에 대한 솔루션이다.

MNIST 데이터 세트를 사용하여 학습하는데, 이는 아마도 머신러닝과 딥러닝 애호가들 사이에서 가장 인기 있는 데이터 세트 중 하나일 것이다. MNIST 데이터 세트에는 0에서 9까지의 손으로 쓴 숫자에 대한 60,000개의 학습 이미지와 테스트를 위한 10,000개의 이미지가 포함되어 있다. 따라서 MNIST 데이터 세트에는 10개의 서로 다른 클래스가 있다. 손으로 쓴 숫자 이미지는 각 셀에 회색조 픽셀 값이 포함된 28×28 행렬로 표시된다. MNIST 데이터 세트와 텐서플로우를 사용하여 간단한 신경망을 만든다.

① 소스코드 작성

노트북에서 **File**을 선택하고 **새 노트북 만들기**를 이용하여 새 노트북을 만든다. 또는 제공된 파일을 노트북에서 불러온다.

제공된 파일 : MNIST softmax estimation.ipynb

필요 시 소스코드는 다음에서 다운받을 수 있다.

▸ **소스코드 다운로드**

- https://github.com/Jpub/TensorflowDeeplearning(chapter 2)

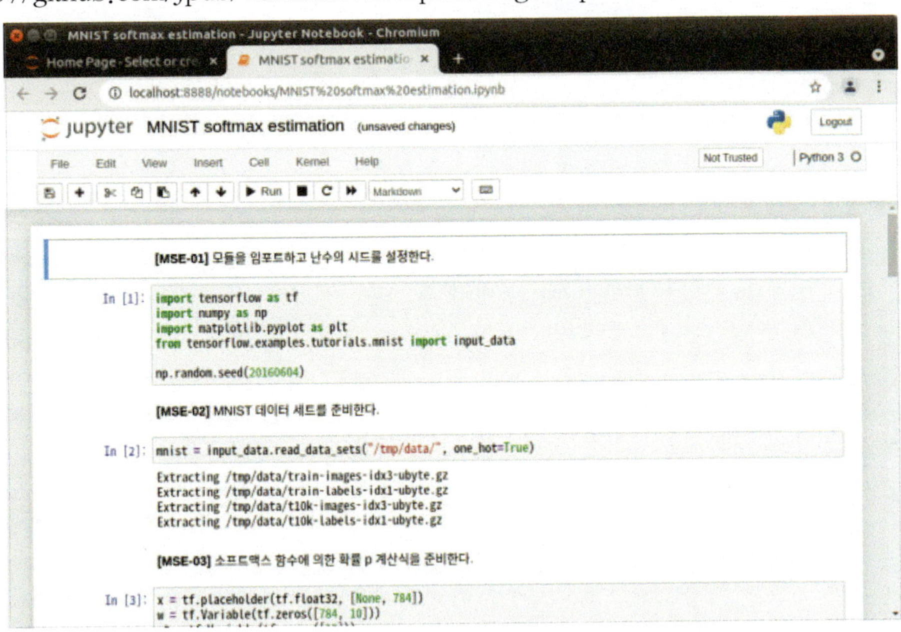

② 소스코드 분석

▶ 모듈 임포트

필기 숫자를 학습하고 시각화하기 위한 모듈을 임포트하고 MNIST 데이터셋을 가져온다.

[MSE-01] 모듈을 임포트하고 난수의 시드를 설정한다.

```
In [1]: import tensorflow as tf
        import numpy as np
        import matplotlib.pyplot as plt
        from tensorflow.examples.tutorials.mnist import input_data

        np.random.seed(20160604)
```

[MSE-02] MNIST 데이터 세트를 준비한다.

```
In [2]: mnist = input_data.read_data_sets("/tmp/data/", one_hot=True)

        Extracting /tmp/data/train-images-idx3-ubyte.gz
        Extracting /tmp/data/train-labels-idx1-ubyte.gz
        Extracting /tmp/data/t10k-images-idx3-ubyte.gz
        Extracting /tmp/data/t10k-labels-idx1-ubyte.gz
```

▶ 확률 계산 수식처리

소프트맥스 함수를 이용하여 각 학습 데이터가 0 ~ 9 중에 어느 숫자가 될 확률(p)을 계산하는 수식이다.

[MSE-03] 소프트맥스 함수에 의한 확률 p 계산식을 준비한다.

```
In [3]: x = tf.placeholder(tf.float32, [None, 784])
        w = tf.Variable(tf.zeros([784, 10]))
        w0 = tf.Variable(tf.zeros([10]))
        f = tf.matmul(x, w) + w0
        p = tf.nn.softmax(f)
```

▶ 학습 오차 최소화

학습의 오차를 나타내는 변수와 그 오차를 최소화하는 방법을 정의한다.

[MSE-04] 오차 함수 loss와 트레이닝 알고리즘 train_step을 준비한다.

```
In [4]: t = tf.placeholder(tf.float32, [None, 10])
        loss = -tf.reduce_sum(t * tf.log(p))
        train_step = tf.train.AdamOptimizer().minimize(loss)
```

▶ 관계식 정의

학습의 정답율을 계산하는 관계식을 정의한다.

[MSE-05] 정답률 accuracy를 정의한다.

```
In [5]: correct_prediction = tf.equal(tf.argmax(p, 1), tf.argmax(t, 1))
        accuracy = tf.reduce_mean(tf.cast(correct_prediction, tf.float32))
```

▶ 파라메타 최적화

[MSE-06] 세션을 준비하고 Variable을 초기화한다.

```
In [6]: sess = tf.InteractiveSession()
        sess.run(tf.initialize_all_variables())
```

▶ 경사 하강법을 이용한 최적화

경사 하강법을 이용하여 파라메타를 최적화한다. 100번 학습할 때마다 오차값과 정답률을 표시한다. 이 7번째 셀에서 데이터셋을 이용하여 학습하는 과정을 확인할 수 있고, 마지막 단계에서는 정확도가 0.921..에서 약 92%까지 올라가는 것을 확인할 수 있다.

[MSE-07] 파라미터 최적화를 2000회 반복한다.

1회 실행할 때마다 트레이닝 세트에서 추출한 100개의 데이터를 이용해 경사 하강법을 적용한다.

최종적으로 테스트 세트에 대해 약 92%의 정답률을 얻을 수 있다.

```
In [7]: i = 0
        for _ in range(2000):
            i += 1
            batch_xs, batch_ts = mnist.train.next_batch(100)
            sess.run(train_step, feed_dict={x: batch_xs, t: batch_ts})
            if i % 100 == 0:
                loss_val, acc_val = sess.run([loss, accuracy],
                    feed_dict={x:mnist.test.images, t: mnist.test.labels})
                print ('Step: %d, Loss: %f, Accuracy: %f'
                       % (i, loss_val, acc_val))

        Step: 100, Loss: 7747.077148, Accuracy: 0.848400
        Step: 200, Loss: 5439.362305, Accuracy: 0.879900
        Step: 300, Loss: 4556.467285, Accuracy: 0.890900
        Step: 400, Loss: 4132.035156, Accuracy: 0.896100
        Step: 500, Loss: 3836.139160, Accuracy: 0.902600
        Step: 600, Loss: 3646.572510, Accuracy: 0.903900
        Step: 700, Loss: 3490.270752, Accuracy: 0.909100
        Step: 800, Loss: 3385.605469, Accuracy: 0.909400
        Step: 900, Loss: 3293.132324, Accuracy: 0.912800
        Step: 1000, Loss: 3220.884277, Accuracy: 0.913700
        Step: 1100, Loss: 3174.230957, Accuracy: 0.913700
        Step: 1200, Loss: 3081.114990, Accuracy: 0.916400
        Step: 1300, Loss: 3046.678711, Accuracy: 0.915400
```

▸ 학습 결과값 도시

학습 결과값을 도시한다.

[MSE-08] 이 시점의 파라미터를 이용해 테스트 세트에 대한 예측을 출력한다.

여기서는 '0' ~ '9'의 숫자에 대해 정답과 오답 예를 3개씩 출력한다.

In [8]:
```
images, labels = mnist.test.images, mnist.test.labels
p_val = sess.run(p, feed_dict={x:images, t: labels})

fig = plt.figure(figsize=(8,15))
for i in range(10):
    c = 1
    for (image, label, pred) in zip(images, labels, p_val):
        prediction, actual = np.argmax(pred), np.argmax(label)
        if prediction != i:
            continue
        if (c < 4 and i == actual) or (c >= 4 and i != actual):
            subplot = fig.add_subplot(10,6,i*6+c)
            subplot.set_xticks([])
            subplot.set_yticks([])
            subplot.set_title('%d / %d' % (prediction, actual))
            subplot.imshow(image.reshape((28,28)), vmin=0, vmax=1,
                           cmap=plt.cm.gray_r, interpolation="nearest")
            c += 1
            if c > 6:
                break
```

마지막 단계에서는 0-9까지의 필기 숫자 중에서 좌측 3개는 올바르게 분류한 것, 우측 3개는 분류에 실패한 것을 보여준다.

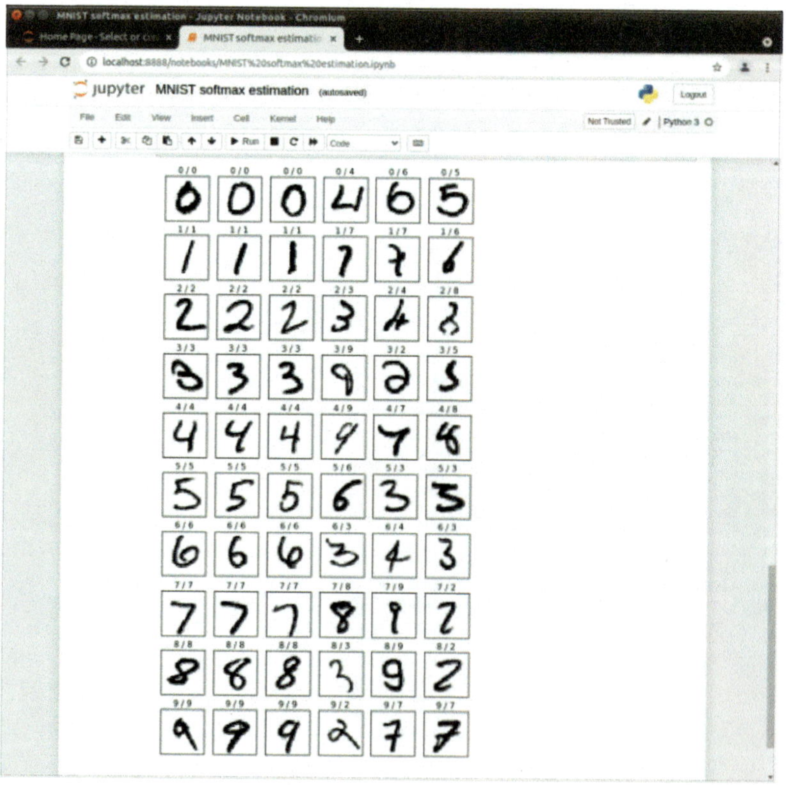

③ 케라스 기반 소스코드

이 코드에서 필기체 숫자 각 이미지는 28×28 픽셀로 구성되고, 각 픽셀은 아래와 같이 0~255 사이의 숫자 행렬로 표현된다.

```
[[ 0 0 0 0 0 0 0 0 0 0 0 0 0 0 0 0 0 0 0 0 0 0 0 0 0 0
 [ 0 0 0 0 0 0 0 0 0 0 0 0 0 0 0 0 0 0 0 0 0 0 0 0 0 0
 [ 0 0 0 0 0 0 0 0 0 0 0 0 0 0 0 0 0 0 0 0 0 0 0 0 0 0
 [ 0 0 0 0 0 0 0 0 0 0 0 0 0 0 0 0 0 0 0 0 0 0 0 0 0 0
 [ 0 0 0 0 0 0 0 0 0 0 0 0 0 0 0 0 0 0 0 0 0 0 0 0 0 0
 [ 0 0 0 0 0 0 0 0 0 0 0 0 3 18 18 18 126 136 175 26 166 255 247 127 0 0
 [ 0 0 0 0 0 0 0 0 30 36 94 154 170 253 253 253 253 253 225 172 253 242 195 64 0 0
 [ 0 0 0 0 0 0 0 49 238 253 253 253 253 253 253 253 253 251 93 82 82 56 39 0 0 0
 [ 0 0 0 0 0 0 0 18 219 253 253 253 253 253 198 182 247 241 0 0 0 0 0 0 0 0
 [ 0 0 0 0 0 0 0 0 80 156 107 253 253 205 11 0 43 154 0 0 0 0 0 0 0 0
 [ 0 0 0 0 0 0 0 0 0 14 1 154 253 90 0 0 0 0 0 0 0 0 0 0 0 0
 [ 0 0 0 0 0 0 0 0 0 0 0 139 253 190 2 0 0 0 0 0 0 0 0 0 0 0
 [ 0 0 0 0 0 0 0 0 0 0 0 11 190 253 70 0 0 0 0 0 0 0 0 0 0 0
 [ 0 0 0 0 0 0 0 0 0 0 0 0 35 241 225 160 108 1 0 0 0 0 0 0 0 0
 [ 0 0 0 0 0 0 0 0 0 0 0 0 0 81 240 253 253 119 25 0 0 0 0 0 0 0
 [ 0 0 0 0 0 0 0 0 0 0 0 0 0 0 45 186 253 253 150 27 0 0 0 0 0 0
 [ 0 0 0 0 0 0 0 0 0 0 0 0 0 0 0 16 93 252 253 187 0 0 0 0 0 0
 [ 0 0 0 0 0 0 0 0 0 0 0 0 0 0 0 0 0 249 253 249 64 0 0 0 0 0
 [ 0 0 0 0 0 0 0 0 0 0 0 0 0 0 46 130 183 253 253 207 2 0 0 0 0 0
 [ 0 0 0 0 0 0 0 0 0 0 0 0 39 148 229 253 253 253 250 182 0 0 0 0 0 0
 [ 0 0 0 0 0 0 0 0 0 0 24 114 221 253 253 253 253 201 78 0 0 0 0 0 0 0
 [ 0 0 0 0 0 0 0 0 23 66 213 253 253 253 253 198 81 2 0 0 0 0 0 0 0 0
 [ 0 0 0 0 0 0 18 171 219 253 253 253 253 195 80 9 0 0 0 0 0 0 0 0 0 0
 [ 0 0 0 0 55 172 226 253 253 253 253 244 133 11 0 0 0 0 0 0 0 0 0 0 0 0
 [ 0 0 0 0 136 253 253 253 212 135 132 16 0 0 0 0 0 0 0 0 0 0 0 0 0 0
 [ 0 0 0 0 0 0 0 0 0 0 0 0 0 0 0 0 0 0 0 0 0 0 0 0 0 0
 [ 0 0 0 0 0 0 0 0 0 0 0 0 0 0 0 0 0 0 0 0 0 0 0 0 0 0
 [ 0 0 0 0 0 0 0 0 0 0 0 0 0 0 0 0 0 0 0 0 0 0 0 0 0 0
```

```
import tensorflow as tf

# 1. MNIST 데이터셋 임포트
mnist = tf.keras.datasets.mnist
(x_train, y_train), (x_test, y_test) = mnist.load_data()

# 2. 데이터 전처리
x_train, x_test = x_train/255.0, x_test/255.0

# 3. 모델 구성
model = tf.keras.models.Sequential([
    tf.keras.layers.Flatten(input_shape=(28, 28)),
    tf.keras.layers.Dense(512, activation=tf.nn.relu),
    tf.keras.layers.Dense(10, activation=tf.nn.softmax)
])

# 4. 모델 컴파일
model.compile(optimizer='adam',
              loss='sparse_categorical_crossentropy',
              metrics=['accuracy'])

# 5. 모델 훈련
model.fit(x_train, y_train, epochs=5)

# 6. 정확도 평가
test_loss, test_acc = model.evaluate(x_test, y_test)
print('테스트 정확도:', test_acc)
```

④ 케라스 코드 분석

i) MNIST 데이터셋 임포트

```
# 1. MNIST 데이터셋 임포트
mnist = tf.keras.datasets.mnist
(x_train, y_train), (x_test, y_test) = mnist.load_data()
```

- Tensorflow에서 직접 MNIST 손글씨 이미지 데이터셋을 불러와서 사용한다.
- load_data() 함수는 x_train, y_train, x_test, y_test 네 개의 NumPy 어레이를 반환한다.
- x_train, x_test는 28×28 픽셀의 각 손글씨 이미지 데이터이고, y_train, y_test는 분류에 사용되는 0~9 사이의 레이블 값을 갖는다.

ii) 데이터 전처리

```
# 2. 데이터 전처리
x_train, x_test = x_train/255.0, x_test/255.0
```

- 0~255.0 사이의 값을 갖는 픽셀값들을 0~1.0 사이의 값을 갖도록 변환한다.

iii) 모델 구성

```
# 3. 모델 구성
model = tf.keras.models.Sequential([
tf.keras.layers.Flatten(input_shape=(28, 28)),
tf.keras.layers.Dense(512, activation=tf.nn.relu),
tf.keras.layers.Dense(10, activation=tf.nn.softmax)
])
```

- tf.keras.models.Sequential()을 이용해서 인공신경망 모델을 구성한다.
- 입력층(Input layer)에서 Flatten()을 이용해서 28×28 픽셀의 값을 784개의 1차원 배열로 변환한다.
- 다음 두 개의 뉴런 층은 Dense()를 이용해서 완전 연결된 층(Fully-connected layer)를 구성한다.
- 각 층은 512개와 10개의 인공 뉴런 노드를 갖고 활성화 함수(activation function)로는 각각 ReLU(tf.nn.relu)와 소프트맥스(tf.nn.softmax)를 사용한다.

iv) 모델 컴파일

```
# 4. 모델 컴파일
model.compile(optimizer='adam',
              loss='sparse_categorical_crossentropy',
              metrics=['accuracy'])
```

- 다음은 모델 컴파일 단계이다.
- 학습 과정에서 손실 함수(Loss function)를 줄이기 위해서 optimizer로는 Adam(Adaptive Momentum estimation)을 사용한다.
- 손실 함수는 'sparse_categorical_crossentropy'를 지정하고, 평가 지표로는 정확도(accuracy)를 사용한다.
- 정확도는 테스트 이미지 중 올바르게 분류한 비율을 의미한다.

v) 모델 학습

```
# 5. 모델 학습
model.fit(x_train, y_train, epochs=5)
```

- model.fit() 메서드에 학습 데이터와 레이블, 에포크를 순서대로 입력하면 학습이 이루어진다.
- 에포크(epoch)는 60,000개의 전체 학습 데이터를 몇 번 반복해서 학습할지를 의미한다.
- 학습 과정은 아래와 같이 이루어지며, 학습 데이터에 대한 정확도가 출력된다.

```
Epoch 1/5
   32/60000 [______________] - ETA: 9:14 - loss: 2.2976 - acc: 0.0938
  384/60000 [______________] - ETA: 54s - loss: 1.6364 - acc: 0.5182
  832/60000 [______________] - ETA: 28s - loss: 1.2119 - acc: 0.6478
 1280/60000 [______________] - ETA: 20s - loss: 1.0081 - acc: 0.7055
 1728/60000 [______________] - ETA: 17s - loss: 0.8794 - acc: 0.7373
_
58368/60000 [============================>.] - ETA: 0s - loss: 0.2022 - acc: 0.9390
58784/60000 [============================>.] - ETA: 0s - loss: 0.2013 - acc: 0.9392
59232/60000 [============================>.] - ETA: 0s - loss: 0.2006 - acc: 0.9395
59744/60000 [============================>.] - ETA: 0s - loss: 0.1997 - acc: 0.9398
60000/60000 [==============================] - 8s 138us/step - loss: 0.1992 - acc: 0.9399
_
Epoch 5/5
   32/60000 [______________] - ETA: 13s - loss: 0.0490 - acc: 0.9688
  480/60000 [______________] - ETA: 7s - loss: 0.0152 - acc: 0.9938
  928/60000 [______________] - ETA: 7s - loss: 0.0124 - acc: 0.9957
 1312/60000 [______________] - ETA: 7s - loss: 0.0168 - acc: 0.9947
 1728/60000 [______________] - ETA: 7s - loss: 0.0145 - acc: 0.9959
_
58656/60000 [============================>.] - ETA: 0s - loss: 0.0281 - acc: 0.9911
59072/60000 [============================>.] - ETA: 0s - loss: 0.0282 - acc: 0.9911
59520/60000 [============================>.] - ETA: 0s - loss: 0.0281 - acc: 0.9911
59968/60000 [============================>.] - ETA: 0s - loss: 0.0281 - acc: 0.9911
60000/60000 [==============================] - 7s 122us/step - loss: 0.0282 - acc: 0.9911
```

vi) 정확도 평가

```
# 6. 정확도 평가
test_loss, test_acc = model.evaluate(x_test, y_test)
print('테스트 정확도:', test_acc)
```

- model.evaluate()를 이용해서 10,000개의 테스트 샘플에 대해 손실(loss)과 정확도(accuracy)를 평가한다.
- 결과는 아래와 같다. 간단한 인공신경망과 다섯 번 에포크의 학습만으로 98.02%의 정확도로 MNIST 이미지를 분류할 수 있음을 알 수 있다.

```
테스트 정확도: 0.9802
```

8.4 Dogs-Cats 이미지 분류 실습

이 절에서는 CNN을 이용하여 개와 고양이 이미지를 분류(classification)하는 실습을 진행해 보고자 한다.

(1) 캐글

캐글(Kaggle)이란 전 세계 데이터 사이언티스트들이 데이터를 분석할 수 있도록 대회를 개최하고 분석 내용을 토론할 수 있는 커뮤니티를 제공하는 플랫폼이다(https://www.kaggle.com/). 머신러닝 학습과 해결, 경쟁을 위한 다양한 데이터셋을 제공하며, 데이터 분석 대회뿐만 아니라 데이터 분석을 위한 데이터셋, 파이썬, R 기반 개발환경, 초보 데이터 분석가들을 위한 무료 강의 등 다양한 기능을 제공한다.

사실 데이터 분석을 할 때 분석할 데이터셋을 구하고 문제를 정의하는 것은 쉽지 않다. 하지만 캐글은 이러한 번거로운 작업들을 미리 다 해두어서 데이터 전처리와 분석에만 집중할 수 있는 환경을 제공한다. 2017년 3월 Google에 인수되었다.

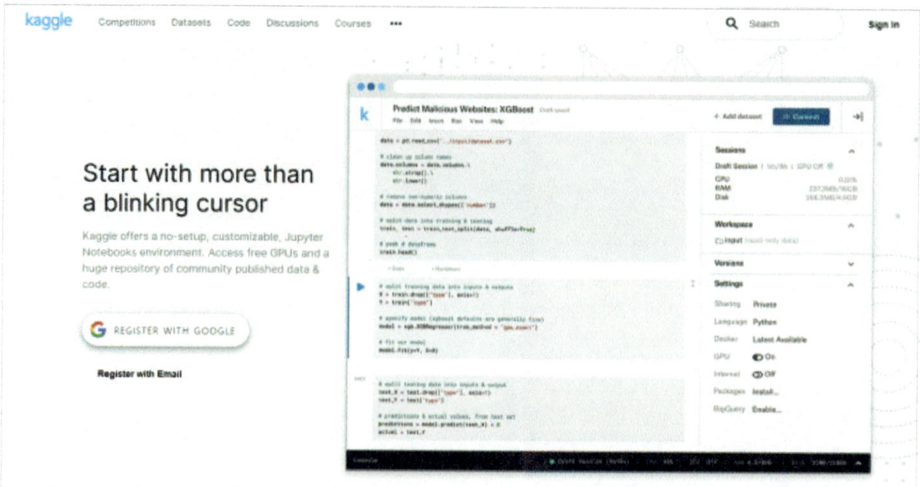

[그림 8.1] 캐글 웹사이트

Dogs vs. Cats image classification은 캐글에 올라와 있는 competition 중 하나이다. 아래 그림과 같이 competition과 같은 설명과 보상, 순위 등을 확인할 수 있다. 이 대회에서는 이미지에 개 또는 고양이가 포함되어 있는지 여부를 분류하는 알고리즘을 작성하게 된다. 이것은 사람, 개, 고양이에게는 쉬운 일이지만 컴퓨터가 인식하는 것은 조금 더 어려운 문제로 볼 수 있다.

Dogs vs. Cats competition은 HIP(Human Interactive Proof)를 위해 만들어진 competition이다. HIP는 이메일 및 블로그 스팸을 줄이고 웹 사이트 암호에 대한 무차별 대입 공격을 방지하는 등 다양한 목적으로 사용된다. Asirra(Animal Species Image Recognition for Restricting Access)는 사용자에게 고양이와 개의 사진을 식별하도록 요청하여 작동하는 HIP이다.

Asirra는 수십만 장의 고양이와 개 이미지 사진을 데이터로 제공하고 있으며, 이 competition을 통해 컴퓨터가 조금 더 정확하게 이미지를 분류할 수 있게 하는 것이 목적이다.

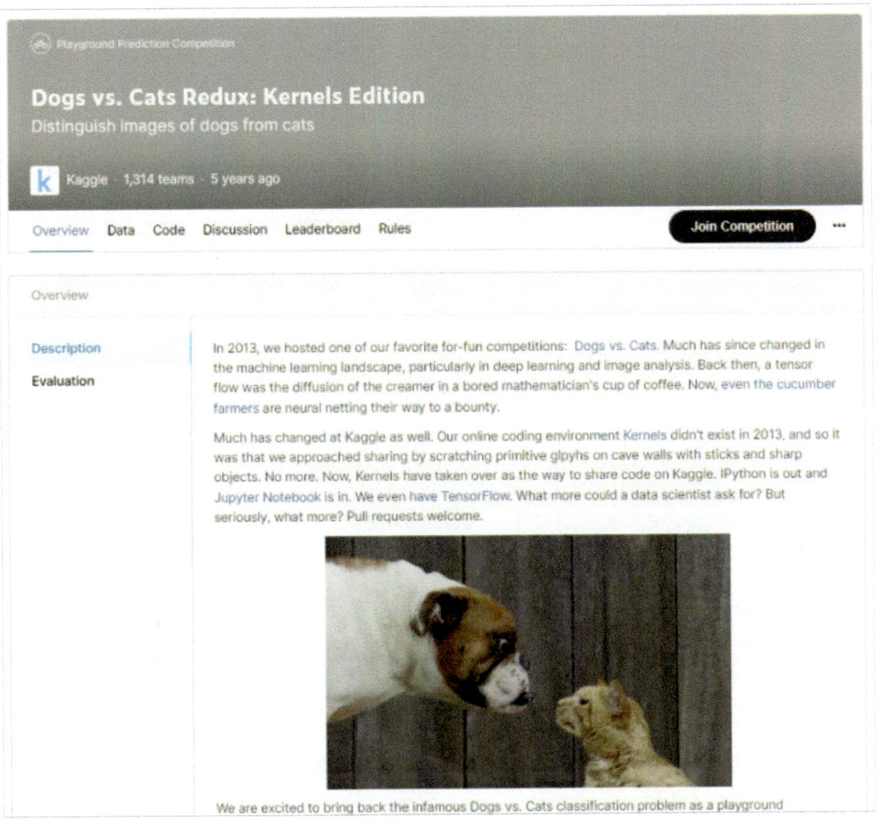

[그림 8.2] Dogs vs. Cats competition

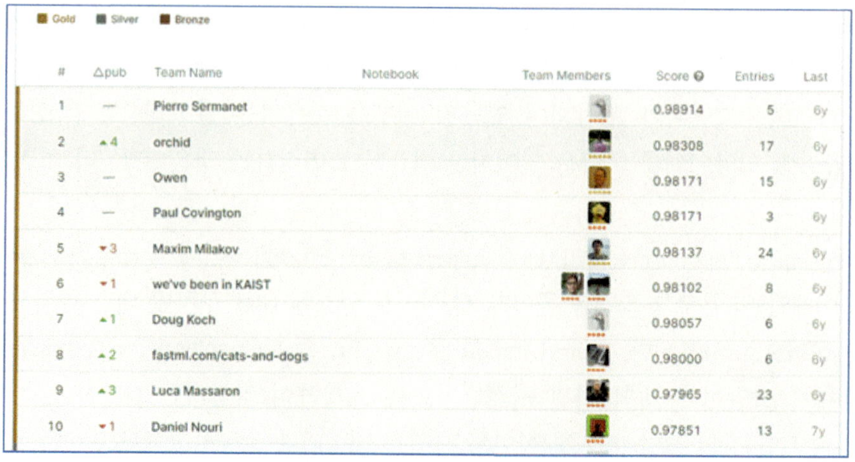

#	Δpub	Team Name	Notebook	Team Members	Score	Entries	Last
1	—	Pierre Sermanet			0.98914	5	6y
2	▲4	orchid			0.98308	17	6y
3	—	Owen			0.98171	15	6y
4	—	Paul Covington			0.98171	3	6y
5	▼3	Maxim Milakov			0.98137	24	6y
6	▼1	we've been in KAIST			0.98102	8	6y
7	▲1	Doug Koch			0.98057	6	6y
8	▲2	fastml.com/cats-and-dogs			0.98000	6	6y
9	▲3	Luca Massaron			0.97965	23	6y
10	▼1	Daniel Nouri			0.97851	13	7y

[그림 8.3] Dogs vs. Cats competition 순위

(2) 이미지 분류 실습

① 실습을 위한 데이터 준비

실습을 위해 이미지 데이터를 준비한다. 이미지 데이터는 아래의 주소나 또는 캐글에서 다운받을 수 있다. 다운로드를 위해서는 캐글에 가입해야 한다. 아래 데이터 탭에서 test 데이터와 train 데이터를 받을 수 있다. 이 데이터셋은 25,000개의 강아지와 고양이 이미지(클래스마다 12,500개)를 담고 있다.

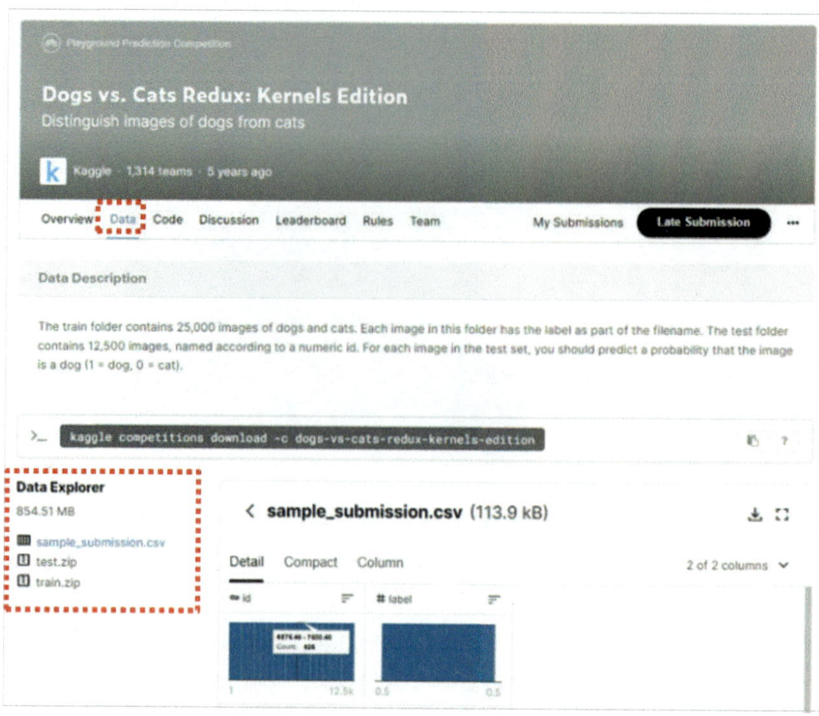

다음 소스코드를 준비하기 위해 코드 탭에서 여러 competition 중에서 CNN 관련 제목을 찾는다. 아래 화면이 그 적당한 소스를 구할 수 있는 competition이다.

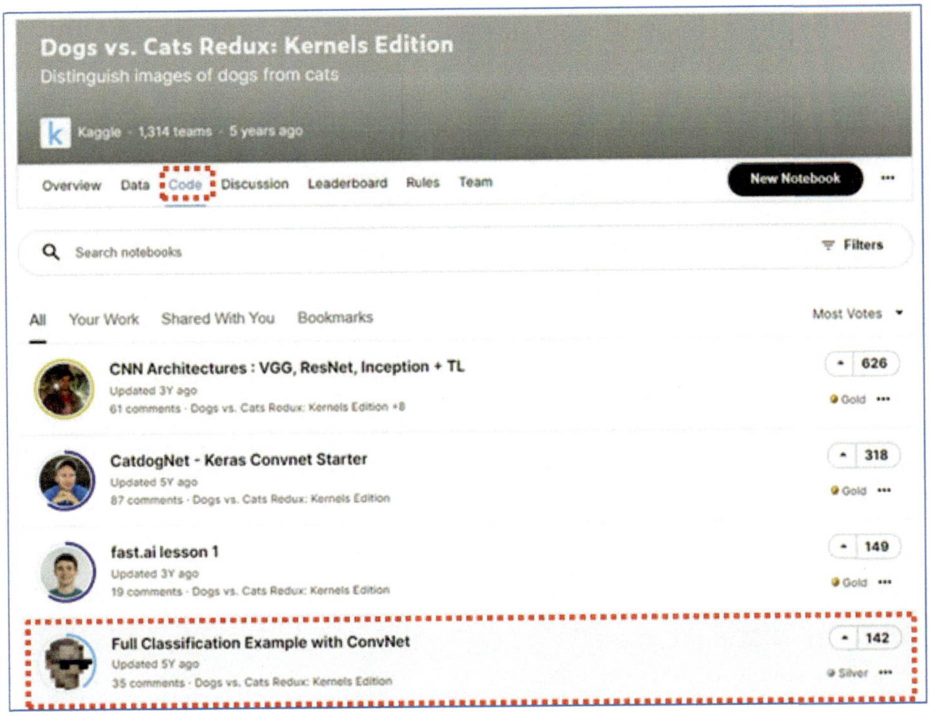

위 항목을 클릭하면 다음과 같이 해당 competition에 대한 상세한 화면이 나타나며, 여기서 우측 상단의 <u>**Edit My Copy**</u>를 클릭하면 노트북 화면이 나타나며 관련 소스코드를 볼 수 있다.

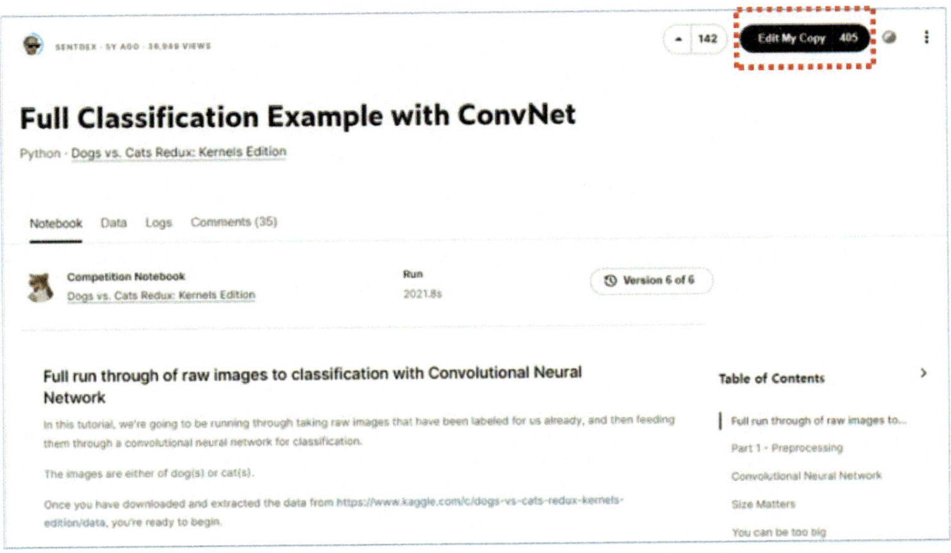

노트북 화면에서 **file** 메뉴의 **download notebook**를 선택하면 해당 소스코드를 다운받을 수 있다.

- 다운로드 소스 : full-classification-example-with-convnet.ipynb

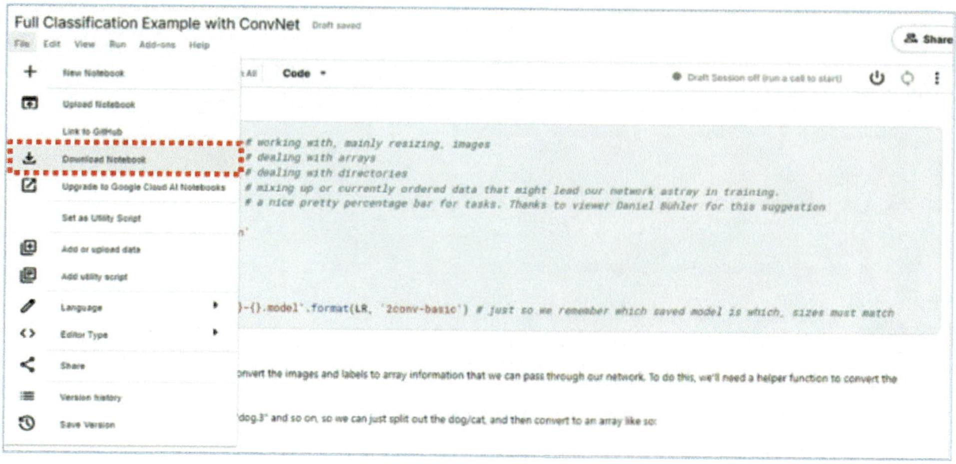

② 패키지 준비

▸ numpy(pip3 install numpy)

행렬이나 일반적으로 대규모 다차원 배열을 쉽게 처리할 수 있도록 지원하는 파이썬의 라이브러리

```
$ pip3 install numpy
```

▸ tqdm(pip3 install tqdm)

for문의 진행바를 출력해주는 패키지

```
$ pip3 install tqdm
```

▸ tflearn(pip3 install tflearn)

텐서플로우용 고수준 API를 제공하는 딥러닝 라이브러리로 tflearn은 텐서플로우에 포함되어 있지 않기 때문에 별도의 설치가 필요하다.

```
$ pip3 install tflearn
```

▸ cv2 - opencv

```
$ pip3 install opencv-python
```

▸ Matplotlib

```
$ pip3 install matplotlib
```

또는

```
$ conda install matplotlib
```

③ 코드 설명

▸ 모듈 임포트

- cv2 : openCV, 이미지 처리를 위한 라이브러리
- numpy : array 연산을 위한 함수를 제공하는 라이브러리
- os : os에 접근할 수 있는 시스템 함수들을 제공하는 라이브러리
- ramdom : 난수를 출력하기 위한 함수를 제공하는 라이브러리
- tqdm : 반복되는 프로세스 및 진행과정을 그래프로 표현해주는 라이브러리

```
[ ]:
import cv2                    # working with, mainly resizing, images
import numpy as np            # dealing with arrays
import os                     # dealing with directories
from random import shuffle # mixing up or currently ordered data that might lead our network astray in traini
from tqdm import tqdm         # a nice pretty percentage bar for tasks. Thanks to viewer Daniel Bühler for this

TRAIN_DIR = '../input/train'
TEST_DIR = '../input/test'
IMG_SIZE = 50
LR = 1e-3

MODEL_NAME = 'dogsvscats-{}-{}.model'.format(LR, '2conv-basic') # just so we remember which saved model is wh
```

▸ 데이터셋 라벨링

label_img() 함수는 데이터셋에 레이블을 부여하는 함수이다. 다운로드 받은 데이터셋에서 고양이 이미지에는 cat.1, 개 이미지에는 dog.3과 같이 파일명이 부여되어 있다. 이미지는 "cat.1" 또는 "dog.3" 등과 같은 레이블이 지정되어 있으므로 개/고양이를 분리한 다음 배열로 변환해 리턴한다.

```
[ ]: def label_img(img):
        word_label = img.split('.')[-3]
        # conversion to one-hot array [cat,dog]
        #                            [much cat, no dog]
        if word_label == 'cat': return [1,0]
        #                            [no cat, very doggo]
        elif word_label == 'dog': return [0,1]
```

▸ 학습용 데이터 만들기

create_train_data() 함수는 학습 데이터를 만들기 위한 함수이다. label_img()를 통하여 라벨링한 이미지 데이터를 불러오고, openCV 라이브러리로 gray 스케일로 변환하고, 사이즈를 변경한 이미지를 'train_data.npy'에 저장한다. shuffle 함수는 random 라이브러리에 있는 함수로써 인자를 받아 랜덤하게 셔플해주는 기능을 가지고 있다.

```
[ ]: def create_train_data():
        training_data = []
        for img in tqdm(os.listdir(TRAIN_DIR)):
            label = label_img(img)
            path = os.path.join(TRAIN_DIR,img)
            img = cv2.imread(path,cv2.IMREAD_GRAYSCALE)
            img = cv2.resize(img, (IMG_SIZE,IMG_SIZE))
            training_data.append([np.array(img),np.array(label)])
        shuffle(training_data)
        np.save('train_data.npy', training_data)
        return training_data
```

▸ 테스트용 데이터 만들기

create_train_data() 함수가 학습용 데이터를 만들기 위한 함수였다면 process_test_data() 함수는 테스트용 데이터를 만드는 함수이다. 따라서 학습용 데이터 생성 함수와 비슷하게 openCV 라이브러리를 사용하여 이미지 사이즈를 변경하고 gray 스케일로 변경해준다. 이렇게 변경된 이미지는 'test_data.npy'에 저장한다.

```
[ ]: def process_test_data():
        testing_data = []
        for img in tqdm(os.listdir(TEST_DIR)):
            path = os.path.join(TEST_DIR,img)
            img_num = img.split('.')[0]
            img = cv2.imread(path,cv2.IMREAD_GRAYSCALE)
            img = cv2.resize(img, (IMG_SIZE,IMG_SIZE))
            testing_data.append([np.array(img), img_num])

        shuffle(testing_data)
        np.save('test_data.npy', testing_data)
        return testing_data
```

▸ 학습 데이터 생성

create_train_data()를 사용하여 train_data를 만들거나 이미 데이터가 있는 경우는 가지고 있는 데이터를 사용할 수 있다.

```
train_data = create_train_data()
# If you have already created the dataset:
#train_data = np.load('train_data.npy')
```

▸ 2계층 신경망 만들기

tflearn 라이브러리는 반복적인 그래프 생성 연산을 고수준 함수로 묶은 라이브러리로 모델 구현을 위해서 반복적이고 소모적인 연산을 비교적 간단하게 해결할 수 있다. 텐서플로우를 사용하면서 CNN 등의 알고리즘을 구현할 때 tfleran 라이브러리 사용은 필수적이다. 여기서는 tfleran 라이브러리를 사용하여 2계층 신경망을 만들어본다. 이 신경망을 이용하여 개와 고양이 이미지를 분류하게 된다. 텐서플로우 버전 하위 호환성을 위해 다음 코드를 추가한다.

import tensorflow.compat.v1 as tf

```
import tflearn
from tflearn.layers.conv import conv_2d, max_pool_2d
from tflearn.layers.core import input_data, dropout, fully_connected
from tflearn.layers.estimator import regression

convnet = input_data(shape=[None, IMG_SIZE, IMG_SIZE, 1], name='input')

convnet = conv_2d(convnet, 32, 5, activation='relu')
convnet = max_pool_2d(convnet, 5)

convnet = conv_2d(convnet, 64, 5, activation='relu')
convnet = max_pool_2d(convnet, 5)

convnet = conv_2d(convnet, 32, 5, activation='relu')
convnet = max_pool_2d(convnet, 5)

convnet = conv_2d(convnet, 64, 5, activation='relu')
convnet = max_pool_2d(convnet, 5)

convnet = conv_2d(convnet, 32, 5, activation='relu')
convnet = max_pool_2d(convnet, 5)

convnet = conv_2d(convnet, 64, 5, activation='relu')
convnet = max_pool_2d(convnet, 5)

convnet = fully_connected(convnet, 1024, activation='relu')
convnet = dropout(convnet, 0.8)

convnet = fully_connected(convnet, 2, activation='softmax')
convnet = regression(convnet, optimizer='adam', learning_rate=LR, loss='categorical_crossentropy', name='targets')

model = tflearn.DNN(convnet, tensorboard_dir='log')
```

CNN은 크게 특징을 추출하는 단계와 분류 단계로 나눌 수 있다. CNN의 구조를 나눠본다면 아래 그림과 같다.

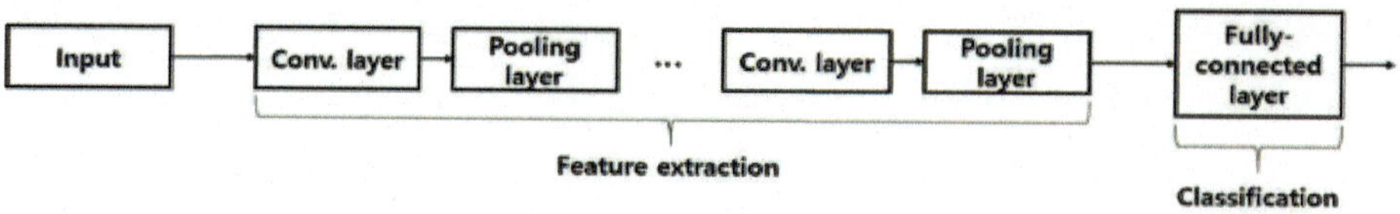

[그림 8.4] CNN 구조

▸ 데이터 배열화

이제 학습 데이터와 테스트 데이터가 준비되었으므로 numpy 라이브러리를 이용해 데이터를 배열화한다.

```
[ ]:
X = np.array([i[0] for i in train]).reshape(-1,IMG_SIZE,IMG_SIZE,1)
Y = [i[1] for i in train]

test_x = np.array([i[0] for i in test]).reshape(-1,IMG_SIZE,IMG_SIZE,1)
test_y = [i[1] for i in test]
```

▸ 모델 학습

모델 학습을 위해 fit() 함수를 사용한다.

```
[10]: model.fit({'input': X}, {'targets': Y}, n_epoch=10, validation_set=({'input': test_x}, {'targets': test_y}),
          snapshot_step=50000, show_metric=True, run_id=MODEL_NAME)
Training Step: 3829  | total loss: 0.28535 | time: 23.708s
| Adam | epoch: 010 | loss: 0.28535 - acc: 0.8785 -- iter: 24448/24500
Training Step: 3830  | total loss: 0.28412 | time: 24.783s
| Adam | epoch: 010 | loss: 0.28412 - acc: 0.8781 | val_loss: 0.47976 - val_acc: 0.7980 -- iter: 24500/24500
--
```

- model.fit(X, Y, batch_size=100, epochs=10)
- X : 입력 데이터
- Y : 결과(Label 값) 데이터
- batch_size : 한 번에 학습할 때 사용하는 데이터 개수
- epochs : 학습 데이터 반복 횟수

epochs은 학습 데이터 전체 셋을 몇 번 학습하는지를 의미한다. 동일한 학습 데이터라고 하더라도 여러 번 학습할수록 학습 효과는 커진다. 하지만 너무 많이 했을 경우 모델의 가중치가 학습 데이터에 지나치게 최적화되는 과적합(Overfitting) 현상이 발생한다.

▸ 학습 결과

학습 결과는 손실값 0.28에서 정확도 0.87 정도를 나타냈다. 보통 모델의 성능을 평가할 때 정확도(accuracy)와 손실(loss)값을 확인한다. 손실과 정확도는 서로 관련이 없다. 정확도는

전체 데이터에 대한 예측 오류의 수로 볼 수 있다. 쉽게 말해, '전체 데이터 중에서 몇 개를 맞추었는가?'이다. 100개 중 97개를 맞췄다면 정확도는 97%이다. 손실은 실제 정답과 모델이 예측한 값 사이의 차이(거리 또는 오차)이다. 즉, 손실이 클수록 데이터에 대한 오류도 커진다.

▸ 모델 저장하기

원하는 결과를 얻었으므로 모델을 저장한다.

```
[ ]: model.save(MODEL_NAME)
```

▸ 테스트하기

이제 학습을 완료했으므로 테스트용 이미지를 가지고 테스트를 진행한다.

```
[ ]: import matplotlib.pyplot as plt

     # if you need to create the data:
     test_data = process_test_data()
     # if you already have some saved:
     #test_data = np.load('test_data.npy')

     fig=plt.figure()

     for num,data in enumerate(test_data[:12]):
         # cat: [1,0]
         # dog: [0,1]

         img_num = data[1]
         img_data = data[0]

         y = fig.add_subplot(3,4,num+1)
         orig = img_data
         data = img_data.reshape(IMG_SIZE,IMG_SIZE,1)
         #model_out = model.predict([data])[0]
         model_out = model.predict([data])[0]

         if np.argmax(model_out) == 1: str_label='Dog'
         else: str_label='Cat'

         y.imshow(orig,cmap='gray')
         plt.title(str_label)
         y.axes.get_xaxis().set_visible(False)
         y.axes.get_yaxis().set_visible(False)
     plt.show()
```

④ 실행 결과

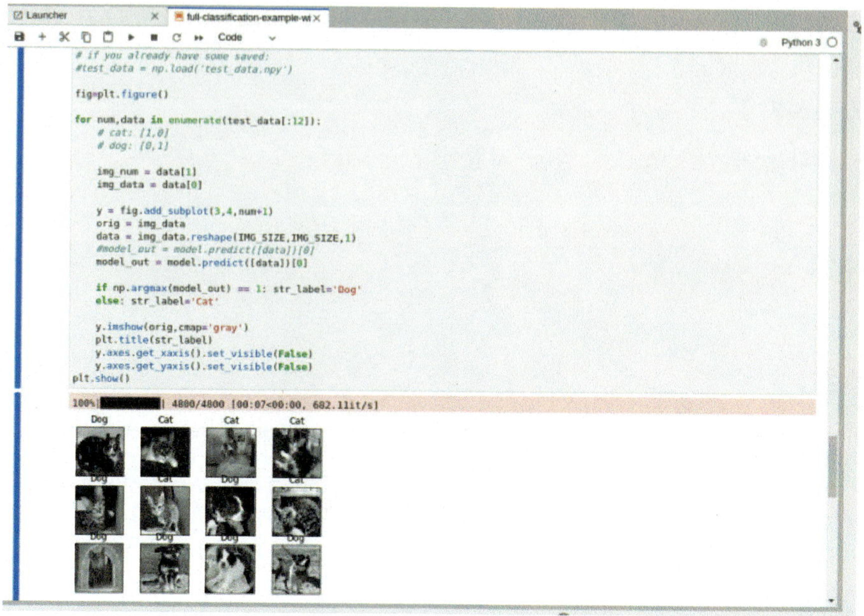

분류 결과는 테스트 이미지에서 무작위로 12개의 사진을 선택하여 분류를 진행할 경우 12장 중에서 9장의 사진을 정확하게 분류하였다.

[그림 8.5] 분류 결과

9장
NX 보드에서 CNN 기반 객체 분류

9.1 CNN 개요

CNN이란 Convolutional Neural Networks의 약자로서 딥러닝에서 주로 이미지나 영상 데이터를 처리할 때 쓰이며 이름에서 알 수 있듯이 Convolution이라는 전처리 작업이 들어가는 Neural Network 모델이다. CNN은 동물의 시각피질의 구조에서 영감을 받아 만들어진 딥러닝 신경망 모델로 특징을 추출하는 Convolution 층과 정보를 압축하는 Pooling 층의 반복 그리고 후반에 다층 퍼셉트론 층으로 이루어져 있다.

보통 입력되는 2차원 데이터를 1차원적으로 해석하게 되면 이미지의 공간적/지역적 정보(spatial/topological information)가 손실된다. 또한 추상화과정 없이 바로 연산과정으로 넘어가 버리기 때문에 학습시간과 능률의 효율성이 저하된다. 이러한 문제점에서 고안한 해결책이 CNN이다. CNN은 이미지를 날것(raw input) 그대로 받음으로써 공간적/지역적 정보를 유지한 채 특성(feature)들의 계층을 빌드업한다. CNN의 중요 포인트는 이미지 전체보다는 부분을 보는 것, 그리고 이미지의 한 픽셀과 주변 픽셀들의 연관성을 살리는 것이다.

이번 장에서는 Xavier NX 보드에서 CNN을 이용하여 필기체 문자 분류와 동물을 분류하는 실습을 한다. 딥러닝 라이브러리로는 텐서플로우를 이용하여 진행하기로 한다.

9.2 텐서플로우 설치실습

(1) 환경설치

① 파이썬3 설치 확인

파이썬3 환경이 이미 구성되었는지 확인한다. Python 3.6~3.9, pip 19.0 이상이 필요하다.

```
$ python3 --version
$ pip3 --version
```

이 패키지가 이미 설치된 경우 다음 단계로 건너뛴다.

```
$ sudo apt update
$ sudo apt install python3-dev python3-pip python3-venv
```

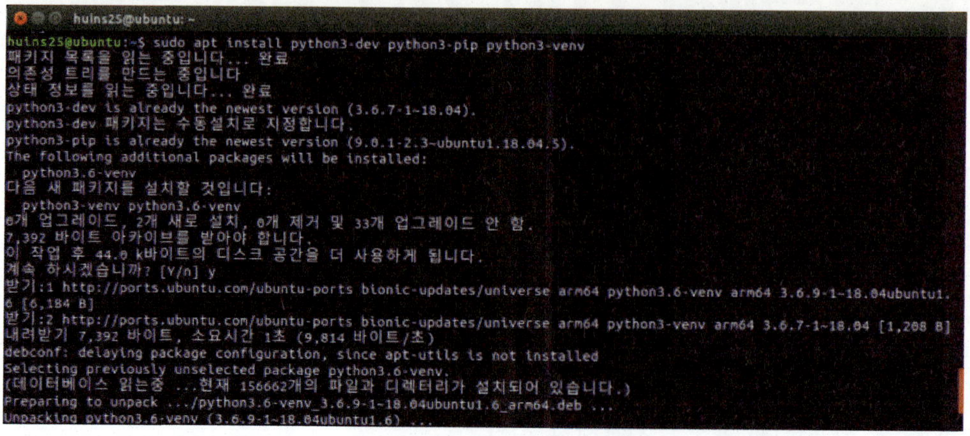

② Test resources 설치

파이썬 테스트 관련 API를 제공하는 패키지를 설치한다.

```
$ sudo pip3 install testresources
```

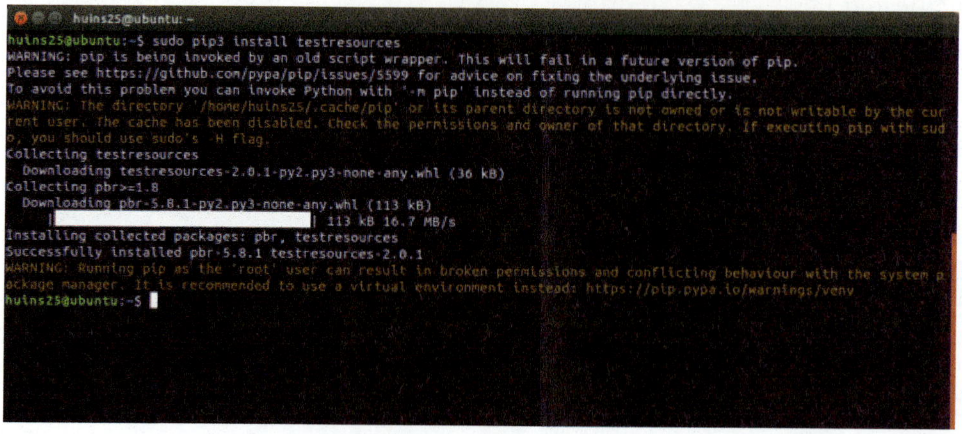

③ Setuptools 설치

셋업툴은 파이썬 프로젝트를 수행하기 위한 기본 패키지이다.

```
$ sudo apt-get install python3-setuptools
```

④ 텐서플로우 설치

A. NVIDIA 캐리어 보드 하에서 설치법

i) 다운로드 후 설치법

텐서플로우 설치를 위해 Xavier NX용 텐서플로우 버전을 준비한다.

"tensorflow-2.5.0+nv21.7-cp36-cp36m-linux_aarch64.whl".

다음 URL에서 해당 버전을 찾아 다운로드를 시작한다.

다운로드가 완료되었으면, 다음 명령을 사용하여 텐서플로우를 설치한다.

```
$ sudo pip3 install tensorflow-2.5.0+nv21.7-cp36-cp36m-linux_aarch64.whl
```

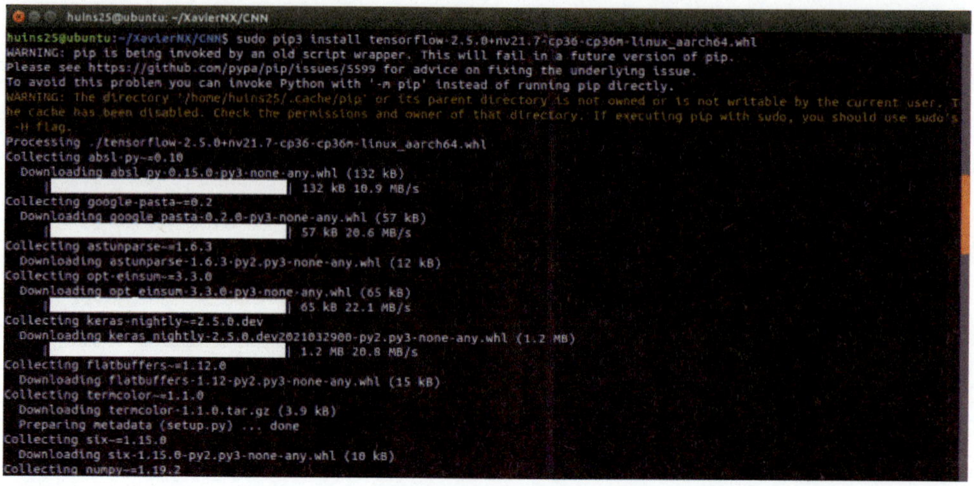

ii) 직접설치법

Jetpack 버전이 4.6일 경우, v46을 적용하여 다운로드한다.

```
$ sudo pip3 install --pre --extra-index-url
  https://developer.download.nvidia.com/compute/redist/jp/v46 tensorflow
```

B. 일반 리눅스 PC(우분투) 환경에서 설치법

i) 우분투 터미널 환경에서 설치법

다음 URL을 참고하여 필요한 설치 조건을 준비한다. 다음은 GPU 버전에 대한 설치 명령이다(https://www.tensorflow.org/install/pip?hl=ko).

```
$ pip install --upgrade pip
$ pip install tensorflow==2.12.*        # GPU 버전 설치
```

필요에 따라 다음과 같이 CPU 버전을 설치할 수도 있으나 학습시간 및 컴퓨팅 파워로 인해 권장하지는 않는다.

```
$ pip install --upgrade pip
$ pip install tensorflow-cpu            # CPU 버전 설치
```

ii) 우분투 아나콘다 환경에서 설치법(권장)

• 패키지 위치 : https://www.tensorflow.org/install/pip?hl=ko#gpu

패키지 위치

몇 가지 설치 메커니즘에는 TensorFlow Python 패키지의 URL이 필요합니다. 지정하는 값은 Python 버전에 따라 다릅니다.

버전	URL
리눅스	
파이썬 3.8 GPU 지원	https://storage.googleapis.com/tensorflow/linux/gpu/tensorflow-2.12.0-cp38-cp38-manylinux_2_17_x86_64.manylinux2014_x86_64.whl
Python 3.8 CPU 전용	https://storage.googleapis.com/tensorflow/linux/cpu/tensorflow_cpu-2.12.0-cp38-cp38-manylinux_2_17_x86_64.manylinux2014_x86_64.whl
파이썬 3.9 GPU 지원	https://storage.googleapis.com/tensorflow/linux/gpu/tensorflow-2.12.0-cp39-cp39-manylinux_2_17_x86_64.manylinux2014_x86_64.whl
Python 3.9 CPU 전용	https://storage.googleapis.com/tensorflow/linux/cpu/tensorflow_cpu-2.12.0-cp39-cp39-manylinux_2_17_x86_64.manylinux2014_x86_64.whl
파이썬 3.10 GPU 지원	https://storage.googleapis.com/tensorflow/linux/gpu/tensorflow-2.12.0-cp310-cp310-manylinux_2_17_x86_64.manylinux2014_x86_64.whl
Python 3.10 CPU 전용	https://storage.googleapis.com/tensorflow/linux/cpu/tensorflow_cpu-2.12.0-cp310-cp310-manylinux_2_17_x86_64.manylinux2014_x86_64.whl

Python=3.9, Tensorflow=2.12 버전의 설치 패키지를 다운받아서 다음과 같이 아나콘다 환경에서 설치한다.

```
(base) $:
(base) $ export
TF_BINARY_URL=https://storage.googleapis.com/tensorflow/linux/gpu/tensorflow
-2.12.0-cp39-cp39-manylinux_2_17_x86_64.manylinux2014_x86_64.whl

(base) $ pip install --ignore-installed --upgrade $TF_BINARY_URL
```

⑤ 텐서플로우 설치 확인

Python3을 실행한 후, 'import tensorflow as tf'로 텐서플로우 라이브러리를 임포트한다. 그리고 'tf.__version__'으로 설치되어 있는 텐서플로우 버전을 확인한다. 확인되면 텐서플로우가 정상적으로 설치된 것이다.

```
huins25@huins25-desktop: ~/XavierNX/CNN
huins25@huins25-desktop:~/XavierNX/CNN$ python3
Python 3.6.9 (default, Dec  8 2021, 21:08:43)
[GCC 8.4.0] on linux
Type "help", "copyright", "credits" or "license" for more information.
>>> import tensorflow as tf
2022-03-17 15:58:21.373217: I tensorflow/stream_executor/platform/default/dso_loader.cc:53]
Successfully opened dynamic library libcudart.so.10.2
>>> tf.__version__
'2.5.0'
>>>
```

(2) 주피터 노트북(Jupyter Notebook) 설치

① 주피터 노트북 설치

마지막으로 주피터 노트북을 설치한다. 주피터 노트북은 라이브 코드, 등식, 시각화와 주석을 위한 텍스트 등을 포함한 문서를 만드는 오픈소스 웹 어플리케이션이다. pip3를 통해 주피터 노트북을 설치하도록 한다.

```
$ sudo pip3 install notebook
```

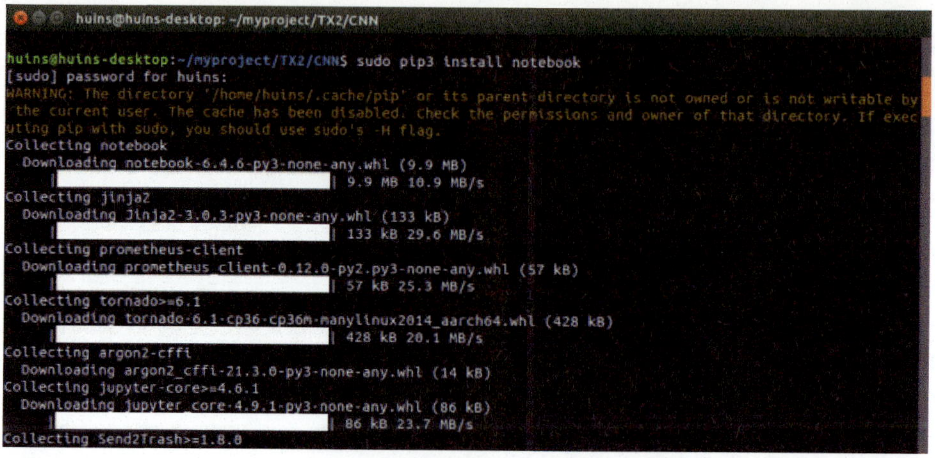

② 주피터 노트북 실행

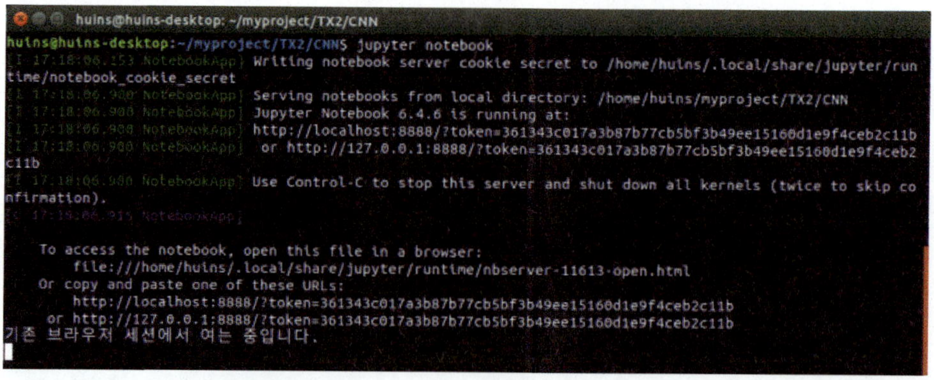

주피터 노트북을 실행하면 다음과 같은 화면이 나오며, 노트북을 실행한 디렉토리 내용이 표시된다.

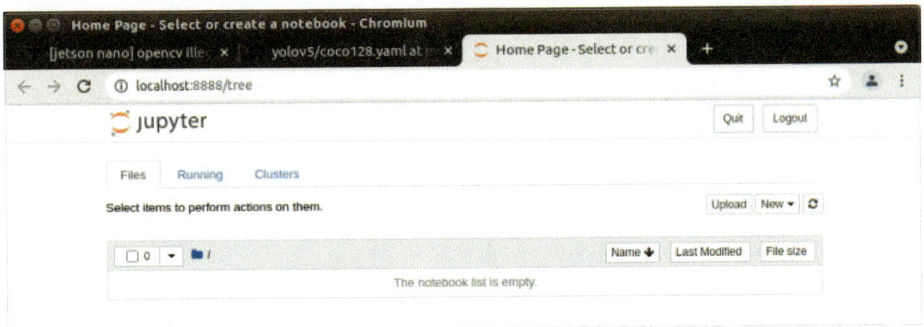

③ 새 노트북 만들기

새로운 작업을 시작하기 위해 우측 상단의 **new** 버튼을 누르면 새로운 파일 형태를 선택하는 창이 나온다. 여기서는 파이썬을 사용하므로 **python**을 선택한다.

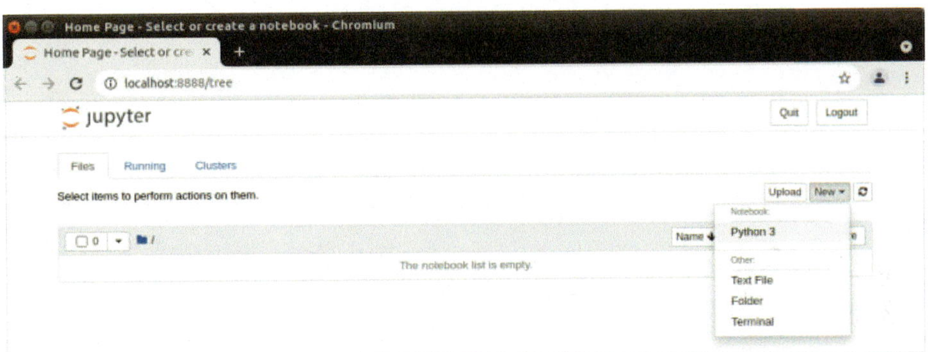

이제 새 노트북이 활성화되었다. 현재는 첫 활성화이므로 상단에 'untitled' 이름의 파이썬 파일이 생성되었다. 파일 이름 아래는 코딩할 수 있는 공간이 존재한다.

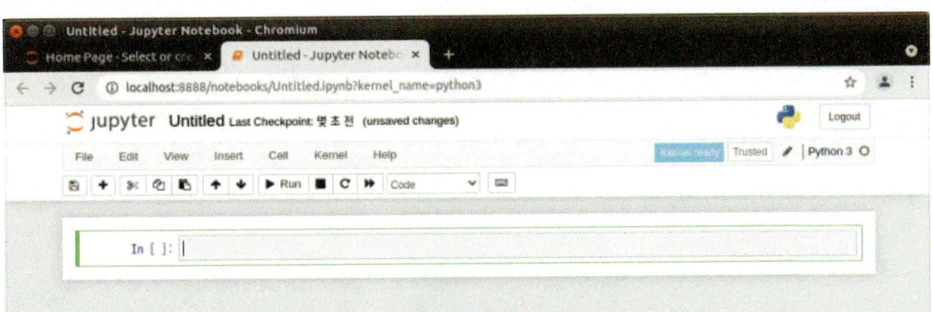

다음 화면처럼 가장 간단한 명령어를 입력한다.

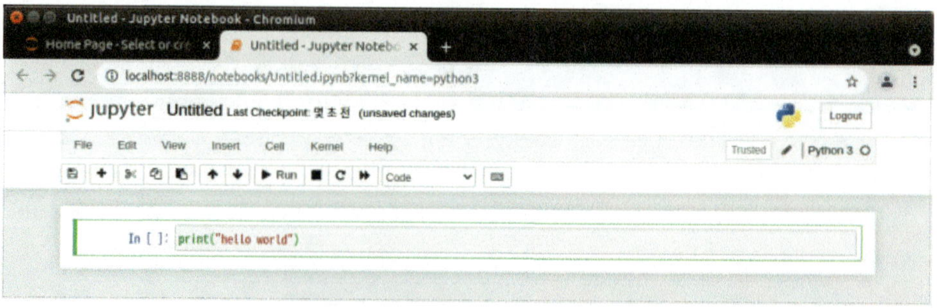

아래 그림처럼 명령 입력창에서 <u>**hello world**</u>를 입력하고 <u>**Run**</u>을 실행하면 실행 결과가 명령어 하단에 나타난다.

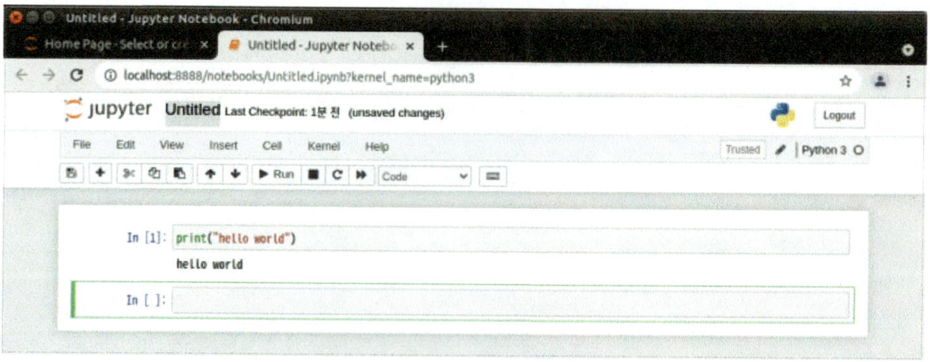

각각의 cell은 아래 화면처럼 <u>**Code**</u>를 선택하면 코딩을 할 수 있고, <u>**Markdown**</u>을 선택하면 주석문을 추가할 수 있다.

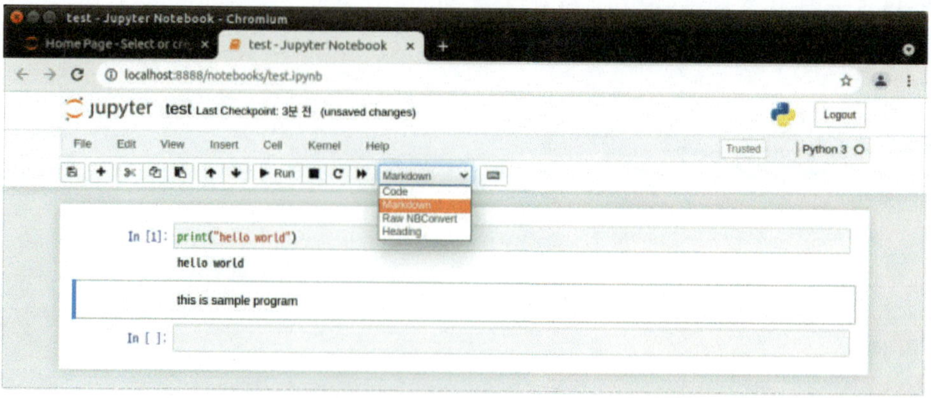

9.3 소프트맥스(Softmax) 함수를 이용한 필기 숫자 분류

(1) 소프트맥스 함수 개요

소프트맥스 클래스 분류 문제를 풀 때 점수 벡터를 클래스별 확률로 변환하기 위해 흔히 사용하는 함수이다. 각 점수 벡터에 지수를 취한 후 정규화 상수로 나누어 총합이 1이 되도록 계산된다.

입력받은 값을 출력으로 0 ~ 1 사이의 값으로 모두 정규화하며 출력 값들의 총합은 항상 1이 되는 특성을 가진 함수이다. 분류하고 싶은 클래수의 수만큼 출력으로 구성한다. 가장 큰 출력 값을 부여받은 클래스가 확률이 가장 높은 것으로 이용된다.

(2) 필기 숫자 분류 실습

필기 숫자 인식은 컴퓨터가 사람의 손으로 쓴 숫자를 인식하는 기능이다. 손으로 쓴 숫자는 완벽하지 않고 사람마다 다를 수 있기 때문에 기계에게는 어려운 작업이다. 필기 숫자 인식은 숫자의 이미지를 사용하고 이미지에 있는 숫자를 인식하는 이 문제에 대한 솔루션이다.

MNIST 데이터 세트를 사용하여 학습하는데, 이는 아마도 머신러닝과 딥러닝 애호가들 사이에서 가장 인기 있는 데이터 세트 중 하나일 것이다. MNIST 데이터 세트에는 0에서 9까지의 손으로 쓴 숫자에 대한 60,000개의 학습 이미지와 테스트를 위한 10,000개의 이미지가 포함되어 있다. 따라서 MNIST 데이터 세트에는 10개의 서로 다른 클래스가 있다. 손으로 쓴 숫자 이미지는 각 셀에 회색조 픽셀 값이 포함된 28 × 28 행렬로 표시된다. MNIST 데이터 세트와 텐서플로우를 사용하여 간단한 신경망을 만든다.

① 소스코드 작성

노트북에서 **File**을 선택하고 **새 노트북 만들기**를 이용하여 새 노트북을 만든다. 또는 제공된 파일을 노트북에서 불러온다.

제공된 파일 : MNIST softmax estimation.ipynb

필요 시 소스코드는 다음에서 다운받을 수 있다.

▸ 소스코드 다운로드

- https://github.com/Jpub/TensorflowDeeplearning (chapter 2)

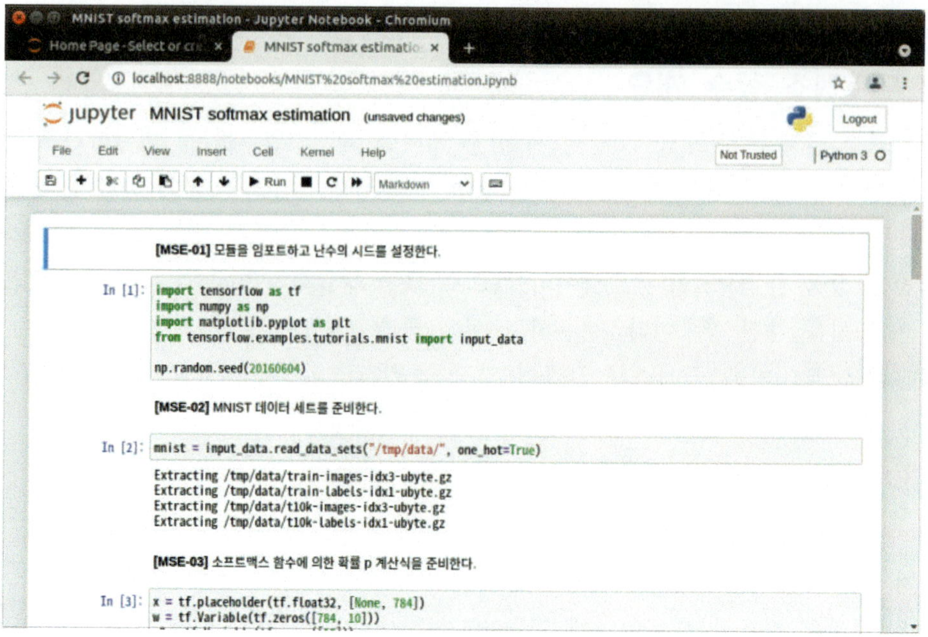

② 소스코드 분석

▸ 모듈 임포트

필기 숫자를 학습하고 시각화하기 위한 모듈을 임포트하고 MNIST 데이터셋을 가져온다.

[MSE-01] 모듈을 임포트하고 난수의 시드를 설정한다.

In [1]:
```
import tensorflow as tf
import numpy as np
import matplotlib.pyplot as plt
from tensorflow.examples.tutorials.mnist import input_data

np.random.seed(20160604)
```

[MSE-02] MNIST 데이터 세트를 준비한다.

In [2]:
```
mnist = input_data.read_data_sets("/tmp/data/", one_hot=True)
```

```
Extracting /tmp/data/train-images-idx3-ubyte.gz
Extracting /tmp/data/train-labels-idx1-ubyte.gz
Extracting /tmp/data/t10k-images-idx3-ubyte.gz
Extracting /tmp/data/t10k-labels-idx1-ubyte.gz
```

▸ 확률 계산 수식처리

소프트맥스 함수로 각 학습 데이터가 0-9 중에 어느 숫자가 될 확률(p)를 계산하는 수식이다.

[MSE-03] 소프트맥스 함수에 의한 확률 p 계산식을 준비한다.

```
In [3]: x = tf.placeholder(tf.float32, [None, 784])
        w = tf.Variable(tf.zeros([784, 10]))
        w0 = tf.Variable(tf.zeros([10]))
        f = tf.matmul(x, w) + w0
        p = tf.nn.softmax(f)
```

▸ 학습 오차 최소화

학습의 오차를 나타내는 변수와 그 오차를 최소화하는 방법을 정의한다.

[MSE-04] 오차 함수 loss와 트레이닝 알고리즘 train_step을 준비한다.

```
In [4]: t = tf.placeholder(tf.float32, [None, 10])
        loss = -tf.reduce_sum(t * tf.log(p))
        train_step = tf.train.AdamOptimizer().minimize(loss)
```

▸ 관계식 정의

학습의 정답율을 계산하는 관계식을 정의한다.

[MSE-05] 정답률 accuracy를 정의한다.

```
In [5]: correct_prediction = tf.equal(tf.argmax(p, 1), tf.argmax(t, 1))
        accuracy = tf.reduce_mean(tf.cast(correct_prediction, tf.float32))
```

▸ 파라메타 최적화

[MSE-06] 세션을 준비하고 Variable을 초기화한다.

```
In [6]: sess = tf.InteractiveSession()
        sess.run(tf.initialize_all_variables())
```

▸ 경사 하강법을 이용한 최적화

경사 하강법을 이용하여 파라메타를 최적화한다. 100번 학습할 때마다 오차값과 정답률을 표시한다. 이 7번째 셀에서 데이터셋을 이용하여 학습하는 과정을 확인할 수 있고, 마지막 단계에서는 정확도가 0.921..에서 약 92%까지 올라가는 것을 확인할 수 있다.

[MSE-07] 파라미터 최적화를 2000회 반복한다.

1회 실행할 때마다 트레이닝 세트에서 추출한 100개의 데이터를 이용해 경사 하강법을 적용한다.

최종적으로 테스트 세트에 대해 약 92%의 정답률을 얻을 수 있다.

```
In [7]: i = 0
        for _ in range(2000):
            i += 1
            batch_xs, batch_ts = mnist.train.next_batch(100)
            sess.run(train_step, feed_dict={x: batch_xs, t: batch_ts})
            if i % 100 == 0:
                loss_val, acc_val = sess.run([loss, accuracy],
                    feed_dict={x:mnist.test.images, t: mnist.test.labels})
                print ('Step: %d, Loss: %f, Accuracy: %f'
                       % (i, loss_val, acc_val))
```

```
Step: 100, Loss: 7747.077148, Accuracy: 0.848400
Step: 200, Loss: 5439.362305, Accuracy: 0.879900
Step: 300, Loss: 4556.467285, Accuracy: 0.890900
Step: 400, Loss: 4132.035156, Accuracy: 0.896100
Step: 500, Loss: 3836.139160, Accuracy: 0.902600
Step: 600, Loss: 3646.572510, Accuracy: 0.903900
Step: 700, Loss: 3490.270752, Accuracy: 0.909100
Step: 800, Loss: 3385.605469, Accuracy: 0.909400
Step: 900, Loss: 3293.132324, Accuracy: 0.912800
Step: 1000, Loss: 3220.884277, Accuracy: 0.913700
Step: 1100, Loss: 3174.230957, Accuracy: 0.913700
Step: 1200, Loss: 3081.114990, Accuracy: 0.916400
Step: 1300, Loss: 3046.678711, Accuracy: 0.915400
```

▶ 학습 결과값 도시

학습 결과값을 도시한다.

[MSE-08] 이 시점의 파라미터를 이용해 테스트 세트에 대한 예측을 출력한다.

여기서는 '0' ~ '9'의 숫자에 대해 정답과 오답 예를 3개씩 출력한다.

```
In [8]: images, labels = mnist.test.images, mnist.test.labels
        p_val = sess.run(p, feed_dict={x:images, t: labels})

        fig = plt.figure(figsize=(8,15))
        for i in range(10):
            c = 1
            for (image, label, pred) in zip(images, labels, p_val):
                prediction, actual = np.argmax(pred), np.argmax(label)
                if prediction != i:
                    continue
                if (c < 4 and i == actual) or (c >= 4 and i != actual):
                    subplot = fig.add_subplot(10,6,i*6+c)
                    subplot.set_xticks([])
                    subplot.set_yticks([])
                    subplot.set_title('%d / %d' % (prediction, actual))
                    subplot.imshow(image.reshape((28,28)), vmin=0, vmax=1,
                                   cmap=plt.cm.gray_r, interpolation="nearest")
                    c += 1
                    if c > 6:
                        break
```

마지막 단계에서는 0-9까지의 필기 숫자 중에서 좌측 3개는 올바르게 분류한 것, 우측 3개는 분류 실패한 것을 보여준다.

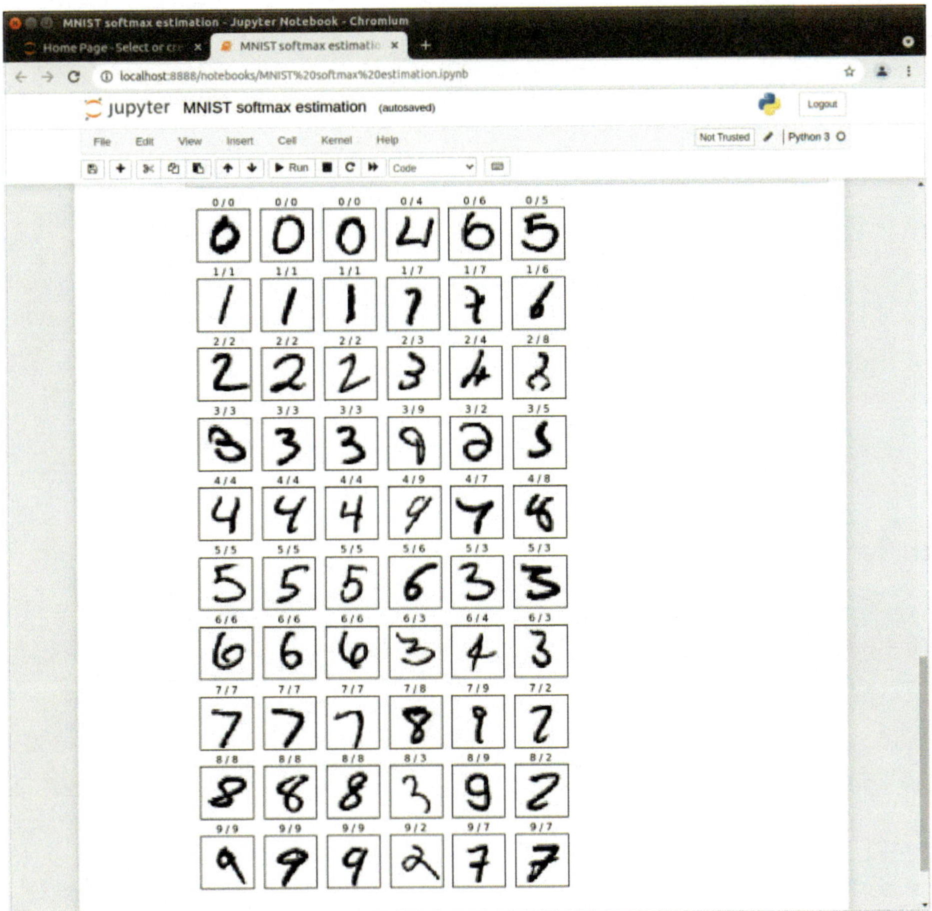

③ 케라스 기반 소스코드

이 코드에서 필기체 숫자 각 이미지는 28×28 픽셀로 구성되고, 각 픽셀은 아래와 같이 0~255 사이의 숫자 행렬로 표현된다.

```
[[  0   0   0   0   0   0   0   0   0   0   0   0   0   0   0   0   0   0   0   0   0   0   0   0   0   0
 [  0   0   0   0   0   0   0   0   0   0   0   0   0   0   0   0   0   0   0   0   0   0   0   0   0   0
 [  0   0   0   0   0   0   0   0   0   0   0   0   0   0   0   0   0   0   0   0   0   0   0   0   0   0
 [  0   0   0   0   0   0   0   0   0   0   0   0   0   0   0   0   0   0   0   0   0   0   0   0   0   0
 [  0   0   0   0   0   0   0   0   0   0   0   0   0   0   0   0   0   0   0   0   0   0   0   0   0   0
 [  0   0   0   0   0   0   0   0   0   0   0   0   3  18  18  18 126 136 175  26 166 255 247 127   0   0
 [  0   0   0   0   0   0   0   0  30  36  94 154 170 253 253 253 253 253 225 172 253 242 195  64   0   0
 [  0   0   0   0   0   0   0  49 238 253 253 253 253 253 253 253 253 251  93  82  82  56  39   0   0   0
 [  0   0   0   0   0   0   0  18 219 253 253 253 253 253 198 182 247 241   0   0   0   0   0   0   0   0
 [  0   0   0   0   0   0   0   0  80 156 107 253 253 205  11   0  43 154   0   0   0   0   0   0   0   0
 [  0   0   0   0   0   0   0   0   0  14   1 154 253  90   0   0   0   0   0   0   0   0   0   0   0   0
 [  0   0   0   0   0   0   0   0   0   0   0 139 253 190   2   0   0   0   0   0   0   0   0   0   0   0
 [  0   0   0   0   0   0   0   0   0   0   0  11 190 253  70   0   0   0   0   0   0   0   0   0   0   0
 [  0   0   0   0   0   0   0   0   0   0   0   0  35 241 225 160 108   1   0   0   0   0   0   0   0   0
 [  0   0   0   0   0   0   0   0   0   0   0   0   0  81 240 253 253 119  25   0   0   0   0   0   0   0
 [  0   0   0   0   0   0   0   0   0   0   0   0   0   0  45 186 253 253 150  27   0   0   0   0   0   0
 [  0   0   0   0   0   0   0   0   0   0   0   0   0   0   0  16  93 252 253 187   0   0   0   0   0   0
 [  0   0   0   0   0   0   0   0   0   0   0   0   0   0   0   0   0 249 253 249  64   0   0   0   0   0
 [  0   0   0   0   0   0   0   0   0   0   0   0   0   0  46 130 183 253 253 207   2   0   0   0   0   0
 [  0   0   0   0   0   0   0   0   0   0   0   0  39 148 229 253 253 253 250 182   0   0   0   0   0   0
 [  0   0   0   0   0   0   0   0   0   0  24 114 221 253 253 253 253 201  78   0   0   0   0   0   0   0
 [  0   0   0   0   0   0   0   0  23  66 213 253 253 253 253 198  81   2   0   0   0   0   0   0   0   0
 [  0   0   0   0   0   0  18 171 219 253 253 253 253 195  80   9   0   0   0   0   0   0   0   0   0   0
 [  0   0   0   0  55 172 226 253 253 253 253 244 133  11   0   0   0   0   0   0   0   0   0   0   0   0
 [  0   0   0   0 136 253 253 253 212 135 132  16   0   0   0   0   0   0   0   0   0   0   0   0   0   0
 [  0   0   0   0   0   0   0   0   0   0   0   0   0   0   0   0   0   0   0   0   0   0   0   0   0   0
 [  0   0   0   0   0   0   0   0   0   0   0   0   0   0   0   0   0   0   0   0   0   0   0   0   0   0
 [  0   0   0   0   0   0   0   0   0   0   0   0   0   0   0   0   0   0   0   0   0   0   0   0   0   0
```

```
import tensorflow as tf

# 1. MNIST 데이터셋 임포트
mnist = tf.keras.datasets.mnist
(x_train, y_train), (x_test, y_test) = mnist.load_data()

# 2. 데이터 전처리
x_train, x_test = x_train/255.0, x_test/255.0

# 3. 모델 구성
model = tf.keras.models.Sequential([
    tf.keras.layers.Flatten(input_shape=(28, 28)),
    tf.keras.layers.Dense(512, activation=tf.nn.relu),
    tf.keras.layers.Dense(10, activation=tf.nn.softmax)
])

# 4. 모델 컴파일
model.compile(optimizer='adam',
              loss='sparse_categorical_crossentropy',
              metrics=['accuracy'])

# 5. 모델 훈련
model.fit(x_train, y_train, epochs=5)

# 6. 정확도 평가
test_loss, test_acc = model.evaluate(x_test, y_test)
print('테스트 정확도:', test_acc)
```

④ 케라스 코드 분석

i) MNIST 데이터셋 임포트

```
# 1. MNIST 데이터셋 임포트
mnist = tf.keras.datasets.mnist
(x_train, y_train), (x_test, y_test) = mnist.load_data()
```

- Tensorflow에서 직접 MNIST 손글씨 이미지 데이터셋을 불러와서 사용한다.
- load_data() 함수는 x_train, y_train, x_test, y_test 네 개의 NumPy 어레이를 반환한다.
- x_train, x_test는 28×28 픽셀의 각 손글씨 이미지 데이터이고, y_train, y_test는 분류에 사용되는 0~9 사이의 레이블 값을 갖는다.

ii) 데이터 전처리

```
# 2. 데이터 전처리
x_train, x_test = x_train/255.0, x_test/255.0
```

- 0~255.0 사이의 값을 갖는 픽셀값들을 0~1.0 사이의 값을 갖도록 변환한다.

iii) 모델 구성

```
# 3. 모델 구성
model = tf.keras.models.Sequential([
tf.keras.layers.Flatten(input_shape=(28, 28)),
tf.keras.layers.Dense(512, activation=tf.nn.relu),
tf.keras.layers.Dense(10, activation=tf.nn.softmax)
])
```

- tf.keras.models.Sequential()을 이용해서 인공신경망 모델을 구성한다.
- 입력층(Input layer)에서 Flatten()을 이용해서 28×28 픽셀의 값을 784개의 1차원 배열로 변환한다.
- 다음 두 개의 뉴런 층은 Dense()를 이용해서 완전 연결된 층(Fully-connected layer)를 구성한다.
- 각 층은 512개와 10개의 인공 뉴런 노드를 갖고 활성화 함수(activation function)로는 각각 ReLU(tf.nn.relu)와 소프트맥스(tf.nn.softmax)를 사용한다.

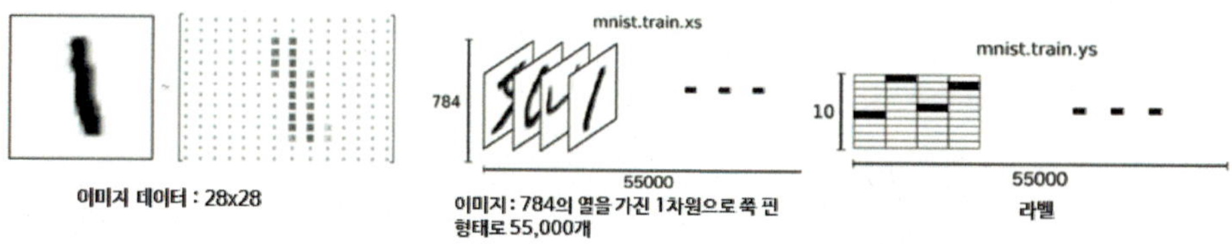

iv) 모델 컴파일

```
# 4. 모델 컴파일
model.compile(optimizer='adam',
              loss='sparse_categorical_crossentropy',
              metrics=['accuracy'])
```

- 다음은 모델 컴파일 단계이다.
- 학습 과정에서 손실 함수(Loss function)를 줄이기 위해서 optimizer로 Adam(Adaptive Momentum estimation)을 사용한다.
- 손실 함수는 'sparse_categorical_crossentropy'를 지정하고, 평가 지표로는 정확도(accuracy)를 사용한다.
- 정확도는 테스트 이미지 중 올바르게 분류한 비율을 의미한다.

v) 모델 학습

```
# 5. 모델 학습
model.fit(x_train, y_train, epochs=5)
```

- model.fit() 메서드에 학습 데이터와 레이블, 에포크를 순서대로 입력하면 학습이 이루어진다.
- 에포크(epoch)는 60,000개의 전체 학습 데이터를 몇 번 반복해서 학습할지를 의미한다.
- 학습 과정은 아래와 같이 이루어지며, 학습 데이터에 대한 정확도가 출력한다.

```
Epoch 1/5
   32/60000 [______________________] - ETA: 9:14 - loss: 2.2976 - acc: 0.0938
  384/60000 [______________________] - ETA: 54s - loss: 1.6364 - acc: 0.5182
  832/60000 [______________________] - ETA: 28s - loss: 1.2119 - acc: 0.6478
 1280/60000 [______________________] - ETA: 20s - loss: 1.0081 - acc: 0.7055
 1728/60000 [______________________] - ETA: 17s - loss: 0.8794 - acc: 0.7373
_
58368/60000 [============================>.] - ETA: 0s - loss: 0.2022 - acc: 0.9390
58784/60000 [============================>.] - ETA: 0s - loss: 0.2013 - acc: 0.9392
59232/60000 [============================>.] - ETA: 0s - loss: 0.2006 - acc: 0.9395
59744/60000 [============================>.] - ETA: 0s - loss: 0.1997 - acc: 0.9398
60000/60000 [==============================] - 8s 138us/step - loss: 0.1992 - acc: 0.9399
_
Epoch 5/5
   32/60000 [______________________] - ETA: 13s - loss: 0.0490 - acc: 0.9688
  480/60000 [______________________] - ETA: 7s - loss: 0.0152 - acc: 0.9938
  928/60000 [______________________] - ETA: 7s - loss: 0.0124 - acc: 0.9957
 1312/60000 [______________________] - ETA: 7s - loss: 0.0168 - acc: 0.9947
 1728/60000 [______________________] - ETA: 7s - loss: 0.0145 - acc: 0.9959
_
58656/60000 [============================>.] - ETA: 0s - loss: 0.0281 - acc: 0.9911
59072/60000 [============================>.] - ETA: 0s - loss: 0.0282 - acc: 0.9911
59520/60000 [============================>.] - ETA: 0s - loss: 0.0281 - acc: 0.9911
59968/60000 [============================>.] - ETA: 0s - loss: 0.0281 - acc: 0.9911
60000/60000 [==============================] - 7s 122us/step - loss: 0.0282 - acc: 0.9911
```

vi) 정확도 평가

```
# 6. 정확도 평가
test_loss, test_acc = model.evaluate(x_test, y_test)
print('테스트 정확도:', test_acc)
```

- model.evaluate()를 이용해 10,000개의 테스트 샘플에 대해 손실(loss)과 정확도(accuracy)를 평가한다.
- 결과는 아래와 같다. 간단한 인공신경망과 다섯 번 에포크의 학습만으로 98.02%의 정확도로 MNIST 이미지를 분류할 수 있음을 알 수 있다.

```
테스트 정확도: 0.9802
```

9.4 Dogs-Cats 이미지 분류 실습

이 절에서는 CNN을 이용하여 개와 고양이 이미지를 분류(classification)하는 실습을 진행해 보고자 한다.

(1) 캐글

캐글(Kaggle)은 전 세계 데이터 사이언티스트들이 데이터를 분석할 수 있도록 대회를 개최하고, 분석 내용을 토론할 수 있는 커뮤니티를 제공하는 플랫폼이다(https://www.kaggle.com/). 머신러닝 학습과 해결, 경쟁을 위한 다양한 데이터셋을 제공하며, 데이터 분석 대회뿐만 아니라 데이터 분석을 위한 데이터셋, 파이썬, R 기반 개발환경, 초보 데이터 분석가들을 위한 무료 강의 등 다양한 기능을 제공한다.

사실 데이터 분석을 할 때 분석할 데이터셋을 구하고 문제를 정의하는 것은 쉽지 않다. 캐글은 이러한 번거로운 작업들을 미리 다 해두어서 데이터 전처리와 분석에만 집중할 수 있는 환경을 제공한다. 2017년 3월 Google에 인수되었다.

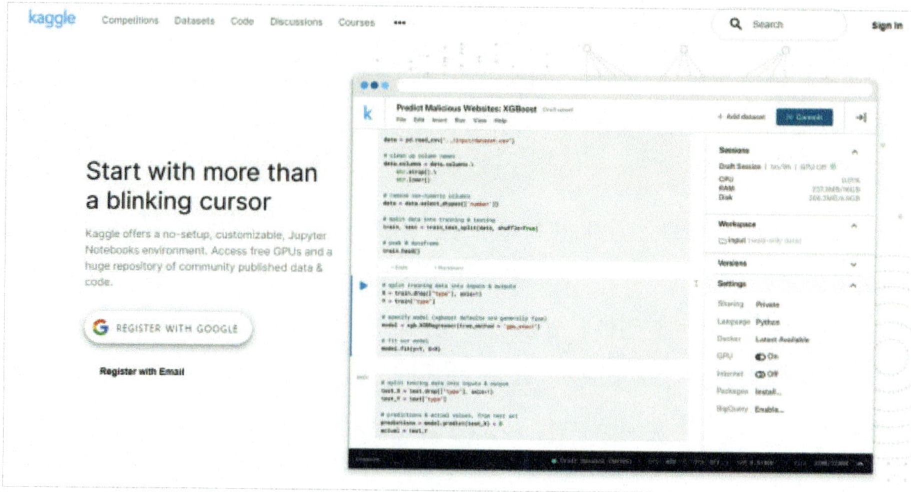

[그림 9.1] 캐글 웹사이트

Dogs vs. Cats image classification은 캐글에 올라와 있는 competition 중의 하나이다. 아래 그림과 같이 competition과 같은 설명과 보상, 순위 등을 확인할 수 있다. 이 대회에서는 이미지에 개 또는 고양이가 포함되어 있는지 여부를 분류하는 알고리즘을 작성하게 된다. 이는 사람, 개, 고양이에게는 쉬운 일이나, 컴퓨터가 인식하는 것은 조금 더 어려운 문제로 볼 수 있다.

Dogs vs. Cats competition은 HIP(Human Interactive Proof)를 위해 만들어진 competition이다. HIP는 이메일 및 블로그 스팸을 줄이고 웹 사이트 암호에 대한 무차별 대입 공격을 방지하는 등 다양한 목적으로 사용된다. Asirra(Animal Species Image Recognition for Restricting Access)는 사용자에게 고양이와 개의 사진을 식별하도록 요청하여 작동하는 HIP이다.

Asirra는 수십만 장의 고양이와 개 이미지 사진을 데이터로 제공하고 있으며, 이 competition을 통해 컴퓨터가 조금 더 정확하게 이미지를 분류할 수 있게 하는 것이 목적이다.

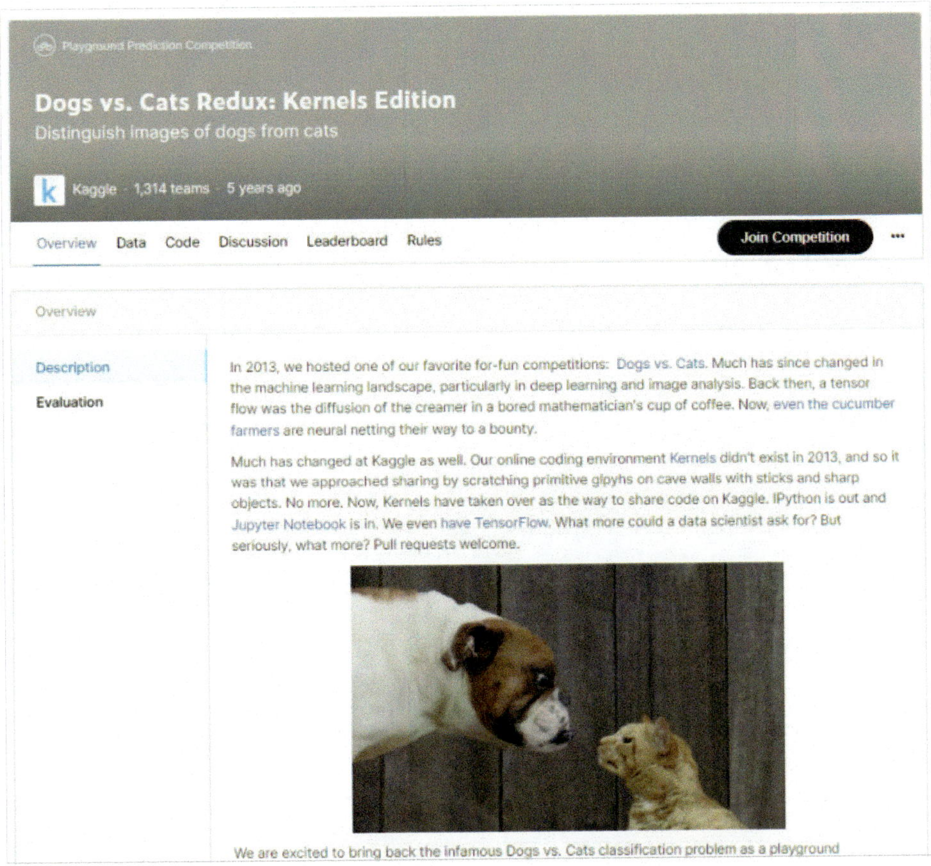

[그림 9.2] Dogs vs. Cats competition

Gold Silver Bronze

#	△pub	Team Name	Notebook	Team Members	Score	Entries	Last
1	—	Pierre Sermanet			0.98914	5	6y
2	▲4	orchid			0.98308	17	6y
3	—	Owen			0.98171	15	6y
4	—	Paul Covington			0.98171	3	6y
5	▼3	Maxim Milakov			0.98137	24	6y
6	▼1	we've been in KAIST			0.98102	8	6y
7	▲1	Doug Koch			0.98057	6	6y
8	▲2	fastml.com/cats-and-dogs			0.98000	6	6y
9	▲3	Luca Massaron			0.97965	23	6y
10	▼1	Daniel Nouri			0.97851	13	7y

[그림 9.3] Dogs vs. Cats competition 순위

(2) 이미지 분류 실습

① 실습을 위한 데이터 준비

실습을 위해 이미지 데이터를 준비한다. 이미지 데이터는 아래의 주소나 또는 캐글에서 다운받을 수 있다. 다운로드를 위해서는 캐글에 가입해야 한다. 아래 데이터 탭에서 test 데이터와 train 데이터를 받을 수 있다. 이 데이터셋은 25,000개의 강아지와 고양이 이미지(클래스마다 12,500개)를 담고 있다.

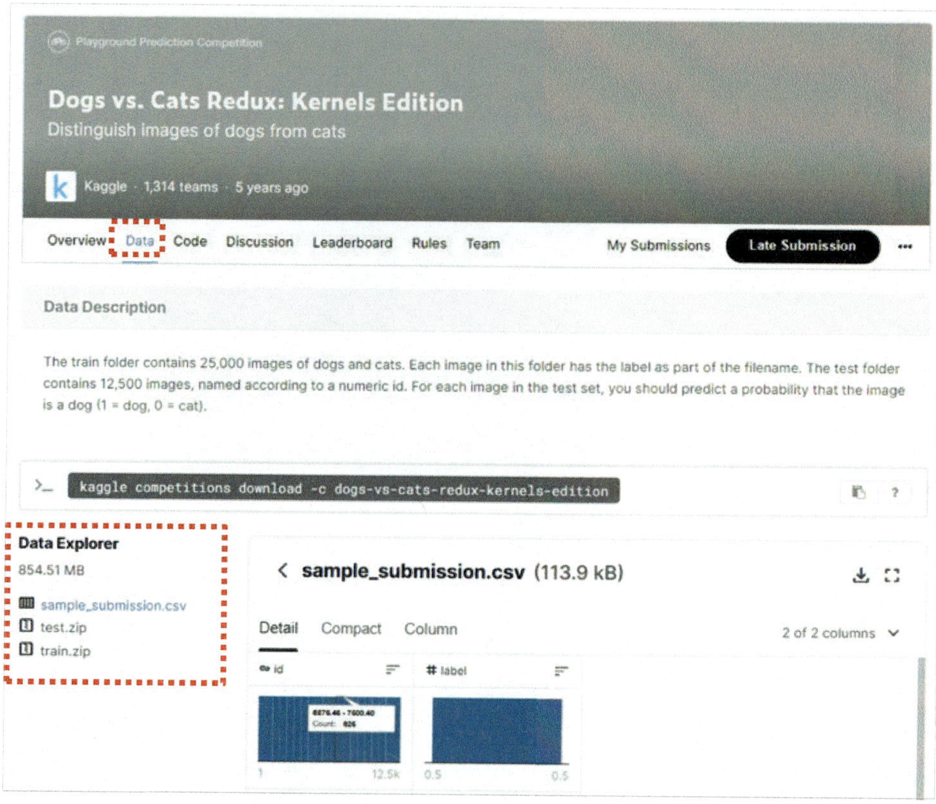

다음 소스코드를 준비하기 위해 코드 탭에서 여러 competition 중에서 CNN 관련 제목을 찾는다. 아래 화면이 그 적당한 소스를 구할 수 있는 competition이다.

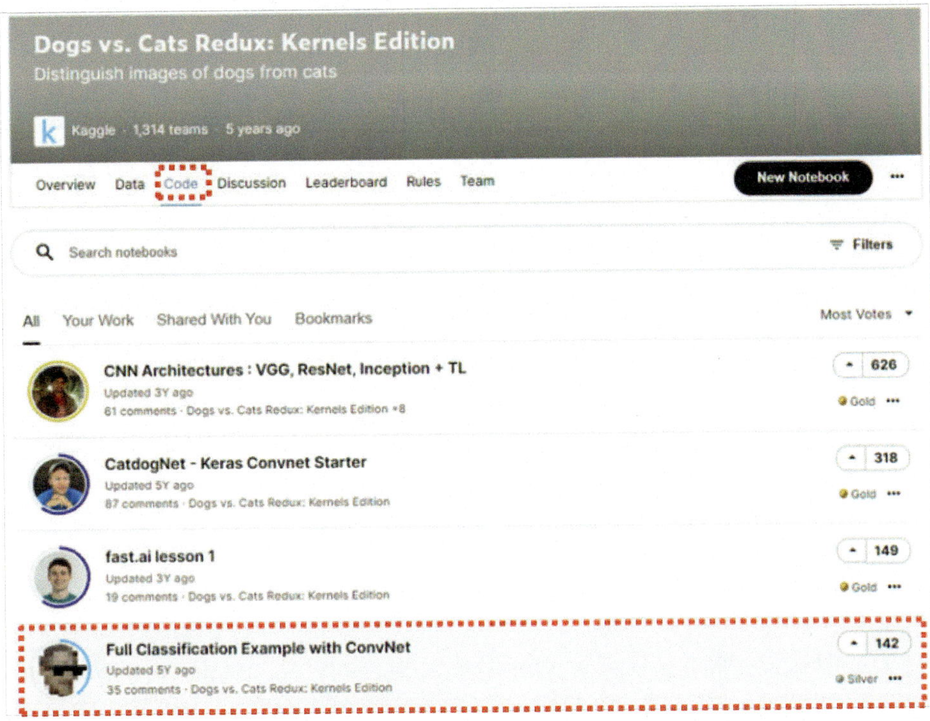

위 항목을 클릭하면 다음과 같이 해당 competition에 대한 상세한 화면이 나타나며, 여기서 우측 상단의 **Edit My Copy**를 클릭하면 노트북 화면이 나타나며 관련 소스코드를 볼 수 있다.

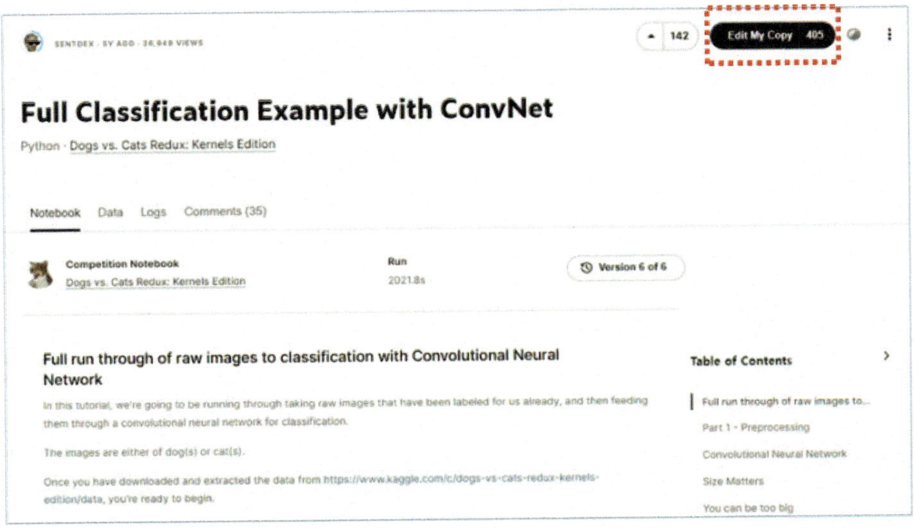

노트북 화면에서 **file** 메뉴의 **download notebook**를 선택하면 해당 소스코드를 다운받을 수 있다.

• 다운로드 소스 : full-classification-example-with-convnet.ipynb

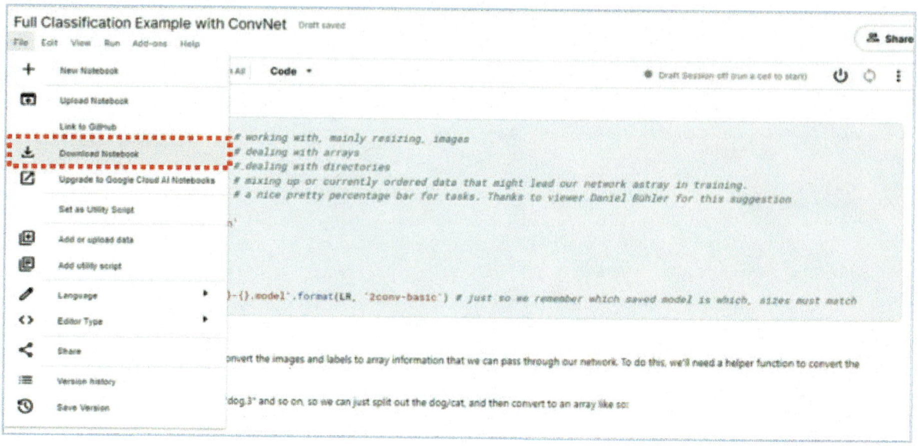

② 패키지 준비

▸ numpy(pip3 install numpy)

행렬이나 일반적으로 대규모 다차원 배열을 쉽게 처리할 수 있게 지원하는 파이썬의 라이브러리

```
$ pip3 install numpy
```

▸ tqdm(pip3 install tqdm)

for문의 진행바를 출력해주는 패키지

```
$ pip3 install tqdm
```

▸ tflearn(pip3 install tflearn)

텐서플로우용 고수준 API를 제공하는 딥러닝 라이브러리로 tflearn은 텐서플로우에 포함되어 있지 않기 때문에 별도의 설치가 필요하다.

```
$ pip3 install tflearn
```

▸ cv2 - opencv

```
$ pip3 install opencv-python
```

▸ Matplotlib

```
$ pip3 install matplotlib
```

또는

```
$ conda install matplotlib
```

③ 코드 설명

▸ 모듈 임포트

- cv2 : openCV, 이미지 처리를 위한 라이브러리
- numpy : array 연산을 위한 함수를 제공하는 라이브러리
- os : os에 접근할 수 있는 시스템 함수들을 제공하는 라이브러리
- ramdom : 난수를 출력하기 위한 함수를 제공하는 라이브러리
- tqdm : 반복되는 프로세스 및 진행과정을 그래프로 표현해주는 라이브러리

```
[ ]:
import cv2                     # working with, mainly resizing, images
import numpy as np             # dealing with arrays
import os                      # dealing with directories
from random import shuffle # mixing up or currently ordered data that might lead our network astray in traini
from tqdm import tqdm          # a nice pretty percentage bar for tasks. Thanks to viewer Daniel Bühler for this

TRAIN_DIR = '../input/train'
TEST_DIR = '../input/test'
IMG_SIZE = 50
LR = 1e-3

MODEL_NAME = 'dogsvscats-{}-{}.model'.format(LR, '2conv-basic') # just so we remember which saved model is wh
```

▸ 데이터셋 라벨링

label_img() 함수는 데이터셋에 레이블을 부여하는 함수이다. 다운로드 받은 데이터셋에서 고양이 이미지에는 cat.1, 개 이미지에는 dog.3과 같이 파일명이 부여되어 있다. 이미지는 "cat.1" 또는 "dog.3" 등과 같은 레이블이 지정되어 있으므로, 개/고양이를 분리한 다음 배열로 변환해 리턴한다.

```
[ ]:
def label_img(img):
    word_label = img.split('.')[-3]
    # conversion to one-hot array [cat,dog]
    #                            [much cat, no dog]
    if word_label == 'cat': return [1,0]
    #                            [no cat, very doggo]
    elif word_label == 'dog': return [0,1]
```

▶ 학습용 데이터 만들기

create_train_data() 함수는 학습 데이터를 만들기 위한 함수이다. label_img()를 통하여 라벨링한 이미지 데이터를 불러오고, openCV 라이브러리로 gray 스케일로 변환하고, 사이즈를 변경한 이미지를 'train_data.npy'에 저장한다. shuffle 함수는 random 라이브러리에 있는 함수로써 인자를 받아 랜덤하게 셔플해주는 기능을 가지고 있다.

```
[ ]:
def create_train_data():
    training_data = []
    for img in tqdm(os.listdir(TRAIN_DIR)):
        label = label_img(img)
        path = os.path.join(TRAIN_DIR,img)
        img = cv2.imread(path,cv2.IMREAD_GRAYSCALE)
        img = cv2.resize(img, (IMG_SIZE,IMG_SIZE))
        training_data.append([np.array(img),np.array(label)])
    shuffle(training_data)
    np.save('train_data.npy', training_data)
    return training_data
```

▶ 테스트용 데이터 만들기

create_train_data() 함수가 학습용 데이터를 만들기 위한 함수였다면 process_test_data() 함수는 테스트용 데이터를 만드는 함수이다. 따라서 학습용 데이터 생성 함수와 비슷하게 openCV 라이브러리를 사용하여 이미지 사이즈를 변경하고 gray 스케일로 변경해준다. 이렇게 변경된 이미지는 'test_data.npy'에 저장한다.

```
[ ]:
def process_test_data():
    testing_data = []
    for img in tqdm(os.listdir(TEST_DIR)):
        path = os.path.join(TEST_DIR,img)
        img_num = img.split('.')[0]
        img = cv2.imread(path,cv2.IMREAD_GRAYSCALE)
        img = cv2.resize(img, (IMG_SIZE,IMG_SIZE))
        testing_data.append([np.array(img), img_num])

    shuffle(testing_data)
    np.save('test_data.npy', testing_data)
    return testing_data
```

▶ 학습 데이터 생성

create_train_data()를 사용하여 train_data를 만들거나 이미 데이터가 있는 경우는 가지고 있는 데이터를 사용할 수 있다.

```
[ ]:
train_data = create_train_data()
# If you have already created the dataset:
#train_data = np.load('train_data.npy')
```

▸ 2계층 신경망 만들기

tflearn 라이브러리는 반복적인 그래프 생성 연산을 고수준 함수로 묶은 라이브러리로 모델 구현을 위해서 반복적이고 소모적인 연산을 비교적 간단하게 해결할 수 있다. 텐서플로우를 사용하면서 CNN 등의 알고리즘을 구현할 때 tfleran 라이브러리 사용은 필수적이다. 여기서는 tfleran 라이브러리를 사용하여 2계층 신경망을 만들어본다. 이 신경망을 이용하여 개와 고양이 이미지를 분류하게 된다. 텐서플로우 버전 하위 호환성을 위해 다음 코드를 추가한다.

- import tensorflow.compat.v1 as tf

CNN는 특징을 추출하는 단계와 분류 단계로 나눌 수 있다. CNN의 구조를 나눠보면 아래 그림처럼 같다.

```
import tflearn
from tflearn.layers.conv import conv_2d, max_pool_2d
from tflearn.layers.core import input_data, dropout, fully_connected
from tflearn.layers.estimator import regression

convnet = input_data(shape=[None, IMG_SIZE, IMG_SIZE, 1], name='input')

convnet = conv_2d(convnet, 32, 5, activation='relu')
convnet = max_pool_2d(convnet, 5)

convnet = conv_2d(convnet, 64, 5, activation='relu')
convnet = max_pool_2d(convnet, 5)

convnet = conv_2d(convnet, 32, 5, activation='relu')
convnet = max_pool_2d(convnet, 5)

convnet = conv_2d(convnet, 64, 5, activation='relu')
convnet = max_pool_2d(convnet, 5)

convnet = conv_2d(convnet, 32, 5, activation='relu')
convnet = max_pool_2d(convnet, 5)

convnet = conv_2d(convnet, 64, 5, activation='relu')
convnet = max_pool_2d(convnet, 5)

convnet = fully_connected(convnet, 1024, activation='relu')
convnet = dropout(convnet, 0.8)

convnet = fully_connected(convnet, 2, activation='softmax')
convnet = regression(convnet, optimizer='adam', learning_rate=LR, loss='categorical_crossentropy', name='targets')

model = tflearn.DNN(convnet, tensorboard_dir='log')
```

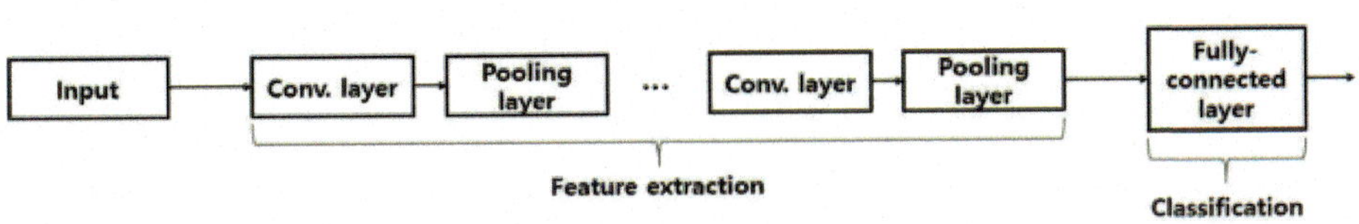

[그림 9.4] CNN 구조

▶ 데이터 배열화

이제 학습 데이터와 테스트 데이터가 준비되었으므로 넘파이 라이브러리를 이용해 데이터를 배열화한다.

```
[ ]: X = np.array([i[0] for i in train]).reshape(-1,IMG_SIZE,IMG_SIZE,1)
     Y = [i[1] for i in train]

     test_x = np.array([i[0] for i in test]).reshape(-1,IMG_SIZE,IMG_SIZE,1)
     test_y = [i[1] for i in test]
```

▶ 모델 학습

모델 학습을 위해 fit() 함수를 사용한다.

```
[10]: model.fit({'input': X}, {'targets': Y}, n_epoch=10, validation_set=({'input': test_x}, {'targets': test_y}),
          snapshot_step=50000, show_metric=True, run_id=MODEL_NAME)
      Training Step: 3829  | total loss: 0.28535 | time: 23.708s
      | Adam | epoch: 010 | loss: 0.28535 - acc: 0.8785 -- iter: 24448/24500
      Training Step: 3830  | total loss: 0.28412 | time: 24.783s
      | Adam | epoch: 010 | loss: 0.28412 - acc: 0.8781 | val_loss: 0.47976 - val_acc: 0.7980 -- iter: 24500/24500
      --
```

- model.fit(X, Y, batch_size=100, epochs=10)
- X : 입력 데이터
- Y : 결과(Label 값) 데이터
- batch_size : 한 번에 학습할 때 사용하는 데이터 개수
- epochs : 학습 데이터 반복 횟수

epochs은 학습 데이터 전체 셋을 몇 번 학습하는지를 의미한다. 동일한 학습 데이터라고 하더라도 여러 번 학습할수록 학습 효과는 커진다. 하지만 너무 많이 했을 경우 모델의 가중치가 학습 데이터에 지나치게 최적화되는 과적합(Overfitting) 현상이 발생한다.

▶ 학습 결과

학습 결과는 손실값 0.28에서 정확도 0.87 정도를 나타냈다. 보통 모델의 성능을 평가할 때 정확도(accuracy)와 손실(loss)값을 확인한다. 손실과 정확도는 서로 관련이 없다. 정확도는 전체 데이터에 대한 예측 오류의 수로 볼 수 있다. 쉽게 말해, '전체 데이터 중에서 몇 개를 맞추었는가?'이다. 100개 중 97개를 맞췄다면 정확도는 97%이다. 손실은 실제 정답과 모델이 예측한 값 사이의 차이(거리 또는 오차)이다. 즉, 손실이 클수록 데이터에 대한 오류도 커진다.

▸ 모델 저장하기

원하는 결과를 얻었으므로 모델을 저장한다.

```
[ ]: model.save(MODEL_NAME)
```

▸ 테스트하기

이제 학습을 완료했으므로 테스트용 이미지를 가지고 테스트를 진행한다.

```
[ ]: import matplotlib.pyplot as plt

     # if you need to create the data:
     test_data = process_test_data()
     # if you already have some saved:
     #test_data = np.load('test_data.npy')

     fig=plt.figure()

     for num,data in enumerate(test_data[:12]):
         # cat: [1,0]
         # dog: [0,1]

         img_num = data[1]
         img_data = data[0]

         y = fig.add_subplot(3,4,num+1)
         orig = img_data
         data = img_data.reshape(IMG_SIZE,IMG_SIZE,1)
         #model_out = model.predict([data])[0]
         model_out = model.predict([data])[0]

         if np.argmax(model_out) == 1: str_label='Dog'
         else: str_label='Cat'

         y.imshow(orig,cmap='gray')
         plt.title(str_label)
         y.axes.get_xaxis().set_visible(False)
         y.axes.get_yaxis().set_visible(False)
     plt.show()
```

④ 실행 결과

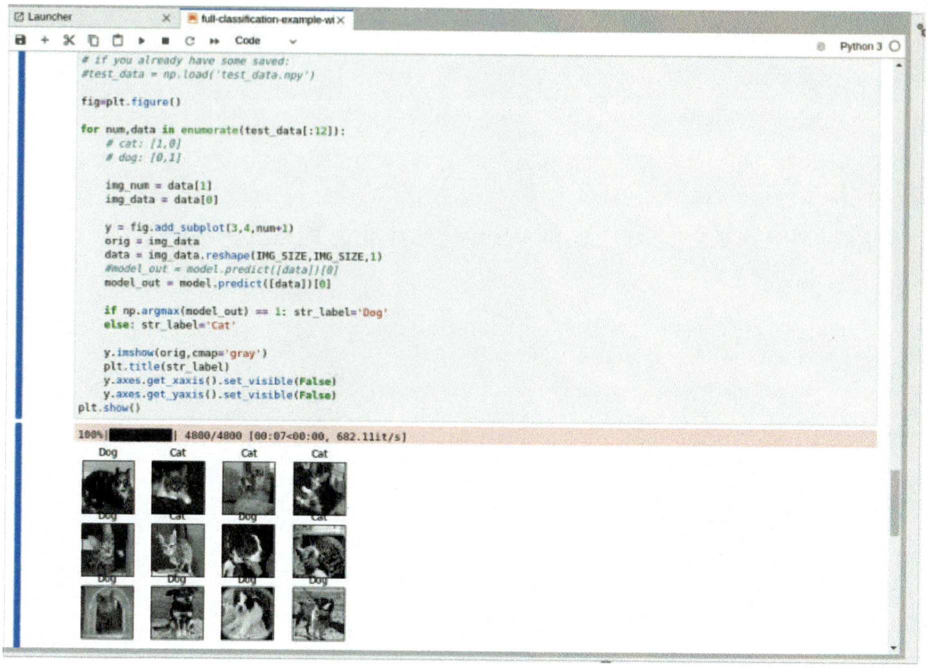

분류 결과는 테스트 이미지에서 무작위로 12개의 사진을 선택하여 분류를 진행할 경우 12장 중에서 9장의 사진을 정확하게 분류하였다.

[그림 9.5] 분류 결과

10장
TX2 보드에서 YOLO 기반 객체 검출

10.1 YOLOv3 모델 학습

(1) YOLOv3 개요

YOLO(You Only Look Once)는 실시간 객체 검출(real time object detection)에 사용되는 알고리즘으로, 전체 이미지를 한 번만 본다는 점에서 CNN 등과 차이점이 있다. YOLO의 첫 버전은 Joseph Redmon이 2015년에 발표한 YOLOv1 논문을 통해 알려졌다.

현재 YOLOv7까지 발표되어 있으며, 2018년 4월에 YOLOv3의 세 번째 버전을 출시하였다. COCO 데이터 세트의 mAP-50은 YOLOv2의 44.0%에서 57.9%로 증가함을 보였다.

▸ YOLO의 처리과정

- 입력 이미지를 S×S 그리드로 분할하고, 입력 이미지(아래 그림(1))이 네트워크를 통과하면 2개의 데이터를 얻는다(아래 그림 (2),(3)).
- 각각의 그리드 셀은 2개의 bounding box와 각 바운딩 박스에 대한 confidence score를 갖는다.
- Confidence score = Pr(Object) * IoU(Intersection of Union)

  Pr(Object) = 셀 격자 내에 물체가 존재할 확률, IoU = I / U
- 각각의 bounding box는 x, y, w, h와 confidence로 구성됨

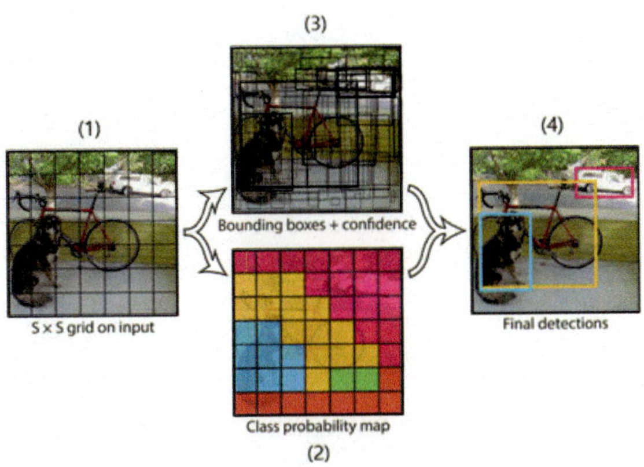

[그림 10.1] YOLO 처리과정

(2) YOLOv3 구조

피라미드 구조와 비슷하며, 가장 작은 Feature Map에서 가장 큰 Feature Map으로 점점 키워가며 물체를 인식한다.

딥러닝 CNN의 경우 ResNet을 사용하는데, YOLOv3와는 반대로 Feature Map을 줄여나가면서 물체를 인식한다. 이렇게 하면 아래쪽에 있는 것들은 Feature에 대한 성숙도가 떨어져 성능의 문제가 있었고, YOLOv3는 이것을 보완하기 위해 반대로 Feature 사이즈를 키워나가면서 Highlevel extraction을 뽑고, 위치정보를 가지고 와서 덧셈을 하여 좋은 성능을 내려고 시도하였다.

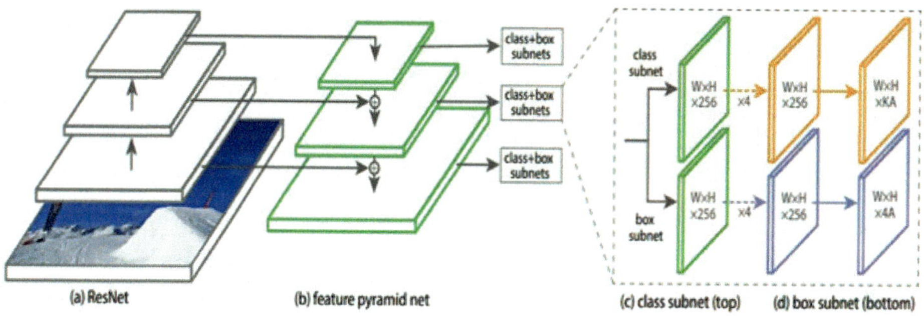

[그림 10.2] CNN과 YOLOv3 처리방식 비교

YOLOv3는 서로 다른 3개의 scale을 사용하여 최종 결과를 예측한다. 여기서 multi-scale feature map을 얻는 방법은 FPN(Feature Pyramid Network)과 유사하다. 다음 그림에서처럼 416×416 크기의 이미지를 네트워크에 입력하여 feature map이 크기가 52×52, 26×26, 13×13이 되는 layer에서 feature map을 추출한다. 아래 그림을 보면 Scale 3의 해상도(Resolution)이 가장 크니까 여기서 가장 작은 물체를 찾고, Scale 1에서 가장 큰 물체를 찾게 되는 구조로 되어 있다.

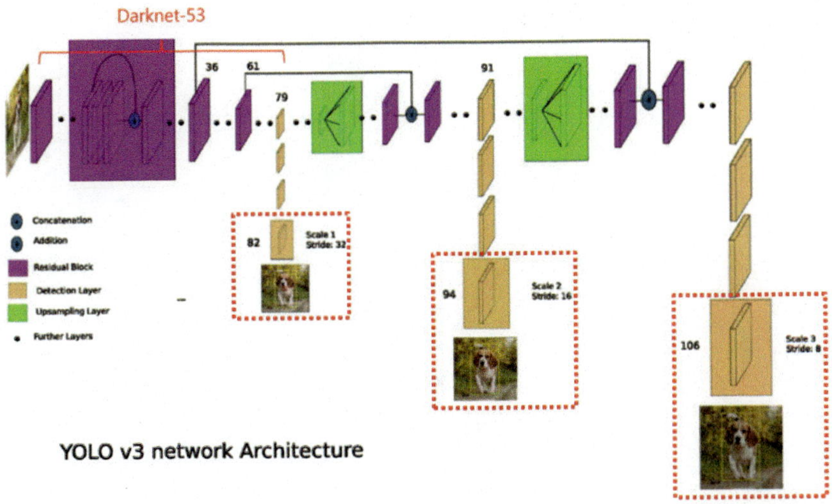

[그림 10.3] YOLOv3 Darknet-53 구조

(3) YOLOv3 설치

YOLOv3를 구현해 놓은 Darknet은 크게 두 개의 프로젝트로 나뉜다. Darknet은 pjreddie와 alexeyab 두 가지 버전이 있다.

```
https://pjreddie.com/darknet/
https://github.com/AlexeyAB/darknet
```

전자의 프로젝트는 YOLOv3의 원 저자가 만든 프로젝트이고, 후자의 프로젝트는 다른 운영체제(Windows)에서 쉽게 활용할 수 있으면서 여러 가지 설정을 변경할 수 있고 Loss와 mAP를 그래프로 확인할 수 있는 프로젝트이다. 그냥 간단히 돌려만 보는 것에 초점을 둔다면 전자의 프로젝트를 사용해도 좋으나 피드백이나 사용 편의성, 특히 여러 가지 설정을 편하게 바꿔주고 싶다면 AlexeyAB의 Darknet을 추천한다.

여기서는 pjreddie 버전을 이용하였다. 라즈베리파이에 설치할 경우는 alexeyab 버전을 이용하는 것을 추천한다.

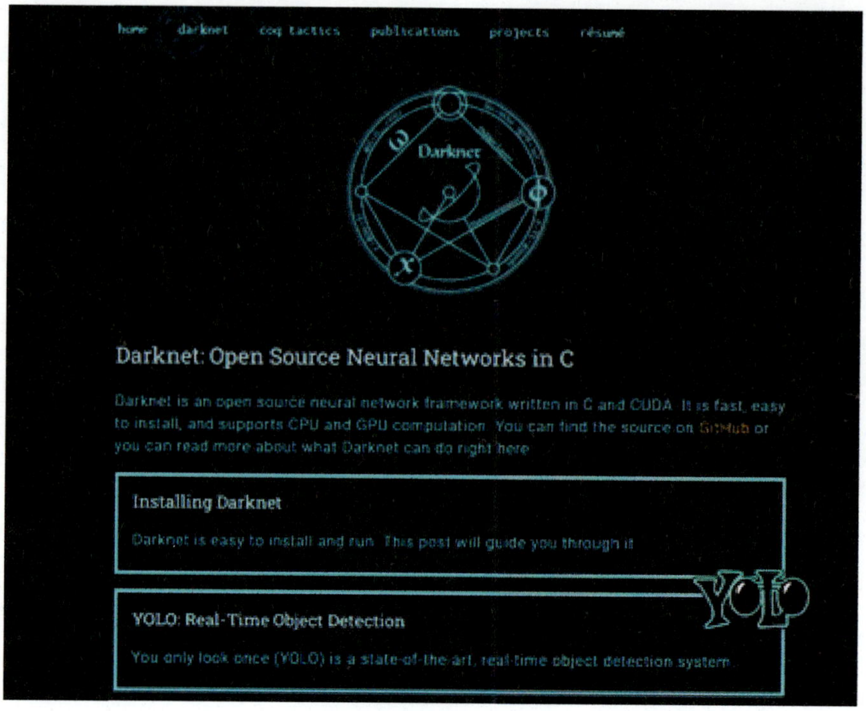

[그림 10.4] Darknet 사이트(https://pjreddie.com/darknet/)

① YOLOv3 데이터셋

COCO 데이터셋을 사용하여 80개 클래스 객체 검출이 가능하다(https://cocodataset.org).

② Darknet

- Joseph Redmon이 독자적으로 개발한 신경망 프레임워크
- DNN(Deep Neural Network)들을 학습시키고 실행시킬 수 있는 틀
- C, CUDA로 작성된 오픈 소스, 연산이 빠르고 설치가 쉽고 CPU 및 GPU 연산을 지원

③ 알고리즘 수행에 필요한 파일

학습 데이터 다운로드가 가능하며, COCO 데이터셋은 MS에서 공개해놓은 training dataset 이다.

- weights file : 학습된 모델 파일
- cfg file : 구성파일로 알고리즘에 대한 설정을 포함
- name file : 알고리즘이 감지할 수 있는 객체의 이름을 포함

기본 yolov3.cfg의 파일은 아래와 같다.

```
[net]
 #Testing
 #batch=1
 #subdivisions=1
 #Training
 batch=64
 subdivisions=16
 width=416
 height=416
 channels=3
 momentum=0.9
 decay=0.0005
 angle=0
 saturation = 1.5
 exposure = 1.5
 hue=.1

 learning_rate=0.001
 burn_in=1000
 max_batches = 500200
 policy=steps
 steps=400000,450000
 scales=.1,.1
 ...
```

학습을 위해서 다음과 같이 값을 조절한다.

조정 항목	설 명
batch	기본 값은 64
subdivisions	• 배치 사이즈인 64를 얼마나 쪼개서 학습할 것인지에 대한 설정 값 • 기본 값은 8이지만 Out of memory 에러가 날 경우 16 또는 32 또는 64로 조절하여 학습을 시도함
width 및 height	• 기본 값은 416이지만 608로 변경하여 학습할 수 있음 • 608로 변경 시 정확도가 좋아질 수 있음 • 입력되는 데이터로부터 다양한 데이터를 학습하기 위한 설정 값
angle	• augmentation에 관련된 값으로서, 이미지를 − + 몇 도 돌릴 것인지에 대한 설정 값 • 보통 0으로 두거나 다양한 각도에서 학습하고 싶은 경우 30 ~ 45 정도, 경우에 따라 90도 가능함

saturation	augmentation에 관련된 값으로서 이미지에 채도를 추가하고자 할 때 설정하는 값
exposure	augmentation에 관련된 값으로서 노출 값을 추가하고자 할 때 설정하는 값
hue	augmentation에 관련된 값으로서 색상을 변경하고자 할 때 설정하는 값
learning_rate	• 보통 0.001 • multi-gpu 사용 시 학습률을 0.001 / gpu 수만큼 조절하기도 함 • 예를 들어 GPU 2장을 이용한 학습 시 0.001 / 2 = 0.0005 값을 사용
burn_in	• 보통 1000 • multi-gpu 사용 시 몇 만큼의 iteration이 지날 때마다 학습률을 조정할 것인지에 대한 값 • multi-gpu 사용 시 1000 * gpu 수만큼 조절함 • 예를 들어 GPU 2장의 경우 1000 * 2 = 2000으로 설정
max_batches	• 언제까지 iteration을 수행할 것인지 설정하는 값 • 보통 class 수 * 2000으로 설정 (넉넉하게 4000을 곱하는 경우도 있음) ◦ 1 class의 경우 (1 * 2000) + 200 = 2200 ◦ 80 class의 경우 (80 * 2000) + 200 = 160200 • 뒤에 붙인 200 값은 전 후로 알맞은 가중치를 얻기 위함임
policy	보통 steps
steps	• 위에서 설정한 max_batches 사이즈(200을 더하지 않은)의 80%와 90% 설정 • 예를 들어 80 class의 경우 128000, 144000으로 설정
scales	보통 .1, .1

위에서 학습과 관련된 설정을 마친 후에 네트워크의 값들을 조정해준다. classes와 filters의 값을 조정해주면 된다.

조정 항목	설 명
classes	• 클래스의 수 ◦ 1개 클래스 : classes = 1 ◦ 80개 클래스 : classes = 80
filters	• 필터 수 (4 + 1 + 클래스 수) * 3 ◦ 1개 클래스 : filters = 18 ◦ 80개 클래스 : filters = 255

④ YOLOv3 입력

▸ **SIZE** :

- (320, 320) : 작고 정확도는 떨어지지만 속도가 빠름
- (416, 416) : 중간 정도
- (608, 608) : 정확도는 더 높지만 속도가 느림

▸ **Scale** : 0.00392(1/255)

▸ **컬러채널** : RGB

⑤ YOLOv3 출력

- 3개의 출력 레이어 : 82, 94, 106 출력

⑥ Darknet 경로

- https://github.com/pjreddie/darknet

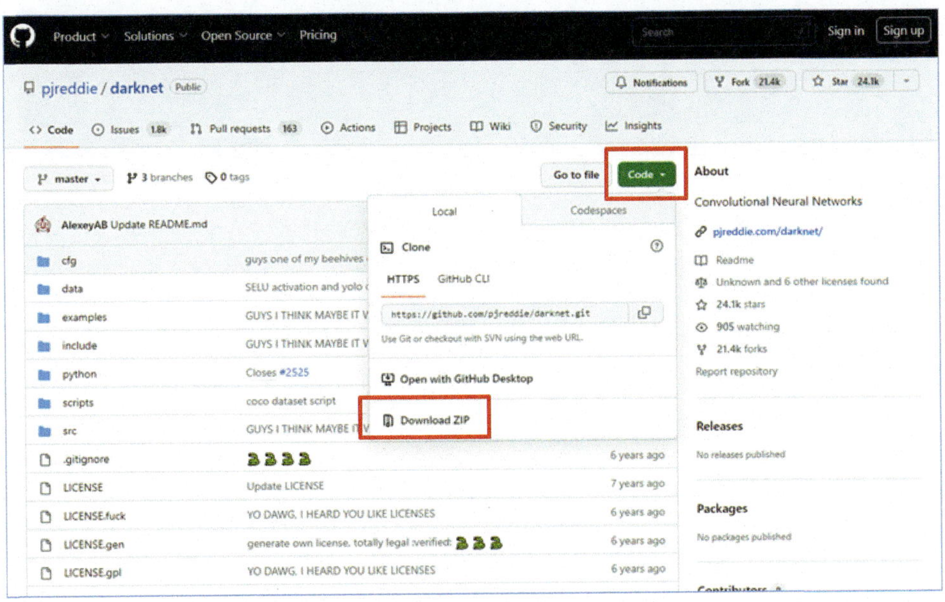

[그림 10.5] Darknet 깃허브 경로

⑦ Darknet 디렉토리 구조

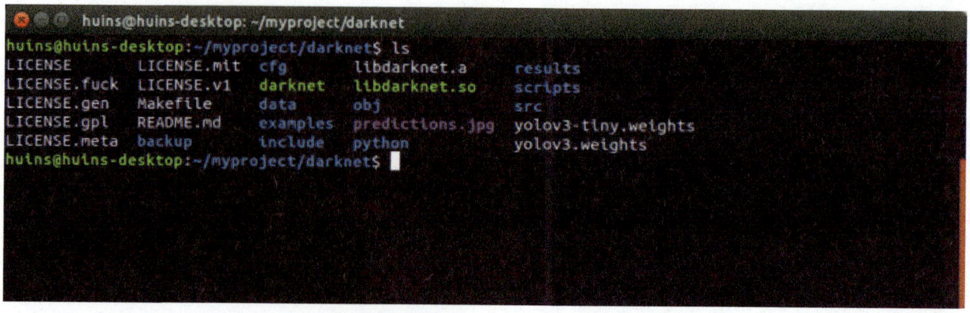

▸ [cfg 디렉토리]

cfg 디렉토리를 열어보면 여러 cfg 파일들을 확인할 수 있다.

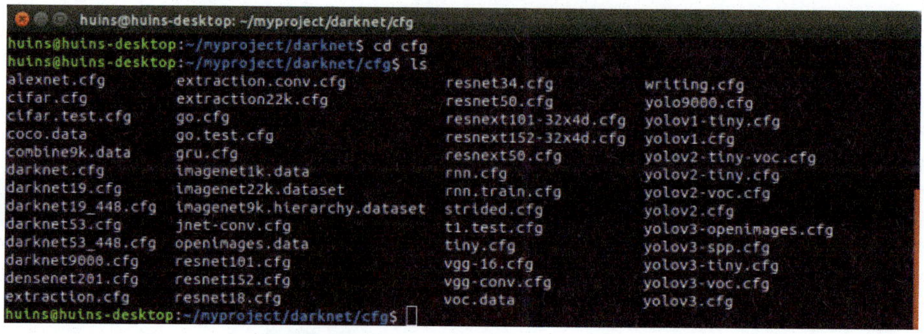

Darknet Framework는 cfg 파일의 변경 혹은 변형을 통해서 본인만의 모델을 만들어 데이터 학습시킬 수 있다. 예를 들어 아래 화면은 yolov3.cfg 파일 안의 내용인데 이 안에서 batch size라든가 classification을 몇 개를 할 것인가에 따른 class 수를 변경시킬 수 있다.

yolov3.cfg (~/myproject/darknet/cfg) - gedit
Open
yolov3.cfg
~/myproject/darknet/cfg
Save
[net]
# Testing
batch=1
subdivisions=1
# Training
#batch=64
#subdivisions=16
width=608
height=608
channels=3
momentum=0.9
decay=0.0005
angle=0
saturation = 1.5
exposure = 1.5
hue=.1
learning_rate=0.001
burn_in=1000
max_batches = 500200
policy=steps
Plain Text
Tab Width: 8
Ln 7, Col 2
INS

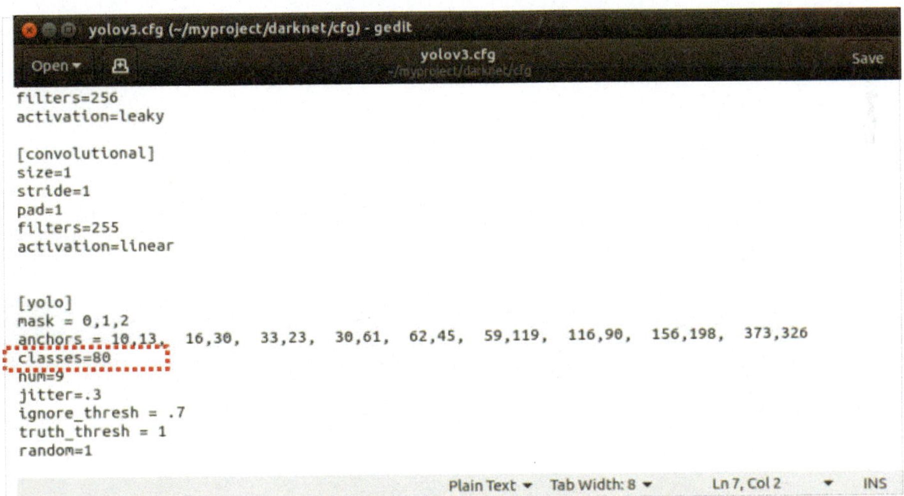
yolov3.cfg (~/myproject/darknet/cfg) - gedit
Open
yolov3.cfg
~/myproject/darknet/cfg
Save
filters=256
activation=leaky
[convolutional]
size=1
stride=1
pad=1
filters=255
activation=linear
[yolo]
mask = 0,1,2
anchors = 10,13, 16,30, 33,23, 30,61, 62,45, 59,119, 116,90, 156,198, 373,326
classes=80
num=9
jitter=.3
ignore_thresh = .7
truth_thresh = 1
random=1
Plain Text
Tab Width: 8
Ln 7, Col 2
INS

▸ [data 디렉토리]

data 디렉토리는 Real Time Detection 시에 Bounding Box를 그릴 때 필요한 Label들의 폰트와 Label list, Test Image들이 있다.

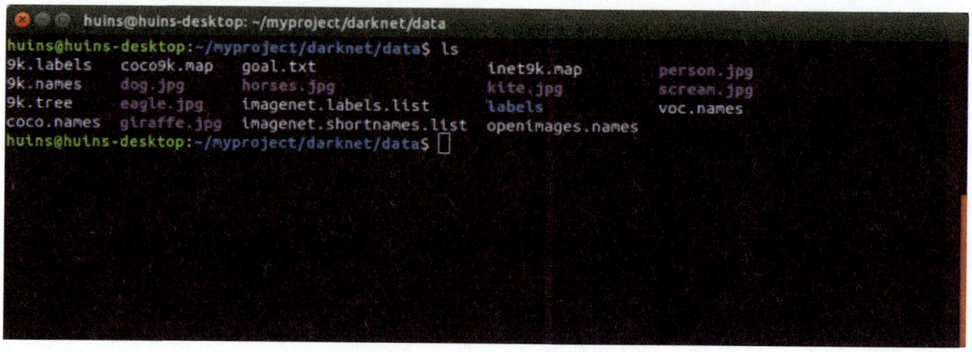

YOLO를 test할 때는 기본적으로 있는 data set으로 coco.data를 사용하는데, coco.data에는 어떻게 Labeling이 되어 있는지 coco.names를 열어봄으로써 확인해 볼 수 있다. 전체 파일 내용에서는 80개의 Label을 확인할 수 있었고, 따라서 YOLO의 기본 data set은 80개의 classification이 가능하다는 것을 확인할 수 있다.

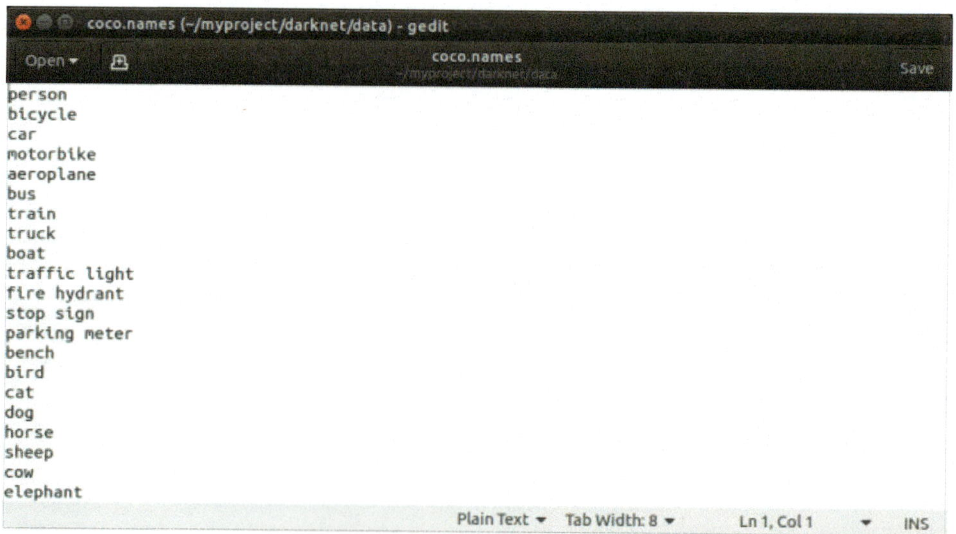

▸ **[src 디렉토리]**

YOLO 사용에 꼭 필요한 C코드 또는 헤더파일들이 있다.

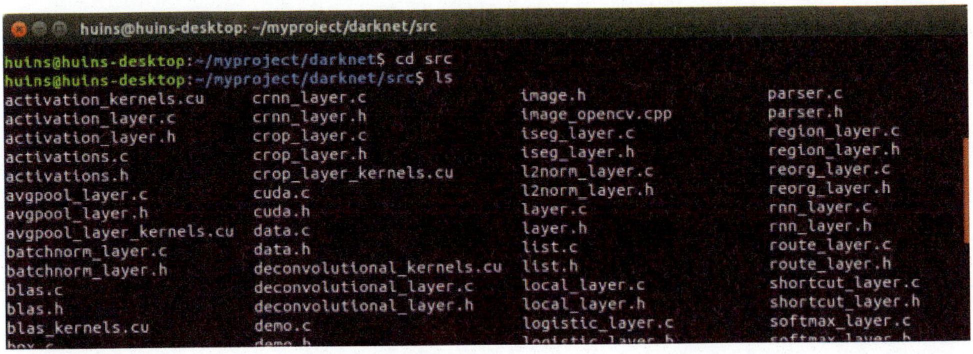

▸ **[Makefile]**

Makefile은 주로 GPU, CUDNN, OPENCV, OPENMP, DEBUG를 사용할 것인가에 관한 정보를 다루고 있다. 사용 시에는 **1**로 표시해주면 된다.

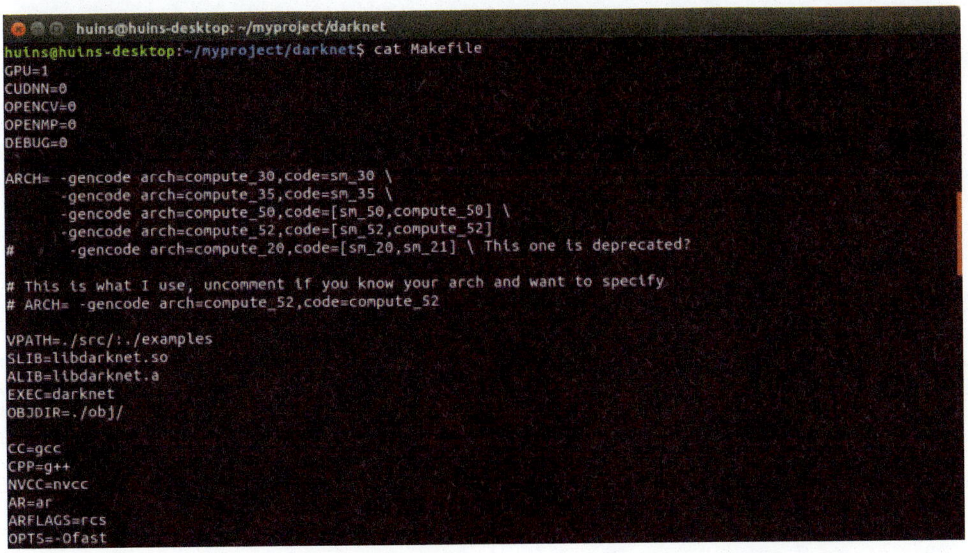

(4) YOLOv3 실습

① 작업 디렉토리 생성

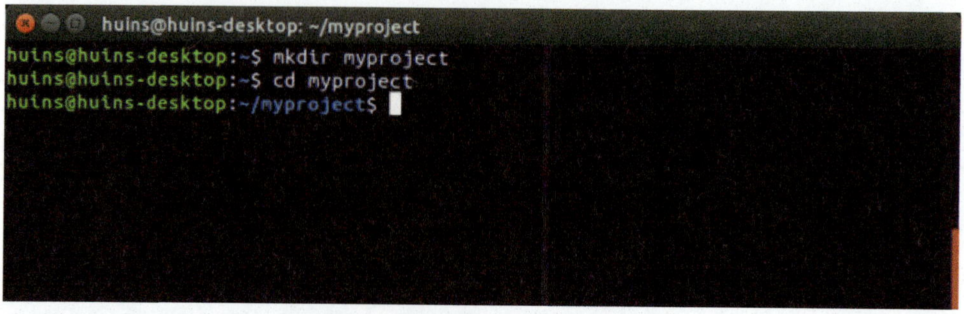

작업 디렉토리 생성 후에 git을 설치한다.

```
$ sudo apt install git
```

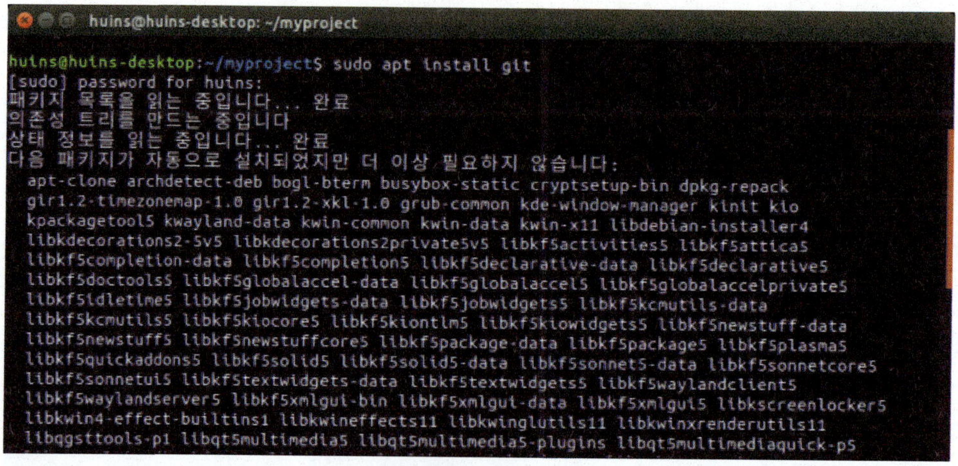

② git 설치 후 다운 받기

```
$ git clone https://github.com/pjreddie/darknet.git
```

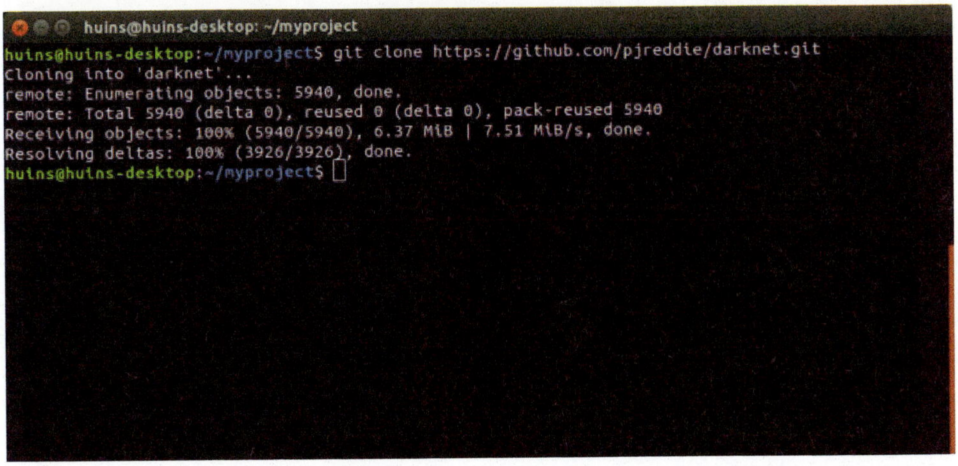

③ darknet 경로로 이동 후 컴파일

```
$ cd darknet
$ make
```

④ makefile 수정하기

```
$ gedit Makefile
```

편집기로 Makefile을 열어 맨 위 부분을 수정한다. 사용 시에는 **1**, 사용하지 않는 경우에는 **0**으로 설정한다.

```
gpu = 1
cudnn = 1
opencv = 1
```

gpu는 CUDA를 의미한다. OpenCV만 이용할 경우에는 OpenCV만 **1**로 변경하고 나머지는 **0**으로 두어도 된다.

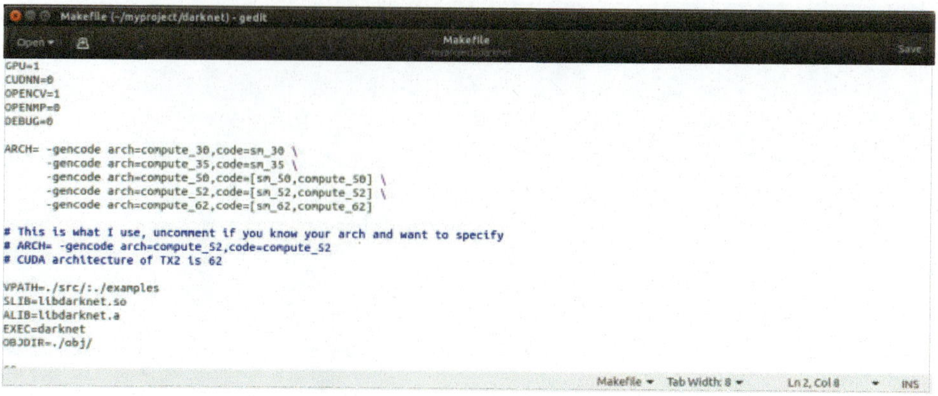

⑤ 다시 make 실행

```
$ make
```

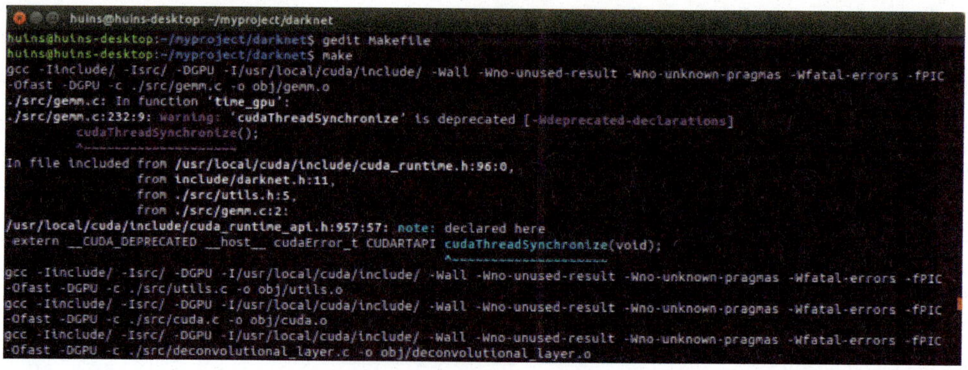

⑥ YOLOv3 기본 가중치(weights) 데이터 다운로드

다음으로는 YOLO 자체에서 제공하는 Weights 파일이 존재하는데, YOLO는 두 가지의 버전을 제공하고 있다. Weights는 YOLO로 사전 훈련된 가중치를 의미한다. 다음과 같은 명령어를 입력하여 Weights 파일을 다운로드한다.

```
$ wget https://pjreddie.com/media/files/yolov3.weights          // 기본 버전
$ wget https://pjreddie.com/media/files/yolov3-tiny.weights     // tiny 버전
```

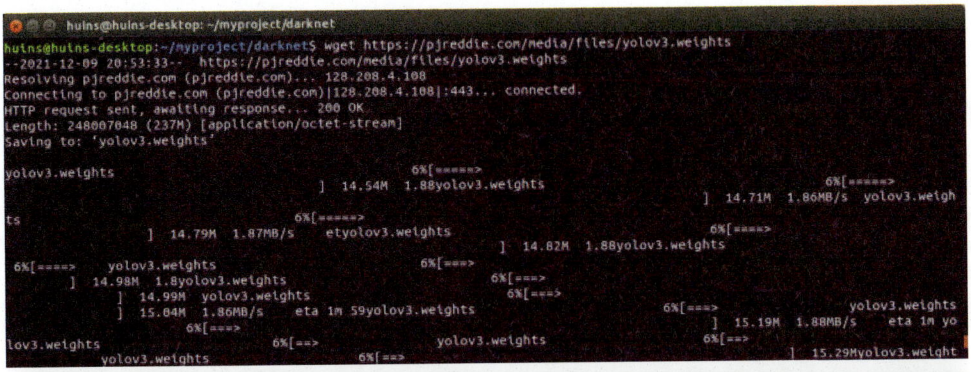

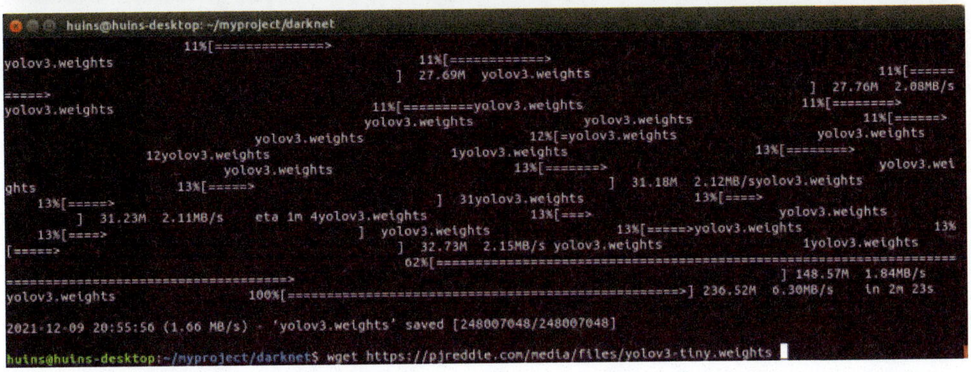

⑦ 학습된 가중치 테스트

dog.jpg 파일을 적용하여 검출 기능을 테스트한다. "detector" command는 동영상을 처리하게 되고, "detect" command는 단일 이미지를 처리한다는 것을 나타낸다. .cfg파일, .weights 파일, 테스트할 .jpg 이미지 파일이 필요하다.

```
$ ./darknet detect cfg/yolov3.cfg yolov3.weights data/dog.jpg             // 기본 버전
$ ./darknet detect cfg/yolov3-tiny.cfg yolov3-tiny.weights data/dog.jpg // tiny 버전
```

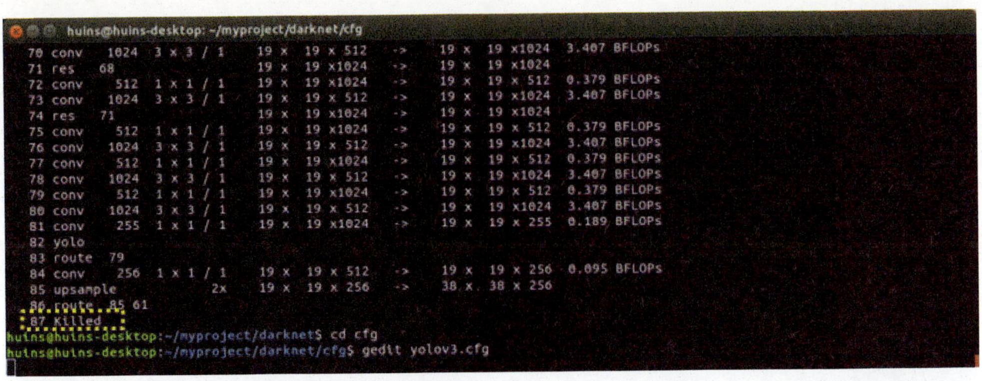

레이어 87쯤 가서 화면이 멈추고 메모리가 죽는 경우가 있다. 이유는 Batch size의 문제일 수 있다. YOLO를 git clone하여 받으면 cfg 파일이 training 시에 사용한 batch size인 64로 되어 있기 때문이다. 따라서 이를 수정해야 한다.

▸ Batch size 수정

```
$ cd cfg
$ gedit yolov3.cfg
```

맨 위에 batch와 subdivisions로 주석을 바꿔준다. full network이라 느려지는 단점이 있다.

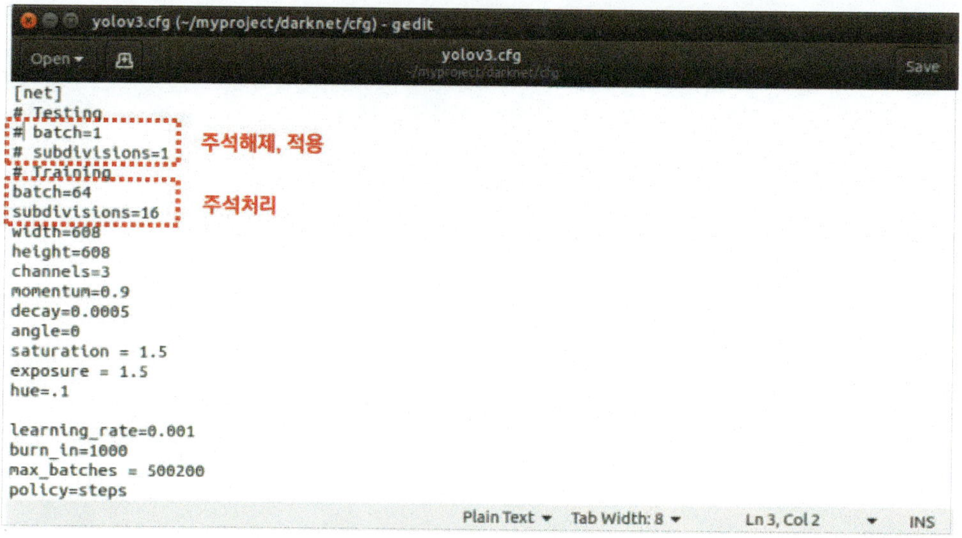

다시 실행한다.

```
$ ./darknet detect cfg/yolov3.cfg yolov3.weights data/dog.jpg
```

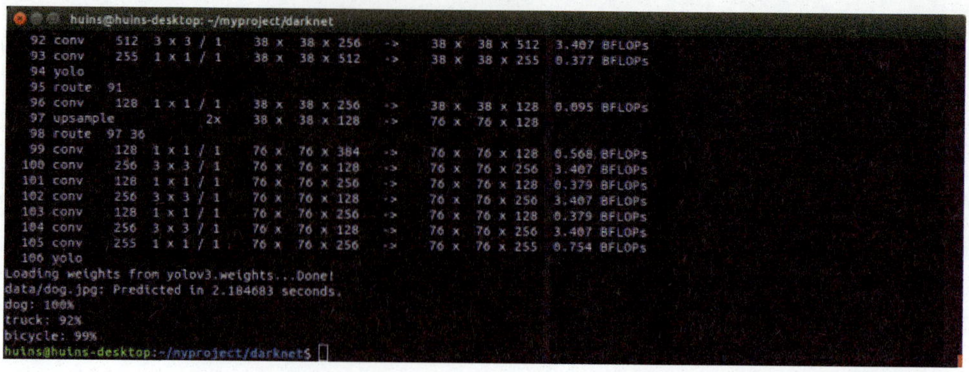

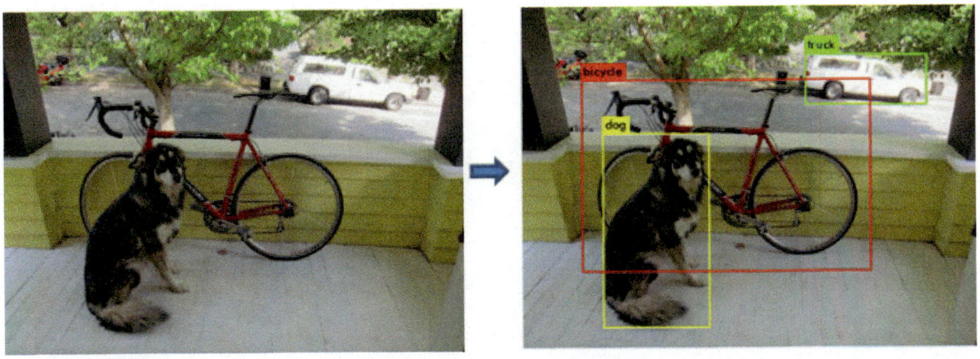

위 결과를 보면 검출시간은 2.184683초가 걸렸고, dog, truck, bicycle에 대한 score가 검출된 것을 확인할 수 있다. 이 정확도는 샘플이기 때문에 높은 것이지, 실제 원하는 데이터를 학습해 보면 검출율은 떨어진다.

darkent 디렉토리 내에 predictions.jpg가 검출된 객체가 표시된 결과 파일이다. UI가 있는 화면에서 보면 검출된 객체가 레이블된 박스로 표현되어 있다.

이번에는 kite.jpg 파일을 적용하여 객체 검출을 해보자.

```
$ ./darknet detect cfg/yolov3.cfg yolov3.weights data/kite.jpg
```

```
huins@huins-desktop: ~/myproject/darknet
huins@huins-desktop:~/myproject/darknet$ ./darknet detect cfg/yolov3.cfg yolov3.weights data/kite.
jpg
layer     filters    size              input                output
    0 conv     32  3 x 3 / 1   608 x 608 x   3   ->   608 x 608 x  32  0.639 BFLOPs
    1 conv     64  3 x 3 / 2   608 x 608 x  32   ->   304 x 304 x  64  3.407 BFLOPs
    2 conv     32  1 x 1 / 1   304 x 304 x  64   ->   304 x 304 x  32  0.379 BFLOPs
    3 conv     64  3 x 3 / 1   304 x 304 x  32   ->   304 x 304 x  64  3.407 BFLOPs
    4 res    1                 304 x 304 x  64   ->   304 x 304 x  64
    5 conv    128  3 x 3 / 2   304 x 304 x  64   ->   152 x 152 x 128  3.407 BFLOPs
    6 conv     64  1 x 1 / 1   152 x 152 x 128   ->   152 x 152 x  64  0.379 BFLOPs
    7 conv    128  3 x 3 / 1   152 x 152 x  64   ->   152 x 152 x 128  3.407 BFLOPs
    8 res    5                 152 x 152 x 128   ->   152 x 152 x 128
    9 conv     64  1 x 1 / 1   152 x 152 x 128   ->   152 x 152 x  64  0.379 BFLOPs
   10 conv    128  3 x 3 / 1   152 x 152 x  64   ->   152 x 152 x 128  3.407 BFLOPs
   11 res    8                 152 x 152 x 128   ->   152 x 152 x 128
   12 conv    256  3 x 3 / 2   152 x 152 x 128   ->    76 x  76 x 256  3.407 BFLOPs
   13 conv    128  1 x 1 / 1    76 x  76 x 256   ->    76 x  76 x 128  0.379 BFLOPs
   14 conv    256  3 x 3 / 1    76 x  76 x 128   ->    76 x  76 x 256  3.407 BFLOPs
   15 res   12                  76 x  76 x 256   ->    76 x  76 x 256
   16 conv    128  1 x 1 / 1    76 x  76 x 256   ->    76 x  76 x 128  0.379 BFLOPs
   17 conv    256  3 x 3 / 1    76 x  76 x 128   ->    76 x  76 x 256  3.407 BFLOPs
   18 res   15                  76 x  76 x 256   ->    76 x  76 x 256
   19 conv    128  1 x 1 / 1    76 x  76 x 256   ->    76 x  76 x 128  0.379 BFLOPs
   20 conv    256  3 x 3 / 1    76 x  76 x 128   ->    76 x  76 x 256  3.407 BFLOPs
```

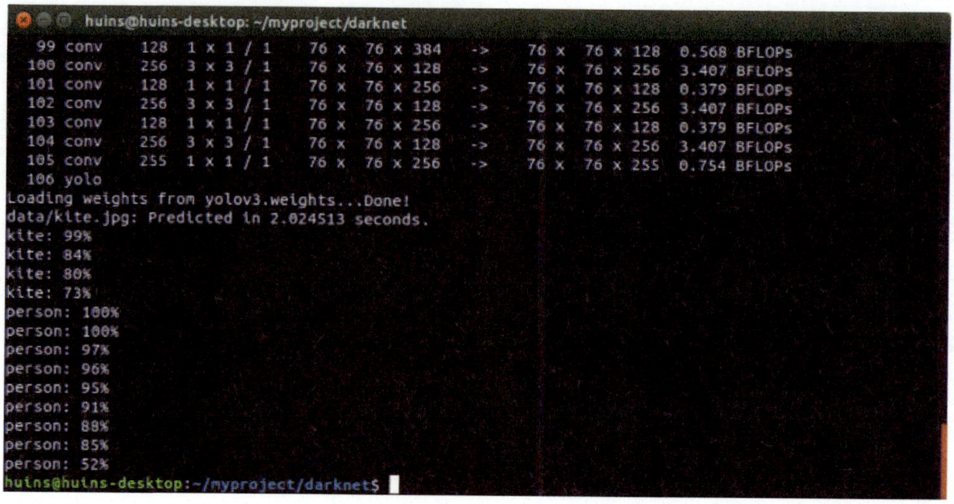

여기서도 kite, person에 대한 score가 검출된 것을 확인할 수 있고, predictions.jpg 결과 파일에서 확인할 수 있다.

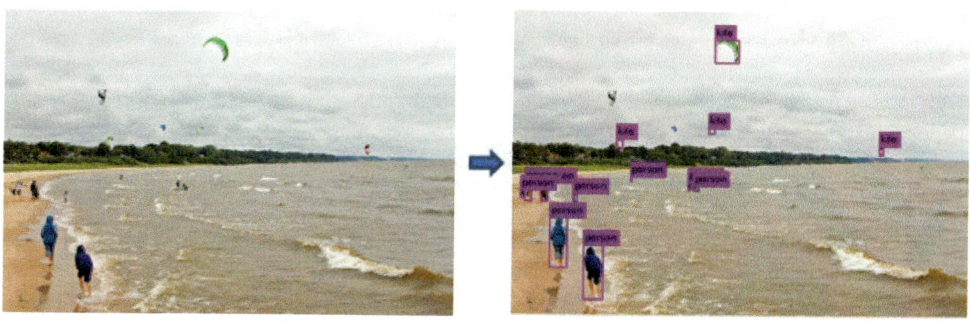

(5) YOLOv3 동작 테스트

① YOLOv3 웹캠 영상 테스트

USB 웹캠의 라이브 비디오 피드로 YOLOv3를 테스트했다. 결과는 3~3.3fps에서 유사했다. 아래 명령어 -c 1은 /dev/video1에서 카메라(V4L2) 장치를 사용하는 것을 의미한다. 여기서 "detector" command는 동영상을 처리함을 나타낸다.

```
$ ./darknet detector demo cfg/coco.data cfg/yolov3.cfg yolov3.weights -c 1
```

위 명령을 실행 시 OpenCV 호환성 문제로 에러가 날 수 있다. 그 이유는 Jetpack 설치 시 자동 설치된 OpenCV 4.1 때문이다. 따라서 이 상위 버전을 제거하고, YOLOv3와 호환이 잘 되는 OpenCV 3.4.0을 설치해 보자.

② OpenCV 3.4.0 설치

기존에 설치된 OpenCV를 삭제한다.

```
$ sudo apt-get purge libopencv*
```

```
$ mkdir opencv
$ cd opencv/
$ wget -O opencv.zip https://github.com/opencv/opencv/archive/3.4.0.zip
$ unzip opencv.zip
$ wget -O opencv_contrib.zip https://github.com/opencv/opencv_contrib/archive
/3.4.0.zip
$ unzip opencv_contrib.zip
$ cd opencv-3.4.0/
$ mkdir build
$ cd build/
```

다음 순서에 따라 진행한다.

```
$ cmake -D CMAKE_BUILD_TYPE=RELEASE -D
CMAKE_INSTALL_PREFIX=/usr/local -D WITH_TBB=OFF \
-D WITH_IPP=OFF -D WITH_1394=OFF -D BUILD_WITH_DEBUG_INFO=OFF -D
BUILD_DOCS=OFF \
-D INSTALL_C_EXAMPLES=ON -D INSTALL_PYTHON_EXAMPLES=ON -D
BUILD_EXAMPLES=OFF \
-D BUILD_TESTS=OFF -D BUILD_PERF_TESTS=OFF -D WITH_QT=OFF -D
WITH_GTK=ON \
-D ENABLE_PRECOMPILED_HEADERS=OFF \
-D WITH_OPENGL=ON -D
```

```
OPENCV_EXTRA_MODULES_PATH=../../opencv_contrib-3.4.0/modules \
-D WITH_V4L=ON  -D WITH_FFMPEG=ON -D WITH_XINE=ON -D
BUILD_NEW_PYTHON_SUPPORT=ON \
-D PYTHON2_INCLUDE_DIR=/usr/include/python2.7
-D
PYTHON2_NUMPY_INCLUDE_DIRS=/usr/lib/python2.7/dist-packages/numpy/cor
e/include/ \
-D PYTHON2_PACKAGES_PATH=/usr/lib/python2.7/dist-packages
-D PYTHON2_LIBRARY=/usr/lib/x86_64-linux-gnu/libpython2.7.so \
-D PYTHON3_INCLUDE_DIR=/usr/include/python3.6m
-D
PYTHON3_NUMPY_INCLUDE_DIRS=/usr/lib/python3/dist-packages/numpy/core/
include/  \
-D PYTHON3_PACKAGES_PATH=/usr/lib/python3/dist-packages
-D PYTHON3_LIBRARY=/usr/lib/x86_64-linux-gnu/libpython3.6m.so ../
```

여기서 숫자는 코어수를 말한다.

```
$ make -j4
```

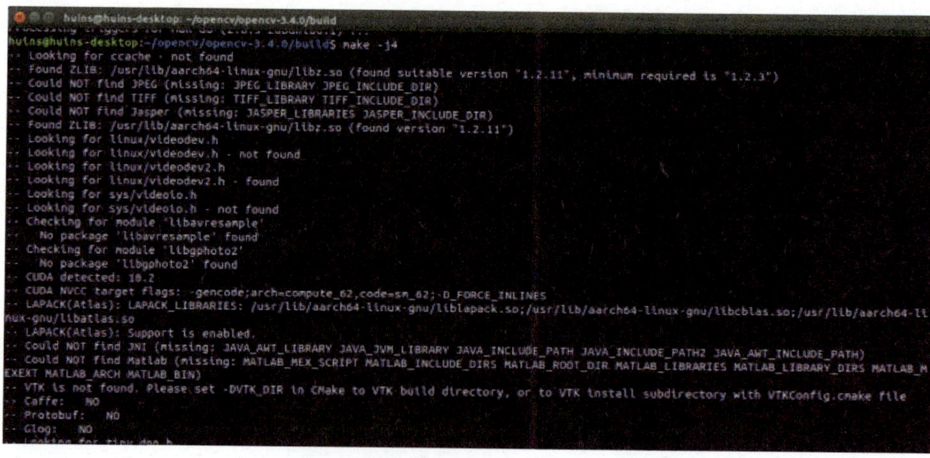

```
$ sudo make install
```

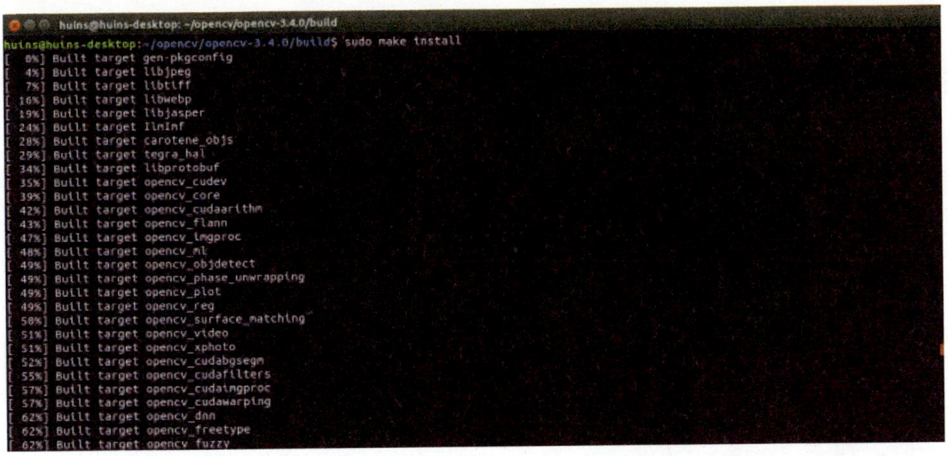

ldconfig는 공유 라이브러리 캐시를 다시 설정한다. 공통적인 라이브러리를 사용하는 것을 동적 링크 프로그램, 컴파일할 때 자체적인 라이브러리를 사용하는 것을 정적 링크 프로그램이라고 한다. 동적으로 링크된 실행 파일은 공유 라이브러리에 완벽하게 의존적이므로 새로운 버전의 라이브러리를 설치하고 이것을 사용하려면 디렉토리를 설정하고 ldconfig로 공유 라이브러리 캐시를 다시 설정해야 한다.

```
$ sudo ldconfig
```

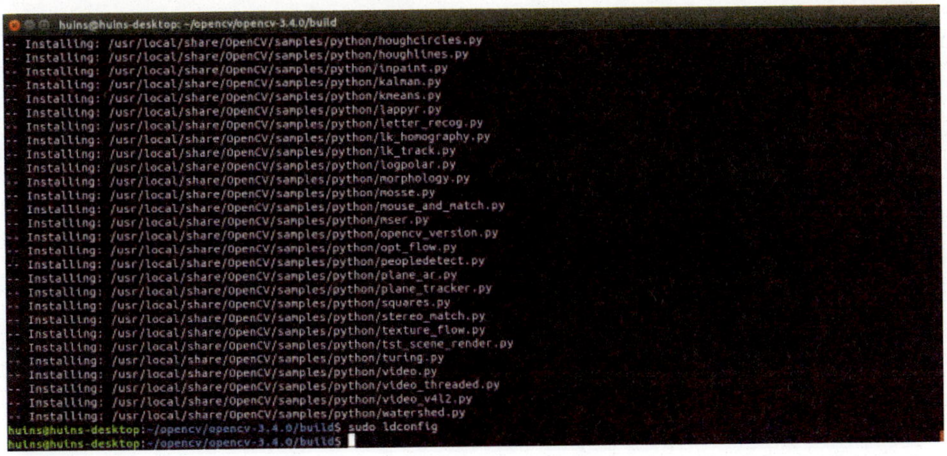

설치된 버전을 확인한다.

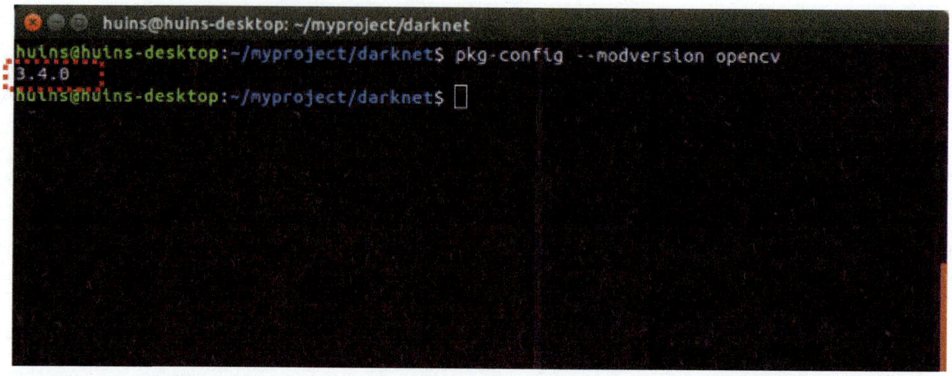

③ darknet에서 make 실행

에디터를 통해 Makefile을 적절히 수정한 후에 **make**를 실행하여 빌드를 시작한다.

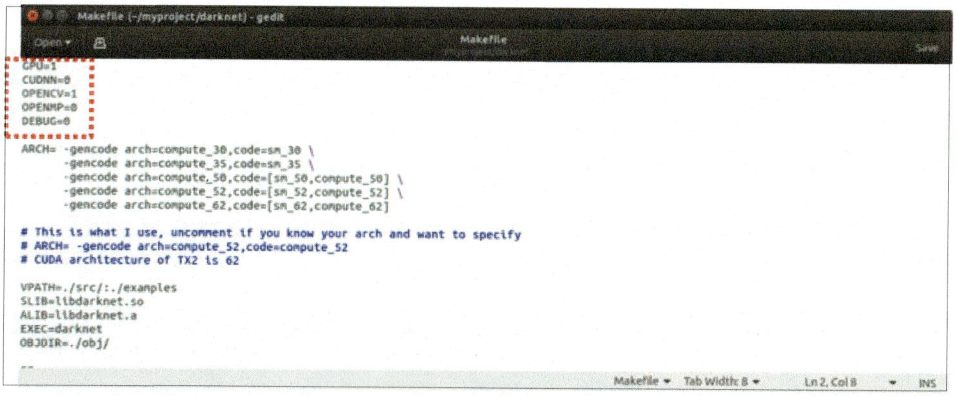


```
$ make
```

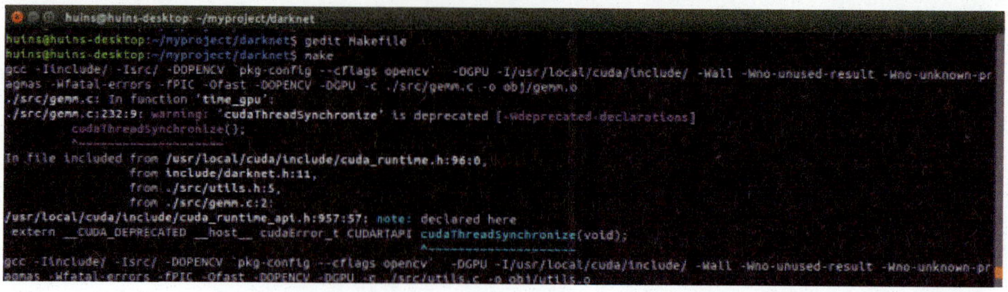

④ 웹캠 영상 테스트

▸ YOLOv3 일반 모델 테스트

OpenCV 3.4 버전을 설치한 후에 웹캠 테스트를 해보자. 먼저 YOLOv3 일반 모델로 테스트 해본다.

```
$ ./darknet detector demo cfg/coco.data cfg/yolov3.cfg yolov3.weights -c 1
```

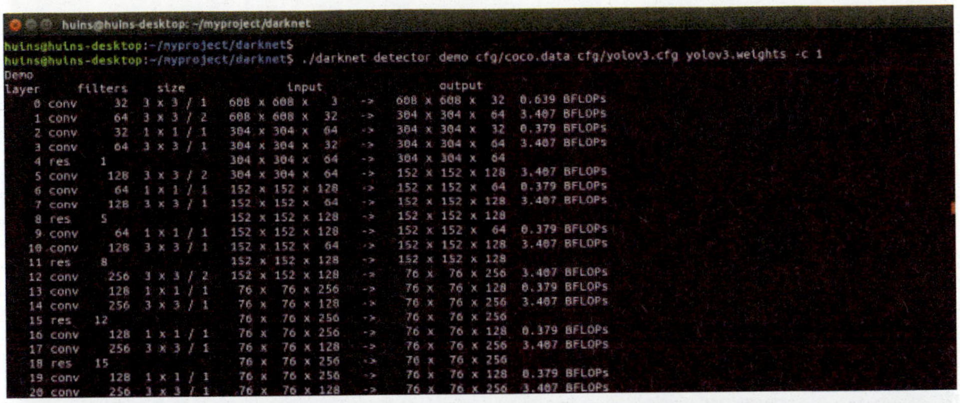

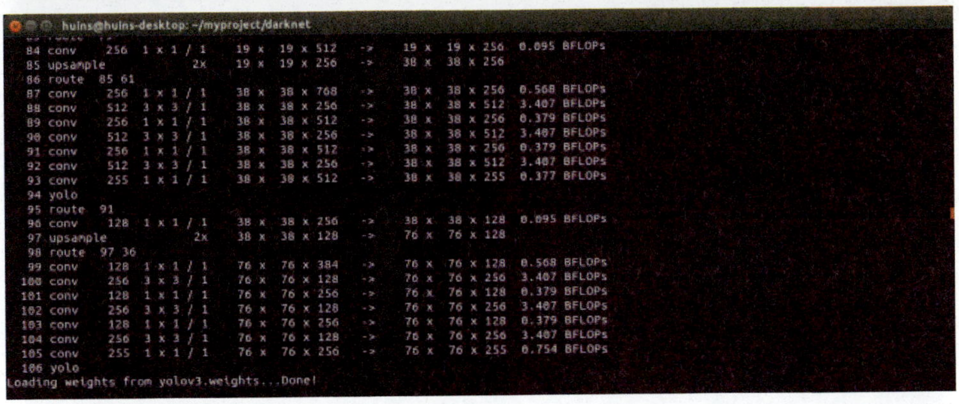

초당 프레임 처리속도가 1.5 정도로 매우 느리다. 각 객체에 대한 검출 정도를 보여준다.

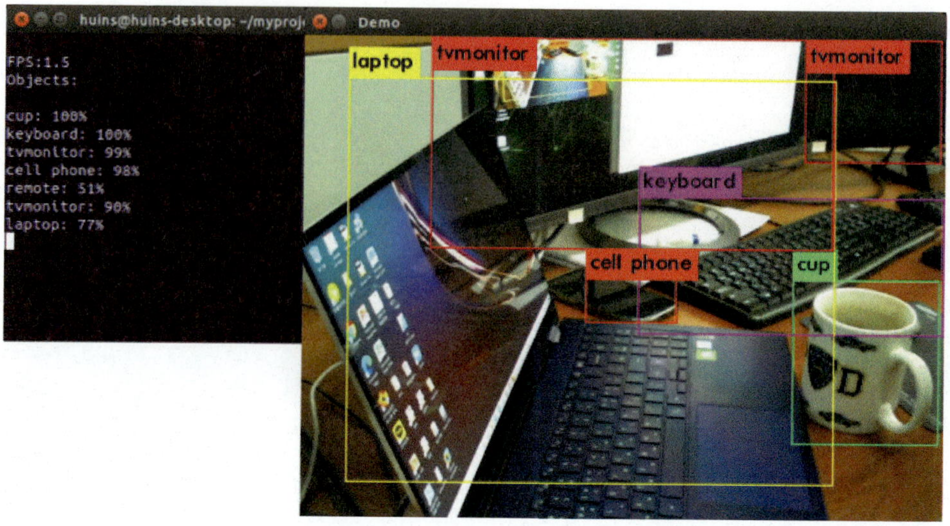

▸ YOLOv3 tiny 모델 테스트

이번에는 YOLOv3 tiny 모델로 테스트해본다.

```
$ ./darknet detector demo cfg/coco.data cfg/yolov3-tiny.cfg yolov3-tiny.weights -c 1
```

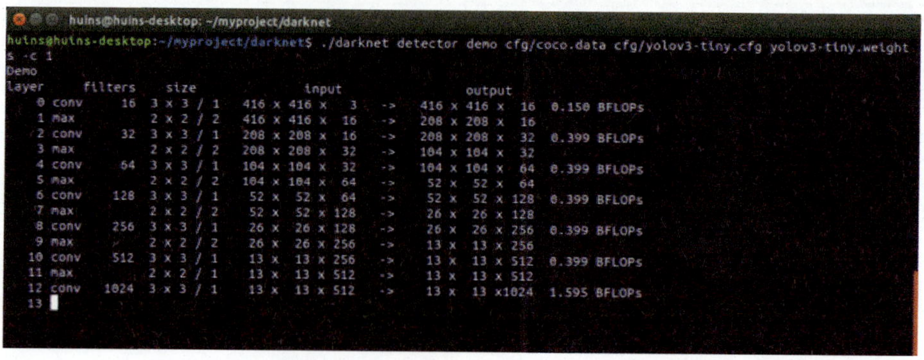

초당 프레임 처리속도가 17.4 정도로 매우 빠르지만, 일반 모델에 비해 각 객체에 대한 검출 능력은 매우 떨어진다. 인식 정확도를 줄이고 처리 속도를 높이고 싶다면 tiny 모델을 사용하면 된다.

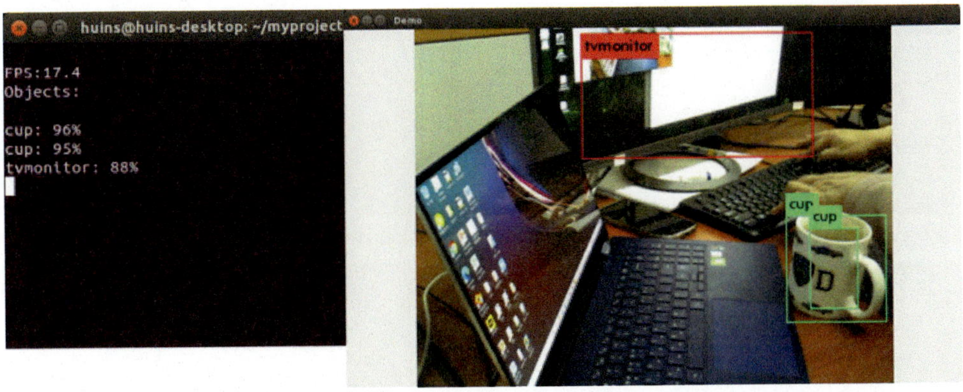

(6) YOLOv3를 통한 모델 학습

① 학습용 데이터파일 준비

제공된 'fire detection example' zip파일을 작업 폴더 아래에 준비한다.

fire detection example	convert_source	fire_image	weight
convert_source fire_image weight	convert.py darknet19_448.conv.23 detector.c obj.data obj.names process.py	120장의 fire 이미지파일	yolov2-voc-new_5000.weights yolov2-voc-new_6000.weights yolov3.weights yolov3-tiny.weights

② 데이터 라벨링

3장에서 학습한 labelImg 툴을 이용하여 데이터에 대한 라벨링을 실시한다. 라벨링을 위해 작업 디렉토리를 생성한다. 준비한 이미지 파일을 이 디렉토리로 복사한다.

```
$ mkdir 001
$ cd 001
```

1) 라벨링 작업

다음처럼 labelImg를 실행한다. fire이미지 파일에 대해 annotation을 시작하여 txt 파일을 생성한다.

```
$ python3 labelImg.py
```

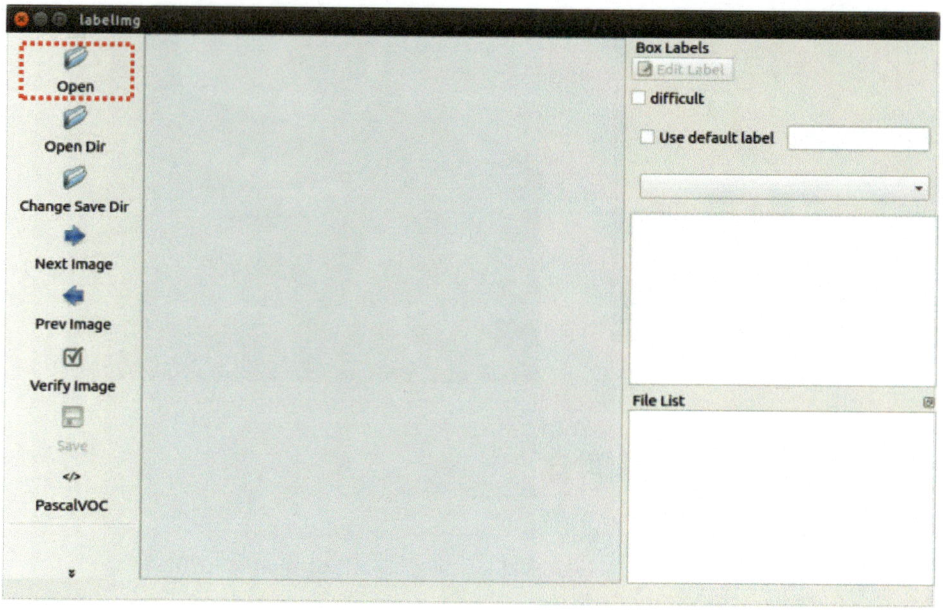

③ 학습 파일 준비

1) convert 및 process 파일 복사

제공된 convert.py와 process.py 파일을 darknet 디렉토리에 복사한다.

- convert.py 파일 : labelImg를 통해 만들어진 좌표 데이터를 YOLO 학습을 위한 포맷으로 변경해 주는 소스
- process.py 파일 : YOLO 학습을 위해서는 해당 이미지 파일의 위치에 대해 알려주는 txt 파일이 필요하다. process.py는 이 txt 파일을 만들어주는 프로그램이다(txt 파일을 직접 작성해도 되지만, 이미지 파일의 수가 많을 경우에는 process.py를 이용하는 것이 훨씬 간단하다).

2) convert.py 파일 편집

편집기를 열어 convert.py 파일의 경로 부분을 수정한다.

```
$ gedit convert.py
```

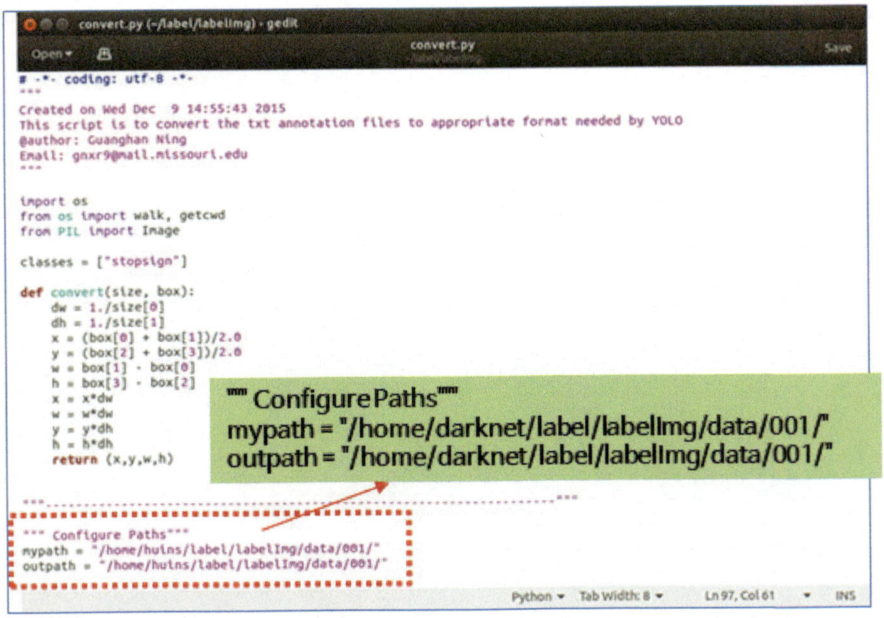

3) convert.py 파일 실행

```
$ python convert.py
```

실행 시 이미지 모듈을 임포트 실패할 경우, 이미지 분석 처리용인 Pillow로 불리는 PIL(Python Imaging Library) 라이브러리를 설치한다. 다음처럼 python-pil을 설치해준다.

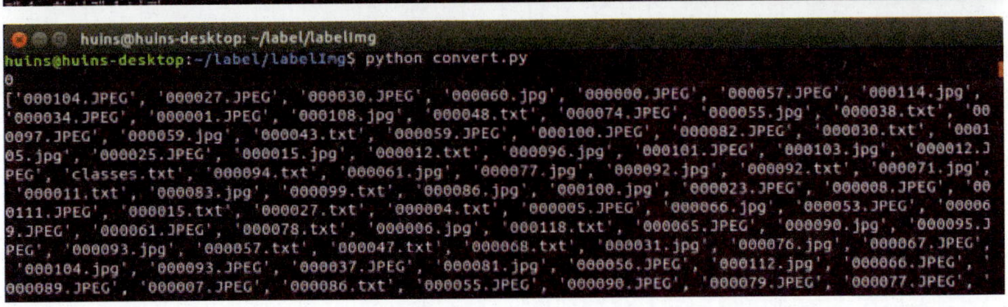

4) data/obj 디렉토리로 이미지 파일 복사

모든 이미지와 라벨링.txt 파일들을 darknet/data/obj로 복사한다. obj 디렉토리는 없으면 생성한다.

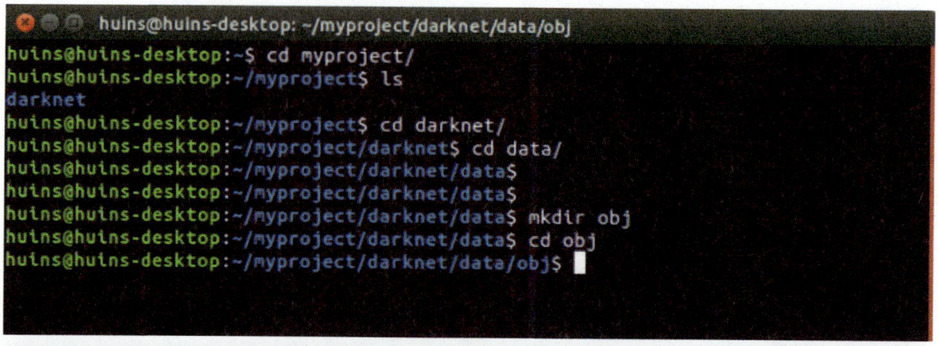

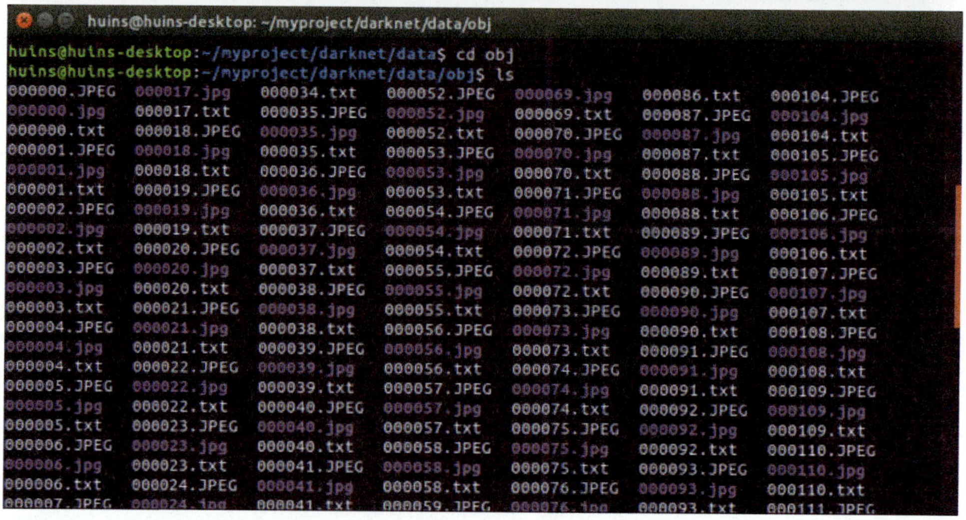

5) process.py 복사 및 실행

```
$ python process.py
```

YOLO 학습을 위해서는 해당 이미지 파일의 위치에 대해 알려주는 txt 파일이 필요하다. process.py는 이 txt 파일을 만들어주는 프로그램이다. process.py를 darknet 폴더에 복사한 후 실행한다.

- train.txt와 test.txt 생성

6) configuration 구성

YOLO 알고리즘 학습에는 obj.data, obj.names, obj.cfg의 세 가지 파일이 필요하다. 만들어놓은 darknet 경로에 obj.data 파일과 obj.names 파일을 생성해야 한다. 파일의 내용은 아래와 같다.

▸ obj.data

data 파일은 클래스 개수, .txt 파일의 경로, .names 파일의 경로, weight 파일을 저장할 경로 등을 저장한 파일이다.

▸ obj.names

검출에 사용하는 데이터셋의 클래스명을 한 줄씩 기입한다.

yolov3-voc.cfg를 cfg 디렉토리에서 복사한 후, 파일명을 <u>**yolov3-voc- new.cfg**</u>로 변경한다.

[커스텀 학습(fire 예제) 시]

- YOLOv3의 경우 filters = (classes + 5) × 3이 된다. 따라서 본 예제는 1개의 클래스(fire)만 사용하기 때문에 필터값은 16이 된다.
- cfg 파일에서 [yolo]부분(3군데)를 찾아 클래스를 1로, 이 부분 바로 위 [convolutional] 부분의 필터 수를 18로, 각 3군데 변경해준다.

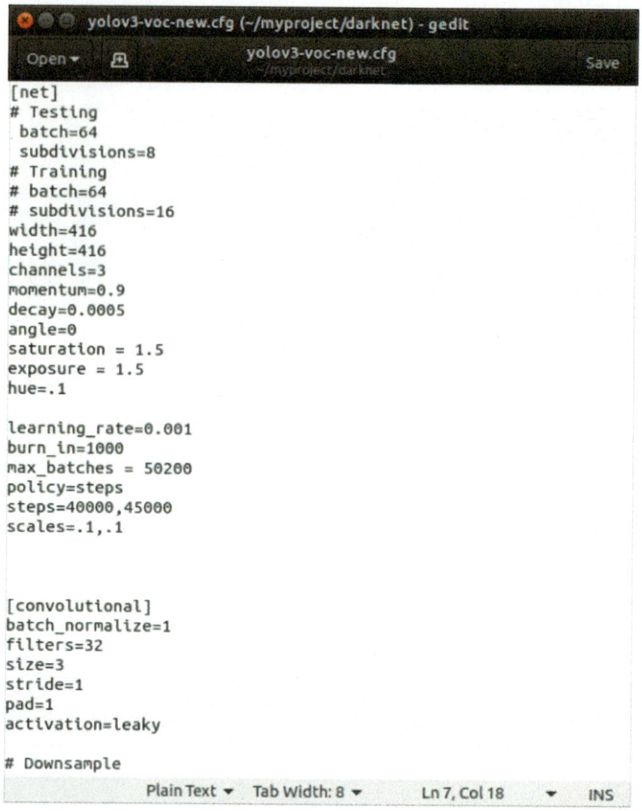

[coco 데이터셋 사용 시]

- 클래스 수 : 80(ms coco dataset)
- 클래스 수를 바꿨으면 filter 수도 변경해야 한다. 여기서 '[yolo]' 바로 위에 있는 [convolutional] 레이어의 필터 수만 바꿔준다. 총 3개 바꿔주면 된다.

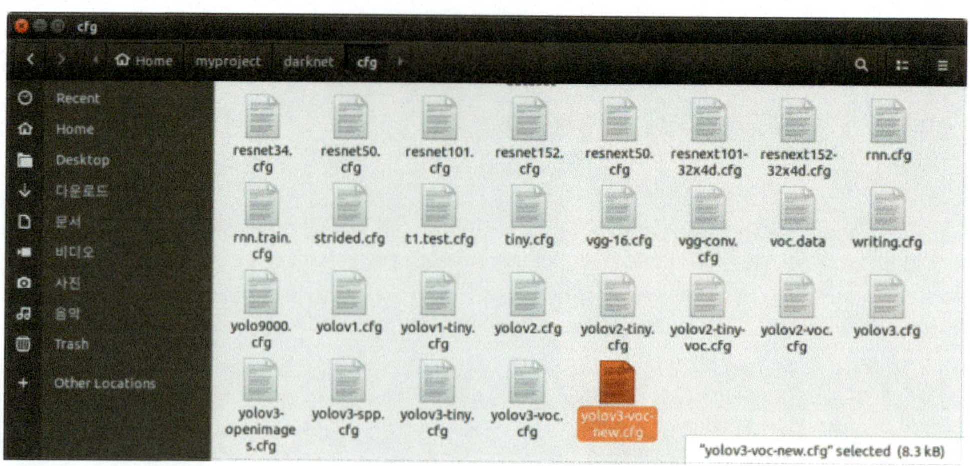

7) weight 파일 복사

제공된 darknet19_448.conv.23 파일을 darknet 디렉토리에 복사한다. 이것은 학습을 위한 weight 파일이다.

(https://github.com/KleinYuan/easy-yolo/blob/master/darknet19_448.conv.23)

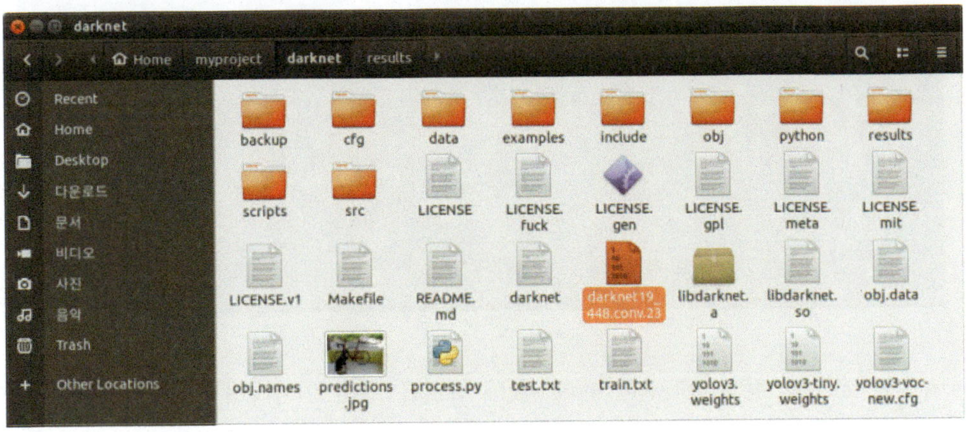

④ 알고리즘 학습

다음 명령을 사용하여 학습을 진행한다.

```
$ ./darknet detector train obj.data cfg/yolov3-voc-new.cfg darknet19_448.conv.23
```

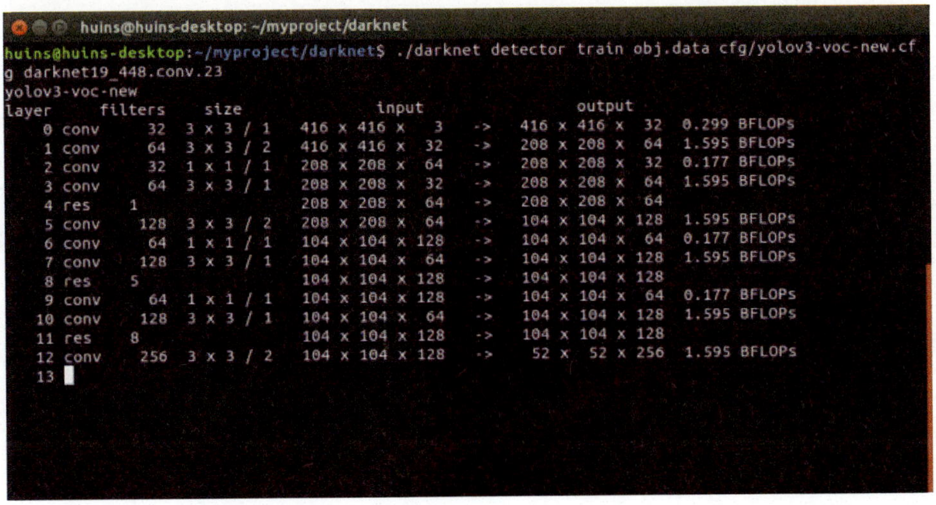

[학습 중단 이미지]

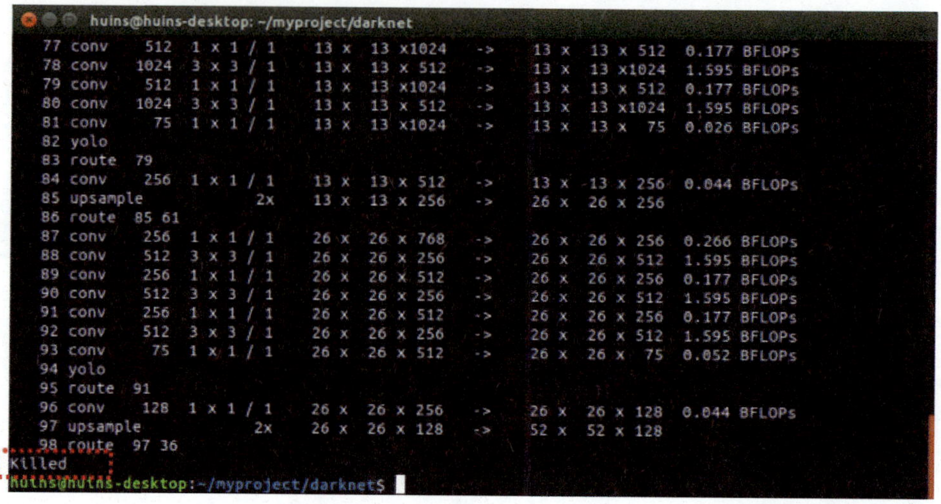

Jetson TX2 보드의 경우 yolov3-voc-new.cfg 파일을 그대로 사용하면 낮은 성능 사양으로 인해 학습 도중에 다운되는 현상이 발생한다. 따라서 TX2 보드 성능에 맞게 수정해야 한다. 학습이 진행되면 100단위로 weight 파일이 생성된다.

1) cfg 파일 수정

TX2 보드의 성능에 맞게 cfg 파일을 수정한다. batch는 한 번에 몇 장의 이미지를 처리할 것인지에 대한 매개변수이다.

```
batch = 1
subdivisions = 1
```

2) 재학습 진행

cfg 파일을 수정한 후 다시 한 번 학습을 진행한다. 1분당 100번의 학습을 하는 것을 확인할 수 있다. 얼마 시간이 지난 후 900번 weight 파일이 생성된 것을 확인할 수 있다. 이후로는 weight 파일이 생성되지 않는 것을 확인할 수 있다. 이것은 소스코드를 수정하여 해결할 수 있다.

```
$ ./darknet detector train obj.data cfg/yolov3-voc-new.cfg darknet19_448.conv.23
```

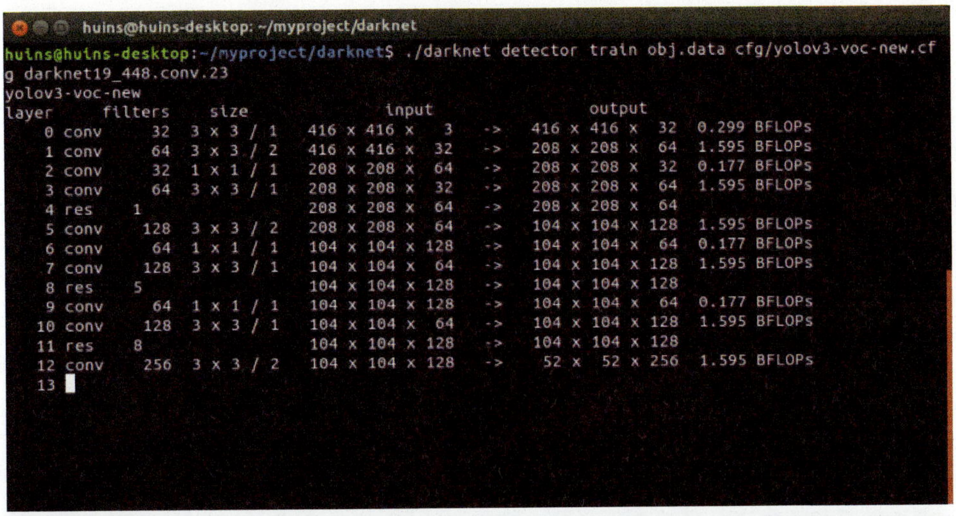

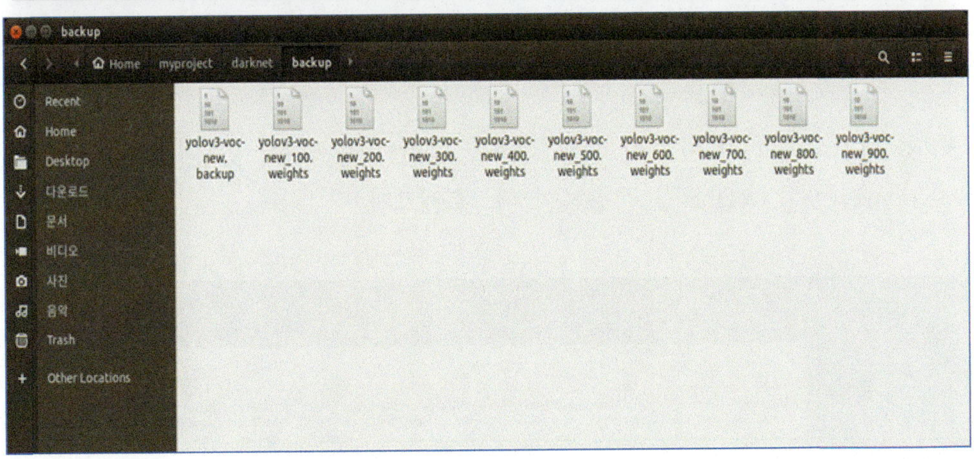

3) weight 파일 생성주기 변경

darknet 디렉토리에서 example 디렉토리로 이동한 후에 'detector.c' 파일을 gedit로 열어 표시된 부분을 10,000에서 1,000으로 변경한다. 수정한 부분은 몇 번 간격으로 weight 파일을 생성할 것인지 결정하는 부분이다. 1,000번 단위 이전까지의 학습에서는 100번 주기로 weight 파일을 생성하지만 이후에는 소스코드에 정해진 주기만큼 weight 파일이 만들어진다.

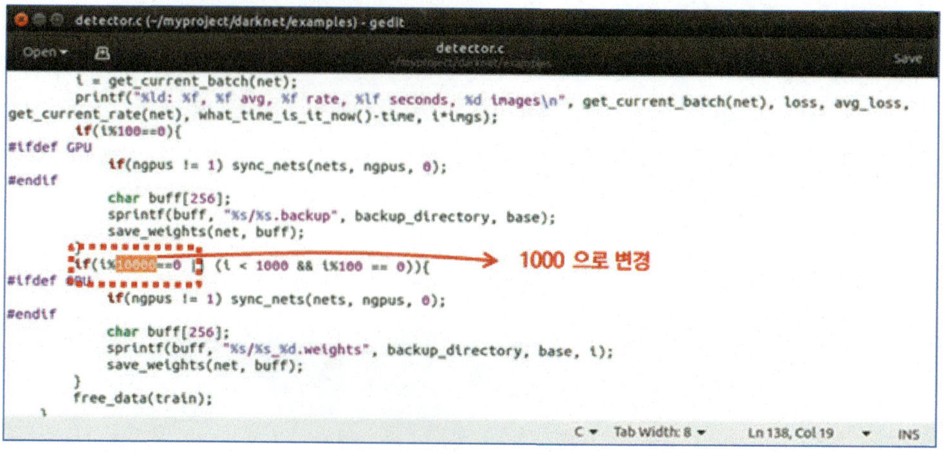

4) make 실행

파일을 수정한 후 darknet 디렉토리에서 **make**를 실행하여 다시 빌드한다. 이 작업을 거치면 1,000개 이상의 학습에서 weight 파일이 생성되는 것을 볼 수 있다.

```
$ ./darknet/make
```

5) 재학습

```
$ ./darknet detector train obj.data cfg/yolov3-voc-new.cfg darknet19_448.conv.23
```

backup 폴더 아래 다음과 같이 진행된 학습 파일이 생성되어 있다. 이 중에서 마지막 'yolov3-voc-new_900.weights'을 사용하여 테스트해보자.

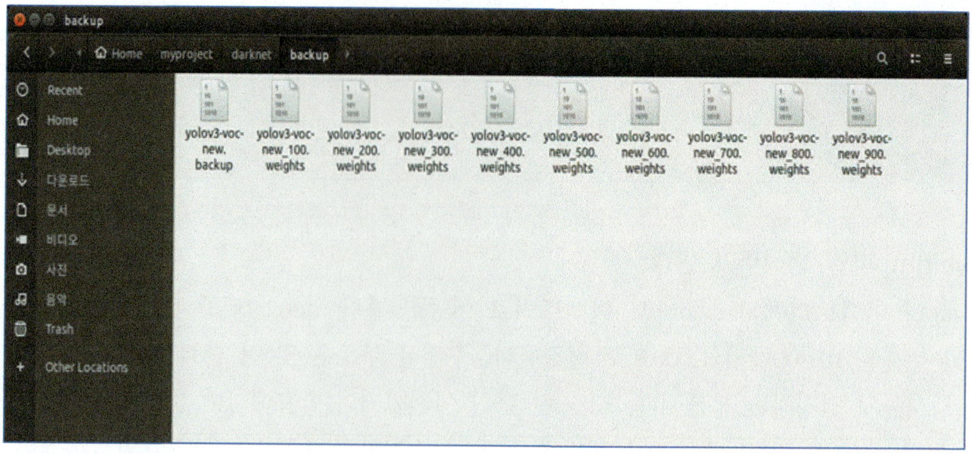

⑤ 검출율 테스트

다음 명령으로 이미지 인식을 테스트한다. 커스텀 학습 결과인 'yolov3-voc-new_900.weights'을 사용하여 fire 영역을 검출해 본다. 그 결과 인식 시간은 1.289초, 100% 검출율을 보였다.

```
$ ./darknet detector test obj.data cfg/yolov3-voc-new.cfg
    backup/yolov3-voc-new_900.weights data/obj/000004.jpg
```

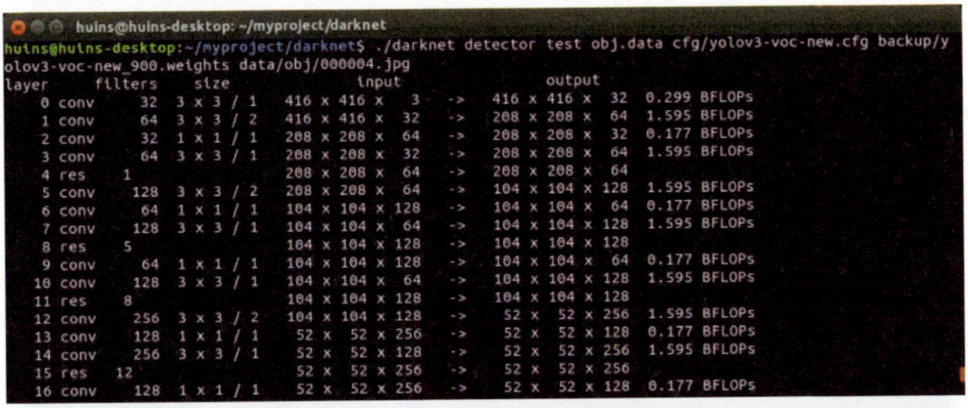

```
huins@huins-desktop: ~/myproject/darknet
huins@huins-desktop:~/myproject/darknet$ ./darknet detector test obj.data cfg/yolov3-voc-new.cfg backup/y
olov3-voc-new_900.weights data/obj/000004.jpg
layer     filters    size              input                output
    0 conv     32  3 x 3 / 1   416 x 416 x   3   ->   416 x 416 x  32  0.299 BFLOPs
    1 conv     64  3 x 3 / 2   416 x 416 x  32   ->   208 x 208 x  64  1.595 BFLOPs
    2 conv     32  1 x 1 / 1   208 x 208 x  64   ->   208 x 208 x  32  0.177 BFLOPs
    3 conv     64  3 x 3 / 1   208 x 208 x  32   ->   208 x 208 x  64  1.595 BFLOPs
    4 res    1                 208 x 208 x  64   ->   208 x 208 x  64
    5 conv    128  3 x 3 / 2   208 x 208 x  64   ->   104 x 104 x 128  1.595 BFLOPs
    6 conv     64  1 x 1 / 1   104 x 104 x 128   ->   104 x 104 x  64  0.177 BFLOPs
    7 conv    128  3 x 3 / 1   104 x 104 x  64   ->   104 x 104 x 128  1.595 BFLOPs
    8 res    5                 104 x 104 x 128   ->   104 x 104 x 128
    9 conv     64  1 x 1 / 1   104 x 104 x 128   ->   104 x 104 x  64  0.177 BFLOPs
   10 conv    128  3 x 3 / 1   104 x 104 x  64   ->   104 x 104 x 128  1.595 BFLOPs
   11 res    8                 104 x 104 x 128   ->   104 x 104 x 128
   12 conv    256  3 x 3 / 2   104 x 104 x 128   ->    52 x  52 x 256  1.595 BFLOPs
   13 conv    128  1 x 1 / 1    52 x  52 x 256   ->    52 x  52 x 128  0.177 BFLOPs
   14 conv    256  3 x 3 / 1    52 x  52 x 128   ->    52 x  52 x 256  1.595 BFLOPs
   15 res   12                  52 x  52 x 256   ->    52 x  52 x 256
   16 conv    128  1 x 1 / 1    52 x  52 x 256   ->    52 x  52 x 128  0.177 BFLOPs
```

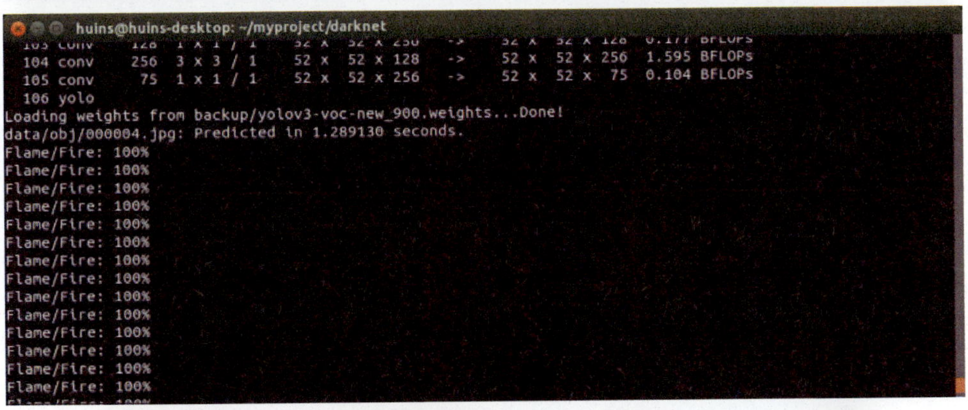

```
huins@huins-desktop: ~/myproject/darknet
  104 conv    256  3 x 3 / 1    52 x  52 x 128   ->    52 x  52 x 256  1.595 BFLOPs
  105 conv     75  1 x 1 / 1    52 x  52 x 256   ->    52 x  52 x  75  0.104 BFLOPs
  106 yolo
Loading weights from backup/yolov3-voc-new_900.weights...Done!
data/obj/000004.jpg: Predicted in 1.289130 seconds.
Flame/Fire: 100%
Flame/Fire: 100%
Flame/Fire: 100%
Flame/Fire: 100%
Flame/Fire: 100%
Flame/Fire: 100%
Flame/Fire: 100%
Flame/Fire: 100%
Flame/Fire: 100%
Flame/Fire: 100%
Flame/Fire: 100%
Flame/Fire: 100%
Flame/Fire: 100%
Flame/Fire: 100%
```

10.2 YOLOv5 모델 학습

(1) YOLOv5 개요

YOLOv5도 일반적인 Object Detection의 구성과 큰 차이점은 없다. 크게 백본(Backbone)과 헤드(Head) 부분으로 구성된다. 이 구성은 ~/yolov5/models/ 경로에 있는 yolov5s.yaml 파일 등에서 좀 더 자세히 확인할 수 있다.

백본은 이미지로부터 Feature map을 추출하는 부분으로, CSP- Darknet를 사용한다. YOLOv4의 백본과 유사하다. YOLOv3의 백본은 Darknet-53으로 CSP가 적용되지 않는다. 특이하게도 YOLOv5의 백본은 종류가 4가지로, 제일 작고 가벼운 YOLOv5-s부터 m, l, x까지 포함해서 총 4가지 버전이 있다. 각 버전별 특징은 다음과 같다.

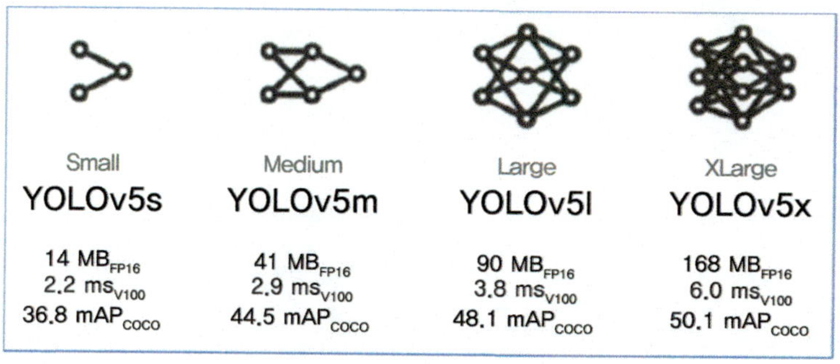

헤드는 추출된 Feature map을 바탕으로 물체의 위치를 찾는 부분이다. 흔히 말하는 Anchor Box(Default Box)를 처음에 설정하고 이를 이용하여 최종적인 Bounding Box를 생성한다. YOLOv3와 동일하게 3가지의 scale에서 바운딩 박스를 생성한다.

YOLOv5는 실행 속도 측면에서 분명한 이점이 있다. YOLOv5 모델은 작은 개체를 감지하는데 더 나은 성능을 보이면서 빠르게 실행된다. 다음 그림은 다른 딥러닝 모델과 성능 차이를 나타낸 것이다.

	YOLOv5	Faster RCNN
Inference Speed	✓	
Detection of small or far away objects	✓	
Little to no overlapping boxes	✓	
Missed Objects	✗	✗
Detection of Crowded objects	✓	✓

(2) YOLOv5 설치

① YOLOv5 깃허브 clone

YOLOv5의 깃허브를 clone하고 필수 패키지와 파이토치를 install한다.

```
$ git clone https://github.com/ultralytics/yolov5
```

② Pre-trained 모델 다운로드

다음 링크에서 pre-trained 모델을 다운받을 수 있다. 5버전의 학습된 스몰 모델인 yolov5s.pt를 다운받는다.

```
$ wget https://github.com/ultralytics/yolov5/releases/download/v6.0/yolov5s.pt
```

③ pip 및 주요 패키지 설치

```
$ sudo apt install python3-pip libopenblas-base libopenmpi-dev \
  libjpeg-dev zlib1g-dev libpython3-dev libavcodec-dev libavformat-dev \
  libswscale-dev gfortran libfreetype6-dev libhdf5-dev libopenblas-dev \
  liblapack-dev -y
```

④ 딥러닝 주요 패키지 설치

```
$ pip3 install Cython==0.29.24 \
 numpy==1.19.5 \
 Pillow==7.1.2 \
 PyYAML==5.3.1 \
 requests==2.23.0 \
 tqdm==4.41.0 \
 seaborn==0.11.0 \
 Tensorboard==2.4.1
```

⑤ 파이토치 설치(방법 1 – 리눅스 PC용)

파이토치 한국 사용자 모임에서 설치를 시작하는데, 아래 링크에서 적절한 모델을 선택하여 설치한다. 리눅스 환경의 GPU 모델을 선택하도록 한다.

https://pytorch.kr/get-started/locally/

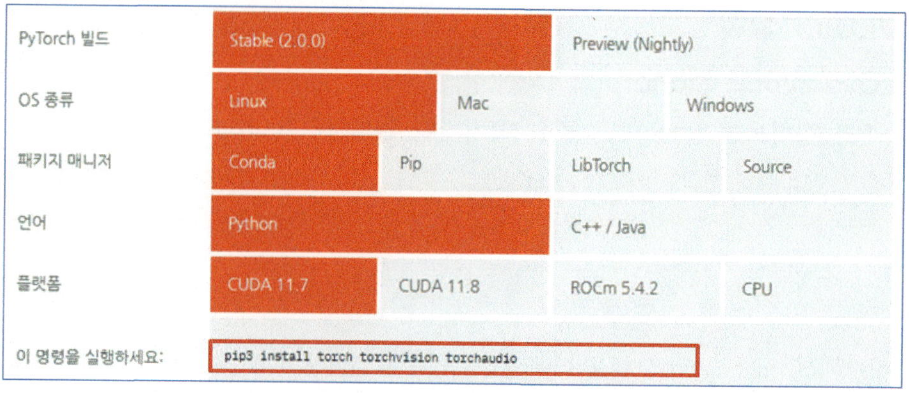

파이토치 2.0 버전을 설치하며, 설치 명령어는 다음과 같다.

```
$ pip3 install torch torchvision torchaudio
```

⑥ 파이토치 설치(방법 2 – NVIDIA 사이트 접속)

Jetson TX2용 설치 파일을 준비한다.

"torch-1.8.0-cp36-cp36m-linux_aarch64.whl"

설치 파일을 다음과 같이 NVIDIA 웹에서 다운 받는다.

```
$ wget -O torch-1.8.0-cp36-cp36m-linux_aarch64.whl \
  https://nvidia.box.com/shared/static/p57jwntv436lfrd78inwl7iml6p13fzh.whl
```

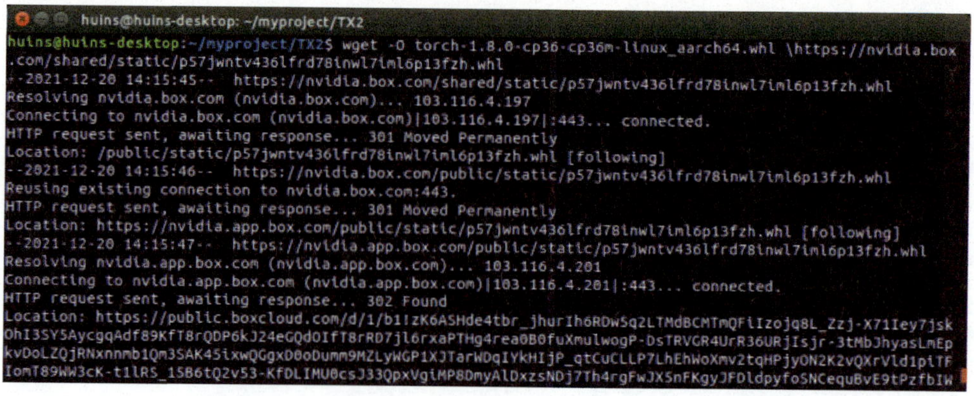

```
huins@huins-desktop: ~/myproject/TX2
huins@huins-desktop:~/myproject/TX2$ wget -O torch-1.8.0-cp36-cp36m-linux_aarch64.whl \https://nvidia.box
.com/shared/static/p57jwntv436lfrd78inwl7iml6p13fzh.whl
--2021-12-20 14:15:45--  https://nvidia.box.com/shared/static/p57jwntv436lfrd78inwl7iml6p13fzh.whl
Resolving nvidia.box.com (nvidia.box.com)... 103.116.4.197
Connecting to nvidia.box.com (nvidia.box.com)|103.116.4.197|:443... connected.
HTTP request sent, awaiting response... 301 Moved Permanently
Location: /public/static/p57jwntv436lfrd78inwl7iml6p13fzh.whl [following]
--2021-12-20 14:15:46--  https://nvidia.box.com/public/static/p57jwntv436lfrd78inwl7iml6p13fzh.whl
Reusing existing connection to nvidia.box.com:443.
HTTP request sent, awaiting response... 301 Moved Permanently
Location: https://nvidia.app.box.com/public/static/p57jwntv436lfrd78inwl7iml6p13fzh.whl [following]
--2021-12-20 14:15:47--  https://nvidia.app.box.com/public/static/p57jwntv436lfrd78inwl7iml6p13fzh.whl
Resolving nvidia.app.box.com (nvidia.app.box.com)... 103.116.4.201
Connecting to nvidia.app.box.com (nvidia.app.box.com)|103.116.4.201|:443... connected.
HTTP request sent, awaiting response... 302 Found
Location: https://public.boxcloud.com/d/1/b1!zK6ASHde4tbr_jhurIh6RDw5q2LTMdBCMTmQFiIzojq8L_Zzj-X71Iey7jsk
OhI3SY5AycgqAdf89KfT8rQDP6kJ24eGQdOIfT8rRD7jl6rxaPTHg4rea0B0fuXmulwogP-DsTRVGR4UrR36URjIsjr-3tMbJhyasLmEp
kvDoLZQjRNxnnmb1Qm3SAK45ixwQGgxD0oDumm9MZLyWGP1XJTarWDqIYkHIjP_qtCuCLLP7LhEhWoXmv2tqHPjyON2K2vQXrVld1piTF
IomT89WW3cK-t1lRS_15B6tQ2v53-KfDLIMU0csJ33QpxVgiMP8DmyAlDxzsNDj7Th4rgFwJX5nFKgyJFDldpyfoSNCequBvE9tPzfbIW
```

파이토치를 설치한다.

```
$ pip3 install torch-1.8.0-cp36-cp36m-linux_aarch64.whl
```

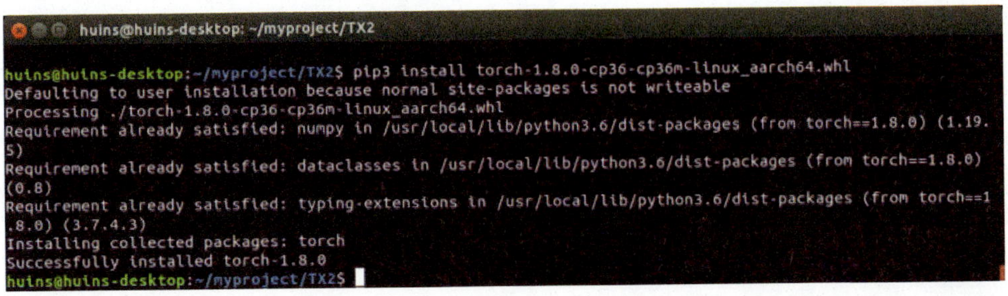

⑦ torchvision 설치

설치 파일을 준비한다.

"torchvision-0.8.0a0+291f7e2-cp36-cp36m-linux_aarch64.whl"

```
$ sudo pip3 install torchvision-0.8.0a0+291f7e2-cp36-cp36m-linux_aarch64.whl
```

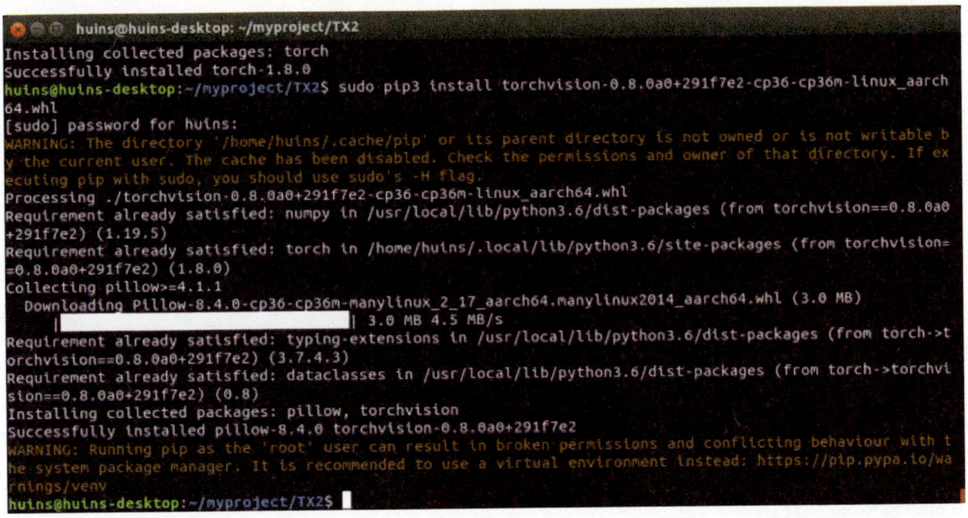

(3) YOLOv5 학습

① 사전훈련 모델 테스트 : test.py

아래 예제는 미리 훈련된 모델을 사용하여 person을 검출하는 예제이다.

```
import torch

# Model, 사전에 훈련된 모델 로드
model = torch.hub.load('ultralytics/yolov5', 'yolov5s')  # or yolov5m, yolov5l,
yolov5x, custom

# Images, 검출에 사용할 이미지 준비
img = 'https://ultralytics.com/images/zidane.jpg'  # or file, Path, PIL, OpenCV,
numpy, list

# Inference, 이미지를 사전 훈련된 모델로 결과값 추론
results = model(img)

# Results, 결과값 표시
results.print()  # or .show(), .save(), .crop(), .pandas(), etc.
```

results.print() → results.show()로 변경하여 실행하면 실제 검출된 화면이 나타난다.

```
$ python3 test.py
```

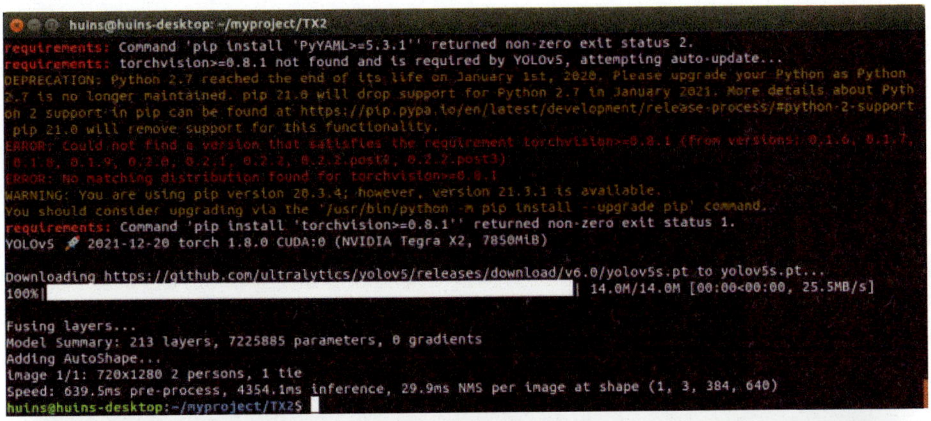

② 모델 훈련 : train.py

COCO128 데이터셋으로 학습을 준비한다. 그리고 아래와 같이 디렉토리 구조를 설정한다. (이 데이터셋은 초기 실행 시 자동 다운로드된다.)

- download 위치 : https://ultralytics.com/assets/coco128.zip

```
parent
  ├── yolov5
  └── datasets
      └── coco128  ← downloads here
```

▸ coco128.yaml 파일 구조

학습할 데이터의 위치와 class 개수 및 종류가 나열되어 있다. 초기 실행 시 다운로드하여 path에 명시된 곳으로 저장된다.

- 이미지 경로, train set 및 validation set 경로 명시
- 클래스 수 : nc
- 클래스 이름 : name

```
# Train/val/test sets as 1) dir: path/to/imgs, 2) file: path/to/imgs.txt, or 3) list: [path/to/imgs1, path/to/imgs2, ..]
path: ../datasets/coco128  # dataset root dir
train: images/train2017  # train images (relative to 'path') 128 images
val: images/train2017  # val images (relative to 'path') 128 images
test:  # test images (optional)

# Classes
nc: 80  # number of classes
names: ['person', 'bicycle', 'car', 'motorcycle', 'airplane', 'bus', 'train', 'truck', 'boat', 'traffic light',
        'fire hydrant', 'stop sign', 'parking meter', 'bench', 'bird', 'cat', 'dog', 'horse', 'sheep', 'cow',
        'elephant', 'bear', 'zebra', 'giraffe', 'backpack', 'umbrella', 'handbag', 'tie', 'suitcase', 'frisbee',
        'skis', 'snowboard', 'sports ball', 'kite', 'baseball bat', 'baseball glove', 'skateboard', 'surfboard',
        'tennis racket', 'bottle', 'wine glass', 'cup', 'fork', 'knife', 'spoon', 'bowl', 'banana', 'apple',
        'sandwich', 'orange', 'broccoli', 'carrot', 'hot dog', 'pizza', 'donut', 'cake', 'chair', 'couch',
        'potted plant', 'bed', 'dining table', 'toilet', 'tv', 'laptop', 'mouse', 'remote', 'keyboard', 'cell phone',
        'microwave', 'oven', 'toaster', 'sink', 'refrigerator', 'book', 'clock', 'vase', 'scissors', 'teddy bear',
        'hair drier', 'toothbrush']  # class names
```

모델 학습 예시는 다음과 같다.

```
$ python3 train.py —img 640 —batch 8 --epochs 1 \
        --data coco128.yaml --weights yolov5s.pt -- workers 0
```

▸ 학습 파라미터 옵션 값

```
--img    : 학습 이미지 사이즈
--batch : 학습시 한번에 처리하는 이미지 개수
--epochs: 전체 데이터셋에 대한 학습 횟수
--data   : 학습에 사용될 데이터셋 구조 파일
--weights : training에 사용할 사전 훈련된 모델
```

학습 시 다음과 같은 에러가 발생할 수 있다. 이때는 Core type에 대한 명시해주어야 한다(NVIDIA 보드시).

```
# Tx2 illegal instruction error (Core Dumped)

$ export OPENBLAS_CORETYPE=ARMV8
```

▸ train.py 파일 구조

- train() 함수 : 실제 학습이 동작하는 함수이며, 아래 코드에서는 학습파일 디렉토리 설정, parameter load, 설정 값 저장 기능을 한다.

```python
def train(hyp,  # path/to/hyp.yaml or hyp dictionary
          opt,
          device,
          callbacks
          ):
    save_dir, epochs, batch_size, weights, single_cls, evolve, data, cfg, resume, noval, nosave, workers, freeze, = \
        Path(opt.save_dir), opt.epochs, opt.batch_size, opt.weights, opt.single_cls, opt.evolve, opt.data, opt.cfg, \
        opt.resume, opt.noval, opt.nosave, opt.workers, opt.freeze

    # Directories
    w = save_dir / 'weights'  # weights dir
    (w.parent if evolve else w).mkdir(parents=True, exist_ok=True)  # make dir
    last, best = w / 'last.pt', w / 'best.pt'

    # Hyperparameters
    if isinstance(hyp, str):
        with open(hyp, errors='ignore') as f:
            hyp = yaml.safe_load(f)  # load hyps dict
    LOGGER.info(colorstr('hyperparameters: ') + ', '.join(f'{k}={v}' for k, v in hyp.items()))

    # Save run settings
    if not evolve:
        with open(save_dir / 'hyp.yaml', 'w') as f:
            yaml.safe_dump(hyp, f, sort_keys=False)
        with open(save_dir / 'opt.yaml', 'w') as f:
            yaml.safe_dump(vars(opt), f, sort_keys=False)

    # Loggers
    data_dict = None
```

- config : data/coco128.yaml에 설정된 값을 파싱하여 데이터셋을 설정

```python
# Config
plots = not evolve  # create plots
cuda = device.type != 'cpu'
init_seeds(1 + RANK)
with torch_distributed_zero_first(LOCAL_RANK):
    data_dict = data_dict or check_dataset(data)  # check if None
train_path, val_path = data_dict['train'], data_dict['val']
nc = 1 if single_cls else int(data_dict['nc'])  # number of classes
names = ['item'] if single_cls and len(data_dict['names']) != 1 else data_dict['names']  # class names
assert len(names) == nc, f'{len(names)} names found for nc={nc} dataset in {data}'  # check
is_coco = isinstance(val_path, str) and val_path.endswith('coco/val2017.txt')  # COCO dataset
```

- Model : 사용자가 지정한 모델 파일을 로드하여 학습에 사용할지 아니면 초기 학습파일로 만들지 결정한다.

```python
# Model
check_suffix(weights, '.pt')  # check weights
pretrained = weights.endswith('.pt')
if pretrained:
    with torch_distributed_zero_first(LOCAL_RANK):
        weights = attempt_download(weights)  # download if not found locally
    ckpt = torch.load(weights, map_location=device)  # load checkpoint
    model = Model(cfg or ckpt['model'].yaml, ch=3, nc=nc, anchors=hyp.get('anchors')).to(device)  # create
    exclude = ['anchor'] if (cfg or hyp.get('anchors')) and not resume else []  # exclude keys
    csd = ckpt['model'].float().state_dict()  # checkpoint state_dict as FP32
    csd = intersect_dicts(csd, model.state_dict(), exclude=exclude)  # intersect
    model.load_state_dict(csd, strict=False)  # load
    LOGGER.info(f'Transferred {len(csd)}/{len(model.state_dict())} items from {weights}')  # report
else:
    model = Model(cfg, ch=3, nc=nc, anchors=hyp.get('anchors')).to(device)  # create
```

- Freeze : parameter 설정 후 freezing할 layer 설정
- Image size, Batch size 설정
- Optimizer : 학습에 사용할 parameter 최적화

- 모델의 특정 layer를 freezing한다는 것은 해당 모델의 레이어의 파라미터를 학습 과정(back propagation) 중 파라미터 최적화를 수행하지 않겠다는 의미이다. 즉, freezing layer의 파라미터는 학습 중이라도 파라미터가 유지된다. 이 기능은 주로 transfer learning을 할 때 주로 사용하는데, 사전 학습 모델의 피처 정보를 그대로 유지하기 위해 사용한다.

```
# Freeze
freeze = [f'model.{x}.' for x in (freeze if isinstance(freeze, list) else range(freeze))]  # layers to freeze
for k, v in model.named_parameters():
    v.requires_grad = True  # train all layers
    if any(x in k for x in freeze):
        LOGGER.info(f'freezing {k}')
        v.requires_grad = False

# Image size
gs = max(int(model.stride.max()), 32)  # grid size (max stride)
imgsz = check_img_size(opt.imgsz, gs, floor=gs * 2)  # verify imgsz is gs-multiple

# Batch size
if RANK == -1 and batch_size == -1:  # single-GPU only, estimate best batch size
    batch_size = check_train_batch_size(model, imgsz)

# Optimizer
nbs = 64  # nominal batch size
accumulate = max(round(nbs / batch_size), 1)  # accumulate loss before optimizing
hyp['weight_decay'] *= batch_size * accumulate / nbs  # scale weight_decay
LOGGER.info(f"Scaled weight_decay = {hyp['weight_decay']}")

g0, g1, g2 = [], [], []  # optimizer parameter groups
for v in model.modules():
    if hasattr(v, 'bias') and isinstance(v.bias, nn.Parameter):  # bias
        g2.append(v.bias)
    if isinstance(v, nn.BatchNorm2d):  # weight (no decay)
        g0.append(v.weight)
    elif hasattr(v, 'weight') and isinstance(v.weight, nn.Parameter):  # weight (with decay)
        g1.append(v.weight)

if opt.adam:
    optimizer = Adam(g0, lr=hyp['lr0'], betas=(hyp['momentum'], 0.999))  # adjust beta1 to momentum
else:
    optimizer = SGD(g0, lr=hyp['lr0'], momentum=hyp['momentum'], nesterov=True)
```

- Start training : 사용자가 설정한 epoch값으로 학습을 진행한다. Default값이 300이므로 TX2보드에서 테스트 동작시 작은 수로 설정해야 오래 걸리지 않는다.

```
# Start training
t0 = time.time()
nw = max(round(hyp['warmup_epochs'] * nb), 1000)  # number of warmup iterations, max(3 epochs, 1k iterations)
# nw = min(nw, (epochs - start_epoch) / 2 * nb)  # limit warmup to < 1/2 of training
last_opt_step = -1
maps = np.zeros(nc)  # mAP per class
results = (0, 0, 0, 0, 0, 0, 0)  # P, R, mAP@.5, mAP@.5-.95, val_loss(box, obj, cls)
scheduler.last_epoch = start_epoch - 1  # do not move
scaler = amp.GradScaler(enabled=cuda)
stopper = EarlyStopping(patience=opt.patience)
compute_loss = ComputeLoss(model)  # init loss class
LOGGER.info(f'Image sizes {imgsz} train, {imgsz} val\n'
            f'Using {train_loader.num_workers * WORLD_SIZE} dataloader workers\n'
            f"Logging results to {colorstr('bold', save_dir)}\n"
            f'Starting training for {epochs} epochs...')
for epoch in range(start_epoch, epochs):  # epoch ------------------------------------------------------------------
    model.train()

    # Update image weights (optional, single-GPU only)
    if opt.image_weights:
        cw = model.class_weights.cpu().numpy() * (1 - maps) ** 2 / nc  # class weights
        iw = labels_to_image_weights(dataset.labels, nc=nc, class_weights=cw)  # image weights
        dataset.indices = random.choices(range(dataset.n), weights=iw, k=dataset.n)  # rand weighted idx

    # Update mosaic border (optional)
    # b = int(random.uniform(0.25 * imgsz, 0.75 * imgsz + gs) // gs * gs)
    # dataset.mosaic_border = [b - imgsz, -b]  # height, width borders

    mloss = torch.zeros(3, device=device)  # mean losses
    if RANK != -1:
        train_loader.sampler.set_epoch(epoch)
    pbar = enumerate(train_loader)
    LOGGER.info(('\n' + '%10s' * 7) % ('Epoch', 'gpu_mem', 'box', 'obj', 'cls', 'labels', 'img_size'))
    if RANK in [-1, 0]:
        pbar = tqdm(pbar, total=nb, bar_format='{l_bar}{bar:10}{r_bar}{bar:-10b}')  # progress bar
    optimizer.zero_grad()
```

▸ **학습 실행하기**

```
$ python3 train.py --img 640 --batch 8 --epochs 1 \
        --data coco128.yaml --weights yolov5s.pt -- workers 0
```

Git 예제에서 batch size를 16, epochs 설정을 3으로 하였으나 TX2 GPU memory 문제와 학습 시간이 길어지는 문제로 위와 같이 설정하였다.

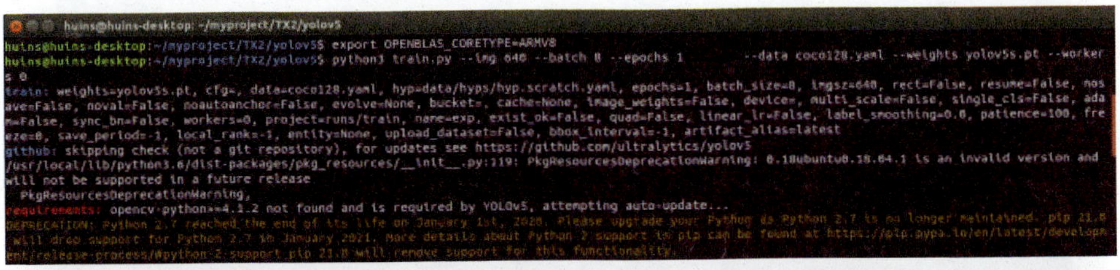

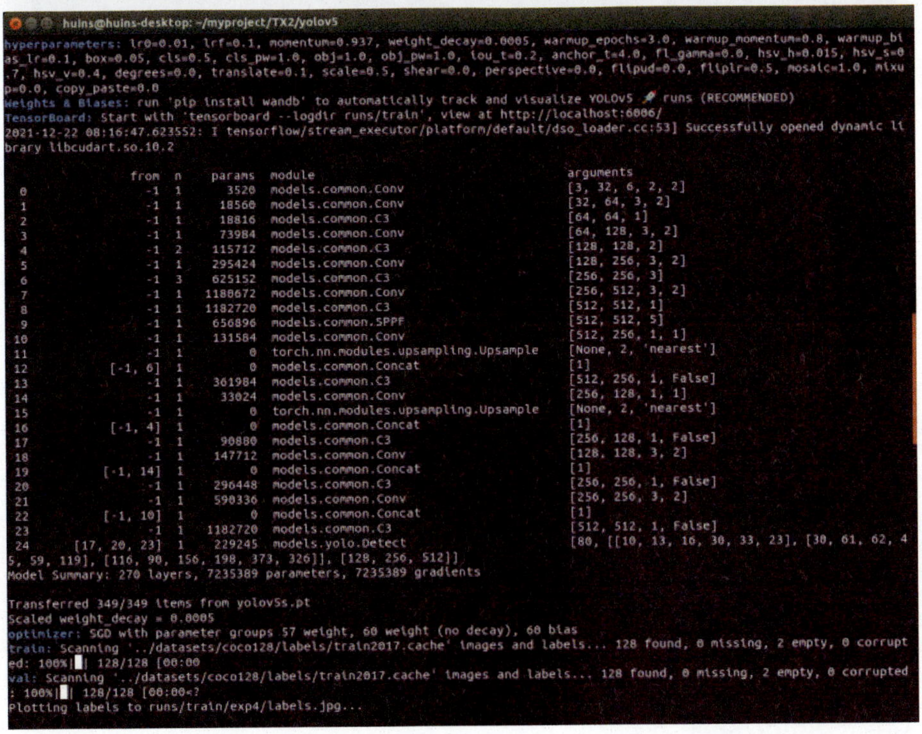

▸ 학습 결과 저장

아래 화면에 표시된 경로(예 : runs/train/exp4)에 학습 모델 파일이 저장된다. 학습을 완료할 때마다 exp, exp2, exp3, exp4, ….로 생성된다.

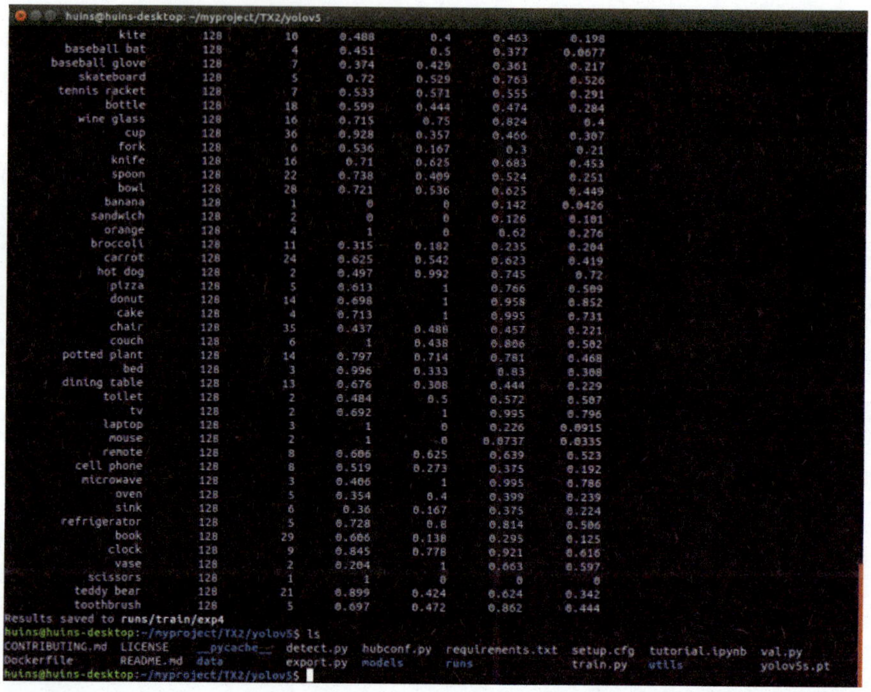

③ 객체 검출 : detect.py

이 학습된 결과를 사용하여 객체를 검출해보는 단계이다. 다음 예시처럼 검출 실행을 할 수 있다.

```
예시) python3 detect.py --source \
        ./data/coco128/images/train2017/000000000532.jpg \
        --img 640 --weight  runs/train/exp2/weights/last.pt
```

▸ Detect 파라미터 옵션 값

```
--source  : input data 종류(이미지, 카메라, 동영상)
--img     : input 이미지 사이즈
--weights : detecting에 사용할 모델
```

▸ detect.py 파일 구조

main 함수에서 동작시키는 detect 동작 함수이다. parameter값을 사용자가 설정해 주지 않으면 아래 적용된 값으로 설정된다.

```
def run(weights=ROOT / 'yolov5s.pt',  # model.pt path(s)
        source=ROOT / 'data/images',  # file/dir/URL/glob, 0 for webcam
        imgsz=(640, 640),  # inference size (height, width)
        conf_thres=0.25,  # confidence threshold
        iou_thres=0.45,  # NMS IOU threshold
        max_det=1000,  # maximum detections per image
        device='',  # cuda device, i.e. 0 or 0,1,2,3 or cpu
        view_img=False,  # show results
        save_txt=False,  # save results to *.txt
        save_conf=False,  # save confidences in --save-txt labels
        save_crop=False,  # save cropped prediction boxes
        nosave=False,  # do not save images/videos
        classes=None,  # filter by class: --class 0, or --class 0 2 3
        agnostic_nms=False,  # class-agnostic NMS
        augment=False,  # augmented inference
        visualize=False,  # visualize features
        update=False,  # update all models
        project=ROOT / 'runs/detect',  # save results to project/name
        name='exp',  # save results to project/name
        exist_ok=False,  # existing project/name ok, do not increment
        line_thickness=3,  # bounding box thickness (pixels)
        hide_labels=False,  # hide labels
        hide_conf=False,  # hide confidences
        half=False,  # use FP16 half-precision inference
        dnn=False,  # use OpenCV DNN for ONNX inference
        ):
```

- Source : 검출에 사용될 source(이미지, 영상, 카메라) 설정
- Directories : 검출 결과값을 저장할 디렉토리 설정
- Load model : 검출에 사용될 모델 로드

```
# Source
source = str(source)
save_img = not nosave and not source.endswith('.txt')  # save inference images
is_file = Path(source).suffix[1:] in (IMG_FORMATS + VID_FORMATS)
is_url = source.lower().startswith(('rtsp://', 'rtmp://', 'http://', 'https://'))
webcam = source.isnumeric() or source.endswith('.txt') or (is_url and not is_file)
if is_url and is_file:
    source = check_file(source)  # download

# Directories
save_dir = increment_path(Path(project) / name, exist_ok=exist_ok)  # increment run
(save_dir / 'labels' if save_txt else save_dir).mkdir(parents=True, exist_ok=True)  # make dir

# Load model
device = select_device(device)
model = DetectMultiBackend(weights, device=device, dnn=dnn)
stride, names, pt, jit, onnx, engine = model.stride, model.names, model.pt, model.jit, model.onnx, model.engine
imgsz = check_img_size(imgsz, s=stride)  # check image size
```

• camera 동작일 때와 아닐 때(이미지, 동영상)의 dataset 설정

```
# Dataloader
if webcam:
    view_img = check_imshow()
    cudnn.benchmark = True  # set True to speed up constant image size inference
    dataset = LoadStreams(source, img_size=imgsz, stride=stride, auto=pt)
    bs = len(dataset)  # batch_size
else:
    dataset = LoadImages(source, img_size=imgsz, stride=stride, auto=pt)
    bs = 1  # batch_size
vid_path, vid_writer = [None] * bs, [None] * bs
```

• Run inference : 설정된 source, model, dataset을 기반으로 detect 동작 수행(동영상이나 카메라일 경우 frame마다 연속적으로 동작하고, 사진이면 사진 한 장의 결과 값을 보여준다)

```
# Run inference
model.warmup(imgsz=(1, 3, *imgsz), half=half)  # warmup
dt, seen = [0.0, 0.0, 0.0], 0
for path, im, im0s, vid_cap, s in dataset:
    t1 = time_sync()
    im = torch.from_numpy(im).to(device)
    im = im.half() if half else im.float()  # uint8 to fp16/32
    im /= 255  # 0 - 255 to 0.0 - 1.0
    if len(im.shape) == 3:
        im = im[None]  # expand for batch dim
    t2 = time_sync()
    dt[0] += t2 - t1

    # Inference
    visualize = increment_path(save_dir / Path(path).stem, mkdir=True) if visualize else False
    pred = model(im, augment=augment, visualize=visualize)
    t3 = time_sync()
    dt[1] += t3 - t2

    # NMS
    pred = non_max_suppression(pred, conf_thres, iou_thres, classes, agnostic_nms, max_det=max_det)
    dt[2] += time_sync() - t3
```

• Stream results : run() 함수에서 보면 view_img가 default 값이 false이나 웹캠 동작 시 enable되어(dataloader 부분 참조) 실시간으로 처리 화면을 보여준다.

• Save results : default 값이 true이기 때문에 결과 값이 저장되고, disable시키기 위해 --nosave option을 설정해야 한다.

```python
# Stream results
im0 = annotator.result()
if view_img:
    cv2.imshow(str(p), im0)
    cv2.waitKey(1)  # 1 millisecond

# Save results (image with detections)
if save_img:
    if dataset.mode == 'image':
        cv2.imwrite(save_path, im0)
    else:  # 'video' or 'stream'
        if vid_path[i] != save_path:  # new video
            vid_path[i] = save_path
            if isinstance(vid_writer[i], cv2.VideoWriter):
                vid_writer[i].release()  # release previous video writer
            if vid_cap:  # video
                fps = vid_cap.get(cv2.CAP_PROP_FPS)
                w = int(vid_cap.get(cv2.CAP_PROP_FRAME_WIDTH))
                h = int(vid_cap.get(cv2.CAP_PROP_FRAME_HEIGHT))
            else:  # stream
                fps, w, h = 30, im0.shape[1], im0.shape[0]
                save_path += '.mp4'
            vid_writer[i] = cv2.VideoWriter(save_path, cv2.VideoWriter_fourcc(*'mp4v'), fps, (w, h))
        vid_writer[i].write(im0)
```

▸ 이미지 검출 시

```
$ python3 detect.py --source \
./data/coco128/images/train2017/000000000532.jpg \
--img 640 --weight  runs/train/exp2/weights/last.pt
```

▸ 결과 저장

runs/detect/exp2에 결과물 이미지가 저장된다. Detect 실행할 때마다 exp, exp2, exp3, exp4, ….에 저장된다.

```
huins@huins-desktop: ~/myproject/TX2/yolov5
huins@huins-desktop:~/myproject/TX2/yolov5$ python3 detect.py --source \
>       ~/data/coco128/images/train2017/000000000532.jpg \
>       --img 640 --weight  runs/train/exp2/weights/last.pt
detect: weights=['runs/train/exp2/weights/last.pt'], source=/home/huins/data/coco128/images/train2017/000000000532.jpg, imgsz=[640, 640], conf_thres=0.25, iou_thres=0.45, max_det=1000, device=, view_img=False, save_txt=False, save_conf=False, save_crop=False, nosave=False, classes=None, agnostic_nms=False, augment=False, visualize=False, update=False, project=runs/detect, name=exp, exist_ok=False, line_thickness=3, hide_labels=False, hide_conf=False, half=False, dnn=False
/usr/local/lib/python3.6/dist-packages/pkg_resources/__init__.py:119: PkgResourcesDeprecationWarning: 0.18ubuntu0.18.04.1 is an invalid version and will not be supported in a future release
  PkgResourcesDeprecationWarning,
requirements: opencv-python>=4.1.2 not found and is required by YOLOv5, attempting auto-update...
DEPRECATION: Python 2.7 reached the end of its life on January 1st, 2020. Please upgrade your Python as Python 2.7 is no longer maintained. pip 21.0 will drop support for Python 2.7 in January 2021. More details about Python 2 support in pip ca
```

```
huins@huins-desktop: ~/myproject/TX2/yolov5
requirements: Command 'pip install 'torchvision>=0.8.1'' returned non-zero exit status 1.
YOLOv5 🚀 2021-12-20 torch 1.8.0 CUDA:0 (NVIDIA Tegra X2, 7850MiB)

Fusing layers...
Model Summary: 213 layers, 7225885 parameters, 0 gradients
image 1/1 /home/huins/myproject/TX2/yolov5/data/coco128/images/train2017/000000000532.jpg: 480x640 3 persons, 2 buss, 2 trucks, 1 handbag, Done. (0.072s)
Speed: 2.1ms pre-process, 71.7ms inference, 5.0ms NMS per image at shape (1, 3, 640, 640)
Results saved to runs/detect/exp3
huins@huins-desktop:~/myproject/TX2/yolov5$
```

runs/detect/exp3 안의 이미지 파일을 열어보면 다음 그림과 같이 이미지와 검출된 정보가 보인다.

```
huins@huins-desktop: ~/myproject/TX2/yolov5/runs/detect/exp3
requirements: Command 'pip install 'torchvision>=0.8.1'' returned non-zero exit status 1.
YOLOv5 🚀 2021-12-20 torch 1.8.0 CUDA:0 (NVIDIA Tegra X2, 7850MiB)

Fusing layers...
Model Summary: 213 layers, 7225885 parameters, 0 gradients
image 1/1 /home/huins/myproject/TX2/yolov5/data/coco128/images/train2017/000000000532.jpg: 480x640 3
persons, 2 buss, 2 trucks, 1 handbag, Done. (0.072s)
Speed: 2.1ms pre-process, 71.7ms inference, 5.0ms NMS per image at shape (1, 3, 640, 640)
Results saved to runs/detect/exp3
huins@huins-desktop:~/myproject/TX2/yolov5$ cd runs/
huins@huins-desktop:~/myproject/TX2/yolov5/runs$ cd detect/
huins@huins-desktop:~/myproject/TX2/yolov5/runs/detect$ ls
exp  exp2  exp3
huins@huins-desktop:~/myproject/TX2/yolov5/runs/detect$ cd exp3
huins@huins-desktop:~/myproject/TX2/yolov5/runs/detect/exp3$ ls
000000000532.jpg
huins@huins-desktop:~/myproject/TX2/yolov5/runs/detect/exp3$
```

▸ 웹카메라로 객체 검출 시

웹카메라를 통한 실시간 검출을 위한 과정이다. Camera 동작 관련 error가 발생하면 --source 0로 설정하여 동작한다. 카메라와 HDMI가 둘 다 연결된 상태면 camera가 설정된 device 번호를 찾아야 한다(보통 0 : hdmi, 1 : Camera로 설정되나 아닐 경우도 발생).

▸ 카메라 디바이스 확인하기

```
nvidia@nvidia-desktop:~/yolov5$ ls -al /dev/video*
crw-rw----+ 1 root video 81, 0 11월  23 13:07 /dev/video0
crw-rw----+ 1 root video 81, 1 11월  23 09:36 /dev/video1
```

▸ 카메라 해상도 변경

utils/datasets.py의 310~312라인 주석처리 후 아래와 같이 변경한다. 카메라 해상도와 fps 값을 설정한다.

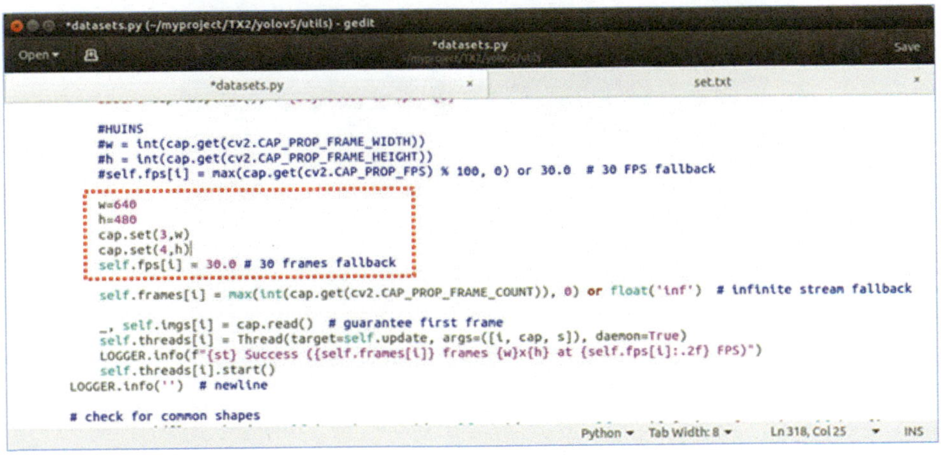

▸ 웹카메라 영상으로 실시간 확인

```
$ python3 detect.py --source 1 --img 640 --weights \
  runs/train/exp/weights/last.pt
```

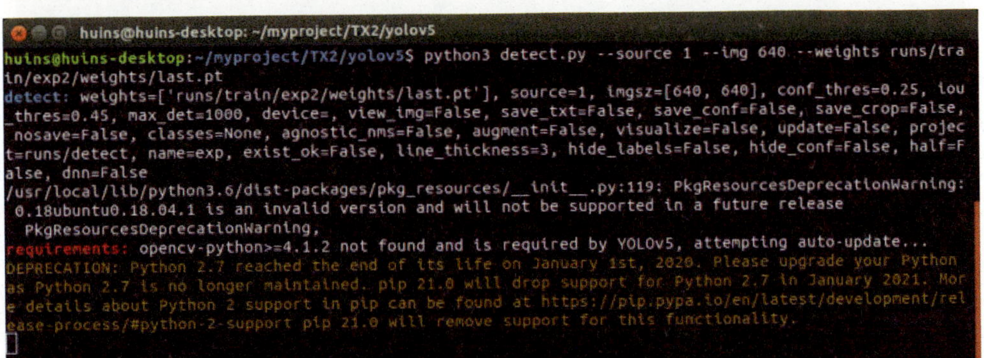

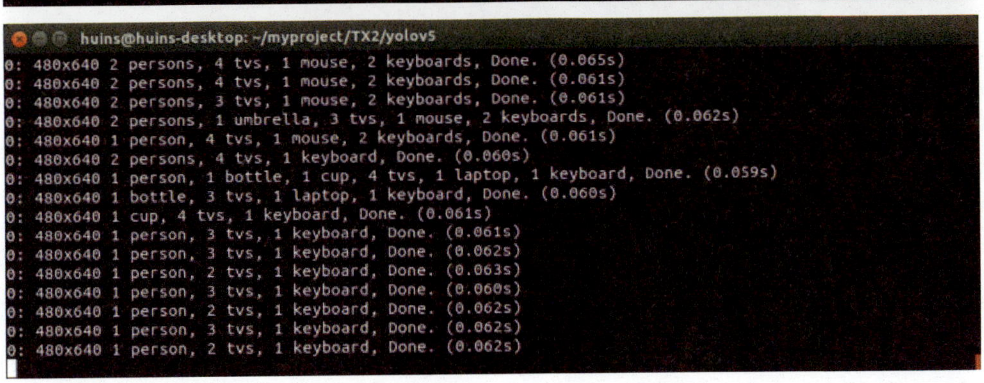

▶ 실시간 객체 검출 내용 1

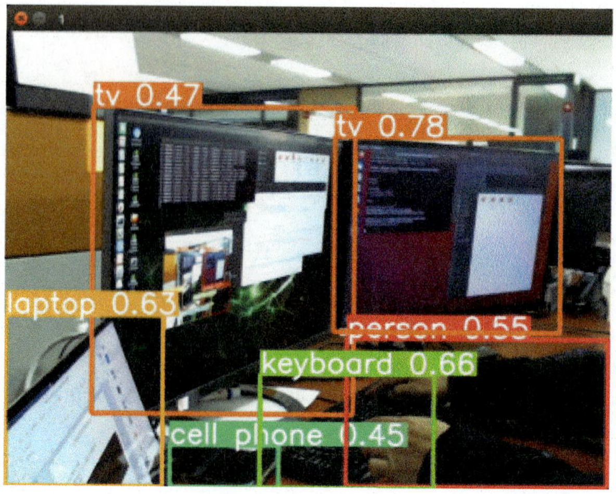

▶ 실시간 객체 검출 내용 2

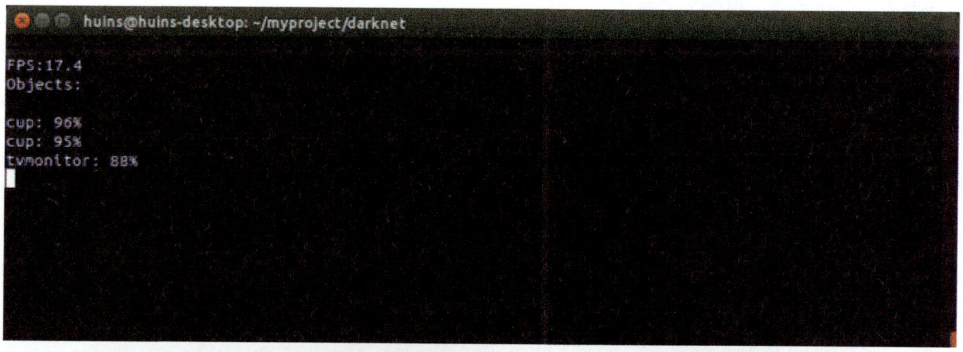

11장

NX 보드에서 YOLO 기반 객체 검출

11.1 YOLOv3 모델 학습

(1) YOLOv3 개요

YOLO(You Only Look Once)는 실시간 객체 검출(real time object detection)에 사용되는 알고리즘으로, 전체 이미지를 한 번만 본다는 점에서 CNN 등과 차이점이 있다. YOLO의 첫 버전은 Josept Redmon이 2015년에 YOLOv1 논문 발표를 통해 알려졌다.

현재 YOLOv7까지 발표되어 있으며, 2018년 4월에 YOLOv3의 세 번째 버전을 출시하였다. COCO 데이터 세트의 mAP-50은 YOLOv2의 44.0%에서 57.9%로 증가함을 보였다.

▶ YOLO의 처리 과정

- 입력 이미지를 S×S 그리드로 분할하고, 입력 이미지(아래 그림(1))이 네트워크를 통과하면 2개의 데이터를 얻는다(아래 그림 (2), (3)).
- 각각의 그리드 셀은 2개의 bounding box와 각 바운딩 박스에 대한 confidence score를 갖는다.
- Confidence score = Pr(Object) * IoU(Intersection of Union)

  Pr(Object) = 셀 격자 내에 물체가 존재할 확률, IoU = I / U
- 각각의 bounding box는 x, y, w, h와 confidence로 구성됨

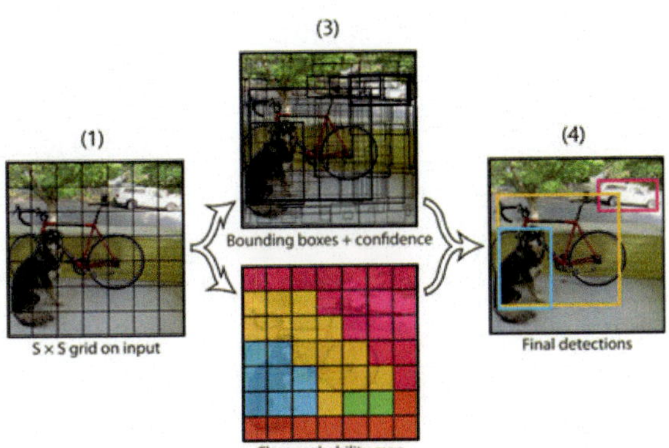

[그림 11.1] YOLO 처리과정

▸ YOLOv3 구조

피라미드 구조와 비슷하며, 가장 작은 Feature Map에서 가장 큰 Feature Map으로 점점 키워가며 물체를 인식한다.

딥러닝 CNN의 경우 ResNet을 사용하는데, YOLOv3와는 반대로 Feature Map을 줄여나가면서 물체를 인식한다. 이렇게 하면 아래쪽에 있는 것들은 Feature에 대한 성숙도가 떨어져 성능의 문제가 있었고, YOLOv3는 이것을 보완하기 위해 반대로 Feature 사이즈를 키워나가면서 Highlevel extraction을 뽑고, 위치정보를 가지고 와서 덧셈을 하여 좋은 성능을 내려고 시도하였다.

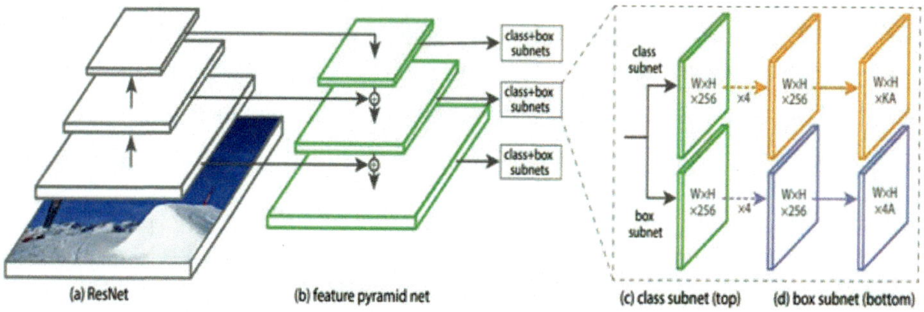

[그림 11.2] CNN과 YOLOv3 처리방식 비교

YOLOv3는 서로 다른 3개의 scale을 사용하여 최종 결과를 예측하는데, 여기서 multi-scale feature map을 얻는 방법은 FPN(Feature Pyramid Network)과 유사하다. 다음 그림처럼 416 × 416 크기의 이미지를 네트워크에 입력하여 feature map이 크기가 52 × 52, 26 × 26, 13 × 13이 되는 layer에서 feature map을 추출한다. 아래 그림을 보면 Scale 3의 해상도(Resolution)이 가장 크므로 여기서 가장 작은 물체를 찾고, Scale 1에서 가장 큰 물체를 찾게 되는 구조로 되어 있다.

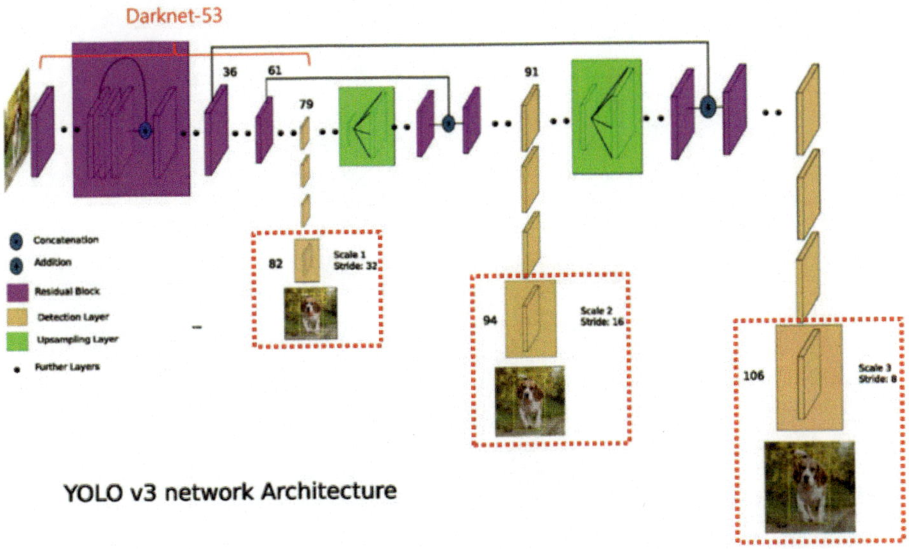

[그림 11.3] YOLOv3 Darknet-53 구조

(2) YOLOv3 설치

YOLOv3를 구현해 놓은 Darknet은 크게 두 개의 프로젝트로 나뉜다. Darknet은 pjreddie와 alexeyab 두 가지 버전이 있다.

```
https://pjreddie.com/darknet/
https://github.com/AlexeyAB/darknet
```

전자의 프로젝트는 YOLOv3의 원 저자가 만든 프로젝트이고, 후자의 경우는 다른 운영체제(Windows)에서 쉽게 활용할 수 있으면서 여러 가지 설정을 변경할 수 있고 Loss와 mAP를 그래프로 확인할 수 있는 프로젝트이다. 그냥 간단히 돌려만 보는 것에 초점을 둔다면 전자의 프로젝트를 사용해도 좋으나 피드백이나 사용 편의성, 특히 여러 가지 설정을 편하게 바꿔주고 싶다면 AlexeyAB의 Darknet을 추천한다.

여기서는 pjreddie 버전을 이용하였다. 라즈베리파이에 설치할 경우는 alexeyab 버전을 이용하는 것을 추천한다.

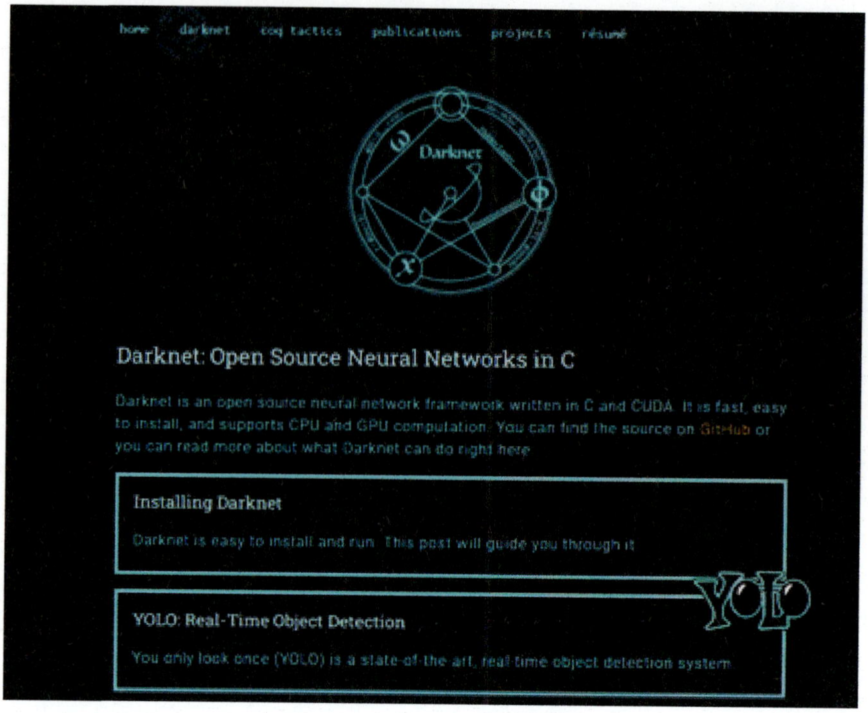

[그림 11.4] Darknet 사이트(https://pjreddie.com/darknet/)

① YOLOv3 데이터셋

COCO 데이터셋을 사용하여 80개 클래스 객체 검출이 가능하다(https://cocodataset.org).

② Darknet

- Joseph Redmon이 독자적으로 개발한 신경망 프레임워크
- DNN(Deep Neural Network)들을 학습시키고 실행시킬 수 있는 틀
- C, CUDA로 작성된 오픈 소스, 연산이 빠르고 설치가 쉽고 CPU 및 GPU 연산을 지원

③ 알고리즘 수행에 필요한 파일

학습 데이터 다운로드가 가능하며, COCO 데이터셋은 MS에서 공개해놓은 training dataset이다.

- weights file : 학습된 모델 파일
- cfg file : 구성파일로 알고리즘에 대한 설정을 포함
- name file : 알고리즘이 감지할 수 있는 객체의 이름을 포함.

기본 yolov3.cfg의 파일은 아래와 같다.

```
[net]
 #Testing
 #batch=1
 #subdivisions=1
 #Training
 batch=64
 subdivisions=16
 width=416
 height=416
 channels=3
 momentum=0.9
 decay=0.0005
 angle=0
 saturation = 1.5
 exposure = 1.5
 hue=.1

 learning_rate=0.001
 burn_in=1000
 max_batches = 500200
 policy=steps
 steps=400000,450000
 scales=.1,.1
 ...
```

학습을 위해서 다음과 같이 값을 조절한다.

조정 항목	설 명
batch	기본 값은 64
subdivisions	• 배치 사이즈인 64를 얼마나 쪼개서 학습을 할 것인지에 대한 설정 값 • 기본 값은 8이지만 Out of memory 에러가 날 경우 16 또는 32 또는 64로 조절하여 학습을 시도함
width 및 height	• 기본 값은 416이지만 608로 변경하여 학습할 수 있음 • 608로 변경 시 정확도가 좋아질 수 있음 • 입력되는 데이터로부터 다양한 데이터를 학습하기 위한 설정 값
angle	• augmentation에 관련된 값으로서, 이미지를 − + 몇 도 돌릴 것인지에 대한 설정 값 • 보통 0으로 두거나, 다양한 각도에서 학습하고 싶은 경우 30 ~ 45 정도, 경우에 따라 90도 가능함

saturation	augmentation에 관련된 값으로서 이미지에 채도를 추가하고자 할 때 설정하는 값
exposure	augmentation에 관련된 값으로서 노출 값을 추가하고자 할 때 설정하는 값
hue	augmentation에 관련된 값으로서 색상을 변경하고자 할 때 설정하는 값
learning_rate	• 보통 0.001 • multi-gpu 사용 시 학습률을 0.001 / gpu 수만큼 조절하기도 함 • 예를 들어 GPU 2장을 이용한 학습 시 0.001 / 2 = 0.0005 값을 사용
burn_in	• 보통 1000 • multi-gpu 사용 시 몇 만큼의 iteration이 지날 때마다 학습률을 조정할 것인지에 대한 값 • multi-gpu 사용 시 1000 * gpu 수만큼 조절함 • 예를 들어 GPU 2장의 경우 1000 * 2 = 2000으로 설정
max_batches	• 언제까지 iteration을 수행할 것인지를 설정하는 값 • 보통 class 수 * 2000으로 설정(넉넉하게 4000을 곱하는 경우도 있음) ◦ 1 class의 경우(1 * 2000) + 200 = 2200 ◦ 80 class의 경우(80 * 2000) + 200 = 160200 • 뒤에 붙인 200 값은 전후로 알맞은 가중치를 얻기 위함임
policy	보통 steps
steps	• 위에서 설정한 max_batches 사이즈(200을 더하지 않은)의 80%와 90%를 설정 • 예를 들어 80 class의 경우 128000, 144000으로 설정
scales	보통 .1, .1

위에서 학습과 관련된 설정을 마친 후에 네트워크의 값들을 조정해준다. classes와 filters의 값을 조정해주면 된다.

조정 항목	설 명
classes	• 클래스의 수 ◦ 1개 클래스 : classes = 1 ◦ 80개 클래스 : classes = 80
filters	• 필터 수 (4+1+클래스 수) * 3 ◦ 1개 클래스 : filters = 18 ◦ 80개 클래스 : filters = 255

④ YOLOv3 입력

▸ **SIZE** :

- (320, 320) : 작고 정확도는 떨어지지만 속도 빠름
- (416, 416) : 중간 정도
- (608, 608) : 정확도는 더 높지만 속도가 느림
- Scale : 0.00392(1/255)
- 컬러채널 : RGB

⑤ YOLOv3 출력

- 3개의 출력 레이어 : 82, 94, 106 출력

⑥ Darknet 경로

- https://github.com/pjreddie/darknet

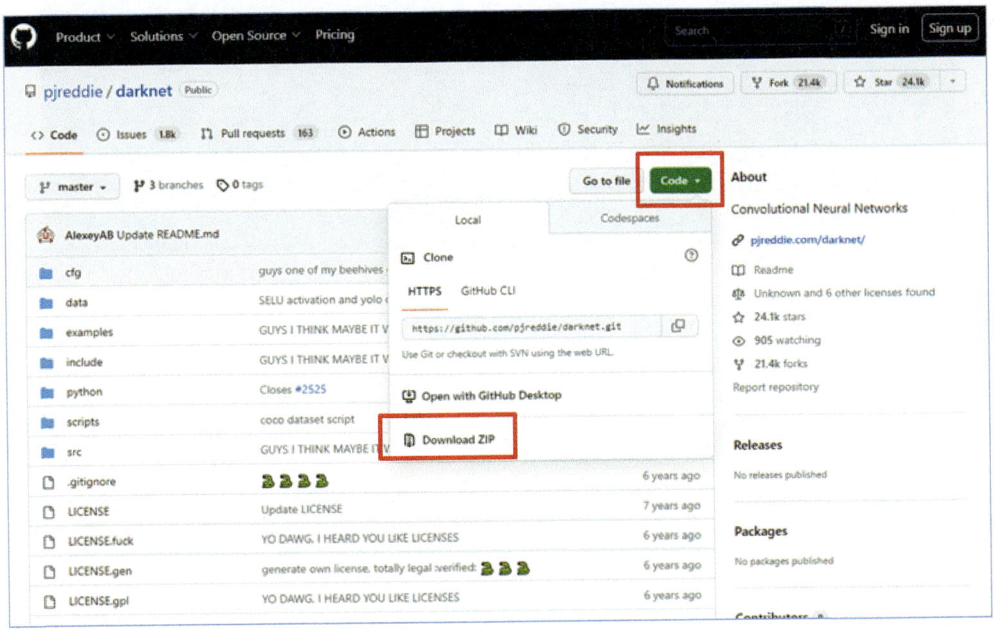

[그림 11.5] Darknet 깃허브 경로

⑦ Darknet 디렉토리 구조

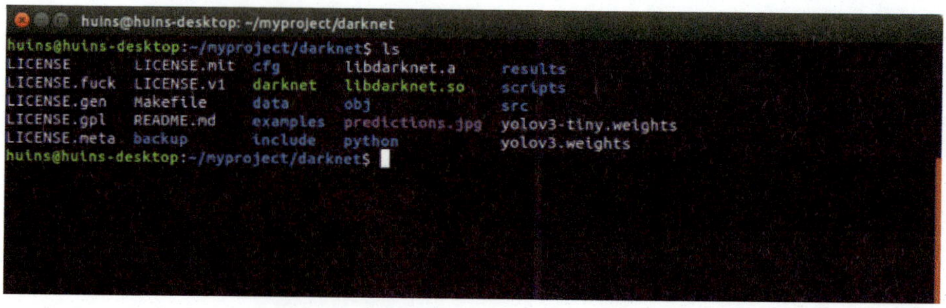

▸ [cfg 디렉토리]

cfg 디렉토리를 열어보면 여러 cfg 파일들을 확인할 수 있다.

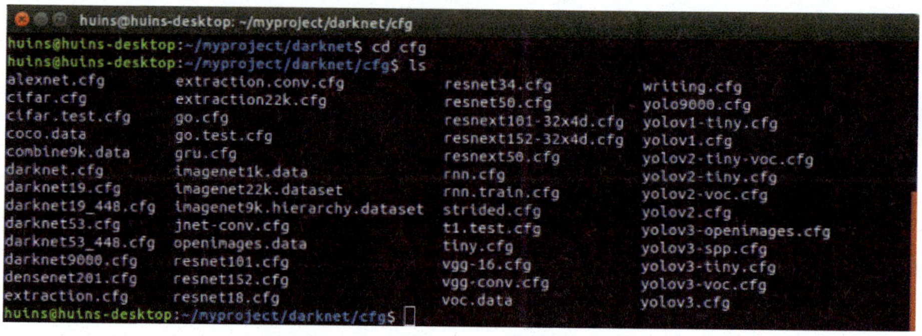

Darknet Framework는 cfg 파일의 변경 혹은 변형을 통해서 본인만의 모델을 만들어 데이터 학습을 시킬 수 있다. 예를 들어 아래 화면은 yolov3.cfg 파일 안의 내용인데 이 안에서 batch size라든가 classification을 몇 개를 할 것인가에 따른 class 수를 변경시킬 수 있다.

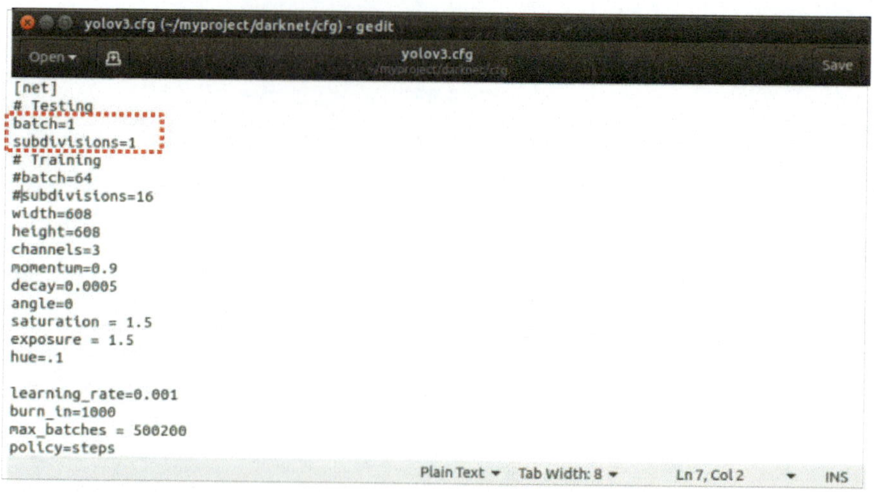

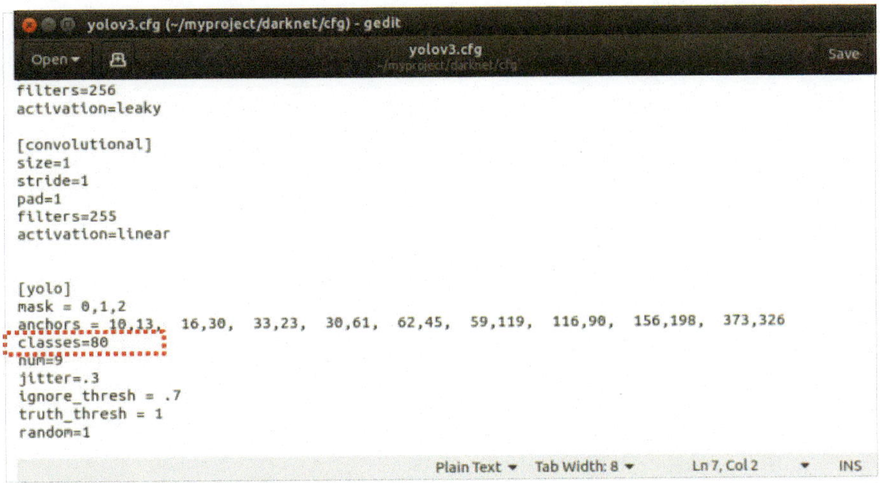

▸ **[data 디렉토리]**

data 디렉토리는 Real Time Detection시에 Bounding Box를 그릴 때 필요한 Label들의 폰트와 Label list, Test Image들이 있다.

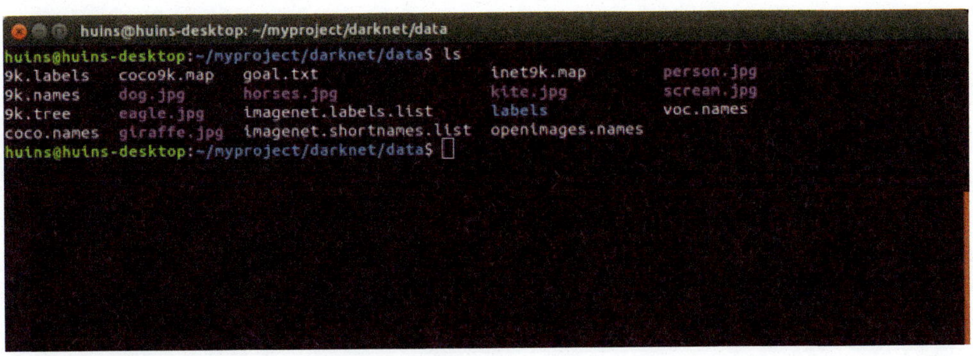

YOLO를 test할 때는 기본적으로 있는 data set으로 coco.data를 사용하는데, coco.data에는 어떻게 Labeling이 되어 있는지 coco.names를 열어봄으로써 확인해 볼 수 있다. 전체 파일 내용에서는 80개의 Label을 확인할 수 있었고, 따라서 YOLO의 기본 data set은 80개의 classification이 가능하다는 것을 확인할 수 있다.

▶ **[src 디렉토리]**

YOLO 사용에 꼭 필요한 C코드 또는 헤더파일들이 있다.

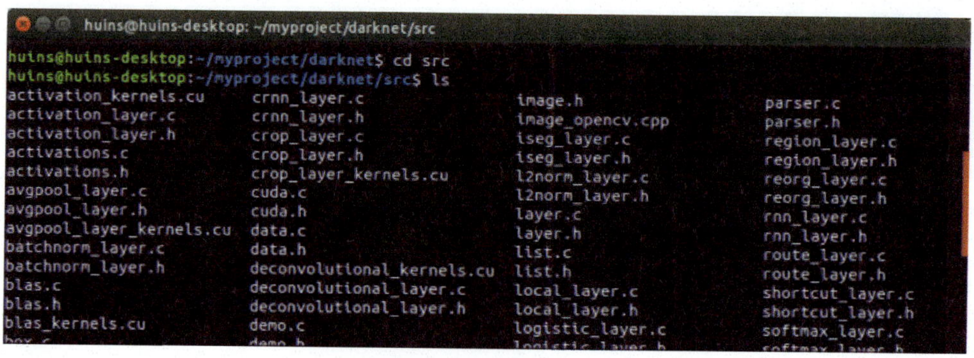

▸ **[Makefile]**

Makefile은 주로 GPU, CUDNN, OPENCV, OPENMP, DEBUG를 사용할 것인가에 관한 정보를 다루고 있다. 사용시에는 1로 표시해주면 된다.

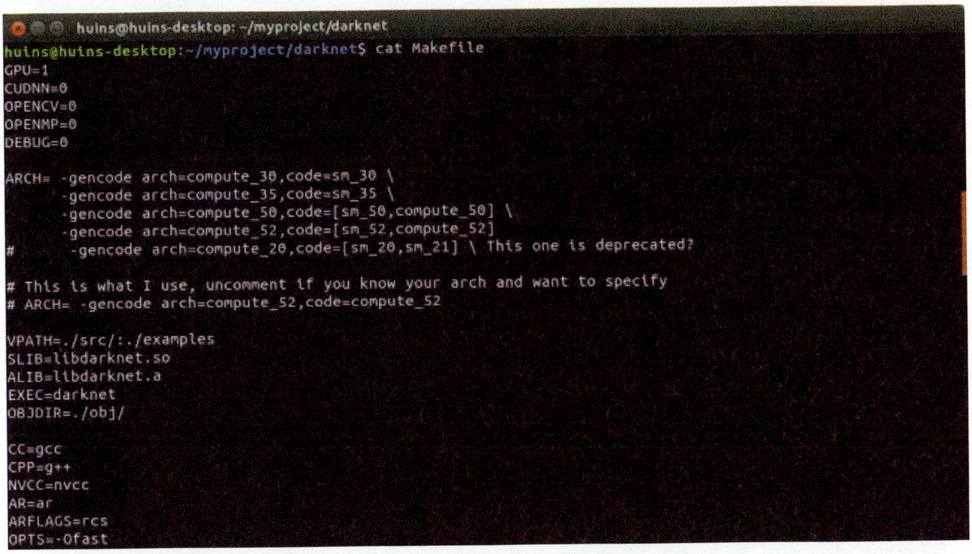

(3) YOLOv3 실습

① 작업 디렉토리 생성

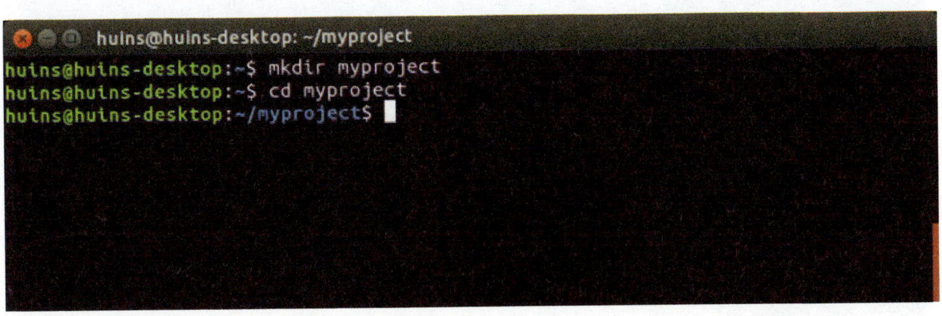

작업 디렉토리 생성 후에 git을 설치한다.

```
$ sudo apt install git
```

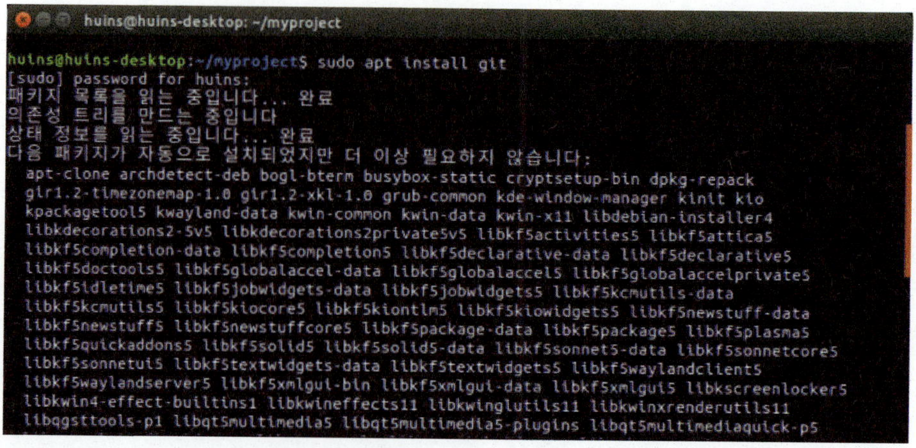

② git 설치 후 다운 받기

```
$ git clone https://github.com/pjreddie/darknet.git
```

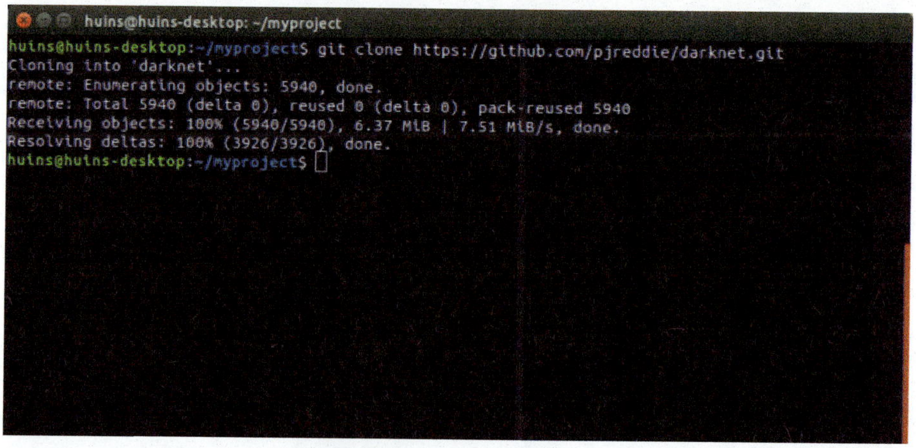

③ darknet 경로로 이동 후 컴파일

```
$ cd darknet
$ make
```

④ makefile 수정하기

```
$ gedit Makefile
```

Makefile을 열어 맨 위 부분을 수정한다. 사용 시에는 **1**, 사용하지 않는 경우는 **0**으로 설정한다.

```
gpu = 1
cudnn = 1
opencv = 1
```

GPU는 CUDA를 의미한다. OpenCV만 이용할 경우에는 OpenCV만 **1**로 변경하고 나머지는 **0**으로 두어도 된다.

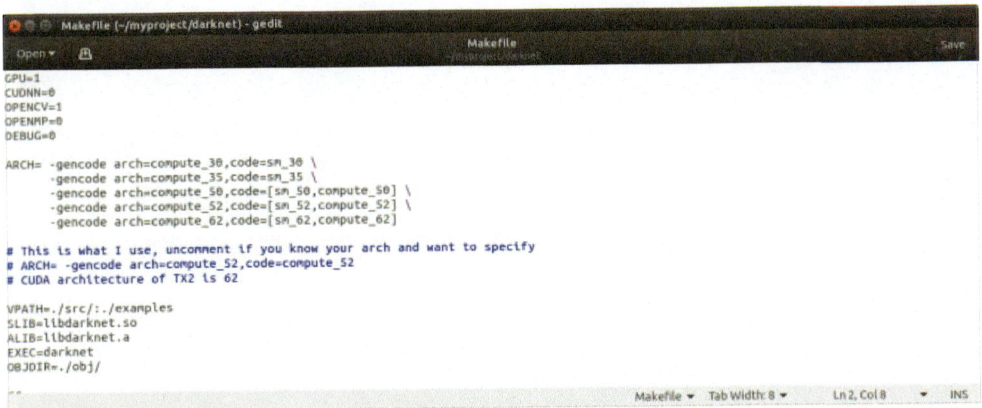

⑤ 다시 make 실행

```
$ make
```

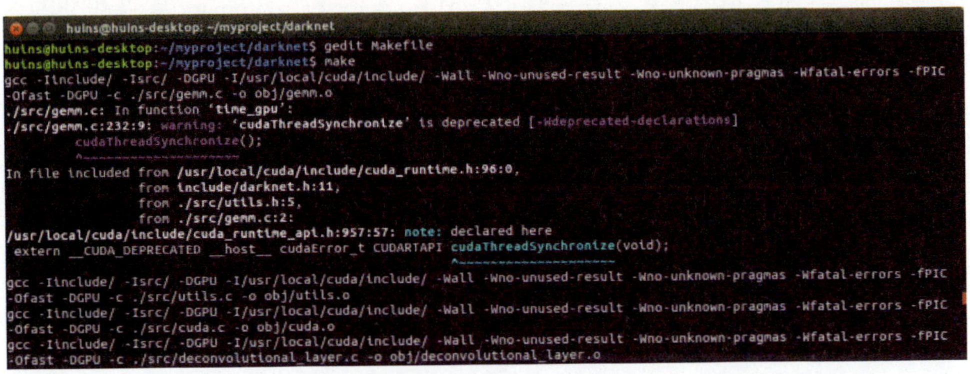

⑥ YOLOv3 기본 가중치(weights) 데이터 다운로드

다음으로는 YOLO 자체에서 제공하는 Weights 파일이 존재하는데, YOLO는 두 가지의 버전을 제공하고 있다. Weights는 YOLO로 사전 훈련된 가중치를 의미한다. 다음과 같은 명령어를 입력하여 Weights 파일을 다운로드한다.

```
$ wget https://pjreddie.com/media/files/yolov3.weights          // 기본 버전
$ wget https://pjreddie.com/media/files/yolov3-tiny.weights     // tiny 버전
```

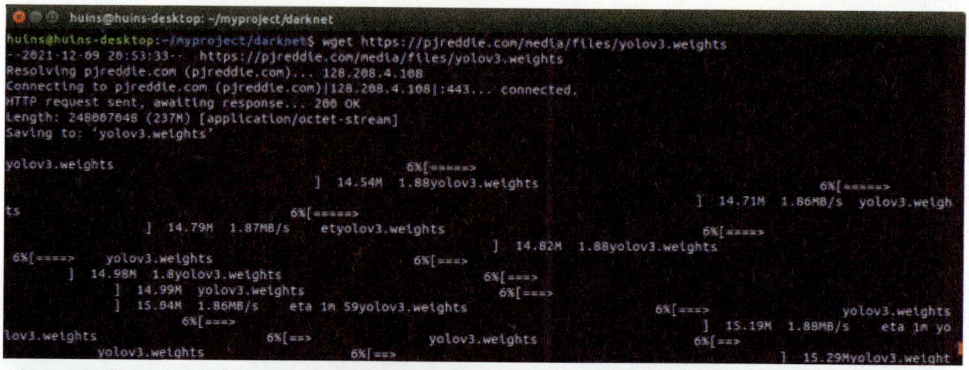

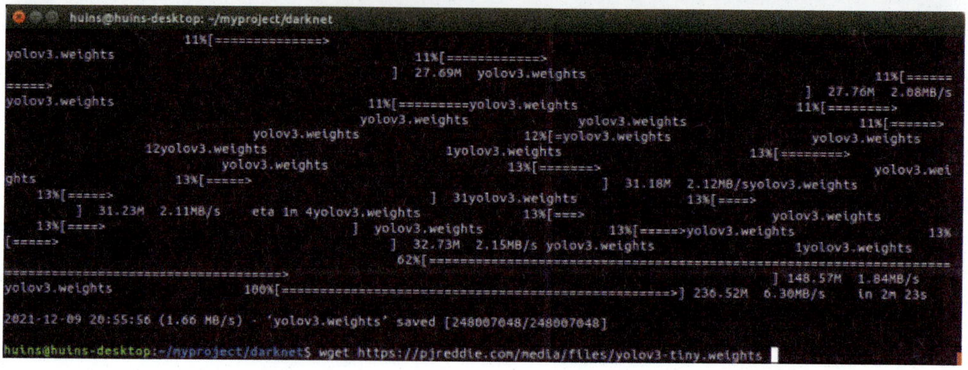

⑦ 학습된 가중치 테스트

dog.jpg 파일을 적용하여 검출 기능을 테스트한다. "detector" command는 동영상을 처리하게 되고, "detect" command는 단일 이미지를 처리한다는 것을 나타낸다. .cfg 파일, .weights 파일, 테스트할 .jpg 이미지 파일이 필요하다.

```
$ ./darknet detect cfg/yolov3.cfg yolov3.weights data/dog.jpg            // 기본 버전
$ ./darknet detect cfg/yolov3-tiny.cfg yolov3-tiny.weights data/dog.jpg // tiny 버전
```

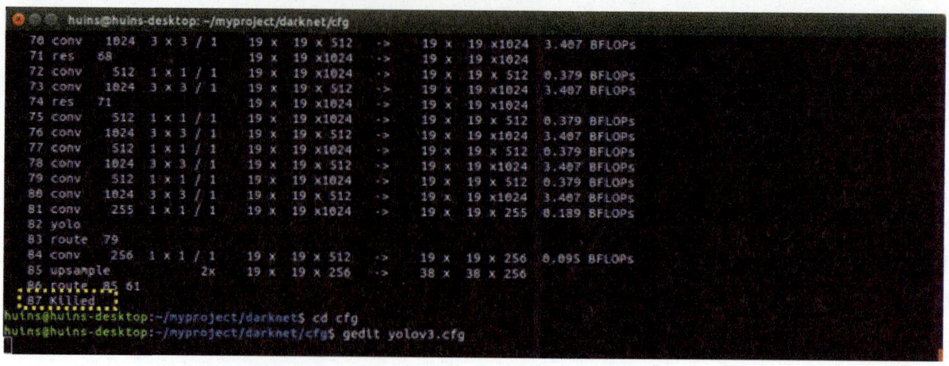

레이어 87쯤 가서 화면이 멈추고 메모리가 죽는 경우가 있다. 이유는 Batch size의 문제일 수 있다. YOLO를 git clone하여 받으면 cfg 파일이 training시에 사용한 batch size인 64로 되어 있기 때문이다. 따라서 이를 수정해야 한다.

▸ Batch size 수정

```
$ cd cfg
$ gedit yolov3.cfg
```

맨 위에 batch와 subdivisions로 주석을 바꿔준다. full network이라 느려지는 단점이 있다.

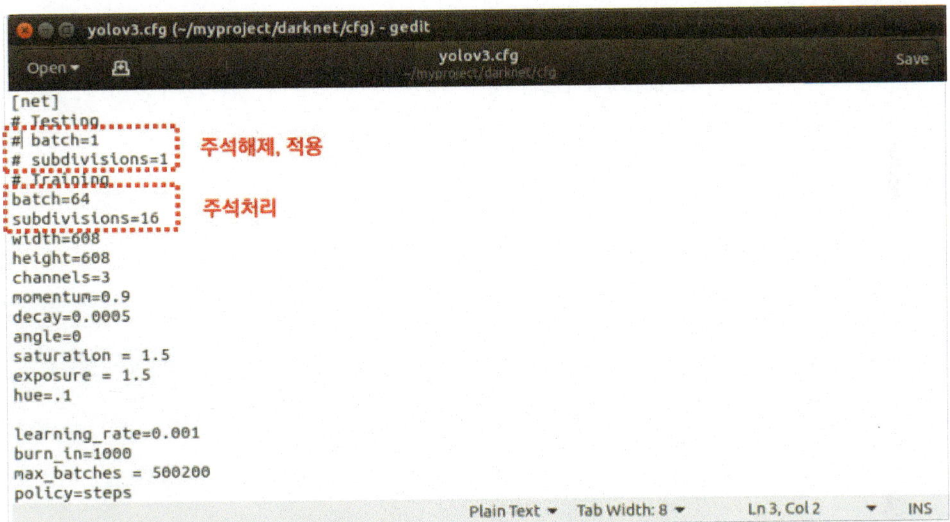

▸ 다시 실행

```
$ ./darknet detect cfg/yolov3.cfg yolov3.weights data/dog.jpg
```

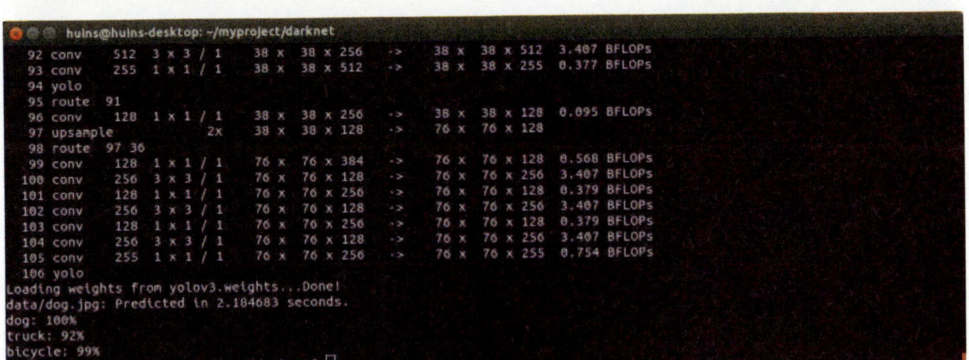

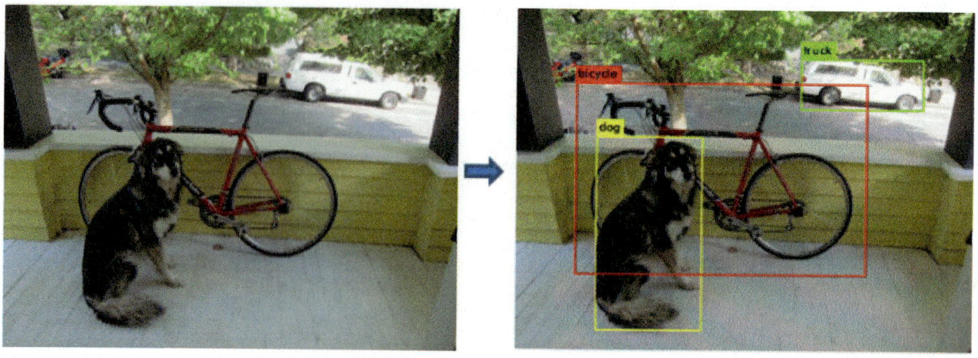

위 결과를 보면 검출시간은 2.184683초가 걸렸고, dog, truck, bicycle에 대한 score가 검출된 것을 확인할 수 있다. 이 정확도는 샘플이기 때문에 높은 것이지 실제 원하는 데이터를 학습해 보면 검출율은 떨어진다.

darkent 디렉토리 내에 predictions.jpg가 검출된 객체가 표시된 결과 파일이다. UI가 있는 화면에서 보면 검출된 객체가 레이블된 박스로 표현되어 있다.

이번에는 kite.jpg 파일을 적용하여 객체 검출을 해보자.

```
$ ./darknet detect cfg/yolov3.cfg yolov3.weights data/kite.jpg
```

```
huins@huins-desktop: ~/myproject/darknet
huins@huins-desktop:~/myproject/darknet$ ./darknet detect cfg/yolov3.cfg yolov3.weights data/kite.
jpg
layer     filters    size              input                output
    0 conv     32  3 x 3 / 1   608 x 608 x   3   ->   608 x 608 x  32  0.639 BFLOPs
    1 conv     64  3 x 3 / 2   608 x 608 x  32   ->   304 x 304 x  64  3.407 BFLOPs
    2 conv     32  1 x 1 / 1   304 x 304 x  64   ->   304 x 304 x  32  0.379 BFLOPs
    3 conv     64  3 x 3 / 1   304 x 304 x  32   ->   304 x 304 x  64  3.407 BFLOPs
    4 res    1                 304 x 304 x  64   ->   304 x 304 x  64
    5 conv    128  3 x 3 / 2   304 x 304 x  64   ->   152 x 152 x 128  3.407 BFLOPs
    6 conv     64  1 x 1 / 1   152 x 152 x 128   ->   152 x 152 x  64  0.379 BFLOPs
    7 conv    128  3 x 3 / 1   152 x 152 x  64   ->   152 x 152 x 128  3.407 BFLOPs
    8 res    5                 152 x 152 x 128   ->   152 x 152 x 128
    9 conv     64  1 x 1 / 1   152 x 152 x 128   ->   152 x 152 x  64  0.379 BFLOPs
   10 conv    128  3 x 3 / 1   152 x 152 x  64   ->   152 x 152 x 128  3.407 BFLOPs
   11 res    8                 152 x 152 x 128   ->   152 x 152 x 128
   12 conv    256  3 x 3 / 2   152 x 152 x 128   ->    76 x  76 x 256  3.407 BFLOPs
   13 conv    128  1 x 1 / 1    76 x  76 x 256   ->    76 x  76 x 128  0.379 BFLOPs
   14 conv    256  3 x 3 / 1    76 x  76 x 128   ->    76 x  76 x 256  3.407 BFLOPs
   15 res   12                  76 x  76 x 256   ->    76 x  76 x 256
   16 conv    128  1 x 1 / 1    76 x  76 x 256   ->    76 x  76 x 128  0.379 BFLOPs
   17 conv    256  3 x 3 / 1    76 x  76 x 128   ->    76 x  76 x 256  3.407 BFLOPs
   18 res   15                  76 x  76 x 256   ->    76 x  76 x 256
   19 conv    128  1 x 1 / 1    76 x  76 x 256   ->    76 x  76 x 128  0.379 BFLOPs
   20 conv    256  3 x 3 / 1    76 x  76 x 128   ->    76 x  76 x 256  3.407 BFLOPs
```

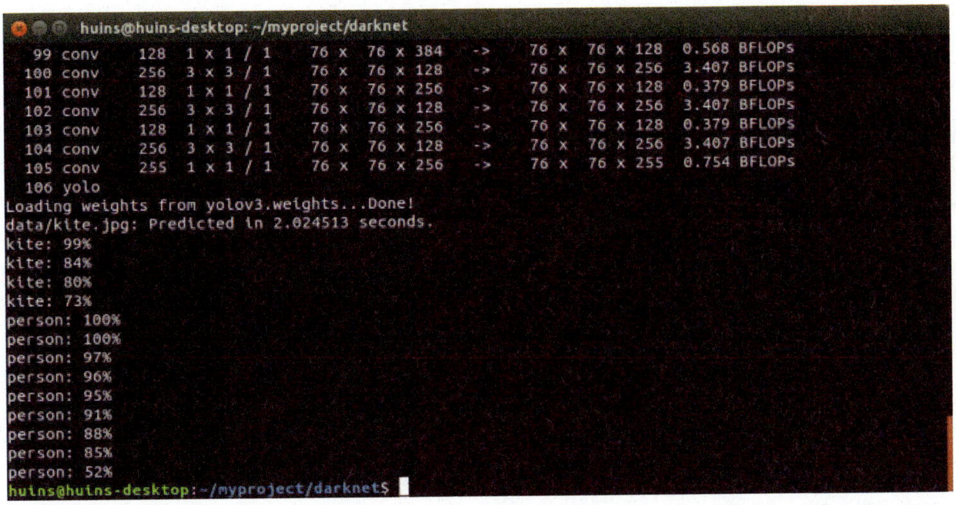

```
huins@huins-desktop: ~/myproject/darknet
  99 conv    128  1 x 1 / 1    76 x  76 x 384   ->    76 x  76 x 128  0.568 BFLOPs
 100 conv    256  3 x 3 / 1    76 x  76 x 128   ->    76 x  76 x 256  3.407 BFLOPs
 101 conv    128  1 x 1 / 1    76 x  76 x 256   ->    76 x  76 x 128  0.379 BFLOPs
 102 conv    256  3 x 3 / 1    76 x  76 x 128   ->    76 x  76 x 256  3.407 BFLOPs
 103 conv    128  1 x 1 / 1    76 x  76 x 256   ->    76 x  76 x 128  0.379 BFLOPs
 104 conv    256  3 x 3 / 1    76 x  76 x 128   ->    76 x  76 x 256  3.407 BFLOPs
 105 conv    255  1 x 1 / 1    76 x  76 x 256   ->    76 x  76 x 255  0.754 BFLOPs
 106 yolo
Loading weights from yolov3.weights...Done!
data/kite.jpg: Predicted in 2.024513 seconds.
kite: 99%
kite: 84%
kite: 80%
kite: 73%
person: 100%
person: 100%
person: 97%
person: 96%
person: 95%
person: 91%
person: 88%
person: 85%
person: 52%
huins@huins-desktop:~/myproject/darknet$
```

여기서도 kite, person에 대한 score가 검출된 것을 확인할 수 있고, predictions.jpg 결과 파일에서 확인할 수 있다.

(4) YOLOv3 동작 테스트

① YOLOv3 웹캠 영상 테스트

USB 웹캠의 라이브 비디오 피드로 YOLOv3를 테스트했다. 결과는 3~3.3fps에서 유사했다. 아래 명령어 -c 1은 /dev/video1에서 카메라(V4L2) 장치를 사용하는 것을 의미한다. 여기서 "detector" command는 동영상을 처리함을 나타낸다.

```
$ ./darknet detector demo cfg/coco.data cfg/yolov3.cfg yolov3.weights -c 1
```

위 명령 실행시 OpenCV 호환성 문제로 에러가 날 수 있다. 그 이유는 Jetpack 설치시 자동 설치된 OpenCV 4.1 문제이다. 따라서 이 상위 버전을 제거하고, YOLOv3와 호환이 잘 되는 OpenCV 3.4.0을 설치해 보자.

② OpenCV 3.4.0의 설치

기 설치된 OpenCV를 삭제한다.

```
$ sudo apt-get purge libopencv*
```

```
$ mkdir opencv
$ cd opencv/
$ wget -O opencv.zip https://github.com/opencv/opencv/archive/3.4.0.zip
$ unzip opencv.zip
$ wget -O opencv_contrib.zip https://github.com/opencv/opencv_contrib/archive
/3.4.0.zip
$ unzip opencv_contrib.zip
$ cd opencv-3.4.0/
$ mkdir build
$ cd build/
```

다음 순서에 따라 진행한다.

```
$ cmake -D CMAKE_BUILD_TYPE=RELEASE -D
CMAKE_INSTALL_PREFIX=/usr/local -D WITH_TBB=OFF \
-D WITH_IPP=OFF -D WITH_1394=OFF -D BUILD_WITH_DEBUG_INFO=OFF
-D BUILD_DOCS=OFF \
-D INSTALL_C_EXAMPLES=ON -D INSTALL_PYTHON_EXAMPLES=ON -D
BUILD_EXAMPLES=OFF \
-D BUILD_TESTS=OFF -D BUILD_PERF_TESTS=OFF -D WITH_QT=OFF -D
WITH_GTK=ON \
-D ENABLE_PRECOMPILED_HEADERS=OFF \
-D WITH_OPENGL=ON -D
```

```
OPENCV_EXTRA_MODULES_PATH=../../opencv_contrib-3.4.0/modules \
-D WITH_V4L=ON  -D WITH_FFMPEG=ON -D WITH_XINE=ON -D
BUILD_NEW_PYTHON_SUPPORT=ON \
-D PYTHON2_INCLUDE_DIR=/usr/include/python2.7
-D
PYTHON2_NUMPY_INCLUDE_DIRS=/usr/lib/python2.7/dist-packages/numpy/co
re/include/ \
-D PYTHON2_PACKAGES_PATH=/usr/lib/python2.7/dist-packages
-D PYTHON2_LIBRARY=/usr/lib/x86_64-linux-gnu/libpython2.7.so \
-D PYTHON3_INCLUDE_DIR=/usr/include/python3.6m
-D
PYTHON3_NUMPY_INCLUDE_DIRS=/usr/lib/python3/dist-packages/numpy/core
/include/  \
-D PYTHON3_PACKAGES_PATH=/usr/lib/python3/dist-packages
-D PYTHON3_LIBRARY=/usr/lib/x86_64-linux-gnu/libpython3.6m.so ../
```

여기서 숫자는 코어 수를 말한다.

```
$ make -j4
```

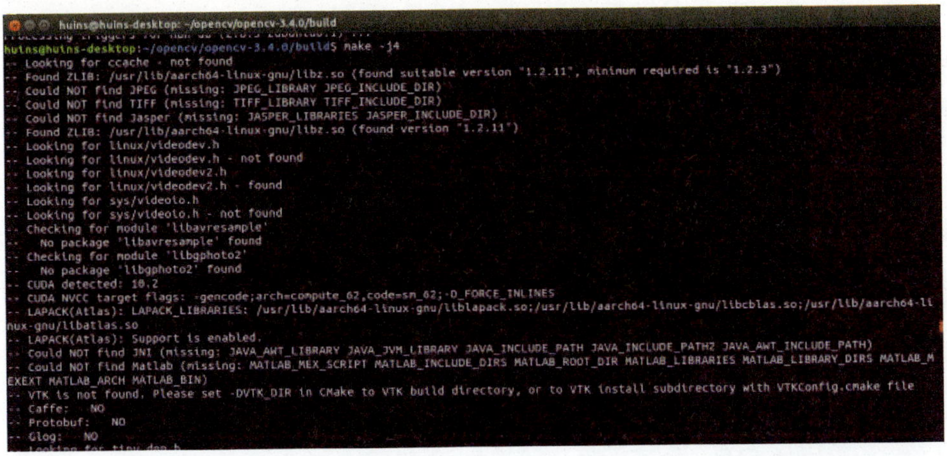

```
$ sudo make install
```

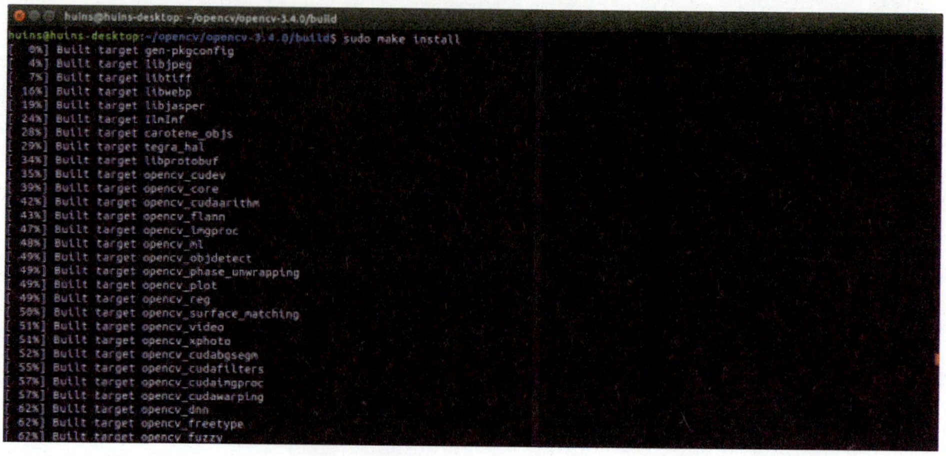

ldconfig는 공유 라이브러리 캐시를 다시 설정한다. 공통적인 라이브러리를 사용하는 것을 **동적 링크 프로그램**, 컴파일할 때 자체적인 라이브러리를 사용하는 것을 **정적 링크 프로그램**이라고 한다.

동적으로 링크된 실행 파일은 공유 라이브러리에 완벽하게 의존적이므로 새로운 버전의 라이브러리를 설치하고 이것을 사용하려면 디렉토리를 설정하고 ldconfig로 공유 라이브러리 캐시를 다시 설정해야 한다.

```
$ sudo ldconfig
```

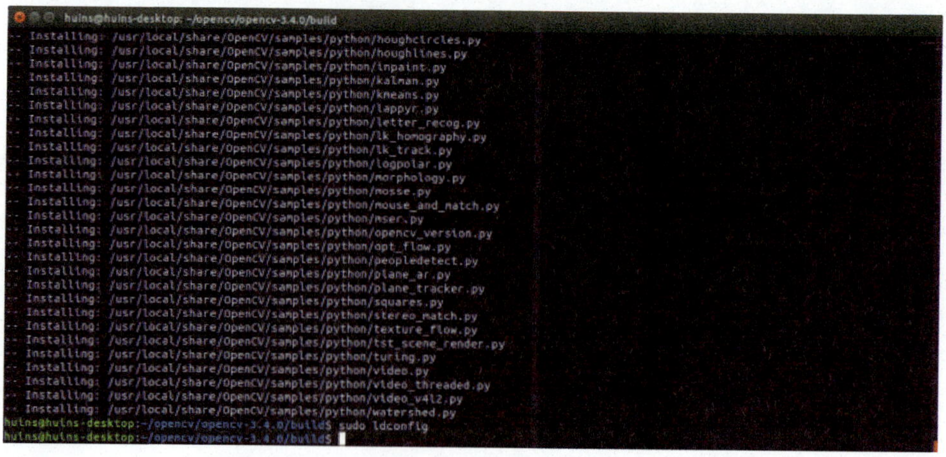

설치된 버전을 확인한다.

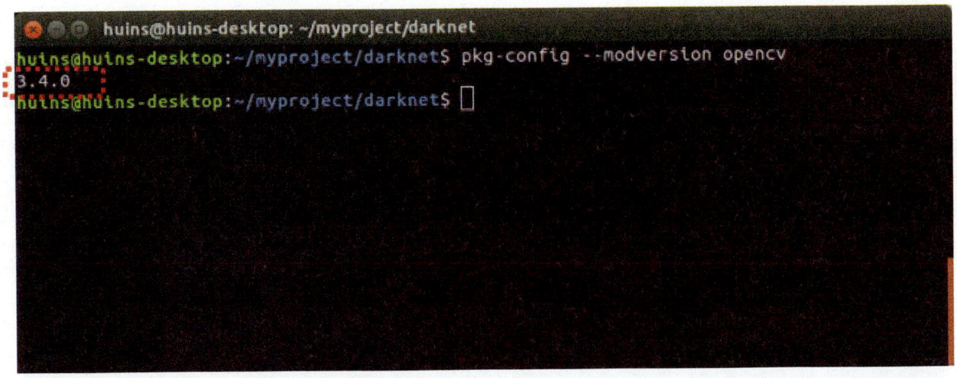

③ darknet에서 make 실행

에디터를 통해 Makefile을 적절히 수정한 후에 **make**를 실행하여 빌드를 시작한다.

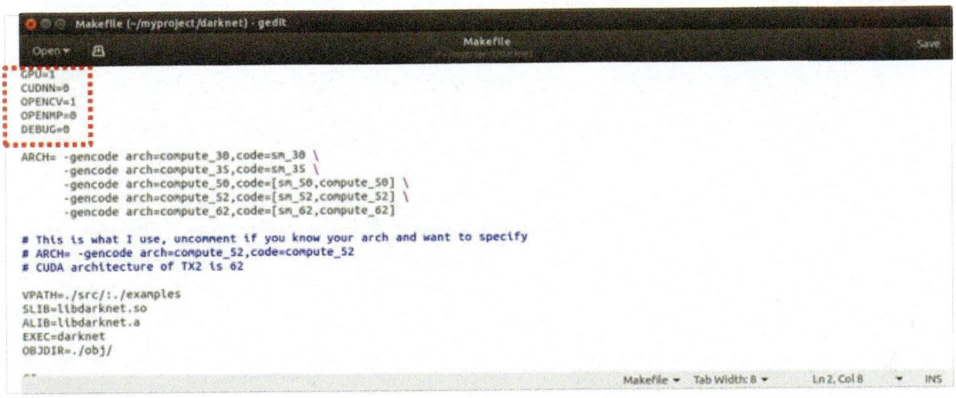


```
$ make
```

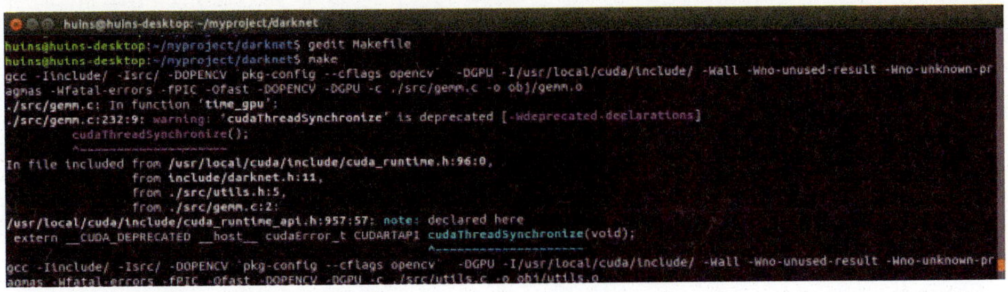

④ 웹캠 영상 테스트

▸ YOLOv3 일반 모델 테스트

OpenCV 3.4 버전을 설치한 후에 웹캠 테스트를 해보자. 먼저 YOLOv3 일반 모델로 테스트 해본다.

```
$ ./darknet detector demo cfg/coco.data cfg/yolov3.cfg yolov3.weights -c 1
```

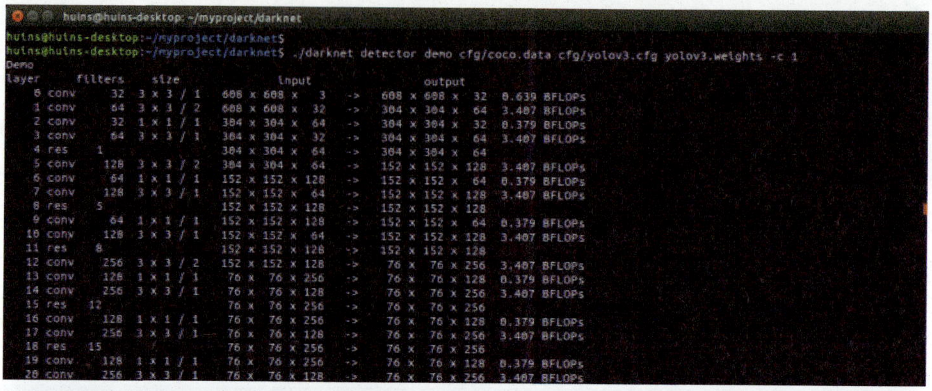

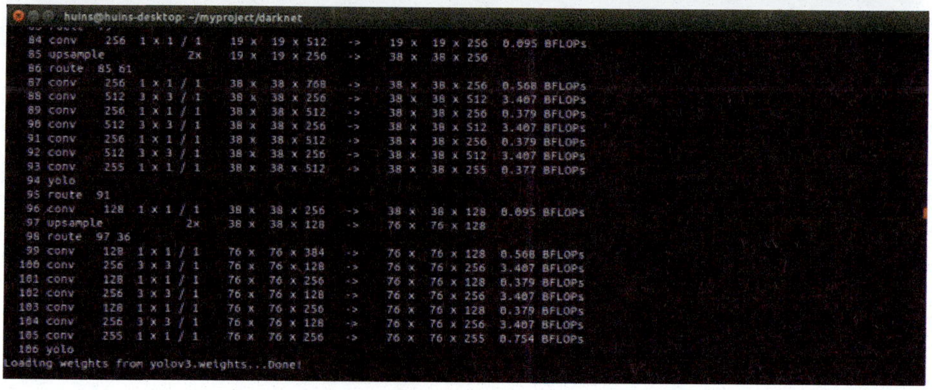

초당 프레임 처리속도가 1.5 정도로 매우 느리다. 각 객체에 대한 검출 정도를 보여준다.

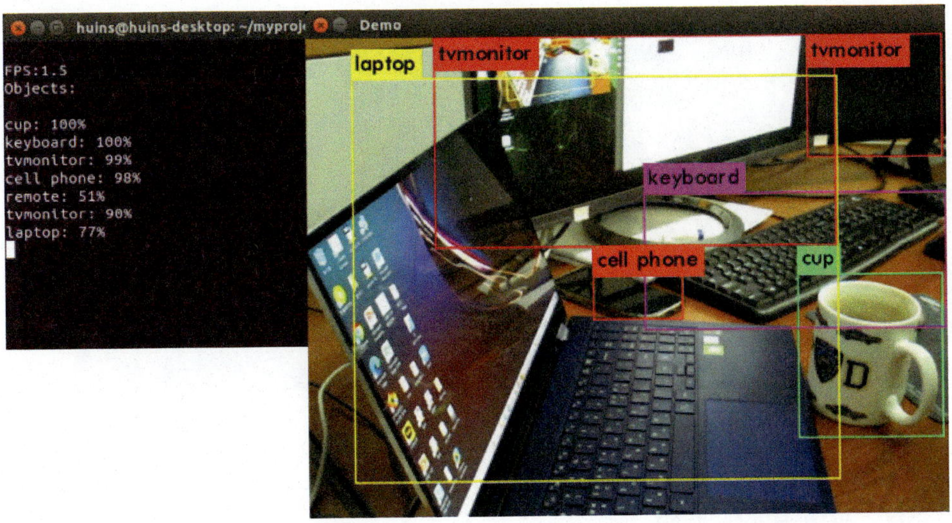

▸ YOLOv3 tiny 모델 테스트

이번에는 YOLOv3 tiny 모델로 테스트해본다.

```
$ ./darknet detector demo cfg/coco.data cfg/yolov3-tiny.cfg yolov3-tiny.weights -c 1
```

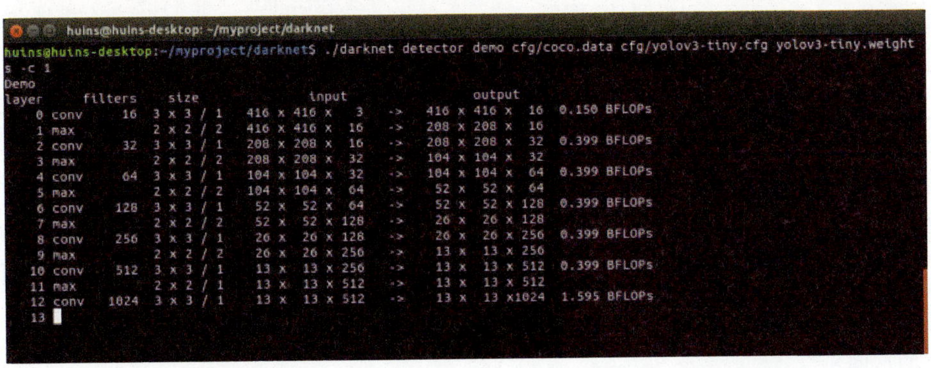

초당 프레임 처리속도가 17.4 정도로 매우 빠르지만 일반 모델에 비해 각 객체에 대한 검출 능력은 매우 떨어진다. 인식 정확도를 줄이고 처리 속도를 높이고 싶다면 tiny 모델을 사용하면 된다.

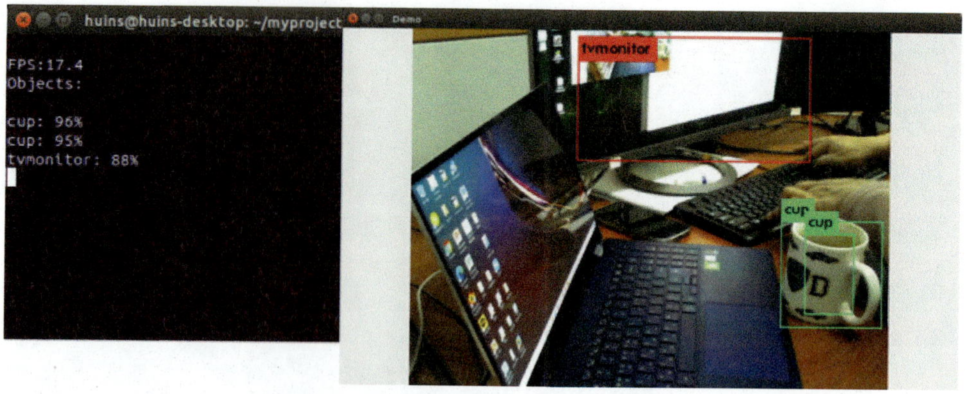

(5) YOLOv3를 통한 모델 학습

① 학습용 데이터파일 준비

제공된 'fire detection example' zip파일을 작업 폴더 아래 준비한다.

fire detection example	convert_source	fire_image	weight
convert_source fire_image weight	convert.py darknet19_448.conv.23 detector.c obj.data obj.names process.py	120장의 fire 이미지파일	yolov2-voc-new_5000.weights yolov2-voc-new_6000.weights yolov3.weights yolov3-tiny.weights

② 데이터 라벨링

3장에서 학습한 labelImg 툴을 이용하여 데이터에 대한 라벨링을 실시한다. 라벨링을 위해 작업 디렉토리를 생성한다. 준비한 이미지 파일을 이 디렉토리로 복사한다.

```
$ mkdir 001
$ cd 001
```

1) 라벨링 작업

다음처럼 labelImg를 실행한다. fire 이미지 파일에 대해 annotation을 시작하여 txt 파일을 생성한다.

```
$ python3 labelImg.py
```

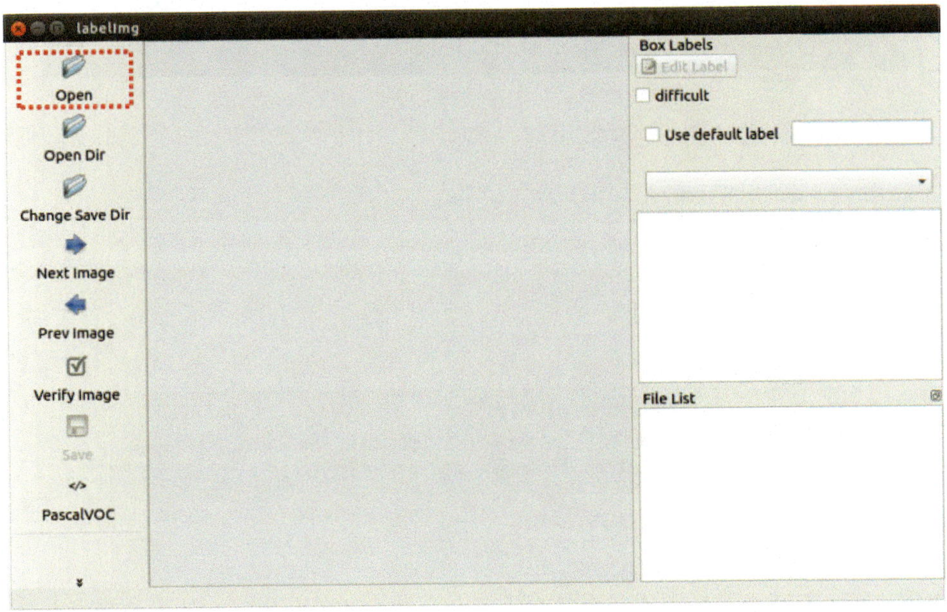

③ 학습 파일 준비

1) convert 및 process 파일 복사

제공된 convert.py와 process.py 파일을 darknet 디렉토리에 복사한다.

- **convert.py 파일** : labelImg를 통해 만들어진 좌표 데이터를 YOLO 학습을 위한 포맷으로 변경해 주는 소스이다.
- **process.py 파일** : YOLO 학습을 위해서는 해당 이미지 파일의 위치에 대해 알려주는 txt 파일이 필요한데, process.py는 이 txt 파일을 만들어주는 프로그램이다. txt 파일을 직접 작성해도 되지만, 이미지 파일의 수가 많을 경우에는 process.py를 이용하는 것이 훨씬 간단하다.

2) convert.py 파일 편집

편집기를 열어 convrt.py 파일의 경로 부분을 수정한다.

```
$ gedit convert.py
```

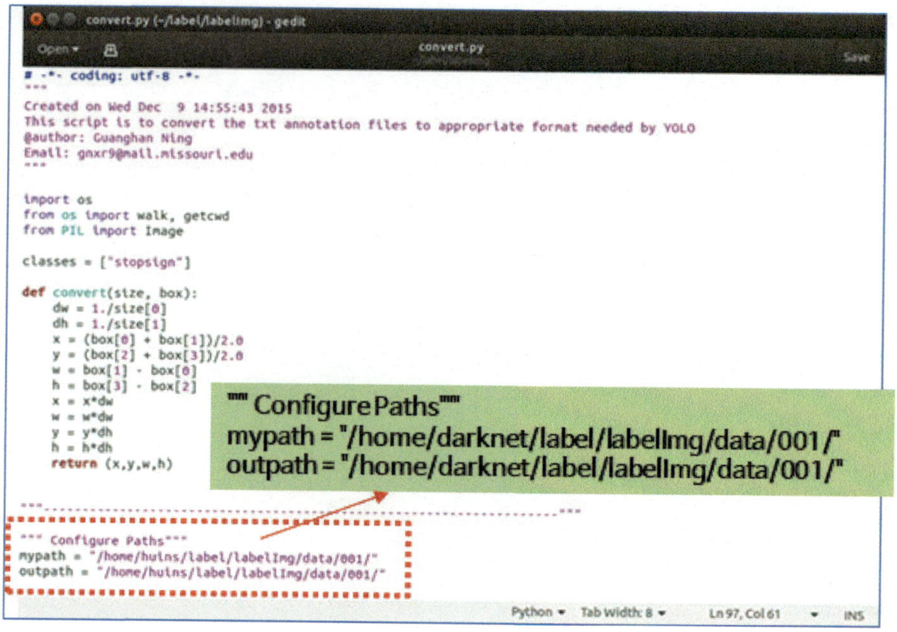

3) convet.py 파일 실행

```
$ python convert.py
```

실행 시 이미지 모듈을 임포트 실패할 경우, 이미지 분석 처리용인 Pillow로 불리는 PIL(Python Imaging Library) 라이브러리를 설치한다. 다음처럼 python-pil을 설치해준다.

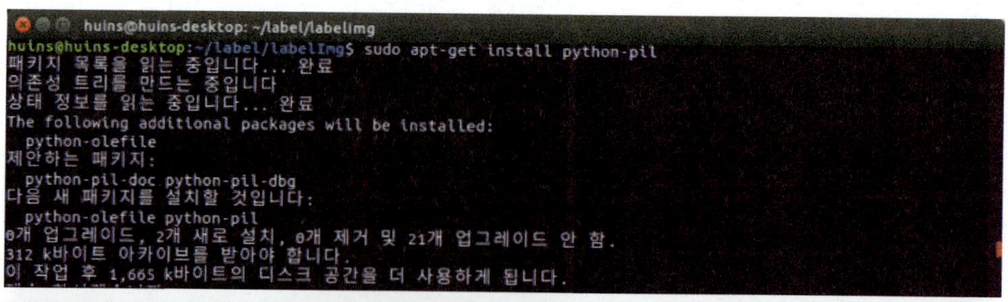

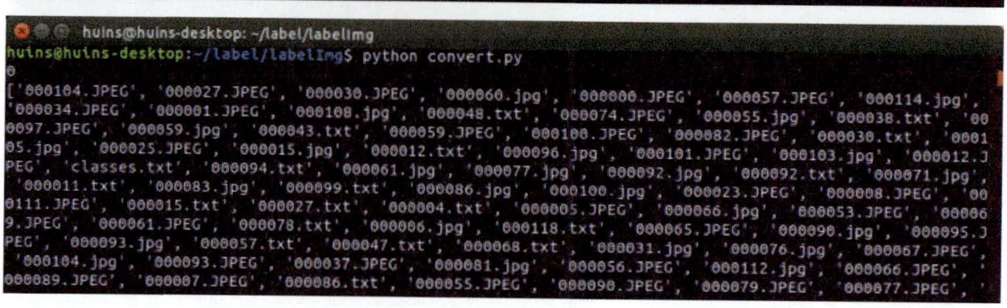

4) data/obj 디렉토리로 이미지 파일 복사

모든 이미지와 라벨링.txt 파일들을 darknet/data/obj로 복사한다. obj 디렉토리는 없으면 생성한다.

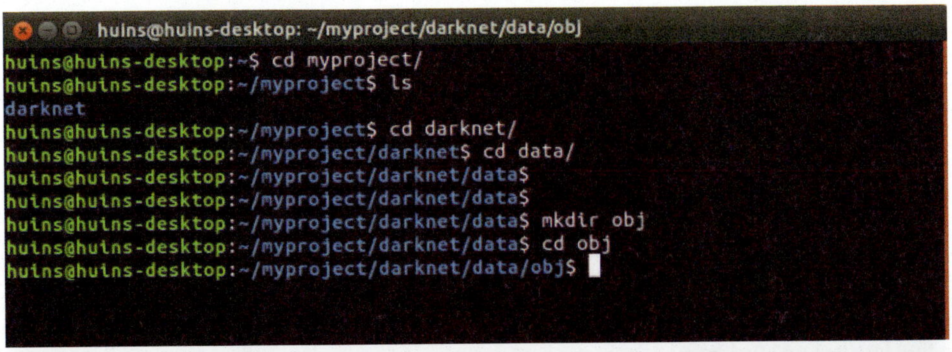

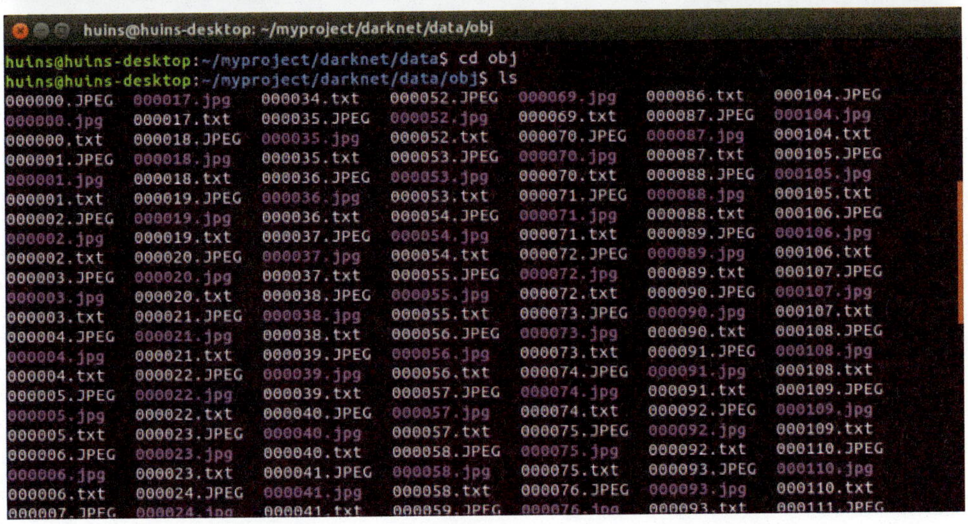

5) process.py 복사 및 실행

```
$ python process.py
```

YOLO 학습을 위해서는 해당 이미지 파일의 위치에 대해 알려주는 txt 파일이 필요하다. process.py는 이 txt 파일을 만들어주는 프로그램이다. process.py를 darknet 폴더에 복사한 후 실행한다.

- train.txt와 test.txt 생성

6) configuration 구성

YOLO 알고리즘 학습에는 obj.data, obj.names, obj.cfg의 세 가지 파일이 필요하다. 만들어놓은 darknet 경로에 obj.data 파일과 obj.names 파일을 생성해야 한다. 파일의 내용은 아래와 같다.

▸ obj.data

data 파일은 클래스 개수, .txt 파일의 경로, .names 파일의 경로, weight 파일을 저장할 경로 등을 저장한 파일이다.

▸ obj.names

검출에 사용하는 데이터셋의 클래스명을 한 줄씩 기입한다.

yolov3-voc.cfg를 cfg 디렉토리에서 복사한 후 파일명을 수정하여 **yolov3-voc-new.cfg**로 변경한다.

[커스텀 학습(fire 예제) 시]

- YOLOv3의 경우 filters = (classes + 5) × 3이 된다. 따라서 본 예제는 1개의 클래스(fire)만 사용하기 때문에 필터값은 16이 된다.
- cfg 파일에서 [yolo] 부분(3군데)을 찾아 클래스를 1로, 이 부분 바로 위 [convolutional] 부분의 필터 수를 18로, 각 3군데 변경해준다.

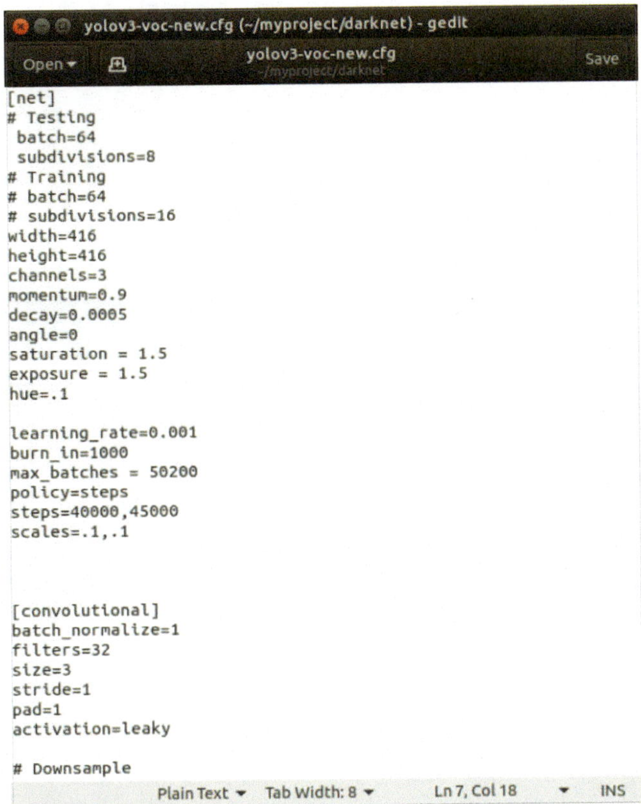

[coco 데이터셋 사용 시]

- 클래스 수 : 80(ms coco dataset)
- 클래스 수를 바꿨으면 filter 수 또한 변경해야 한다. 여기서 '[yolo]' 바로 위에 있는 [convolutional] 레이어의 필터 수만 바꿔준다. 총 3개 바꿔주면 된다.

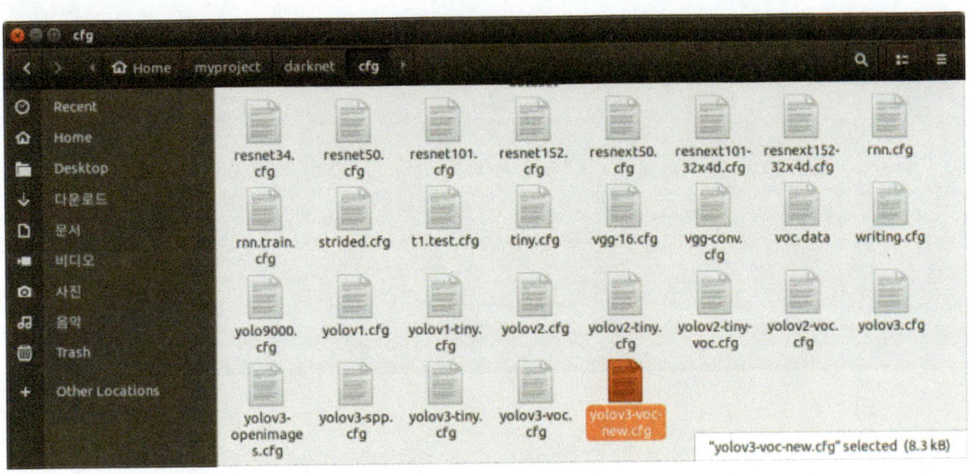

7) weight 파일 복사

제공된 darknet19_448.conv.23 파일을 darknet 디렉토리에 복사한다. 이것은 학습을 위한 weight 파일이다.

https://github.com/KleinYuan/easy-yolo/blob/master/darknet19_448.conv.23

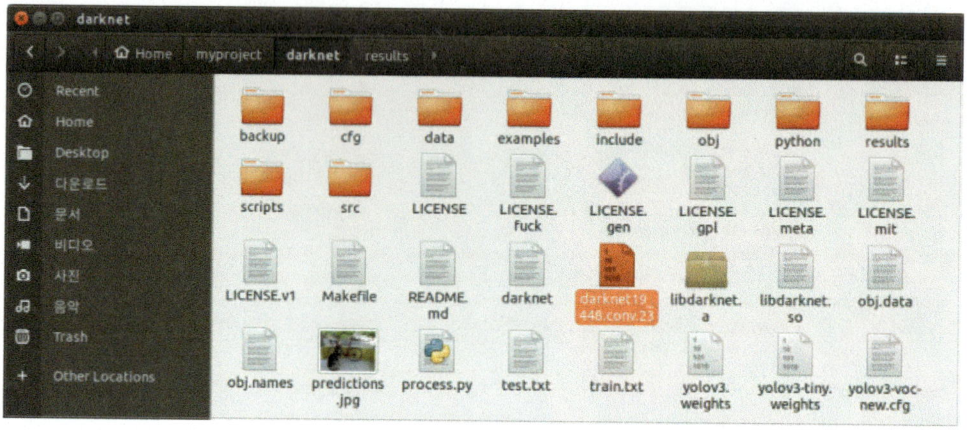

④ 알고리즘 학습

다음 명령을 사용하여 학습을 진행한다.

```
$ ./darknet detector train obj.data cfg/yolov3-voc-new.cfg darknet19_448.conv.23
```

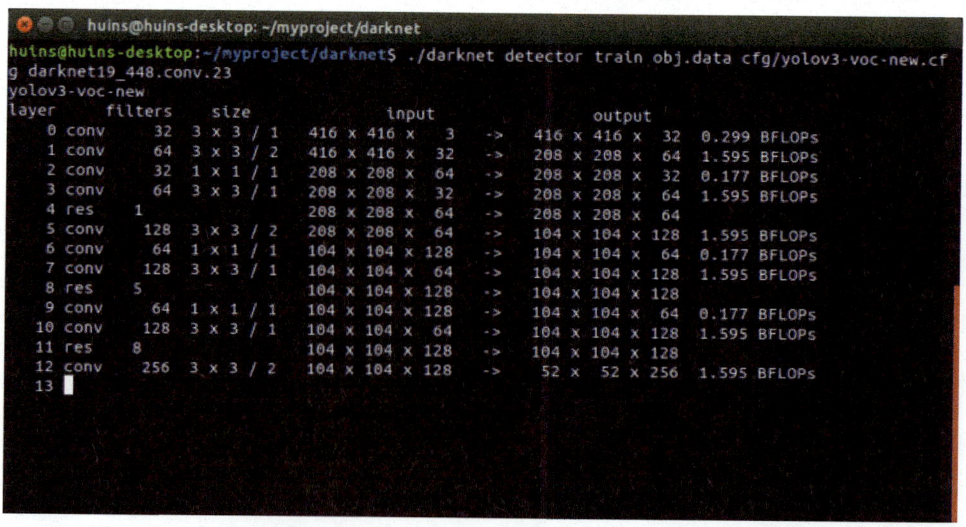

[학습 중단 이미지]

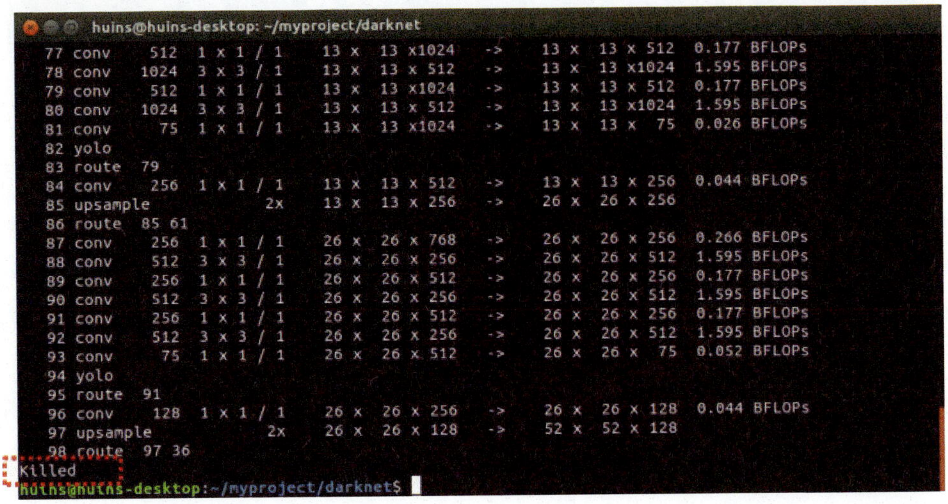

Jetson 보드 중 성능이 느린 보드의 경우 yolov3-voc-new.cfg 파일을 그대로 사용하면 낮은 성능 사양으로 인해 학습 도중에 다운되는 현상이 발생한다. 따라서 YOLO를 실행할 경우에는 필요에 따라 보드의 성능에 맞게 수정해야 한다. 학습이 진행되면 100단위로 weight 파일이 생성된다.

1) cfg 파일 수정

다음 단계는 NX보드의 성능에 맞게 cfg 파일을 수정한다. batch는 한 번에 몇 장의 이미지를 처리할 것인지에 대한 파라미터이다**(성능이 우수한 Xavier NX 보드를 사용할 경우에는 이 단계를 스킵할 수 있다)**.

```
batch = 1
subdivisions = 1
```

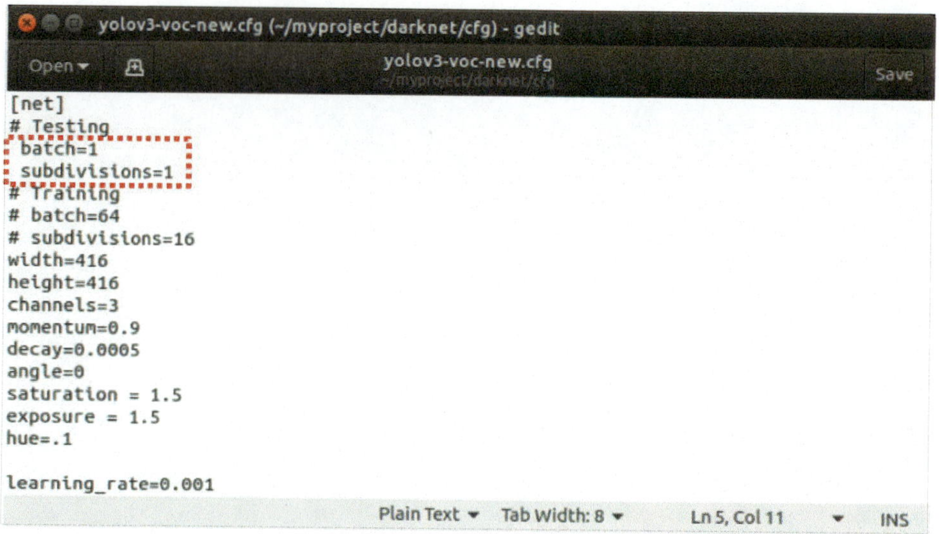

2) 재학습 진행

cfg 파일을 수정한 후 다시 한 번 학습을 진행한다. 1분당 100번의 학습을 하는 것을 확인할 수 있으며, 얼마 시간이 지난 후에는 900번 weight 파일이 생성된 것을 확인할 수 있다. 이후로는 weight 파일이 생성되지 않는 것을 확인할 수 있다. 이것은 소스코드를 수정하여 해결할 수 있다.

```
$ ./darknet detector train obj.data cfg/yolov3-voc-new.cfg darknet19_448.conv.23
```

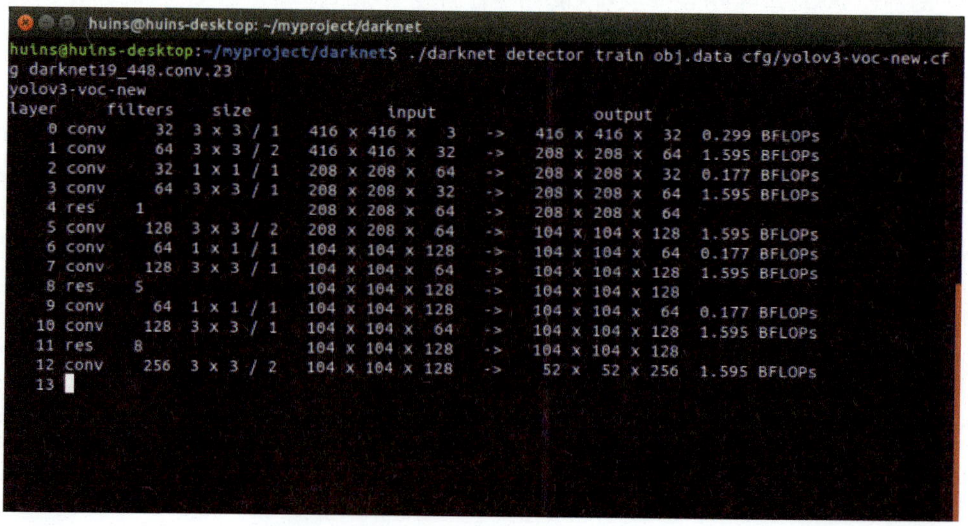

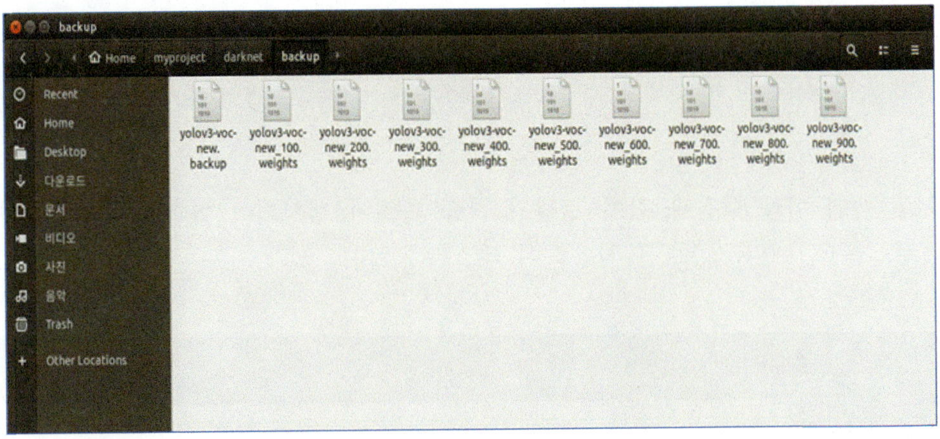

3) weight 파일 생성주기 변경

darknet 디렉토리에서 example 디렉토리로 이동한 후에 **detector.c** 파일을 gedit로 열어 표시된 부분을 10,000에서 **1,000**으로 변경한다. 수정한 부분은 몇 번 간격으로 weight 파일을 생성할 것인지 결정하는 부분이다. 1,000번 단위 이전까지의 학습에서는 100번 주기로 weight 파일을 생성하지만 이후에는 소스코드에 정해진 주기만큼 weight 파일이 만들어진다.

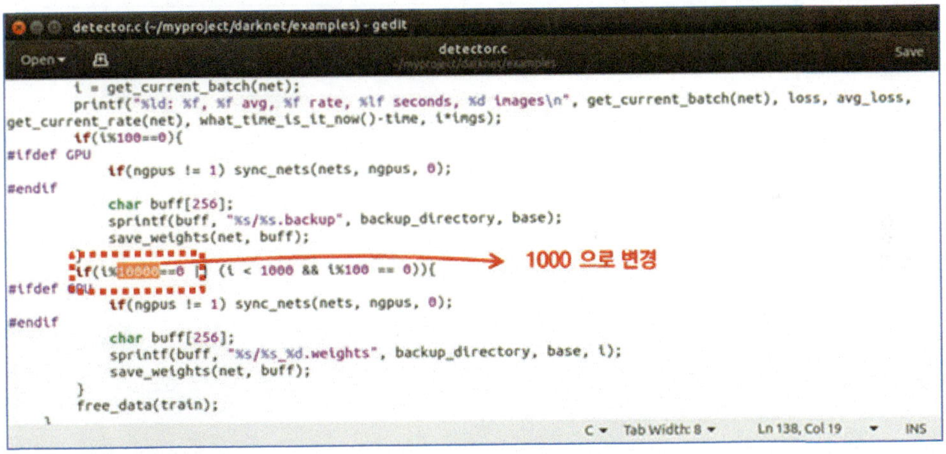

4) make 실행

파일을 수정한 후 darknet 디렉토리에서 **make**를 실행하여 다시 빌드한다. 이 작업을 거치면 1,000개 이상의 학습에서 weight 파일이 생성되는 것을 볼 수 있다.

```
$ ./darknet/make
```

5) 재학습

```
$ ./darknet detector train obj.data cfg/yolov3-voc-new.cfg darknet19_448.conv.23
```

backup 폴더 아래 다음과 같이 진행된 학습 파일이 생성되어 있다. 이중에서 마지막 'yolov3-voc-new_900.weights'을 사용하여 테스트해보자.

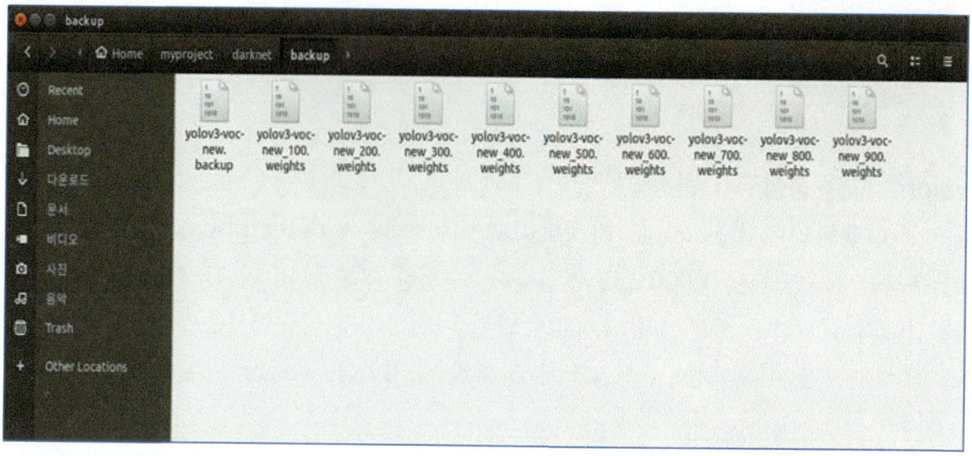

⑤ 검출율 테스트

다음 명령으로 이미지 인식을 테스트한다. 커스텀 학습 결과인 'yolov3-voc-new_900.weights'을 사용하여 fire 영역을 검출해 본다. 인식 시간은 1.289초, 100% 검출율을 보였다.

```
$ ./darknet detector test obj.data cfg/yolov3-voc-new.cfg
    backup/yolov3-voc-new_900.weights data/obj/000004.jpg
```

```
huins@huins-desktop: ~/myproject/darknet
huins@huins-desktop:~/myproject/darknet$ ./darknet detector test obj.data cfg/yolov3-voc-new.cfg backup/y
olov3-voc-new_900.weights data/obj/000004.jpg
layer     filters    size              input                output
    0 conv     32  3 x 3 / 1   416 x 416 x   3   ->   416 x 416 x  32  0.299 BFLOPs
    1 conv     64  3 x 3 / 2   416 x 416 x  32   ->   208 x 208 x  64  1.595 BFLOPs
    2 conv     32  1 x 1 / 1   208 x 208 x  64   ->   208 x 208 x  32  0.177 BFLOPs
    3 conv     64  3 x 3 / 1   208 x 208 x  32   ->   208 x 208 x  64  1.595 BFLOPs
    4 res    1                 208 x 208 x  64   ->   208 x 208 x  64
    5 conv    128  3 x 3 / 2   208 x 208 x  64   ->   104 x 104 x 128  1.595 BFLOPs
    6 conv     64  1 x 1 / 1   104 x 104 x 128   ->   104 x 104 x  64  0.177 BFLOPs
    7 conv    128  3 x 3 / 1   104 x 104 x  64   ->   104 x 104 x 128  1.595 BFLOPs
    8 res    5                 104 x 104 x 128   ->   104 x 104 x 128
    9 conv     64  1 x 1 / 1   104 x 104 x 128   ->   104 x 104 x  64  0.177 BFLOPs
   10 conv    128  3 x 3 / 1   104 x 104 x  64   ->   104 x 104 x 128  1.595 BFLOPs
   11 res    8                 104 x 104 x 128   ->   104 x 104 x 128
   12 conv    256  3 x 3 / 2   104 x 104 x 128   ->    52 x  52 x 256  1.595 BFLOPs
   13 conv    128  1 x 1 / 1    52 x  52 x 256   ->    52 x  52 x 128  0.177 BFLOPs
   14 conv    256  3 x 3 / 1    52 x  52 x 128   ->    52 x  52 x 256  1.595 BFLOPs
   15 res   12                  52 x  52 x 256   ->    52 x  52 x 256
   16 conv    128  1 x 1 / 1    52 x  52 x 256   ->    52 x  52 x 128  0.177 BFLOPs
```

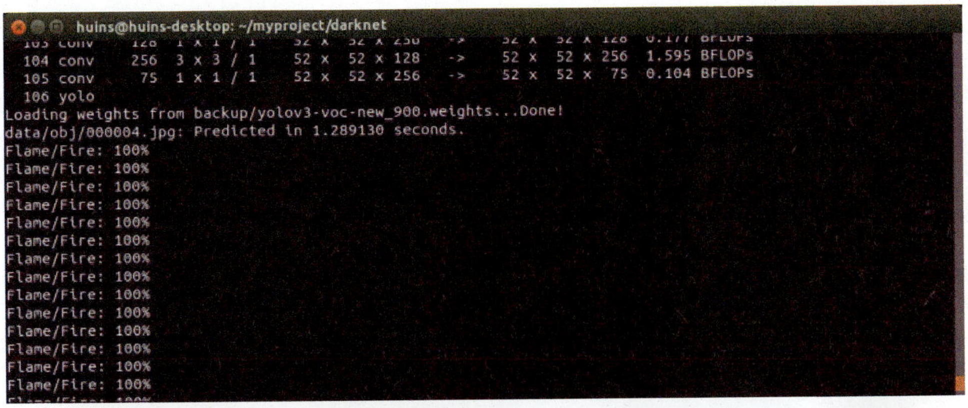

11.2 YOLOv5 모델 학습

(1) YOLOv5 개요

YOLOv5도 일반적인 Object Detection의 구성과 큰 차이점은 없으며, 크게 백본(Backbone)과 헤드(Head) 부분으로 구성된다. 이 구성은 ~/yolov5/models/ 경로에 있는 yolov5s.yaml 파일 등에서 좀 더 자세히 확인할 수 있다.

백본은 이미지에서 Feature map을 추출하는 부분으로, CSP- Darknet를 사용한다. YOLOv4의 백본과 유사하다. YOLOv3의 백본은 Darknet-53으로 CSP가 적용되지 않는다. 특이하게도 YOLOv5의 백본은 종류가 4가지로, 제일 작고 가벼운 YOLOv5-s부터 m, l, x까지 포함해서 총 4가지 버전이 있다. 각 버전별 특징은 다음과 같다.

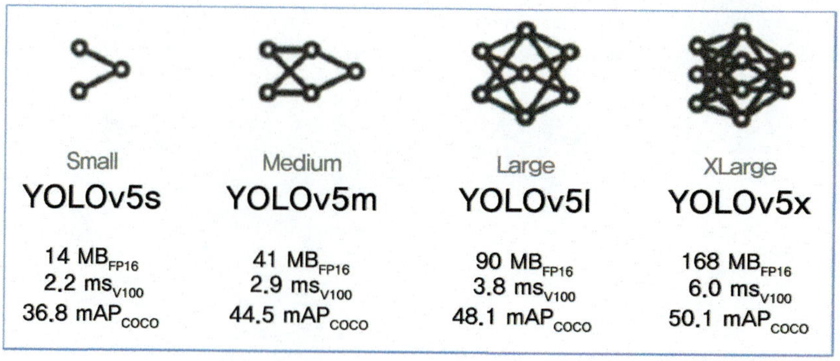

헤드는 추출된 Feature map을 바탕으로 물체의 위치를 찾는 부분이다. 흔히 말하는 Anchor Box(Default Box)를 처음에 설정하고 이를 이용하여 최종적인 Bounding Box를 생성한다. YOLOv3와 동일하게 3가지의 scale에서 바운딩 박스를 생성한다.

YOLOv5는 실행 속도 측면에서 분명한 이점이 있다. YOLOv5 모델은 작은 개체를 감지하는데 더 나은 성능을 보이면서 빠르게 실행된다. 다음 그림은 다른 딥러닝 모델과의 성능 차이를 나타낸 것이다.

	YOLOv5	Faster RCNN
Inference Speed	✔	
Detection of small or far away objects	✔	
Little to no overlapping boxes	✔	
Missed Objects	✘	✘
Detection of Crowded objects	✔	✔

(2) YOLOv5 설치

① YOLOv5 깃허브 clone

YOLOv5의 깃허브를 clone하고 필수 패키지와 파이토치를 install한다.

```
$ git clone https://github.com/ultralytics/yolov5
```

② Pre-trained 모델 다운로드

다음의 링크에서 pre-trained 모델을 다운받을 수 있다. 5 버전의 학습된 스몰 모델인 yolov5s.pt를 다운받는다.

```
$ wget https://github.com/ultralytics/yolov5/releases/download/v6.0/yolov5s.pt
```

③ pip 및 주요 패키지 설치

```
$ sudo apt install python3-pip libopenblas-base libopenmpi-dev \
 libjpeg-dev zlib1g-dev libpython3-dev libavcodec-dev libavformat-dev \
 libswscale-dev gfortran libfreetype6-dev libhdf5-dev libopenblas-dev \
 liblapack-dev -y
```

④ 딥러닝 주요 패키지 설치

```
$ pip3 install Cython==0.29.24 \
 numpy==1.19.5 \
 Pillow==7.1.2 \
 PyYAML==5.3.1 \
 requests==2.23.0 \
 tqdm==4.41.0 \
 seaborn==0.11.0 \
 Tensorboard==2.4.1
```

⑤ 파이토치 설치(방법 1 – 리눅스 PC용)

파이토치 한국 사용자 모임에서 설치를 시작하는데, 아래 링크에서 적절한 모델을 선택하여 설치한다. 리눅스 환경의 GPU 모델을 선택하도록 한다.

https://pytorch.kr/get-started/locally/

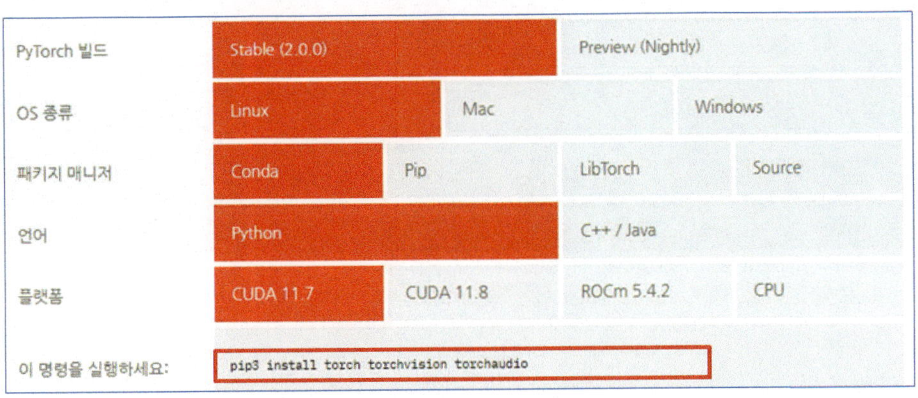

파이토치 2.0 버전을 설치하며, 설치 명령어는 다음과 같다.

```
$ pip3 install torch torchvision torchaudio
```

⑥ 파이토치 설치(방법 2 – NVIDIA 사이트 접속)

Jetson TX2용 설치 파일을 준비한다.

"torch-1.8.0-cp36-cp36m-linux_aarch64.whl"

다음과 같이 설치 파일을 NVIDIA 웹에서 다운 받는다.

```
$ wget -O torch-1.8.0-cp36-cp36m-linux_aarch64.whl \
  https://nvidia.box.com/shared/static/p57jwntv436lfrd78inwl7iml6p13fzh.whl
```

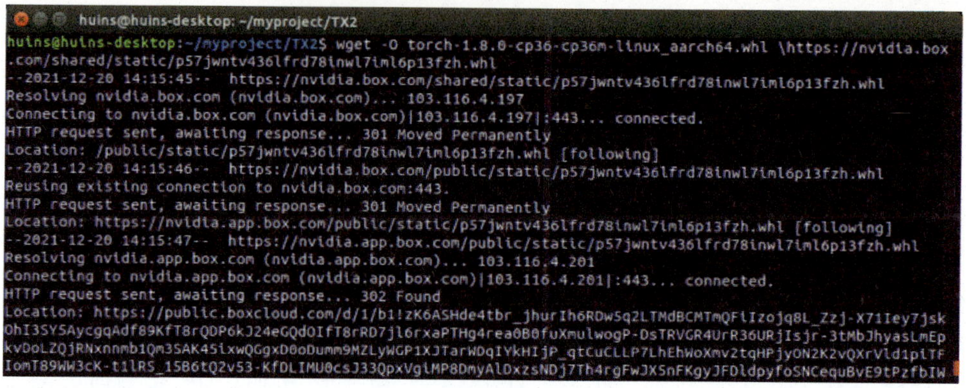

파이토치를 설치한다.

```
$ pip3 install torch-1.8.0-cp36-cp36m-linux_aarch64.whl
```

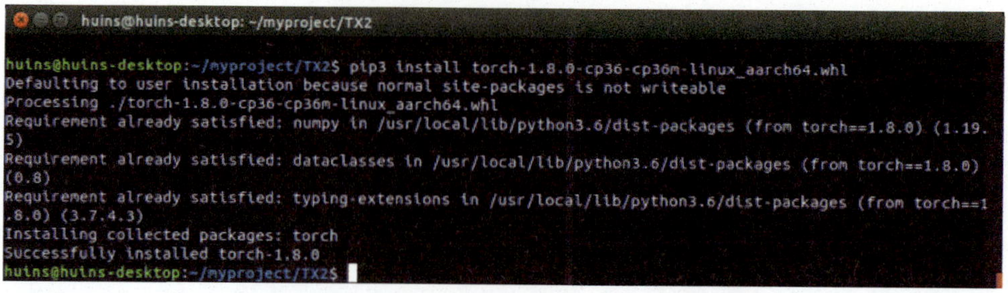

⑦ torchvision 설치

설치 파일을 준비한다.

"torchvision-0.8.0a0+291f7e2-cp36-cp36m-linux_aarch64.whl"

```
$ sudo pip3 install torchvision-0.8.0a0+291f7e2-cp36-cp36m-linux_aarch64.whl
```

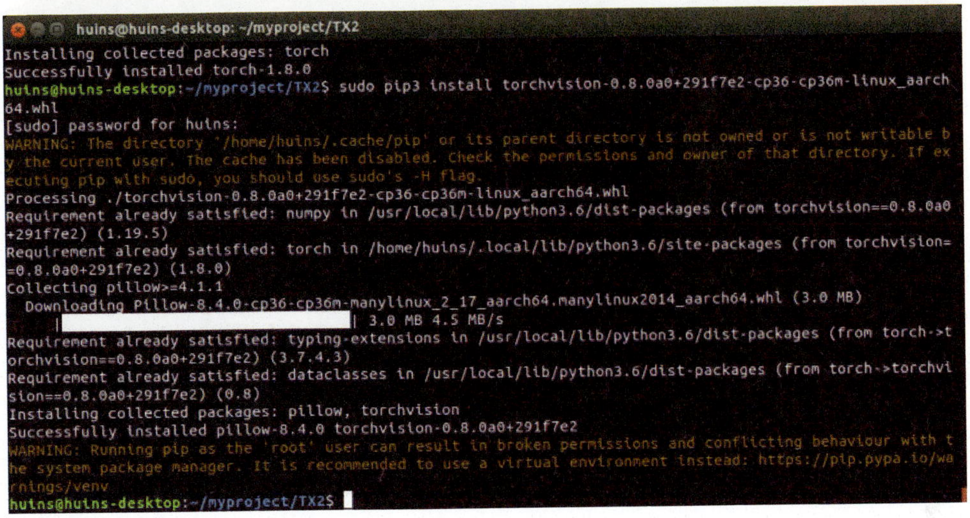

(3) YOLOv5 학습

① 사전훈련 모델 테스트 : test.py

아래 예제는 미리 훈련된 모델을 사용하여 person을 검출하는 예제이다.

```
import torch

# Model, 사전에 훈련된 모델 로드
model = torch.hub.load('ultralytics/yolov5', 'yolov5s')  # or yolov5m, yolov5l,
yolov5x, custom

# Images, 검출에 사용할 이미지 준비
img = 'https://ultralytics.com/images/zidane.jpg'  # or file, Path, PIL, OpenCV,
numpy, list

# Inference, 이미지를 사전 훈련된 모델로 결과값 추론
results = model(img)

# Results, 결과값 표시
results.print()  # or .show(), .save(), .crop(), .pandas(), etc.
```

results.print() → results.show()로 변경하여 실행하면 실제 검출된 화면이 나타난다.

test.py (~/myproject/TX2) - gedit

```python
import torch

# Model
model = torch.hub.load('ultralytics/yolov5', 'yolov5s')

# Image
img = 'https://ultralytics.com/images/zidane.jpg'

# Inference
results = model(img)

results.show()  # or .show()
```

Python ▾ Tab Width: 8 ▾ Ln 12, Col 29 ▾ INS

```
$ python3 test.py
```

huins@huins-desktop: ~/myproject/TX2

```
requirements: Command 'pip install 'PyYAML>=5.3.1'' returned non-zero exit status 2.
requirements: torchvision>=0.8.1 not found and is required by YOLOv5, attempting auto-update...
DEPRECATION: Python 2.7 reached the end of its life on January 1st, 2020. Please upgrade your Python as Python
2.7 is no longer maintained. pip 21.0 will drop support for Python 2.7 in January 2021. More details about Pyth
on 2 support in pip can be found at https://pip.pypa.io/en/latest/development/release-process/#python-2-support
 pip 21.0 will remove support for this functionality.
ERROR: Could not find a version that satisfies the requirement torchvision>=0.8.1 (from versions: 0.1.6, 0.1.7,
 0.1.8, 0.1.9, 0.2.0, 0.2.1, 0.2.2, 0.2.2.post2, 0.2.2.post3)
ERROR: No matching distribution found for torchvision>=0.8.1
WARNING: You are using pip version 20.3.4; however, version 21.3.1 is available.
You should consider upgrading via the '/usr/bin/python -m pip install --upgrade pip' command.
requirements: Command 'pip install 'torchvision>=0.8.1'' returned non-zero exit status 1.
YOLOv5 🚀 2021-12-20 torch 1.8.0 CUDA:0 (NVIDIA Tegra X2, 7850MiB)

Downloading https://github.com/ultralytics/yolov5/releases/download/v6.0/yolov5s.pt to yolov5s.pt...
100%|██████████████████████████████████████| 14.0M/14.0M [00:00<00:00, 25.5MB/s]

Fusing layers...
Model Summary: 213 layers, 7225885 parameters, 0 gradients
Adding AutoShape...
image 1/1: 720x1280 2 persons, 1 tie
Speed: 639.5ms pre-process, 4354.1ms inference, 29.9ms NMS per image at shape (1, 3, 384, 640)
huins@huins-desktop:~/myproject/TX2$
```

② 모델 훈련 : train.py

COCO128 데이터셋으로 학습을 준비한다. 그리고 아래와 같이 디렉토리 구조를 설정한다(이 데이터셋은 초기 실행 시 자동 다운로드된다).

- download 위치 : https://ultralytics.com/assets/coco128.zip

```
parent
  ├──── yolov5
  └──── datasets
         └──── coco128   ‹  downloads here
```

▸ coco128.yaml 파일 구조

학습할 데이터의 위치와 class 개수 및 종류가 나열되어 있다. 초기 실행 시 다운로드하여 path에 명시된 곳으로 저장된다.

- 이미지 경로, train set 및 validation set 경로 명시
- 클래스 수 : nc
- 클래스 이름 : name

```yaml
# Train/val/test sets as 1) dir: path/to/imgs, 2) file: path/to/imgs.txt, or 3) list: [path/to/imgs1, path/to/imgs2, ..]
path: ../datasets/coco128  # dataset root dir
train: images/train2017  # train images (relative to 'path') 128 images
val: images/train2017  # val images (relative to 'path') 128 images
test:  # test images (optional)

# Classes
nc: 80  # number of classes
names: ['person', 'bicycle', 'car', 'motorcycle', 'airplane', 'bus', 'train', 'truck', 'boat', 'traffic light',
        'fire hydrant', 'stop sign', 'parking meter', 'bench', 'bird', 'cat', 'dog', 'horse', 'sheep', 'cow',
        'elephant', 'bear', 'zebra', 'giraffe', 'backpack', 'umbrella', 'handbag', 'tie', 'suitcase', 'frisbee',
        'skis', 'snowboard', 'sports ball', 'kite', 'baseball bat', 'baseball glove', 'skateboard', 'surfboard',
        'tennis racket', 'bottle', 'wine glass', 'cup', 'fork', 'knife', 'spoon', 'bowl', 'banana', 'apple',
        'sandwich', 'orange', 'broccoli', 'carrot', 'hot dog', 'pizza', 'donut', 'cake', 'chair', 'couch',
        'potted plant', 'bed', 'dining table', 'toilet', 'tv', 'laptop', 'mouse', 'remote', 'keyboard', 'cell phone',
        'microwave', 'oven', 'toaster', 'sink', 'refrigerator', 'book', 'clock', 'vase', 'scissors', 'teddy bear',
        'hair drier', 'toothbrush']  # class names
```

모델 학습 예시는 다음과 같다.

```
예시) python3 train.py --img 640 --batch 8 --epochs 1 \
       --data coco128.yaml --weights yolov5s.pt -- workers 0
```

▶ Training 파라미터 옵션 값

```
--img     : 학습 이미지 사이즈
--batch   : 학습시 한번에 처리하는 이미지 개수
--epochs  : 전체 데이터셋에 대한 학습 횟수
--data    : 학습에 사용될 데이터셋 구조 파일
--weights : training에 사용할 사전 훈련된 모델
```

학습 시 다음과 같은 에러가 발생할 수 있다. 이때는 Core type에 대해 명시해주어야 한다(NVIDIA 보드 시).

```
# Xavier NX illegal instruction error (Core Dumped)

$ export OPENBLAS_CORETYPE=ARMV8
```

▶ train.py 파일 구조

- train() 함수 : 실제 학습이 동작하는 함수이며, 아래 코드에서는 학습파일 디렉토리 설정, parameter load, 설정 값 저장 기능을 한다.

```python
def train(hyp,  # path/to/hyp.yaml or hyp dictionary
          opt,
          device,
          callbacks
          ):
    save_dir, epochs, batch_size, weights, single_cls, evolve, data, cfg, resume, noval, nosave, workers, freeze, = \
        Path(opt.save_dir), opt.epochs, opt.batch_size, opt.weights, opt.single_cls, opt.evolve, opt.data, opt.cfg, \
        opt.resume, opt.noval, opt.nosave, opt.workers, opt.freeze

    # Directories
    w = save_dir / 'weights'  # weights dir
    (w.parent if evolve else w).mkdir(parents=True, exist_ok=True)  # make dir
    last, best = w / 'last.pt', w / 'best.pt'

    # Hyperparameters
    if isinstance(hyp, str):
        with open(hyp, errors='ignore') as f:
            hyp = yaml.safe_load(f)  # load hyps dict
    LOGGER.info(colorstr('hyperparameters: ') + ', '.join(f'{k}={v}' for k, v in hyp.items()))

    # Save run settings
    if not evolve:
        with open(save_dir / 'hyp.yaml', 'w') as f:
            yaml.safe_dump(hyp, f, sort_keys=False)
        with open(save_dir / 'opt.yaml', 'w') as f:
            yaml.safe_dump(vars(opt), f, sort_keys=False)

    # Loggers
    data_dict = None
```

- config : data/coco128.yaml에 설정된 값을 parsing하여 dataset 설정

```python
# Config
plots = not evolve  # create plots
cuda = device.type != 'cpu'
init_seeds(1 + RANK)
with torch_distributed_zero_first(LOCAL_RANK):
    data_dict = data_dict or check_dataset(data)  # check if None
train_path, val_path = data_dict['train'], data_dict['val']
nc = 1 if single_cls else int(data_dict['nc'])  # number of classes
names = ['item'] if single_cls and len(data_dict['names']) != 1 else data_dict['names']  # class names
assert len(names) == nc, f'{len(names)} names found for nc={nc} dataset in {data}'  # check
is_coco = isinstance(val_path, str) and val_path.endswith('coco/val2017.txt')  # COCO dataset
```

- Model : 사용자가 지정한 모델 파일을 load하여 학습에 사용할지 아니면 초기 학습파일로 만들지 결정한다.

```
# Model
check_suffix(weights, '.pt')  # check weights
pretrained = weights.endswith('.pt')
if pretrained:
    with torch_distributed_zero_first(LOCAL_RANK):
        weights = attempt_download(weights)  # download if not found locally
    ckpt = torch.load(weights, map_location=device)  # load checkpoint
    model = Model(cfg or ckpt['model'].yaml, ch=3, nc=nc, anchors=hyp.get('anchors')).to(device)  # create
    exclude = ['anchor'] if (cfg or hyp.get('anchors')) and not resume else []  # exclude keys
    csd = ckpt['model'].float().state_dict()  # checkpoint state_dict as FP32
    csd = intersect_dicts(csd, model.state_dict(), exclude=exclude)  # intersect
    model.load_state_dict(csd, strict=False)  # load
    LOGGER.info(f'Transferred {len(csd)}/{len(model.state_dict())} items from {weights}')  # report
else:
    model = Model(cfg, ch=3, nc=nc, anchors=hyp.get('anchors')).to(device)  # create
```

- Freeze : parameter 설정 후 freezing할 layer 설정
- Image size, Batch size 설정
- Optimizer : 학습에 사용할 parameter 최적화

모델의 특정 layer를 freezing한다는 것은 해당 모델의 레이어의 파라미터를 학습 과정(back propagation) 중 파라미터 최적화를 수행하지 않겠다는 의미이다. 즉, freezing layer의 파라미터는 학습 중이라도 파라미터가 유지된다. 이 기능은 주로 transfer learning을 할 때 주로 사용하는데, 사전 학습 모델의 피처 정보를 그대로 유지하기 위해 사용한다.

```
# Freeze
freeze = [f'model.{x}.' for x in (freeze if isinstance(freeze, list) else range(freeze))]  # layers to freeze
for k, v in model.named_parameters():
    v.requires_grad = True  # train all layers
    if any(x in k for x in freeze):
        LOGGER.info(f'freezing {k}')
        v.requires_grad = False

# Image size
gs = max(int(model.stride.max()), 32)  # grid size (max stride)
imgsz = check_img_size(opt.imgsz, gs, floor=gs * 2)  # verify imgsz is gs-multiple

# Batch size
if RANK == -1 and batch_size == -1:  # single-GPU only, estimate best batch size
    batch_size = check_train_batch_size(model, imgsz)

# Optimizer
nbs = 64  # nominal batch size
accumulate = max(round(nbs / batch_size), 1)  # accumulate loss before optimizing
hyp['weight_decay'] *= batch_size * accumulate / nbs  # scale weight_decay
LOGGER.info(f"Scaled weight_decay = {hyp['weight_decay']}")

g0, g1, g2 = [], [], []  # optimizer parameter groups
for v in model.modules():
    if hasattr(v, 'bias') and isinstance(v.bias, nn.Parameter):  # bias
        g2.append(v.bias)
    if isinstance(v, nn.BatchNorm2d):  # weight (no decay)
        g0.append(v.weight)
    elif hasattr(v, 'weight') and isinstance(v.weight, nn.Parameter):  # weight (with decay)
        g1.append(v.weight)

if opt.adam:
    optimizer = Adam(g0, lr=hyp['lr0'], betas=(hyp['momentum'], 0.999))  # adjust beta1 to momentum
else:
    optimizer = SGD(g0, lr=hyp['lr0'], momentum=hyp['momentum'], nesterov=True)
```

- Start training : 사용자가 설정한 epoch값으로 학습을 진행한다(Default값이 300이므로 성능 낮은 보드에서 테스트 동작 시 작은 수로 설정해야 오래 걸리지 않는다).

```python
# Start training
t0 = time.time()
nw = max(round(hyp['warmup_epochs'] * nb), 1000)  # number of warmup iterations, max(3 epochs, 1k iterations)
# nw = min(nw, (epochs - start_epoch) / 2 * nb)  # limit warmup to < 1/2 of training
last_opt_step = -1
maps = np.zeros(nc)  # mAP per class
results = (0, 0, 0, 0, 0, 0, 0)  # P, R, mAP@.5, mAP@.5-.95, val_loss(box, obj, cls)
scheduler.last_epoch = start_epoch - 1  # do not move
scaler = amp.GradScaler(enabled=cuda)
stopper = EarlyStopping(patience=opt.patience)
compute_loss = ComputeLoss(model)  # init loss class
LOGGER.info(f'Image sizes {imgsz} train, {imgsz} val\n'
            f'Using {train_loader.num_workers * WORLD_SIZE} dataloader workers\n'
            f"Logging results to {colorstr('bold', save_dir)}\n"
            f'Starting training for {epochs} epochs...')
for epoch in range(start_epoch, epochs):  # epoch ------------------------------------------------------------------
    model.train()

    # Update image weights (optional, single-GPU only)
    if opt.image_weights:
        cw = model.class_weights.cpu().numpy() * (1 - maps) ** 2 / nc  # class weights
        iw = labels_to_image_weights(dataset.labels, nc=nc, class_weights=cw)  # image weights
        dataset.indices = random.choices(range(dataset.n), weights=iw, k=dataset.n)  # rand weighted idx

    # Update mosaic border (optional)
    # b = int(random.uniform(0.25 * imgsz, 0.75 * imgsz + gs) // gs * gs)
    # dataset.mosaic_border = [b - imgsz, -b]  # height, width borders

    mloss = torch.zeros(3, device=device)  # mean losses
    if RANK != -1:
        train_loader.sampler.set_epoch(epoch)
    pbar = enumerate(train_loader)
    LOGGER.info(('\n' + '%10s' * 7) % ('Epoch', 'gpu_mem', 'box', 'obj', 'cls', 'labels', 'img_size'))
    if RANK in [-1, 0]:
        pbar = tqdm(pbar, total=nb, bar_format='{l_bar}{bar:10}{r_bar}{bar:-10b}')  # progress bar
    optimizer.zero_grad()
```

▸ 학습 실행하기

```
$ python3 train.py --img 640 --batch 8 --epochs 1 \
      --data coco128.yaml --weights yolov5s.pt -- workers 0
```

Git 예제에서 batch size를 **16**, epochs 설정을 **3**으로 하였으나, 시스템 성능에 따라 변경이 가능하다.

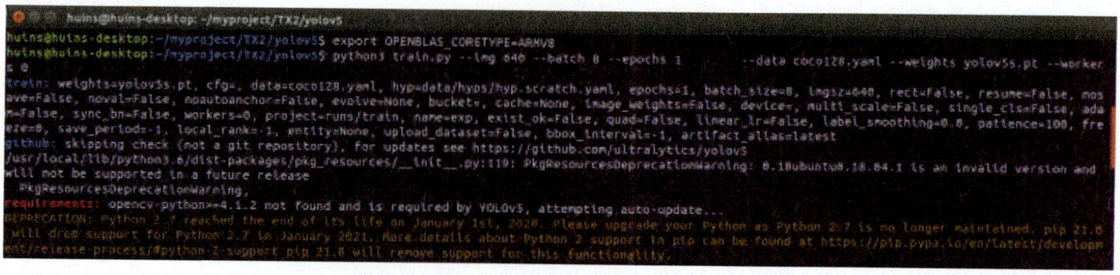

▸ 학습 결과 저장

아래 화면에 표시된 경로(예 : runs/train/exp4)에 학습 모델 파일이 저장된다. 학습 완료할 때마다 exp, exp2, exp3, exp4, ….로 생성된다.

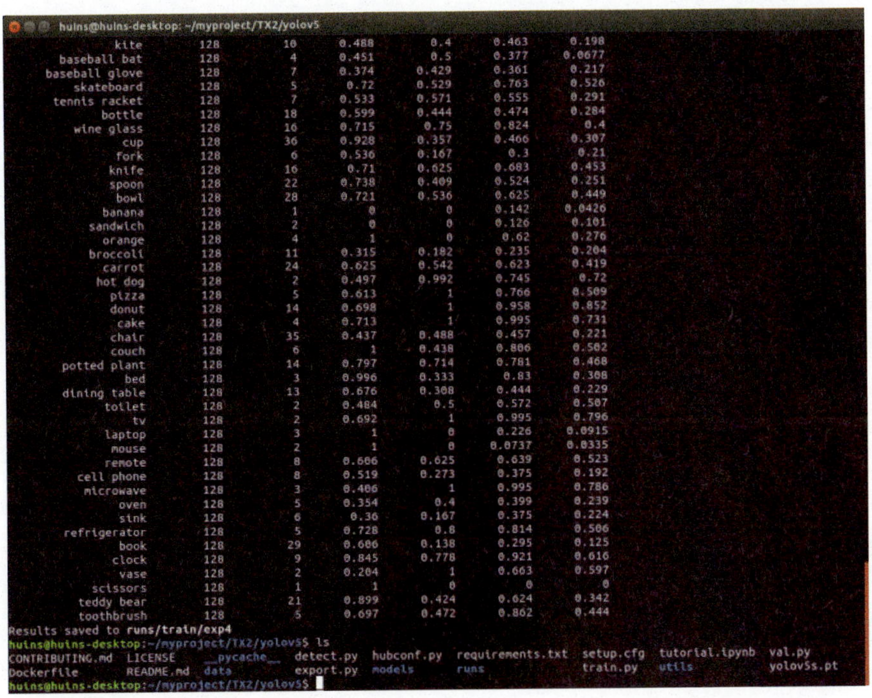

③ 객체 검출 : detect.py

이 학습된 결과를 사용하여 객체를 검출해보는 단계이다. 다음 예시처럼 검출 실행을 할 수 있다.

```
예시) python3 detect.py --source \
        ./data/coco128/images/train2017/000000000532.jpg \
        --img 640 --weight  runs/train/exp2/weights/last.pt
```

▸ Detect 파라미터 옵션 값

```
--source  : input data 종류(이미지, 카메라, 동영상)
--img     : input 이미지 사이즈
--weights : detecting에 사용할 모델
```

▸ detect.py 파일 구조

main 함수에서 동작시키는 detect 동작 함수이다. parameter값을 사용자가 설정해 주지 않으면 아래 적용된 값으로 설정된다.

```
def run(weights=ROOT / 'yolov5s.pt',  # model.pt path(s)
        source=ROOT / 'data/images',  # file/dir/URL/glob, 0 for webcam
        imgsz=(640, 640),  # inference size (height, width)
        conf_thres=0.25,  # confidence threshold
        iou_thres=0.45,  # NMS IOU threshold
        max_det=1000,  # maximum detections per image
        device='',  # cuda device, i.e. 0 or 0,1,2,3 or cpu
        view_img=False,  # show results
        save_txt=False,  # save results to *.txt
        save_conf=False,  # save confidences in --save-txt labels
        save_crop=False,  # save cropped prediction boxes
        nosave=False,  # do not save images/videos
        classes=None,  # filter by class: --class 0, or --class 0 2 3
        agnostic_nms=False,  # class-agnostic NMS
        augment=False,  # augmented inference
        visualize=False,  # visualize features
        update=False,  # update all models
        project=ROOT / 'runs/detect',  # save results to project/name
        name='exp',  # save results to project/name
        exist_ok=False,  # existing project/name ok, do not increment
        line_thickness=3,  # bounding box thickness (pixels)
        hide_labels=False,  # hide labels
        hide_conf=False,  # hide confidences
        half=False,  # use FP16 half-precision inference
        dnn=False,  # use OpenCV DNN for ONNX inference
        ):
```

- Source : detecting에 사용될 source(이미지, 영상, 카메라) 설정
- Directories : detecting 결과값을 저장할 디렉토리 설정
- Load model : detecting에 사용될 모델 load

```
# Source
source = str(source)
save_img = not nosave and not source.endswith('.txt')  # save inference images
is_file = Path(source).suffix[1:] in (IMG_FORMATS + VID_FORMATS)
is_url = source.lower().startswith(('rtsp://', 'rtmp://', 'http://', 'https://'))
webcam = source.isnumeric() or source.endswith('.txt') or (is_url and not is_file)
if is_url and is_file:
    source = check_file(source)  # download

# Directories
save_dir = increment_path(Path(project) / name, exist_ok=exist_ok)  # increment run
(save_dir / 'labels' if save_txt else save_dir).mkdir(parents=True, exist_ok=True)  # make dir

# Load model
device = select_device(device)
model = DetectMultiBackend(weights, device=device, dnn=dnn)
stride, names, pt, jit, onnx, engine = model.stride, model.names, model.pt, model.jit, model.onnx, model.engine
imgsz = check_img_size(imgsz, s=stride)  # check image size
```

- camera 동작일 때와 아닐 때(이미지, 동영상)의 dataset 설정

```
# Dataloader
if webcam:
    view_img = check_imshow()
    cudnn.benchmark = True  # set True to speed up constant image size inference
    dataset = LoadStreams(source, img_size=imgsz, stride=stride, auto=pt)
    bs = len(dataset)  # batch_size
else:
    dataset = LoadImages(source, img_size=imgsz, stride=stride, auto=pt)
    bs = 1  # batch_size
vid_path, vid_writer = [None] * bs, [None] * bs
```

- Run inference : 설정된 source, model, dataset을 기반으로 detect 동작 수행(동영상이나 카메라일 경우 frame마다 연속적으로 동작하고, 사진이면 사진 한 장의 결과 값을 보여준다)

```
# Run inference
model.warmup(imgsz=(1, 3, *imgsz), half=half)  # warmup
dt, seen = [0.0, 0.0, 0.0], 0
for path, im, im0s, vid_cap, s in dataset:
    t1 = time_sync()
    im = torch.from_numpy(im).to(device)
    im = im.half() if half else im.float()  # uint8 to fp16/32
    im /= 255  # 0 - 255 to 0.0 - 1.0
    if len(im.shape) == 3:
        im = im[None]  # expand for batch dim
    t2 = time_sync()
    dt[0] += t2 - t1

    # Inference
    visualize = increment_path(save_dir / Path(path).stem, mkdir=True) if visualize else False
    pred = model(im, augment=augment, visualize=visualize)
    t3 = time_sync()
    dt[1] += t3 - t2

    # NMS
    pred = non_max_suppression(pred, conf_thres, iou_thres, classes, agnostic_nms, max_det=max_det)
    dt[2] += time_sync() - t3
```

- Stream results : run() 함수에서 보면 view_img가 default 값이 false이나 웹캠 동작 시 enable되어(dataloader 부분 참조) 실시간으로 처리 화면을 보여준다.
- Save results : default 값이 true이기 때문에 결과 값이 저장되고, disable시키기 위해 --nosave option을 설정해야 한다.

```
# Stream results
im0 = annotator.result()
if view_img:
    cv2.imshow(str(p), im0)
    cv2.waitKey(1)  # 1 millisecond

# Save results (image with detections)
if save_img:
    if dataset.mode == 'image':
        cv2.imwrite(save_path, im0)
    else:  # 'video' or 'stream'
        if vid_path[i] != save_path:  # new video
            vid_path[i] = save_path
            if isinstance(vid_writer[i], cv2.VideoWriter):
                vid_writer[i].release()  # release previous video writer
            if vid_cap:  # video
                fps = vid_cap.get(cv2.CAP_PROP_FPS)
                w = int(vid_cap.get(cv2.CAP_PROP_FRAME_WIDTH))
                h = int(vid_cap.get(cv2.CAP_PROP_FRAME_HEIGHT))
            else:  # stream
                fps, w, h = 30, im0.shape[1], im0.shape[0]
                save_path += '.mp4'
            vid_writer[i] = cv2.VideoWriter(save_path, cv2.VideoWriter_fourcc(*'mp4v'), fps, (w, h))
        vid_writer[i].write(im0)
```

▸ 이미지 검출 시

```
$ python3 detect.py --source \
./data/coco128/images/train2017/000000000532.jpg \
--img 640 --weight  runs/train/exp2/weights/last.pt
```

▸ 결과 저장

runs/detect/exp2에 결과물 이미지가 저장된다. Detect를 실행할 때마다 exp, exp2, exp3, exp4, ….에 저장된다.

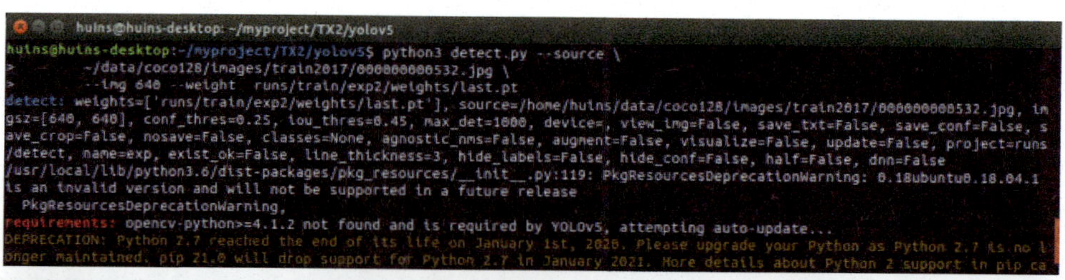

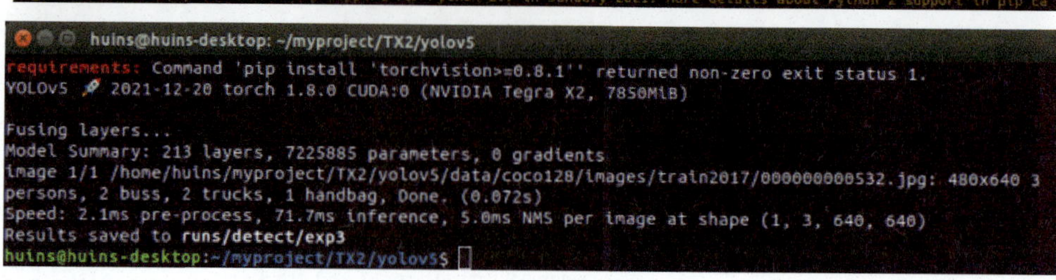

runs/detect/exp3 안의 이미지 파일을 열어보면 다음 그림과 같이 이미지와 검출된 정보가 보인다.

```
huins@huins-desktop: ~/myproject/TX2/yolov5/runs/detect/exp3
requirements: Command 'pip install 'torchvision>=0.8.1'' returned non-zero exit status 1.
YOLOv5 🚀 2021-12-20 torch 1.8.0 CUDA:0 (NVIDIA Tegra X2, 7850MiB)

Fusing layers...
Model Summary: 213 layers, 7225885 parameters, 0 gradients
image 1/1 /home/huins/myproject/TX2/yolov5/data/coco128/images/train2017/000000000532.jpg: 480x640 3
persons, 2 buss, 2 trucks, 1 handbag, Done. (0.072s)
Speed: 2.1ms pre-process, 71.7ms inference, 5.0ms NMS per image at shape (1, 3, 640, 640)
Results saved to runs/detect/exp3
huins@huins-desktop:~/myproject/TX2/yolov5$ cd runs/
huins@huins-desktop:~/myproject/TX2/yolov5/runs$ cd detect/
huins@huins-desktop:~/myproject/TX2/yolov5/runs/detect$ ls
exp  exp2  exp3
huins@huins-desktop:~/myproject/TX2/yolov5/runs/detect$ cd exp3
huins@huins-desktop:~/myproject/TX2/yolov5/runs/detect/exp3$ ls
000000000532.jpg
huins@huins-desktop:~/myproject/TX2/yolov5/runs/detect/exp3$
```

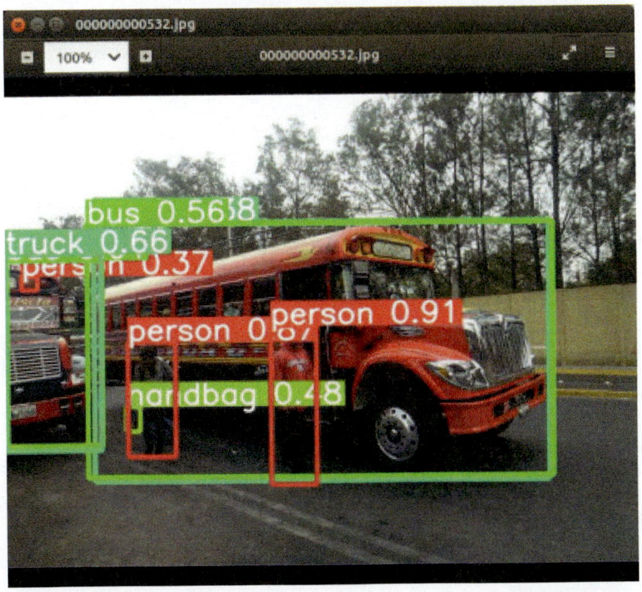

▸ **웹카메라로 객체 검출 시**

웹카메라를 통한 실시간 검출을 위한 과정이다. Camera 동작 관련 error가 발생하면 --source 0로 설정하여 동작한다. 카메라와 HDMI가 둘 다 연결된 상태면 camera가 설정된 device 번호를 찾아야 한다(보통 0 : hdmi, 1 : Camera로 설정되나 아닐 경우도 발생)

▸ **카메라 디바이스 확인하기**

```
nvidia@nvidia-desktop:~/yolov5$ ls -al /dev/video*
crw-rw----+ 1 root video 81, 0 11월  23 13:07 /dev/video0
crw-rw----+ 1 root video 81, 1 11월  23 09:36 /dev/video1
```

▸ 카메라 해상도 변경

utils/datasets.py의 310~312라인 주석 처리 후 아래와 같이 변경한다. 카메라 해상도와 fps 값을 설정한다.

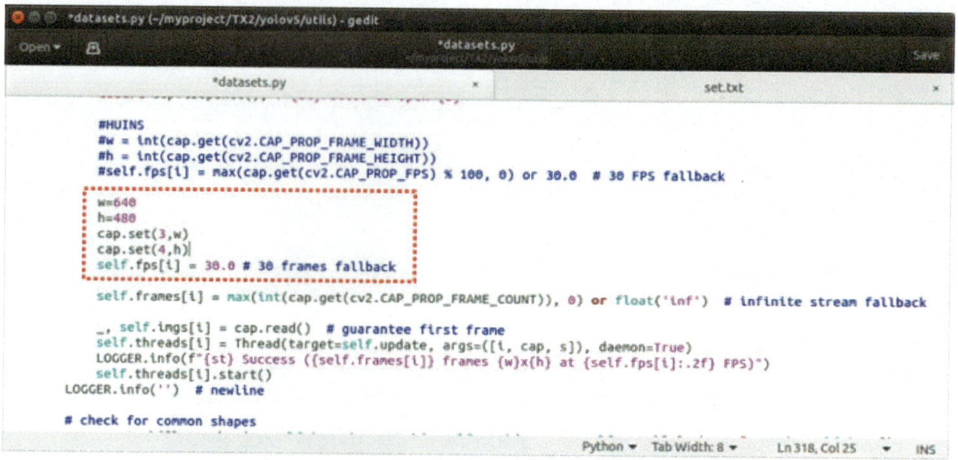

▸ 웹카메라 영상으로 실시간 확인

```
$ python3 detect.py --source 1 --img 640 --weights \
  runs/train/exp/weights/last.pt
```

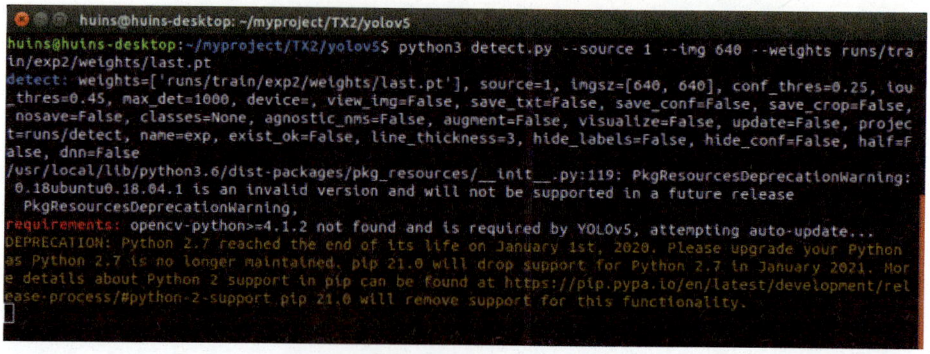

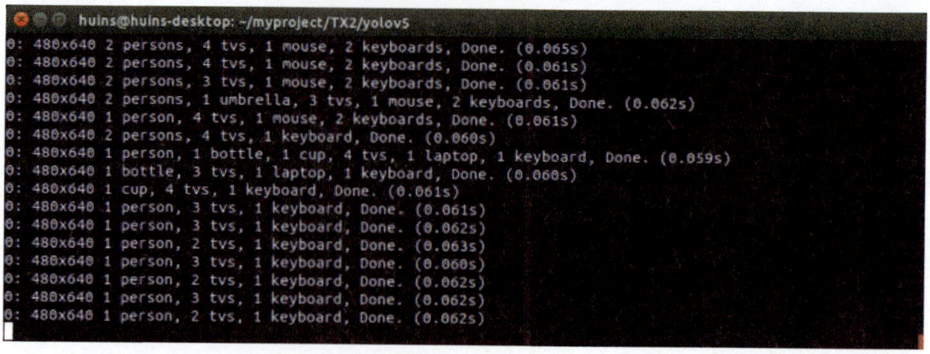

▸ 실시간 객체 검출 내용 1

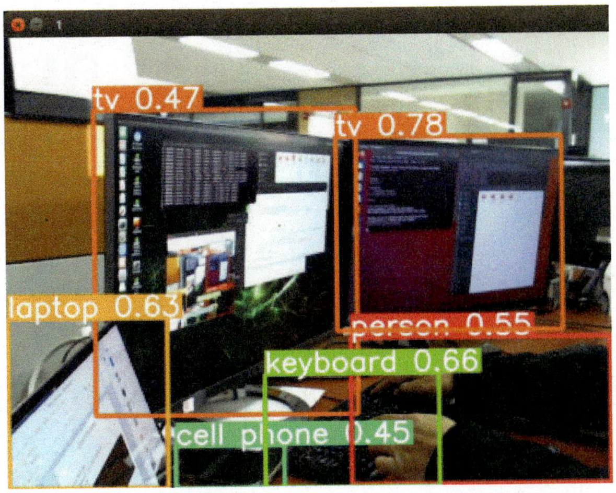

▸ 실시간 객체 검출 내용 2

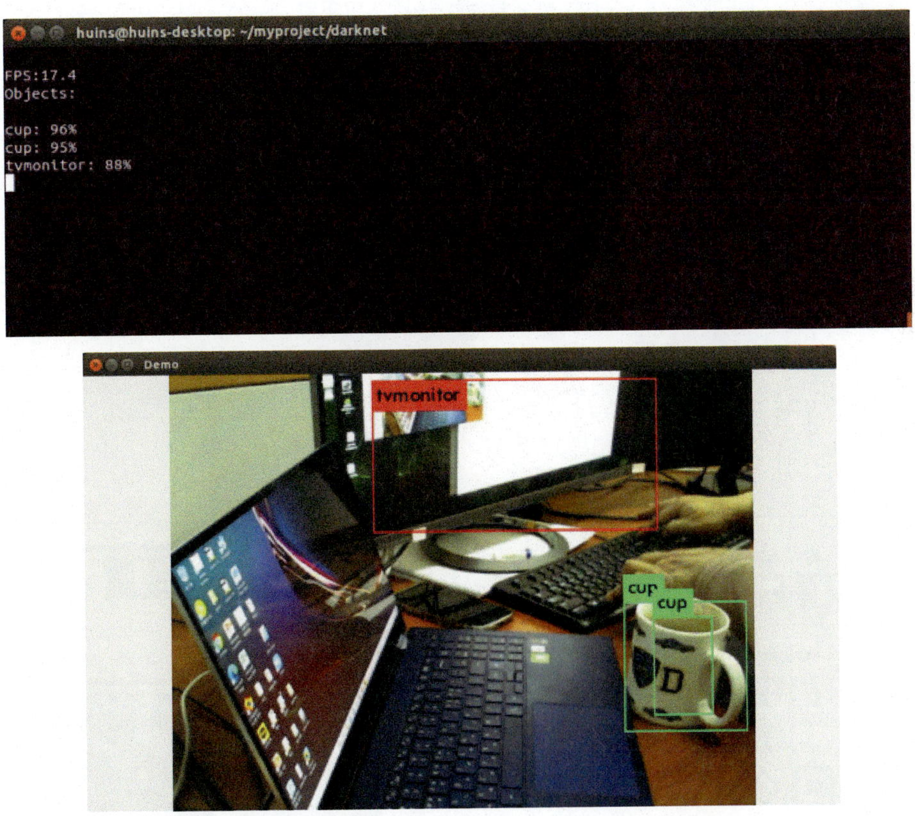

12장 머신러닝 기반의 얼굴인식 및 활용

12.1 얼굴인식 라이브러리

얼굴인식(Face recognition) 기술은 많은 연구를 통해 여러 가지 모델이 제안되었는데, OpenCV의 Haar Cascade와 Dlib의 HoG(Histogram of oriented Gradient)가 대표적인 오픈소스 모델이다. Haar cascade와 HoG는 고전적인 방법의 얼굴인식 기법이라고 볼 수 있다. 두 모델은 사용 환경에 따른 장단점을 가지고 있는데 정확도는 DNN, HoG 모델이 우수하고 속도는 Haar과 HoG가 강점을 보인다. 또한 CNN은 폐색영역에 강하나 CPU 환경에서는 속도가 느리고, Haar은 간단하지만 폐색영역에 취약점을 가지고 있다.

따라서 얼굴인식 시스템이 운영되는 환경을 분석하여 적절한 모델을 선택하는 것이 중요하다.

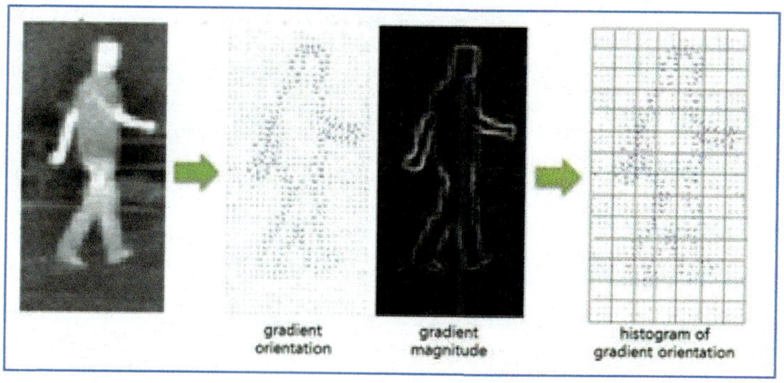

[그림 12.1] HoG 알고리즘

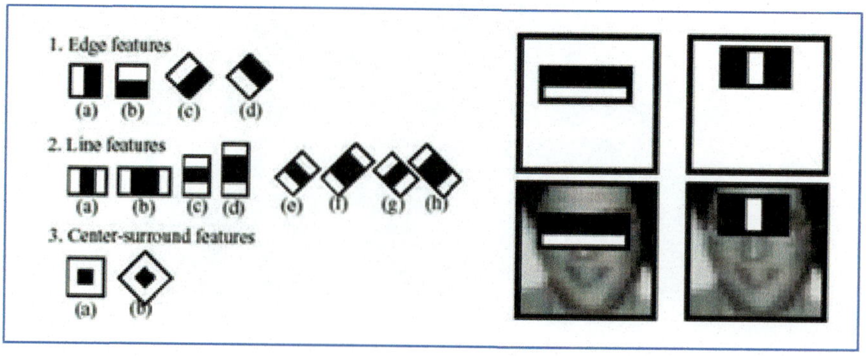

[그림 12.2] Haar 알고리즘

① Dlib

Dlib는 OpenCV와 유사하게 이미지 프로세싱 커뮤니티에서 폭넓게 도입하고 있는 강력한 라이브러리이다. 연구자는 주로 이 라이브러리의 얼굴 탐지(detection)와 정렬(alignment) 모듈을 사용한다. 이를 넘어 Dlib는 즉시 사용 가능한 강력한 얼굴인식(recognition) 모듈도 제공한다. 비록 C++로 작성되었지만 파이썬 인터페이스도 가지고 있다. 본 장에서는 파이썬으로 Dlib의 얼굴인식을 적용하는 법을 알아본다.

② Haar Cascade

OpenCV에서 얼굴인식 알고리즘으로 가장 대표적인 것이 **Haar Cascade 알고리즘**이다. Haar Cascade는 머신러닝 기반의 오브젝트 검출 알고리즘으로 이미지나 영상을 픽셀이 아닌 직사각형 영역으로 나누어 영상 처리를 하기 때문에 픽셀을 이용한 얼굴인식 방법보다 동작 속도가 빠르다.

2001년 Paul Viola와 Michael Jones가 제안한 알고리즘으로 특징(feature)을 기반으로 비디오 또는 이미지에서 오브젝트를 검출하기 위해 사용된다. 직사각형 영역으로 구성되는 특징을 사용하기 때문에 픽셀을 직접 사용할 때보다 동작 속도가 빠르다. 찾으려는 오브젝트(여기에선 얼굴)가 포함된 이미지와 오브젝트가 없는 이미지를 사용하여 Haar Cascade Classifier를 학습시킨다. 그리고 나서 분류기를 사용하여 오브젝트를 검출한다.

알고리즘은 다음 4단계로 구성된다.

- Haar Feature Selection
- Creating Integral Images
- Adaboost Training
- Cascading Classifiers

12.2 얼굴인식 패키지

(1) API 리스트

① batch_face_locations

API 명	
face_recognition.api.batch_face_locations (images, number_of_times_to_upsample=1, batch_size=128)	
설 명	CNN 얼굴 감지기를 사용하여 이미지에서 사람 얼굴의 경계 상자의 2차원 배열을 반환한다. GPU를 사용하는 경우 GPU가 이미지 배치를 한 번에 처리할 수 있으므로 훨씬 빠른 결과를 얻을 수 있다.
파라메타	• images : images 리스트(numpy 배열형식) • number_of_times_to_upsample : 얼굴을 찾는 이미지를 업샘플링할 횟수. 숫자가 높을수록 더 작은 얼굴을 찾는다. • batch_size : 각 GPU 배치 처리에 포함할 이미지 수
리 턴 값	css(위, 오른쪽, 아래, 왼쪽) 순서로 발견된 얼굴 위치의 튜플 목록

② compare_faces

API 명	
face_recognition.api.compare_faces (known_face_encodings, face_encoding_to_check, tolerance=0.6)	
설 명	얼굴 인코딩 목록을 후보 인코딩과 비교하여 일치하는지 확인한다.
파라메타	• known_face_encodings : 알려진 얼굴 인코딩 목록 • face_encoding_to_check : 목록과 비교할 단일 얼굴 인코딩 • tolerance : 일치로 간주할 얼굴들 간의 거리. 낮을수록 더 엄격하다. 0.6은 일반적인 최고 성능이다.
리 턴 값	어떤 known_face_encodings가 확인할 얼굴 인코딩과 일치하는지 나타내는 True/False 값 목록

③ face_distance

API 명	
face_recognition.api.face_distance(face_encodings, face_to_compare)	
설 명	얼굴 인코딩 목록이 주어지면 알려진 얼굴 인코딩과 비교하고 각 비교 얼굴에 대한 유클리드 거리를 얻는다. 거리는 얼굴이 얼마나 유사한지를 알려준다.
파라메타	• face_encodings : 비교할 얼굴 인코딩 목록 • face_to_compare : 비교할 얼굴 인코딩
리 턴 값	'faces' 배열과 동일한 순서로 각 얼굴에 대한 거리가 있는 numpy ndarray

④ face_encodings

API 명	
face_recognition.api.face_encodings (face_image, known_face_locations=None, num_jitters=1, model='small')	
설 명	이미지가 주어지면 이미지의 각 얼굴에 대해 128 차원 얼굴 인코딩을 반환한다.
파라메타	• face_image : 하나 이상의 얼굴을 포함하는 이미지 • known_face_locations : 이미 알고 있는 각 얼굴의 바운딩 박스(optional) • num_jitters : 인코딩을 계산할 때 얼굴을 다시 샘플링하는 횟수. 높을수록 정확하지만 느림(예 : 100은 100배 느림) • model : 사용할 모델(optional) "large" 또는 "small"(기본값)은 5 포인트만 반환하지만 더 빠르다.
리 턴 값	128차원 얼굴 인코딩 목록(이미지의 각 얼굴에 대해 하나씩)

⑤ face_landmarks

API 명	
face_recognition.api.face_landmarks(face_image, face_locations=None, model='large')	
설 명	이미지가 주어지면 이미지의 각 얼굴에 대한 얼굴 특징 위치(눈, 코 등)의 정보를 반환한다.
파라메타	• face_image : 검색할 이미지 • face_locations : " " 확인할 얼굴 위치 목록을 제공(optional) • model - 선택 사항 : 사용할 모델(optional) "large"(기본값) 또는 "small"은 5포인트만 반환하지만 더 빠르다.
리 턴 값	얼굴 특징 위치의 정보 목록(눈, 코 등)

⑥ load_image_file

API 명	
face_recognition.api.load_image_file(file, mode='RGB')	
설 명	이미지 파일(.jpg, .png 등)을 numpy 배열에 로드한다.
파라메타	• file : 로드할 이미지 파일 이름 또는 파일 객체 • mode : 이미지를 변환할 형식. 'RGB'(8비트 RGB, 3채널) 및 'L'(흑백)만 지원됨
리 턴 값	numpy 배열로 이미지 내용

(2) 사용 예

① 모든 얼굴 찾기

Input

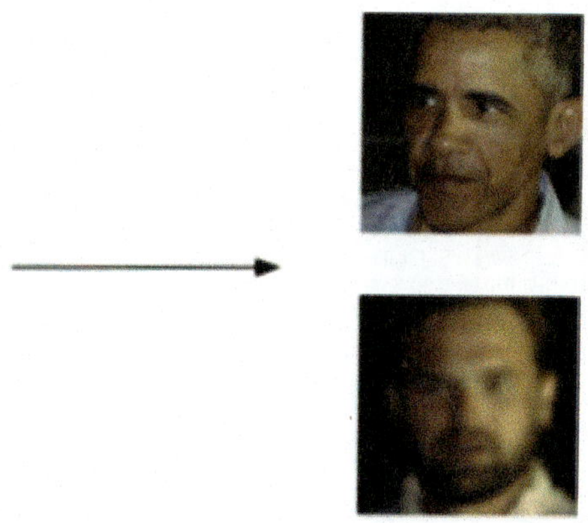

Output

```
import face_recognition
image = face_recognition.load_image_file("your_file.jpg")
face_locations = face_recognition.face_locations(image)
```

② 사진에서 얼굴 특징 찾기 및 조작

각 사람의 눈, 코, 입 및 턱의 위치와 윤곽을 찾는다.

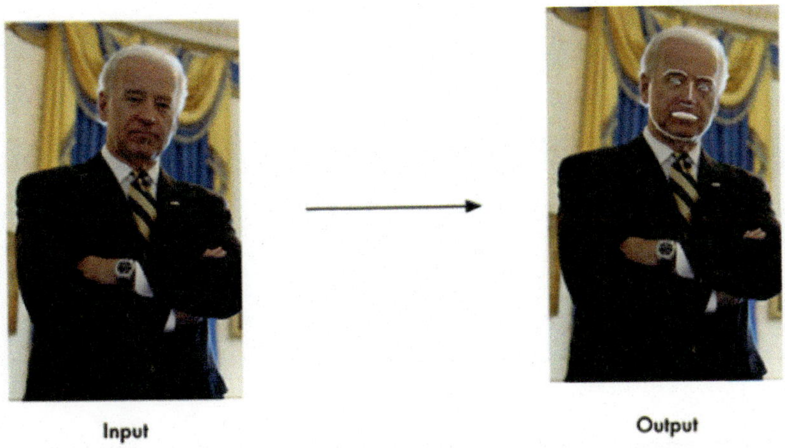


```
import face_recognition
image = face_recognition.load_image_file("your_file.jpg")
face_landmarks_list = face_recognition.face_landmarks(image)
```

③ 사진에서 얼굴 식별

각 사진에 누가 등장하는지 찾아본다.

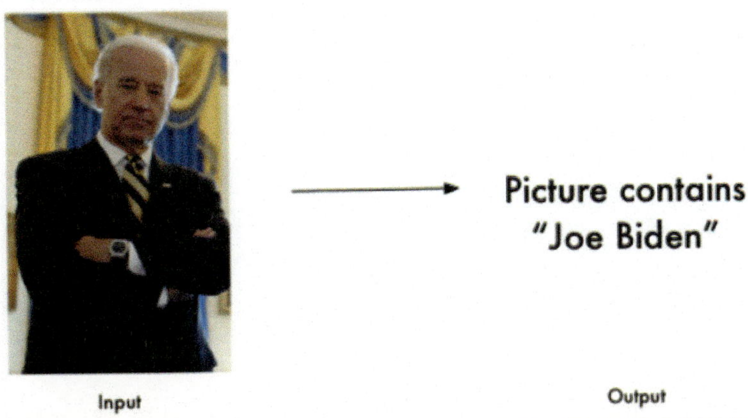


```
import face_recognition
known_image = face_recognition.load_image_file("biden.jpg")
unknown_image = face_recognition.load_image_file("unknown.jpg")

biden_encoding = face_recognition.face_encodings(known_image)[0]
unknown_encoding = face_recognition.face_encodings(unknown_image)[0]

results = face_recognition.compare_faces([biden_encoding], unknown_encoding)
```

12.3 Dlib 기반 머신러닝 실습

(1) 얼굴인식

① 라이브러리 설치

- Dlib에 요구되는 리눅스 라이브러리 설치

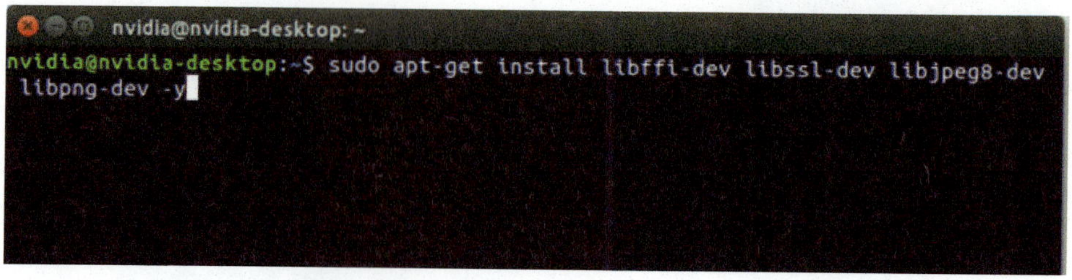

- Python3 버전 pip 설치
- 파이썬 라이브러리 설치 : scikit-build

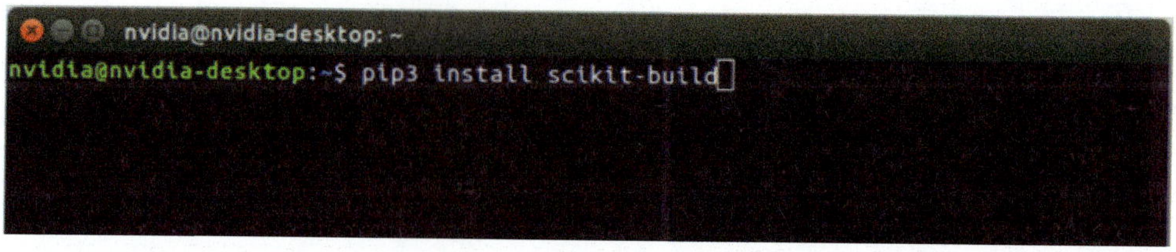

- 파이썬 라이브러리 설치 : cmake

- 파이썬 라이브러리 설치 : cython

• 파이썬 라이브러리 설치 : face_recognition, dlib, jupyterlab

(※ 필수 : dlib 버전은 19.19 이하로 지정할 것)

• 주피터 랩 실행을 위한 환경변수 설정

② 주피터 랩 실행

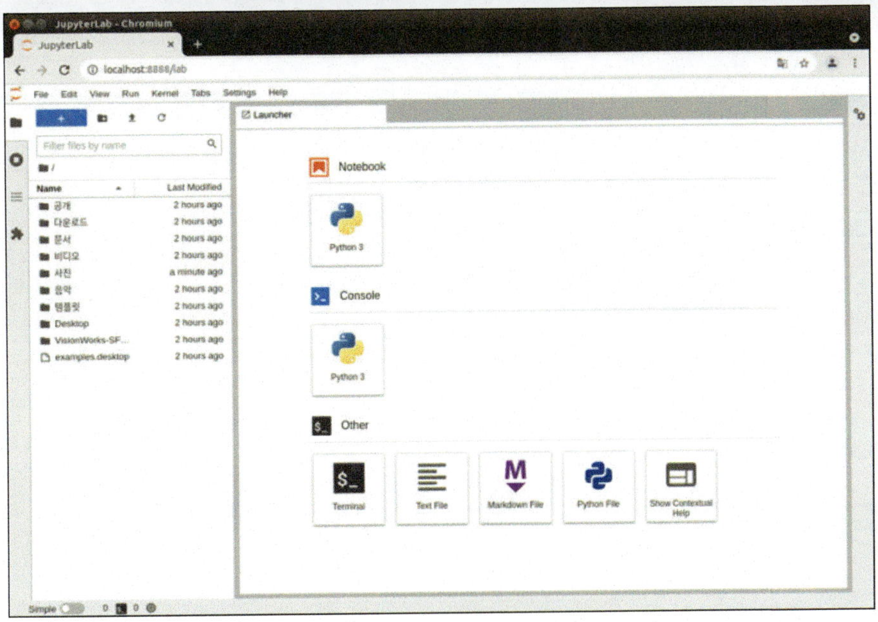

③ 소스 다운로드

- 다운로드 링크 : https://github.com/ageitgey/face_recognition

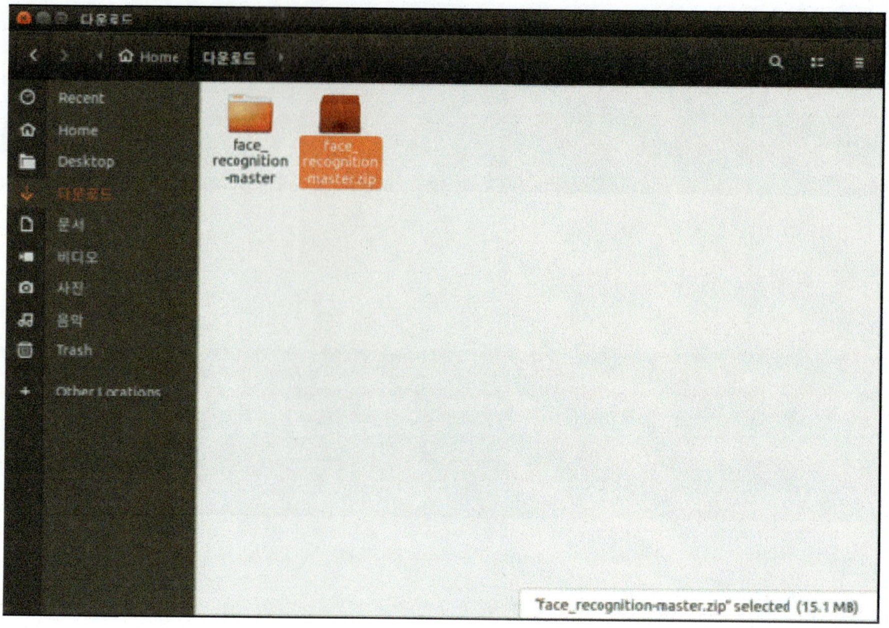

④ 압축해제 경로 접근

- /다운로드/face_recognition-master/examples

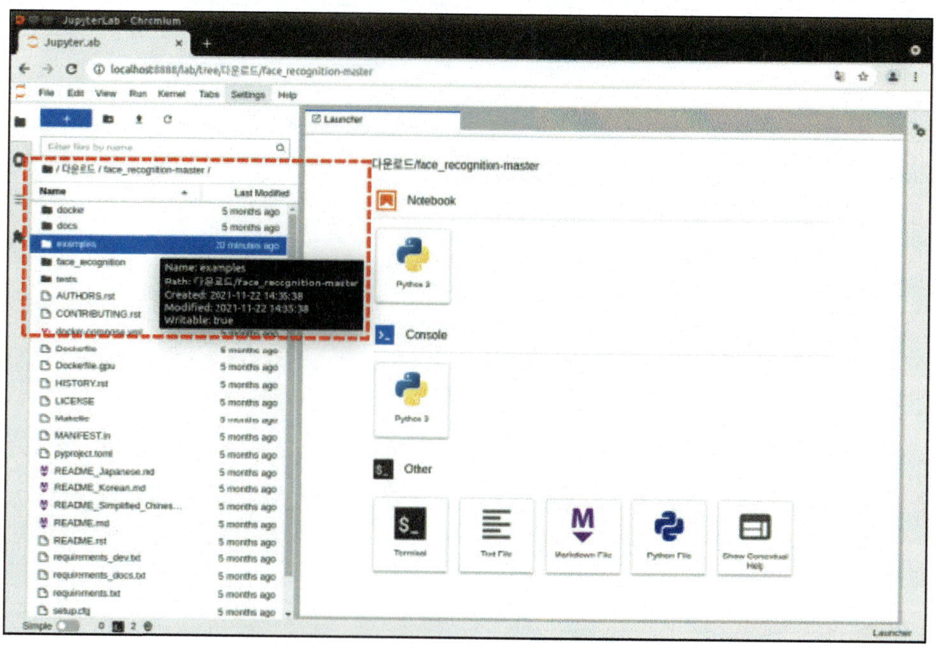

⑤ 소스코드 확인

- "Identify_and_draw_boxes_on_faces.py" 열기

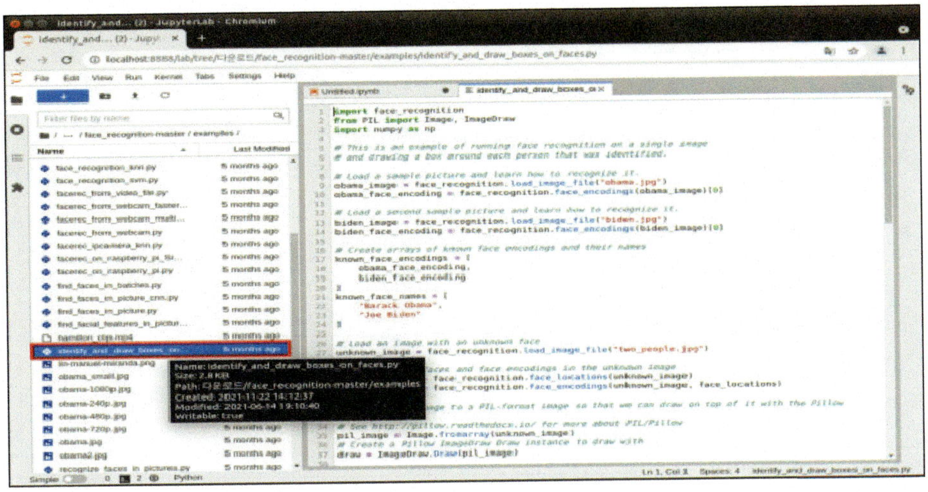

⑥ 소스코드 복사

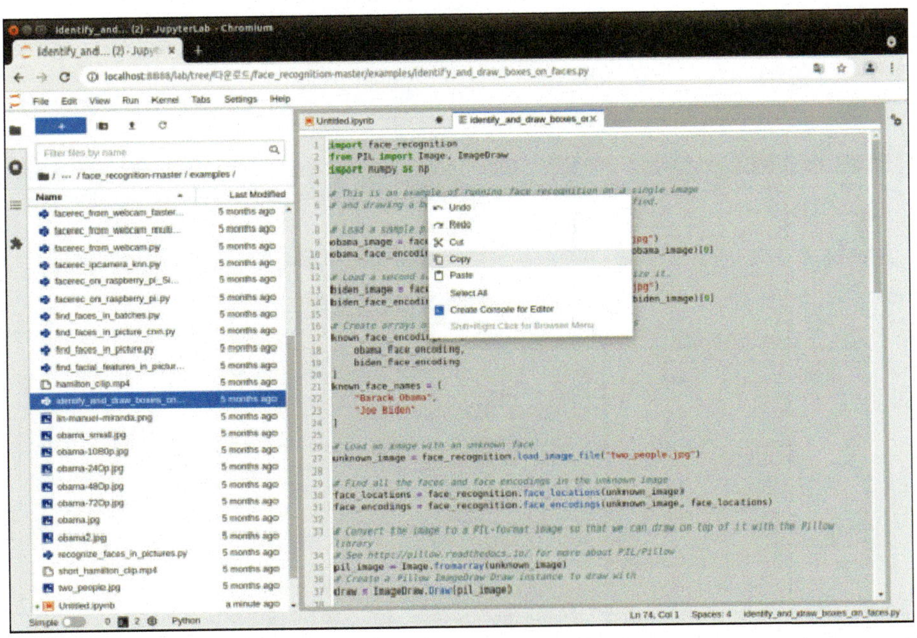

⑦ 소스코드 붙여넣기

복사한 소스코드를 주피터 노트북 창으로 붙여넣기

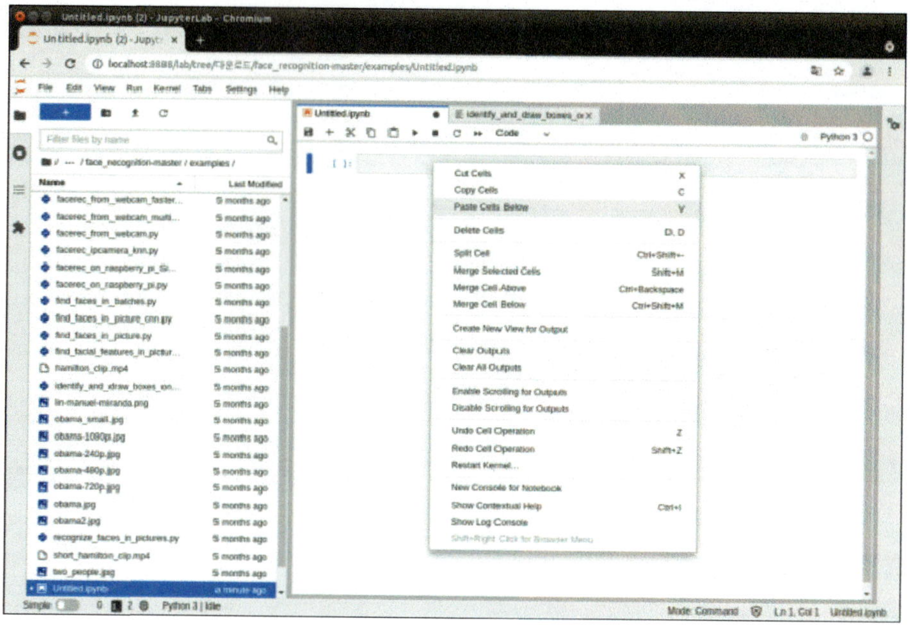

⑧ 소스코드 실행

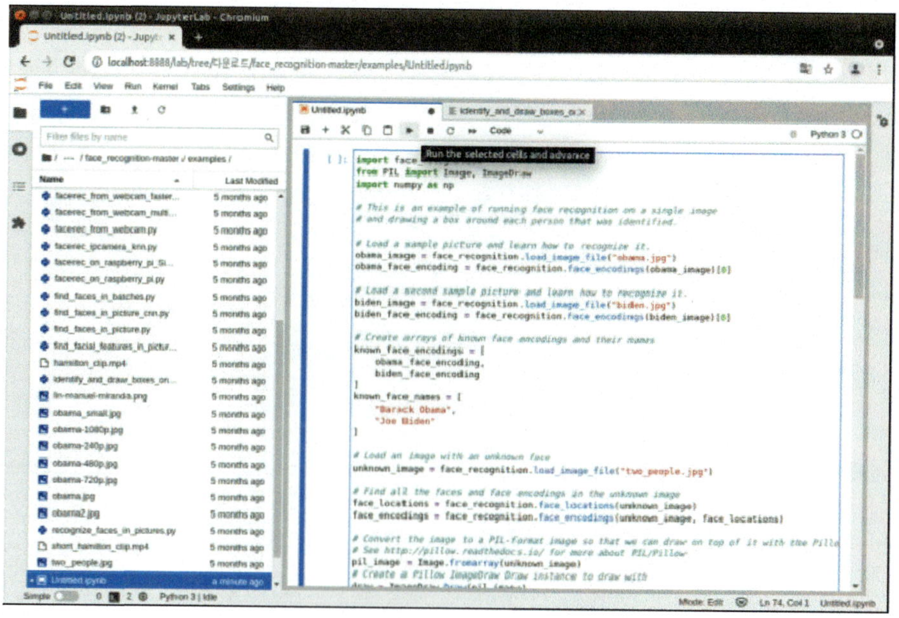

⑨ 소스코드 실행 중 확인

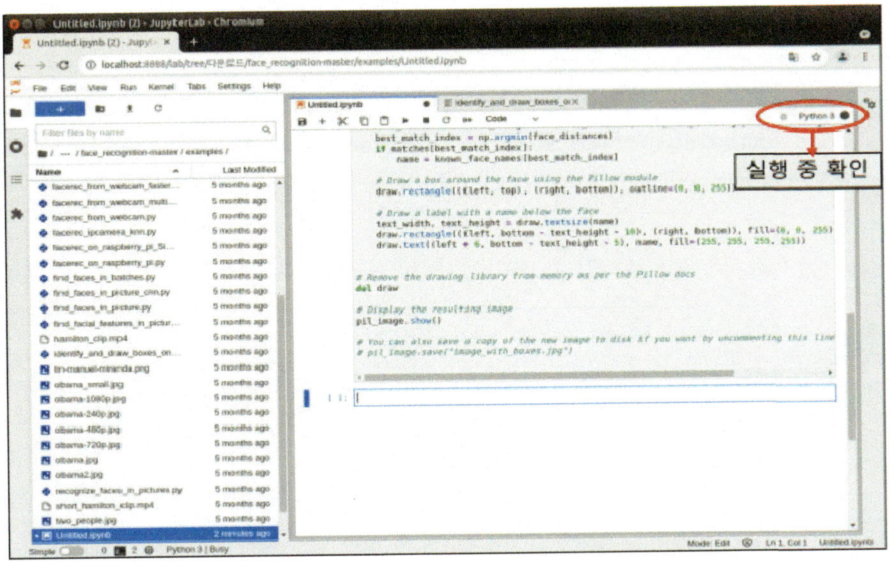

⑩ 인식 결과

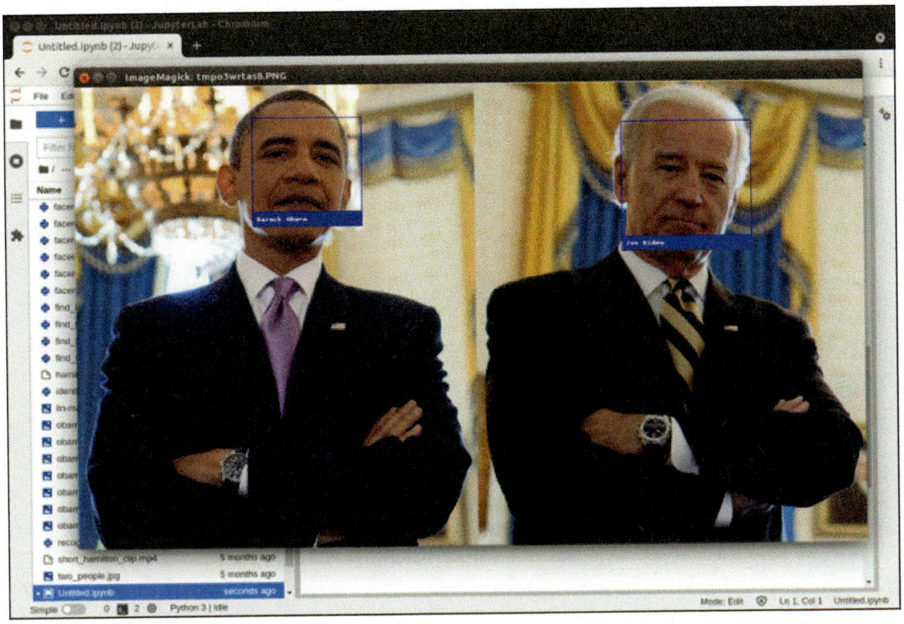

⑪ 소스코드 분석

- "identify_and_draw_boxes_on_faces.py" 파일 분석

▶ 학습

- 오바마 얼굴 학습
- 다른 얼굴 사진과 비교할 수 있는 오바마 얼굴 특징의 보편적인 '인코딩'을 포함

```
# Load a sample picture and learn how to recognize it.
obama_image = face_recognition.load_image_file("obama.jpg")
obama_face_encoding = face_recognition.face_encodings(obama_image)[0]
```

- 바이든 얼굴 학습
- 다른 얼굴 사진과 비교할 수 있는 바이든 얼굴 특징의 보편적인 '인코딩'을 포함

```
# Load a second sample picture and learn how to recognize it.
biden_image = face_recognition.load_image_file("biden.jpg")
biden_face_encoding = face_recognition.face_encodings(biden_image)[0]
```

- 학습결과 통합

```
# Create arrays of known face encodings and their names
known_face_encodings = [
    obama_face_encoding,
    biden_face_encoding
```

- 라벨링

```
known_face_names = [
    "Barack Obama",
    "Joe Biden"
]
```

▶ 얼굴인식

- 테스트 이미지 입력

```
# Load an image with an unknown face
unknown_image = face_recognition.load_image_file("two_people.jpg")
```

- 얼굴 위치 및 특징 저장

```
# Find all the faces and face encodings in the unknown image
face_locations = face_recognition.face_locations(unknown_image)
face_encodings = face_recognition.face_encodings(unknown_image, face_locations)
```

- 학습결과 비교

```
# Loop through each face found in the unknown image
for (top, right, bottom, left), face_encoding in zip(face_locations, face_encodings):
    # See if the face is a match for the known face(s)
    matches = face_recognition.compare_faces(known_face_encodings, face_encoding)
```

• 가장 우수한 결과 매칭

```
# Or instead, use the known face with the smallest distance to the new face
face_distances = face_recognition.face_distance(known_face_encodings, face_encoding)
best_match_index = np.argmin(face_distances)
```

12.4 Haar Cascade 기반 얼굴인식 및 비식별화

(1) 얼굴인식 실습

① 환경 설정

다음과 같이 환경 설정을 위한 설치를 시작한다.

▸ **주피터 랩에 요구되는 리눅스 라이브러리 설치**

```
nvidia@nvidia-desktop: ~
nvidia@nvidia-desktop:~$ sudo apt install libffi-dev -y
```

▸ **파이썬3 버전 pip 설치**

```
nvidia@nvidia-desktop: ~
nvidia@nvidia-desktop:~$ sudo apt install python3-pip -y
```

▸ **파이썬 라이브러리 설치 : packaging**

```
nvidia@nvidia-desktop: ~
nvidia@nvidia-desktop:~$ pip3 install packaging
```

▶ 파이썬 라이브러리 설치 : Jupyterlab

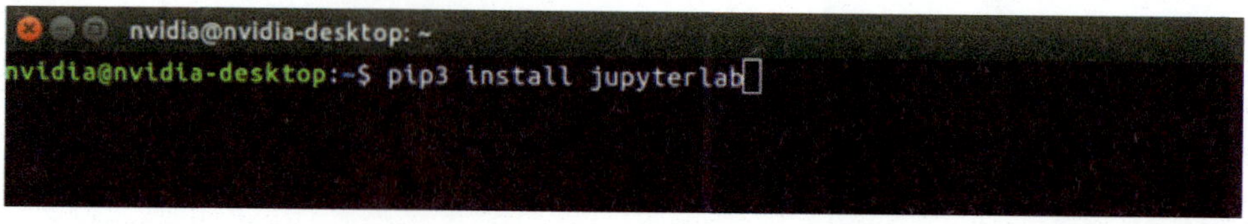

▶ 주피터 랩 실행을 위한 환경변수 설정

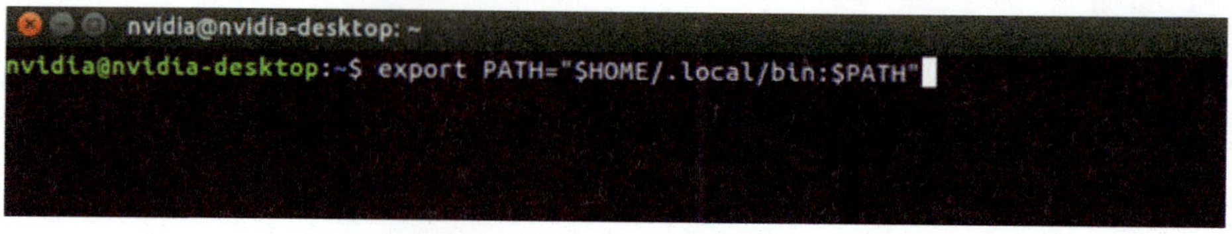

② 소스코드 분석

▶ 실시간 얼굴인식용 소스코드

```
import numpy as np
import cv2

xml = 'haarcascades/haarcascade_frontalface_default.xml'
face_cascade = cv2.CascadeClassifier(xml)

cap = cv2.VideoCapture(0) # 0: 노트북 카메라, 1: 별도 웹캠 사용시
cap.set(3,640) # 너비
cap.set(4,480) # 높이

while(True):
        ret, frame = cap.read()
        frame = cv2.flip(frame, 1) # 좌우 대칭
        gray = cv2.cvtColor(frame, cv2.COLOR_BGR2GRAY)

        faces = face_cascade.detectMultiScale(gray,1.05, 5)
        print("Number of faces detected: " + str(len(faces)))

        if len(faces):
            for (x,y,w,h) in faces:
                  cv2.rectangle(frame,(x,y),(x+w,y+h),(255,0,0),2)

        cv2.imshow('result', frame)

        k = cv2.waitKey(30) & 0xff
        if k == 27: # Esc 키를 누르면 종료
             break
cap.release()
cv2.destroyAllWindows()
```

▸ **소스코드 설명**

- 얼굴 탐지하는 부분은 face recognition 부분과 같고, 실시간 영상인식에서 추가된 부분은 cv2.VideoCapture, cap.set, cv2.flip, while 문과 break이다.

- cv2.VideoCapture는 비디오 캡처 객체를 생성해 주는데, 안의 숫자는 장치 인덱스이다(어떤 카메라를 사용할 것인가). 1개만 부착되어 있으면 0, 2개 이상이면 첫 번째 웹캠은 0, 두 번째 웹캠은 1로 지정. 노트북 웹캠을 사용할 경우 0이면 된다.

- cap.set은 프레임의 크기를 설정해준다.
- cv2.flip은 이미지를 좌우, 상하 대칭을 해준다. 인자가 1이면 좌우, 2이면 상하 대칭이다. cv2.flip은 필수는 아니다.

- 위의 코드를 실행하면 아래와 같이 실시간으로 얼굴 탐지를 할 수 있다. Esc키를 누르면 종료된다.

③ 얼굴인식 수행

▸ **주피터 랩 실행**

얼굴인식 실습을 위해 주피터 랩을 실행한다.

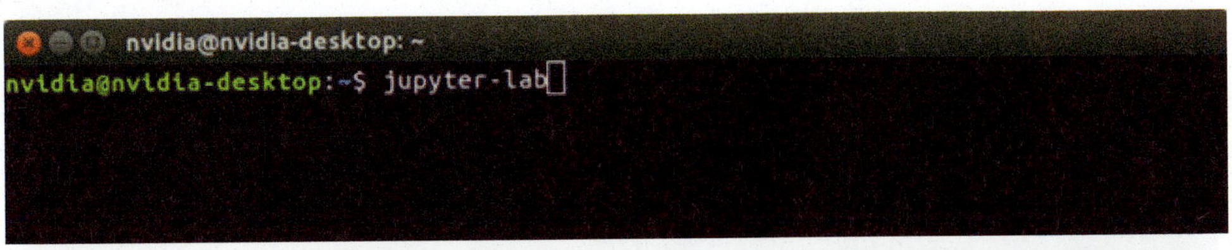

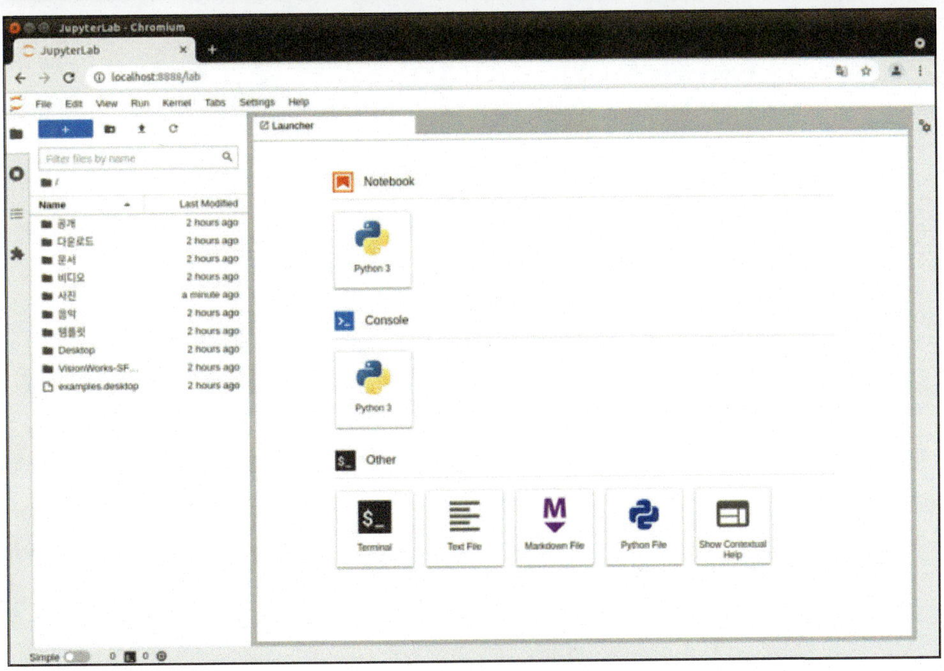

▸ 파일 준비 및 다운로드

https://github.com/kimjinho1/Real-time-face-recognition-and-mosaic-using-deep-learning 에 접속한다.

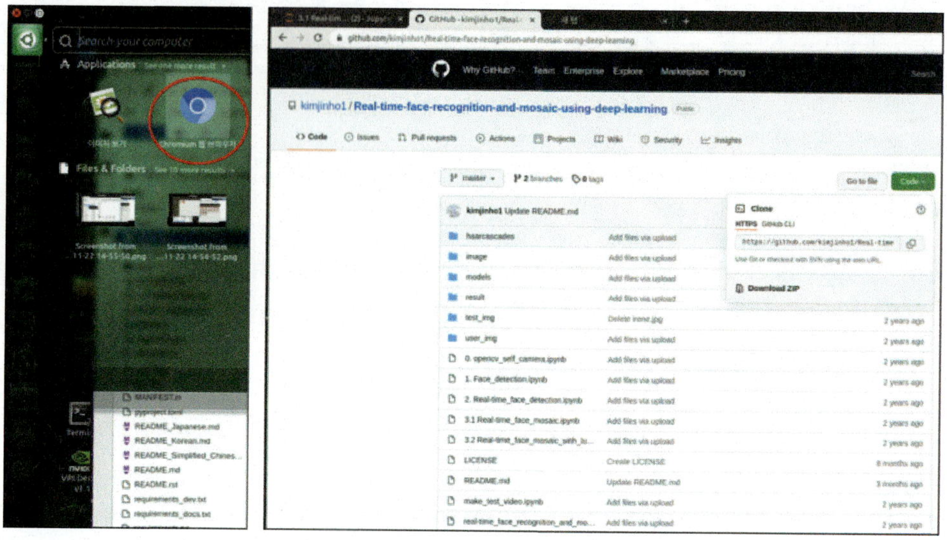

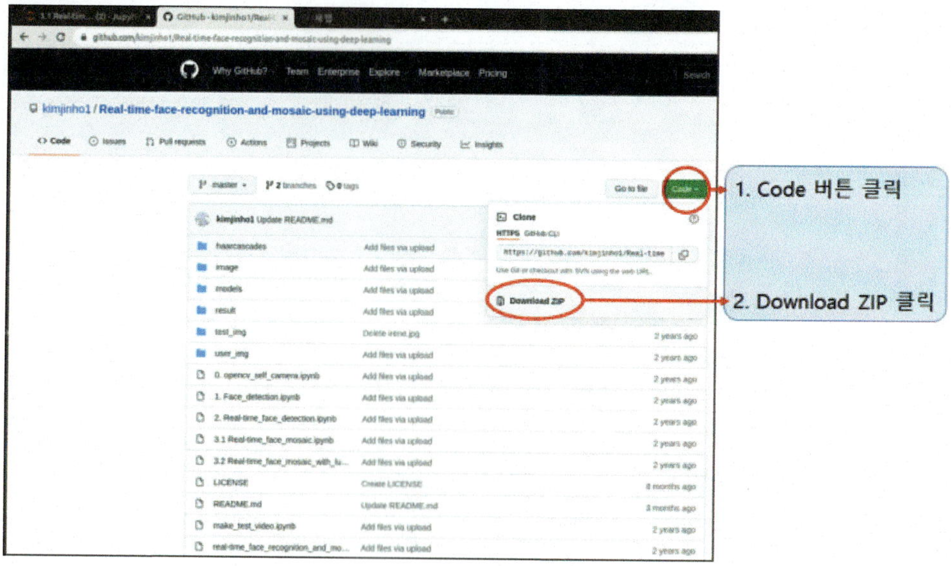

▸ 압축 해제

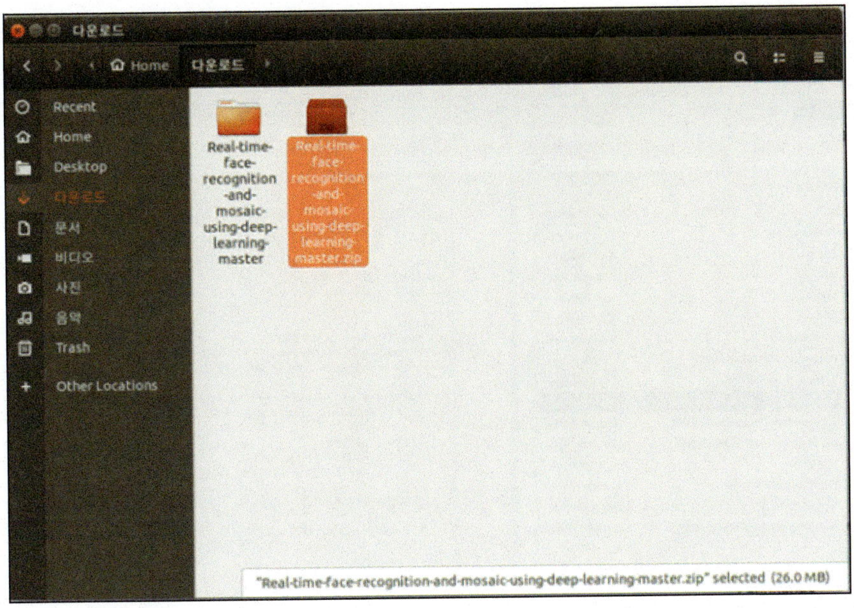

▸ 얼굴인식 소스 열기

/다운로드/Real-time-face-recognition-and-mosaic-using-deep-learning/

▸ 2. Real-time_face_detection.ipynb

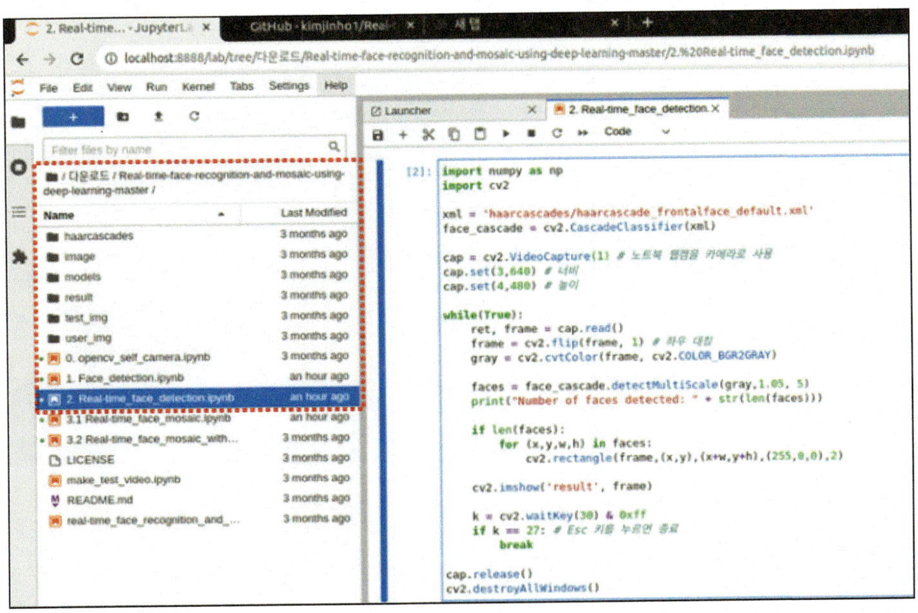

▶ 카메라 번호 수정 - 외장 카메라 사용 1

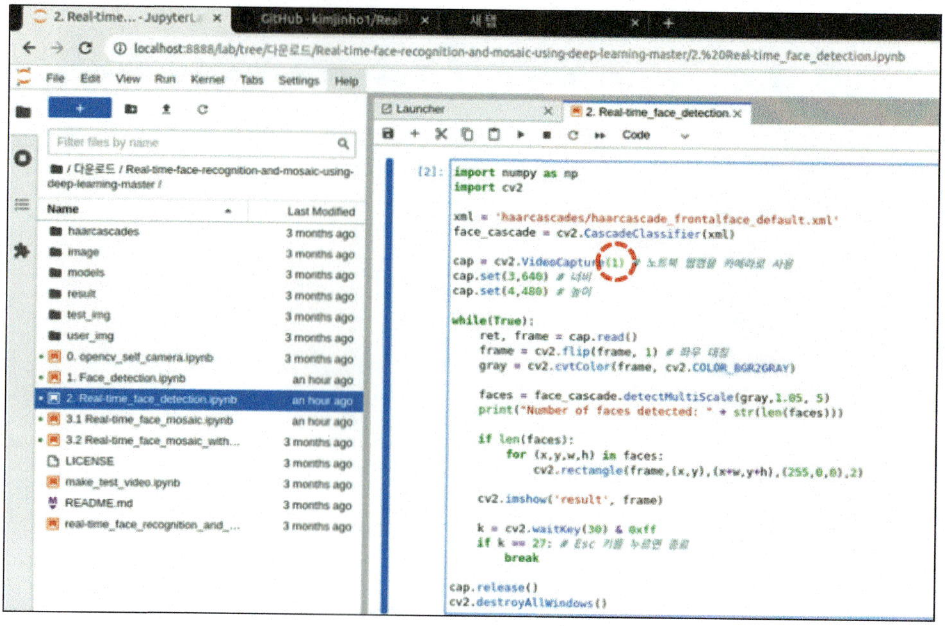

▶ 실시간 얼굴인식 수행

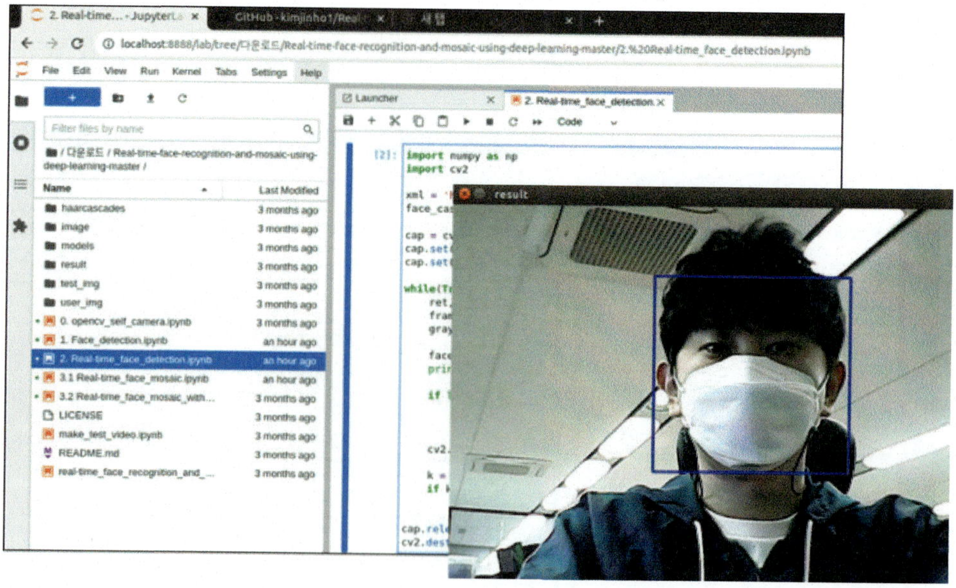

④ 실시간 눈 인식

정면 얼굴인식용 xml 파일을 eye 인식용 xml 파일로 교체한다.

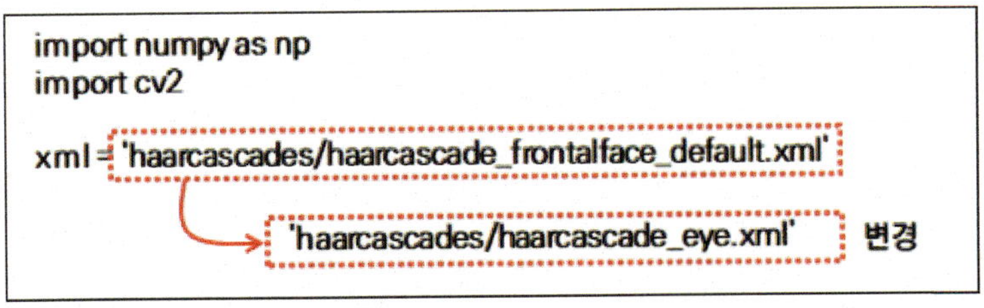

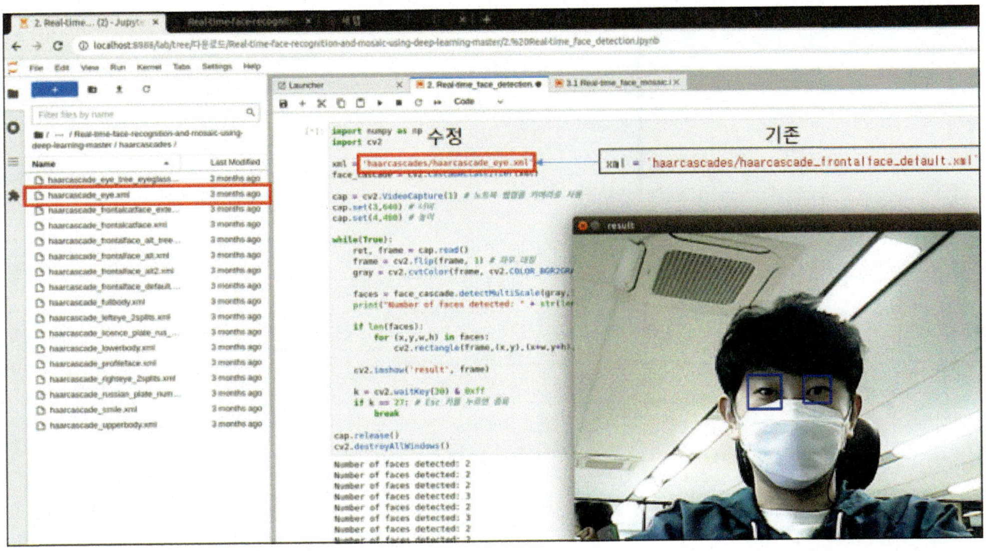

(2) 얼굴 비식별화 실습

앞서 실시간 얼굴인식을 실습했는데, 이번에는 실시간으로 얼굴 탐지를 하고 탐지된 모든 얼굴 영역을 각각 탐지된 얼굴 이미지를 축소-확대한 이미지로 대체하는 방식으로 모자이크 처리를 해볼 것이다.

① 소스 열기

/다운로드/Real-time-face-recognition-and-mosaic-using-deep-learning/

▸ 3.1 Real-time_face_mosaic.ipynb

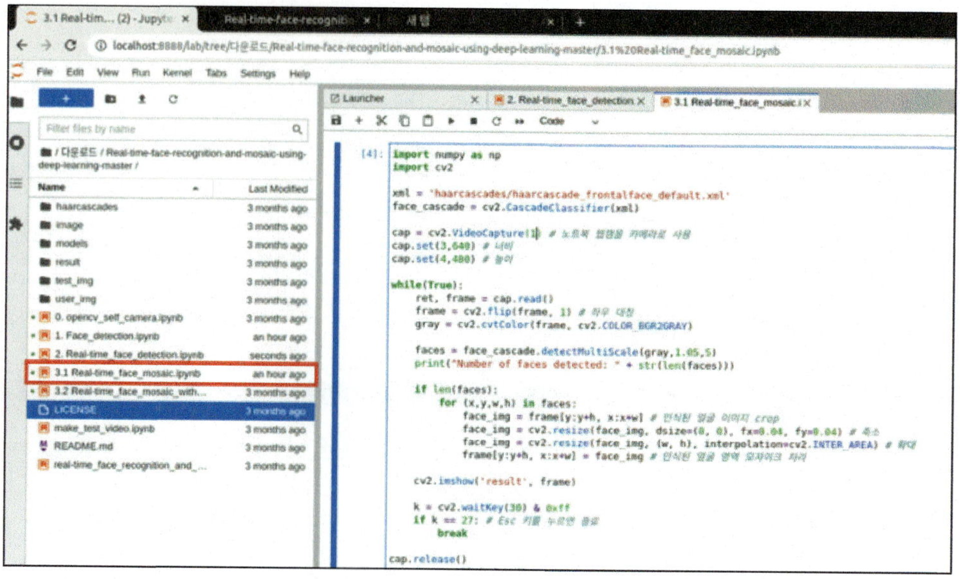

② 소스코드 분석

▸ 실시간 얼굴 모자이크 실습 소스코드

```
import numpy as np
import cv2

xml = 'haarcascades/haarcascade_frontalface_default.xml'
face_cascade = cv2.CascadeClassifier(xml)

cap = cv2.VideoCapture(0) # 노트북 웹캠을 카메라로 사용
cap.set(3,640) # 너비
cap.set(4,480) # 높이

while(True):
    ret, frame = cap.read()
    frame = cv2.flip(frame, 1) # 좌우 대칭
    gray = cv2.cvtColor(frame, cv2.COLOR_BGR2GRAY)

    faces = face_cascade.detectMultiScale(gray,1.05,5)
    print("Number of faces detected: " + str(len(faces)))

    if len(faces):
        for (x,y,w,h) in faces:
            face_img = frame[y:y+h, x:x+w] # 탐지된 얼굴 이미지 crop
            face_img = cv2.resize(face_img, dsize=(0, 0), fx=0.04, fy=0.04) # 축소
            face_img = cv2.resize(face_img, (w, h), interpolation=cv2.INTER_AREA) # 확대
            frame[y:y+h, x:x+w] = face_img # 탐지된 얼굴 영역 모자이크 처리

    cv2.imshow('result', frame)

    k = cv2.waitKey(30) & 0xff
    if k == 27: # Esc 키를 누르면 종료
        break

cap.release()
cv2.destroyAllWindows()
```

▸ **소스코드 설명**

- 얼굴 영역에 박스를 치는 코드가 빠졌고, 모자이크 처리를 해주는 코드 4줄 추가.

- face_img = frame[y:y+h, x:x+w]
  -> 탐지된 얼굴 영역의 이미지를 face_img에 저장

- face_img = cv2.resize(face_img, dsize=(0, 0), fx=0.04, fy=0.04)
  -> face_img의 높이와 너비를 0.04배 해줌

- face_img = cv2.resize(face_img, (w, h), interpolation=cv2.INTER_AREA)
  -> face_img를 원래 비율로 되돌려준다. 이 과정에서 이미지가 모자이크화됨

- frame[y:y+h, x:x+w] = face_img
  -> 탐지된 얼굴 영역을 face_img로 바꿔줌

- 위의 코드를 실행하면 아래와 같이 실시간으로 탐지된 얼굴이 모자이크되고 있음

③ 카메라 번호 수정

0 → 1로, 외장 웹캠 사용

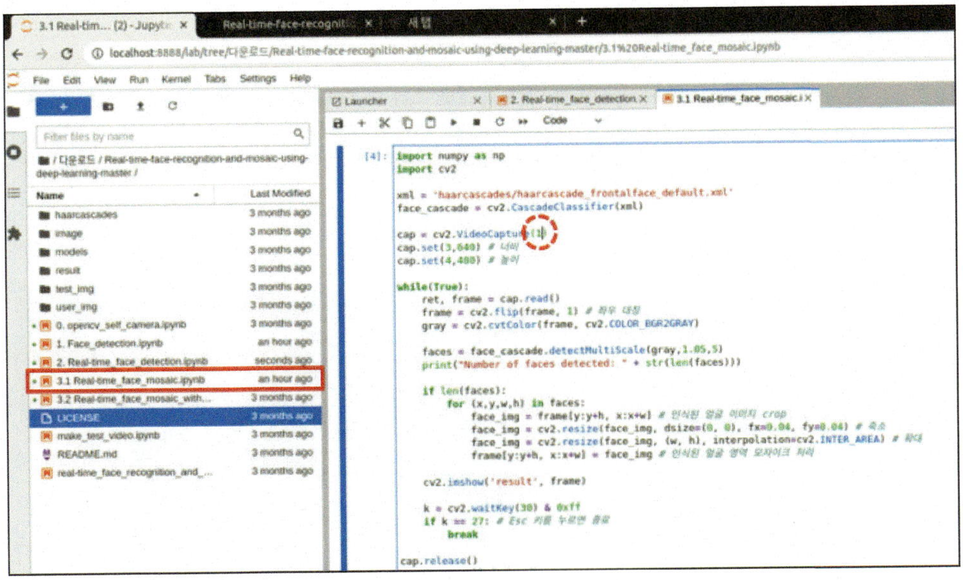

④ 소스코드 실행

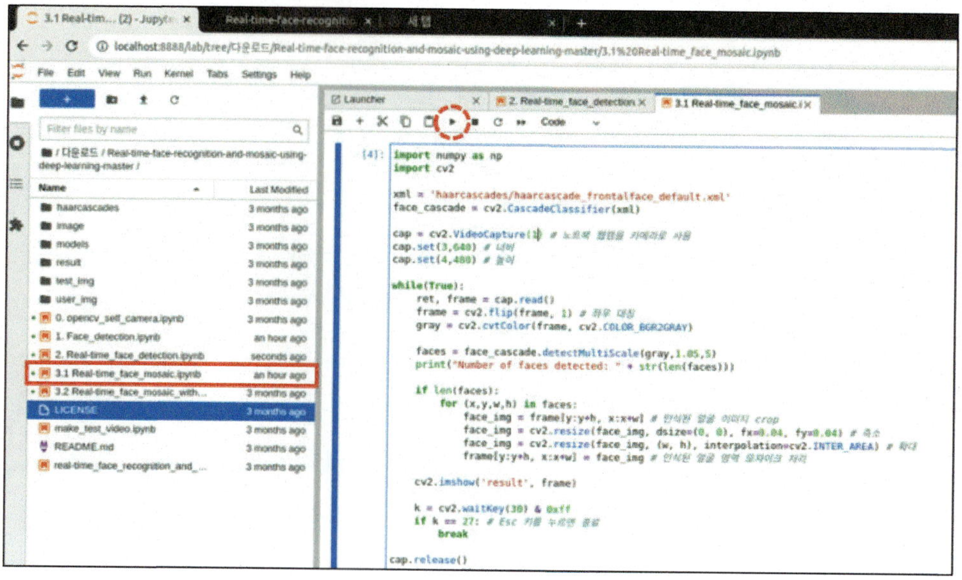

⑤ 실시간 얼굴 모자이크화

13장 강화학습 알고리즘 및 응용

13.1 강화학습 개요

강화학습(Reinforcement learning)은 머신러닝이 다루는 문제 중에서 다음과 같은 방식으로 처리한다. 어떤 환경(Environment)을 탐색하는 에이전트(Agent)가 현재의 상태를 인식하여 어떤 행동(Action)을 취하고, 그러면 그 에이전트는 환경으로부터 보상(Reward)을 얻게 된다. 보상은 양수와 음수 둘 다 가능하다. 강화학습의 알고리즘은 그 에이전트가 앞으로 누적될 보상을 최대화하는 일련의 행동으로 정의되는 정책을 찾는 방법이다.

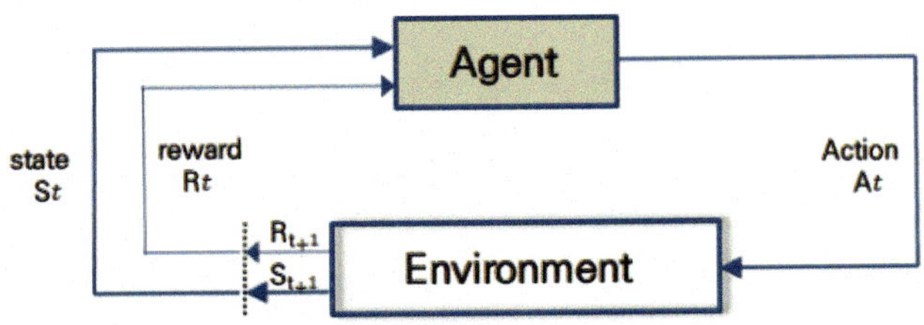

[그림 13.1] 강화학습

강화학습은 머신러닝의 범주 안에 있는 학습 방법 중 하나이다. 강화학습의 예시를 들자면, 아이가 처음 걸을 때는 걷는 방법을 모르기에 어떻게 행동해야 하는지 모르지만 환경과 상호작용하면서 걷는 방법을 알아가는 것과 같다.

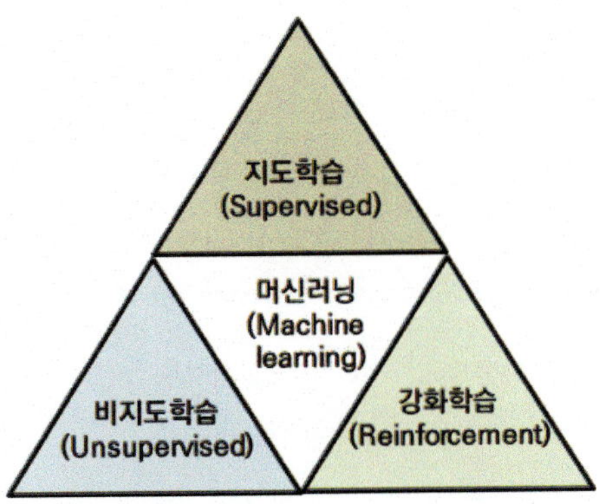

[그림 13.2] 강화학습 영역

강화학습의 특징은 사람이 학습하는 방법, 일상 속에서 행동하는 방법과 상당히 유사하다는 점이다. 또 하나의 예로 자전거 타는 법을 배울 때 우리는 구체적으로 타는 방법을 알지 못하고 배운다. 자전거를 타다가 넘어지고 일어서기를 반복하다 보면 어떻게 해서 똑바로 가는지 학습한다.

dynamics를 모르고 학습하는 것이기 때문에 핸들 방향을 바꾼다면 자전거를 탈 수 없게 된다고 한다. 강화학습도 이와 마찬가지로 agent가 아무것도 모르는 상태로 환경 속에 들어가서 경험을 통해서 학습하는 것이다. 정의하자면, 정답은 모르지만 자신이 한 행동에 대한 보상을 알 수 있어서 그로부터 학습하는 것을 말한다. 강화학습의 가장 중요한 두 가지 특징은 다음과 같다.

Trial and Error / Delayed Reward

첫 번째는 환경과 상호작용으로 학습하는 것과 깊은 관련이 있다. 즉, 해보지 않고 예측하여 움직이는 것이 아니라, 해보면서 자신을 조정해나가는 것이다. 좋은 행동을 했을 경우에 좋은 반응이 환경으로부터 오게 되는데, 이 반응을 보상이라고 한다. 강화학습의 핵심 쟁점 중 하나는 '어떻게 상을 더 많이 받을 것인가?'이다.

두 번째는 강화학습이 다루는 문제는 시간이라는 개념이 포함되어 있다는 것과 관련 있다. 강화학습은 시간의 순서가 있는 문제를 풀기 때문에 지금 한 행동으로 인한 환경의 반응이 행동 이후에 나타난다. 이럴 경우 환경이 반응할 때까지 여러 가지 다른 행동들을 시간의 순서대로 했기 때문에 어떤 행동이 좋은 행동이었는지 판단하기 어려운 점이 있다.

강화학습을 여러 분야에 적용하려는 시도는 많지만 대부분 아직까지는 연구 단계이다. 그중에서 앞으로 큰 시장을 형성할 대표적인 분야는 '지능형 로봇'과 '자율 주행차'이다. 사실 지능형 로봇과 자율 주행차는 강화학습만으로 이루어진 제품이 아니라 여러 기술의 복합체이다.

13.2 OpenAI GYM

OpenAI에서는 간단한 게임들을 통해 강화학습을 테스트할 수 있는 Gym이라는 환경을 제공하고 있다. Gym은 에이전트의 구조를 미리 결정하지 않으며, 텐서플로우 또는 Theano와 같은 모든 수치 계산 라이브러리와 호환된다. Gym 라이브러리는 강화학습 알고리즘을 수행하는데 사용할 수 있는 테스트(환경)의 모음이다. 이러한 환경에는 공유 인터페이스가 있어 일반 알고리즘을 작성할 수 있다. 즉, Gym 파이썬 라이브러리는 일반 알고리즘을 작성하고 테스트하기 위한 공유 인터페이스를 제공하여 강화학습 에이전트의 알고리즘에서 작동하는 수많은 테스트 환경을 제공한다.

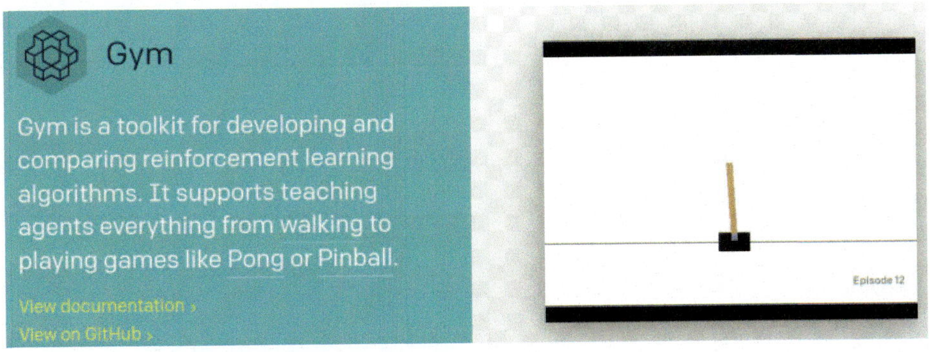

[그림 13.3] https://gym.openai.com/envs/CartPole-v1/

Gym을 설치하고 간단한 예제를 돌려보면서 강화학습이란 것이 어떤 것인지 먼저 감을 잡아볼 수 있을 것이다. 파이썬을 기반으로 하고 있기에 아나콘다 환경에서 가상의 파이썬 환경을 하나 생성하고, 기본적인 환경의 Gym을 설치하고 예제를 돌려본다.

(1) Gym 설치

① 아나콘다에서 가상 환경 생성

Gym이라는 이름을 가지는 새로운 파이썬3 버전의 가상 환경을 만들어 준다.

```
$ conda create -n gym python=3.6 anaconda
```

② 가상 환경에 접속

새로 생성된 가상 환경에 접속한다.

```
$ source activate gym
```

③ Gym 설치하기

pip 명령어를 이용해서 기본 환경만 설치한다.

```
$ pip3 install gym
```

(2) CartPole 예제 실습

① CartPole 게임 개요

마찰이 없는 트랙에 카트(cart)가 하나 있다. 카트에는 막대기(pole)가 하나 연결되어 있고, 이 연결부는 조작되지 않는다. 대신 카트에 +1 또는 -1의 힘을 인가함으로써 조절된다. 막대기가 세워진 상태로 게임이 시작되며, 목표는 넘어지지 않도록 하는 것이다. 막대기가 제대로 서 있으면 시간 스텝마다 +1의 보상이 주어진다.

에피소드가 종료되는 조건은 다음과 같다.

- 막대기가 수직으로부터 12도 이상 기울어짐(-12도 ~ 12도).
- 카트가 중심으로부터 2.4 이상 벗어남(-2.4 ~ 2.4).
- 시간 스텝이 200보다 커짐(CartPole-v1의 경우 500).

또한 100번의 연속적인 시도에서 평균 195.0 이상의 점수(보상)를 얻으면 CartPole-v0 게임을 해결했다고 정의한다.

▶ 소스코드 다운로드

https://github.com/openai/gym/blob/master/gym/envs/classic_control/cartpole.py

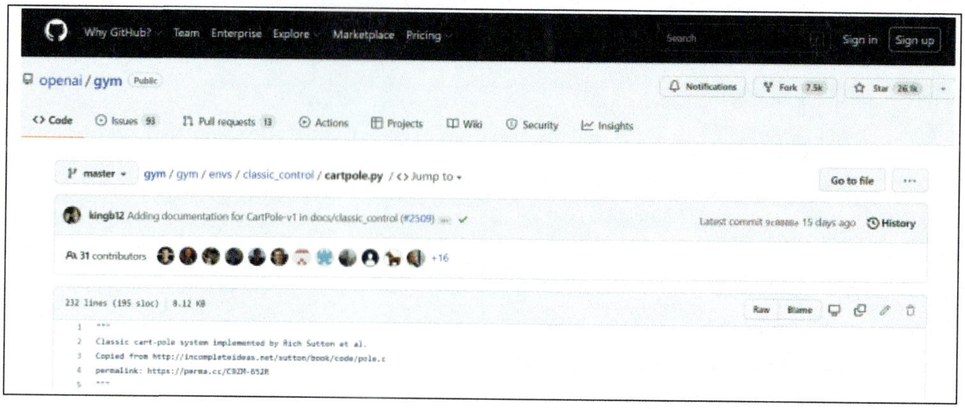

② v0와 v1 게임버전 차이

CartPole 환경의 경우 소스코드에서 두 개의 등록된 버전을 찾을 수 있다. v0 및 v1로 태그가 지정된 두 개의 CartPole 버전이 있으며, 차이점은 두 매개변수 max_episode_steps와 reward_threshold 변수 값으로 다음과 같다.

```
register(
    id='CartPole-v0',
    entry_point='gym.envs.classic_control:CartPoleEnv',
    max_episode_steps=200,
    reward_threshold=195.0,
)

register(
    id='CartPole-v1',
    entry_point='gym.envs.classic_control:CartPoleEnv',
    max_episode_steps=500,
    reward_threshold=475.0,
)
```

③ CartPole-v0 게임 예제 코드

아나콘다 네비게이터에서 생성한 Gym 환경을 선택하고 주피터 노트북을 실행한다. 새로운 파이썬 파일을 하나 생성하고 아래와 같이 예제를 실행한다.

```
import gym

env = gym.make('CartPole-v0')
for i_episode in range(20):

    observation = env.reset()
    for t in range(100):
        env.render()
        print(observation)
        action = env.action_space.sample()
        observation, reward, done, info = env.step(action)
        if done:
            print("Episode finished after {} timesteps".format(t+1))
            break
```

예제가 실행되면 화면이 보이면서 값이 출력이 되면 정상적으로 학습되고 있는 것을 볼 수 있다.

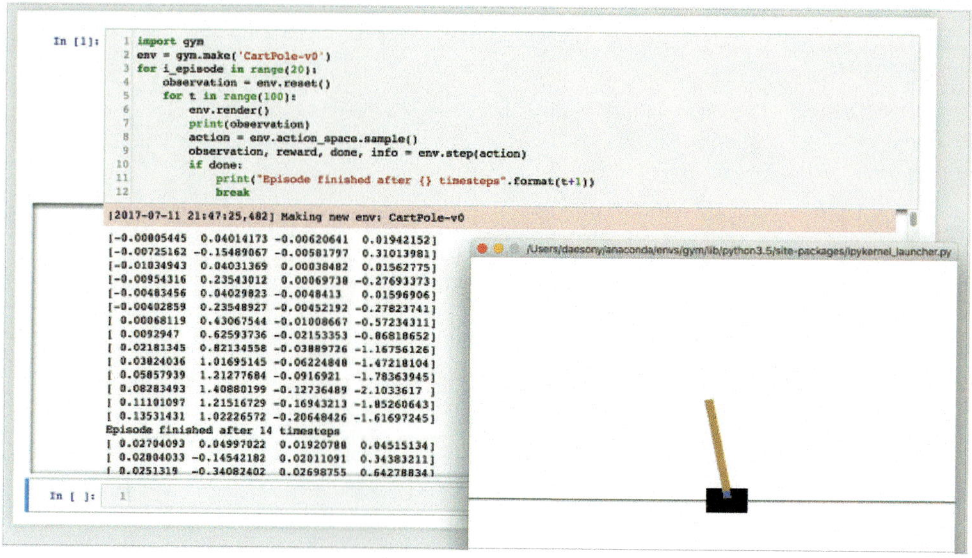

예제 프로그램에 대해서 간단하게 살펴보면, Gym에서 제공하는 CartPole-v0이라는 이름을 가지고 있는 환경을 생성한다. 이 환경은 이미 만들어 놓은 것으로서 쉽게 불러와서 환경을 구성할 수 있도록 해준다. 이 환경에서 루프를 20번 정도 돌면서 에피소드를 반복적으로 수행한다. 여기서 에피소드란 것은 한 번 어떤 행동을 취하는 것을 말한다. 여기서는 pole이 쓰러지지 않도록 중심을 잡기 위한 액션을 하게 될 것이다.

환경을 의미하는 env 객체는 reset 함수를 이용해서 초기화를 하고, observation이라는 객체를 리턴해준다. 이 객체는 환경에서 보내주는 현재 상태 값들이 저장되어 있다. 이 환경에서 주는 피드백 값들을 통해서 어떤 랜덤한 액션을 취하고 그에 대한 보상을 통해서 학습을 하도록 되어 있다. 이것이 바로 강화학습에서 핵심이 되는 학습 방법이자 학습 사이클이다.

다시 말하면, 하나의 환경 속에서 agent가 어떠한 행동을 취하고 그에 대한 피드백을 환경에서 다시 받음으로써 학습을 하게 된다. 보상이 크면 클수록 그에 대한 행동이 효과적이라고 볼 수 있고 반대의 경우에는 잘못된 행동이라고 배우게 될 것이다. 많은 경험과 시행착오를 통해서 agent는 자신이 속한 환경 속에서 최적의 행동을 찾아낼 수 있게 된다.

④ CartPole-v1 예제 분석

우리가 실행시켜볼 프로젝트는 CartPole-v1이다. 이는 손 위에 막대를 세워놓고, 막대가 쓰러지지 않도록 하는 것을 시뮬레이션해 놓은 것이다. 일단 다음 코드를 실행해 보자.

1) 환경(Environments)

아래 코드를 복사하여 실행하면 "CartPole-v1" 환경이 로드되고 기본적인 제어만 설정된다. 이 코드는 CartPole을 실행시키는 최소한의 파이썬 코드이다. 이렇게 하면 500단계마다

CartPole-v1 환경의 인스턴스가 실행되어 각 단계에서 환경이 렌더링된다. 윈도우 팝업창에서 렌더링되는 클래식 카트 폴(classic cart-pole)을 볼 수 있다.

```
import gym
import numpy as np
import random

env = gym.make('CartPole-v1')
goal_steps = 500

while True:
  obs = env.reset()
  for i in range(goal_steps):
    obs, reward, done, info = env.step(random.randrange(0, 2))
    if done: break
    env.render()
```

위 코드를 실행하면 다음과 같은 결과를 볼 수 있다.

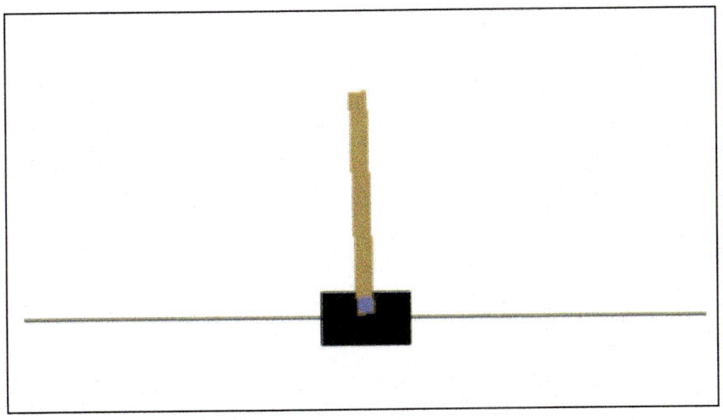

[그림 13.4] CartPole 예제

코드를 실행하면 선 위에 검정색 직사각형이 있고, 그 위에 갈색 직사각형이 있는 것을 볼 수 있다. 이 검정색 직사각형이 막대이며, 0, 1에 따라 왼쪽 오른쪽으로 움직일 수 있다. 갈색 직사각형은 막대이다. 그럼 이제부터 이 코드를 분석해 보자.

5번째 줄 : CartPole-v1이라는 Gym 환경을 만들어서 env에 저장한다. 이 Gym 환경은 예제 Gym 환경이고, 자기가 원하는 환경을 만들 수도 있다.
6번째 줄 : goal_steps는 이 환경에서 최대 몇 번까지로 동작을 제한할 것인가를 설정한다.
9번째 줄 : 현재 환경을 초기화한다.
10번째 줄 : 프레임마다 반복하게 된다. 최대 goal_steps까지로 제한했다.
11번째 줄 : random.randrange(0, 2)로 환경에서의 동작을 한다. 즉 0이나 1 중 랜덤으로 하나를 주게 된다. 이 env.step의 반환값은 obs, reward, done, info이다.

- obs(object) : 현재 상황을 의미한다. 이 프로젝트에서는 [카트 위치, 카트 속도, 막대의 각도, 끝에서의 막대의 속도]를 의미한다.
- reward(float) : 보상을 의미한다. 이 프로젝트에서는 오래 버티는 것이 목표이며, 보상은 밑에서 설명할, 막대가 떨어지지 않는 이상 한 턴을 버텼으므로 1이 주어진다.
- done(boolean) : 막대가 떨어졌는지를 의미한다. 이 프로젝트에서 막대가 떨어졌다고 말하는 조건은 막대의 각도가 12도 이상 기울었거나, 카트가 2.4칸 이상 움직인 경우(화면에서 나간 경우) 떨어졌다고 판단을 한다.
- info(dict) : 디버깅에 유용한 진단 정보이다. 때때로 학습에 유용할 수 있다(예: 환경의 마지막 상태 변경 뒤에 있는 원시 확률을 포함할 수 있음). 그러나 에이전트에 대한 공식 평가는 이를 학습에 사용할 수 없다.

12번째 줄 : 막대가 떨어졌을 경우 종료한다.
13번째 줄 : 디스플레이를 한다.

2) 학습데이터 생성

이제 만들어야 할 것은 오랜 시간을 버티는, 즉 reward의 합을 최대화하는 신경망을 코딩해야 한다. 코드는 다음과 같다.

```
def data_preparation(N, K, f, render=False):
  game_data = []
  for i in range(N):
    score = 0
    game_steps = []
    obs = env.reset()
    for step in range(goal_steps):
      if render: env.render()
      action = f(obs)
      game_steps.append((obs, action))
      obs, reward, done, info = env.step(action)
      score += reward
      if done:
        break
    game_data.append((score, game_steps))

  game_data.sort(key=lambda s:-s[0])
```

```
training_set = []
for i in range(K):
  for step in game_data[i][1]:
    if step[1] == 0:
      training_set.append((step[0], [1, 0]))
    else:
      training_set.append((step[0], [0, 1]))

print("{0}/{1}th score: {2}".format(K, N, game_data[K-1][0]))
if render:
  for i in game_data:
    print("Score: {0}".format(i[0]))

return training_set
```

이 코드는 인자로, N, K, f를 받는다. 이 인자는 다음과 같은 의미를 갖는다.

- N : Cartpole을 실행해 볼 횟수
- K : 그 중에 뽑을 데이터의 개수
- f : Cartpole을 어떤 식으로 동작시킬지 결정하는 함수

그래서 우리는 2~14번째 줄에서 N번 동안 실행해 보고 현재 상황과 그때 한 판단들을 다 저장해 놓는다. 그리고 N번 동안 실행한 것을 모두 모은 다음에 점수가 상위 K개인 것만 뽑은 후에 training set을 만들었다. training set의 구조는 관측을 담은 길이 4의 배열과, 행동을 담은 길이 2의 배열로 구성되어 있다. 이 길이 2의 배열의 뜻은 [p, q]가 p의 확률로 0, q의 확률로 1을 실행했다는 것이고, 여기서는 랜덤한 요소가 없기 때문에 [1, 0] 혹은 [0, 1]이다.

일단 처음에는 아무 정보가 없기 때문에 랜덤하게 실행해야 한다. 즉, 다음과 같이 실행하면 우리는 랜덤한 게임 중 상위 K개의 데이터를 모을 수 있을 것이다.

```
training_data = data_preparation(1000, 50, lambda s: random.randrange(0, 2))
```

실행 결과는 다음과 같은 형태일 것이다: 50/1000th score: 46.0 랜덤을 사용했기 때문에 환경마다 다르게 나올 수 있다.

3) 데이터 학습

이제 이 데이터를 학습해야 한다. 학습을 위해서는 먼저 신경망을 구축해야 한다. 우리는 input layer의 차원이 4, 첫 번째 hidden layer의 차원이 128, 두 번째 hidden layer의 차원이

52, 그 다음에는 마지막 output layer의 차원이 2인 신경망을 사용할 것이고, ReLU activator를 사용할 것이며, 마지막 hidden layer와 output layer 사이에는 softmax를 사용할 것이다.

모든 layer는 dense하게 구성되어 있다. 그리고 optimizer는 Adam을 쓸 것이다. layer와 optimizer는 일반적으로 쓰이는 구성이다. keras 패키지에 있는 모델을 그대로 사용할 것이며, 다음 build_model 함수를 이용하여 미리 만들어진 신경망을 가지고 올 수 있다.

```
from keras.models     import Sequential
from keras.layers     import Dense
from keras.optimizers import Adam
def build_model():
  model = Sequential()
  model.add(Dense(128, input_dim=4, activation='relu'))
  model.add(Dense(52, activation='relu'))
  model.add(Dense(2, activation='softmax'))
  model.compile(loss='mse', optimizer=Adam())
  return model
```

그리고 모델을 학습시키는 것은 꽤나 간단한 일이다. 차원을 바꿔준 이후에 model.fit 함수를 이용하면 된다.

```
def train_model(model, training_set):
  X = np.array([i[0] for i in training_set]).reshape(-1, 4)
  y = np.array([i[1] for i in training_set]).reshape(-1, 2)
  model.fit(X, y, epochs=10)
```

그럼 이렇게 학습시킨 모델로 환경에 따라 예측하는 방법은 model.predict 함수를 사용하면 되고, 다음과 같은 코드를 작성할 수 있다.

```
if __name__ == '__main__':
  N = 1000
  K = 50
  model = build_model()
  training_data = data_preparation(N, K, lambda s: random.randrange(0, 2))
  train_model(model, training_data)

  def predictor(s):
    return np.random.choice([0, 1], p=model.predict(s.reshape(-1, 4))[0] )

  data_preparation(100, 100, predictor, True)
```

4) self-play

이와 같이 실행하면 아예 랜덤을 쓴 경우보다는 좀 더 오래 막대기가 버티지만, 아직도 버티지 못한다. 그래서 우리는 이렇게 만든 데이터 중 다시 상위 데이터만 고르는 방식으로 성능을 개선해보려고 한다.

```
if __name__ == '__main__':
  N = 1000
  K = 50
  self_play_count = 10
  model = build_model()
  training_data = data_preparation(N, K, lambda s: random.randrange(0, 2))
  train_model(model, training_data)

  def predictor(s):
    return np.random.choice([0, 1], p=model.predict(s.reshape(-1, 4))[0] )

  for i in range(self_play_count):
    K = (N//9 + K)//2
    training_data = data_preparation(N, K, predictor)
    train_model(model, training_data)

  data_preparation(100, 100, predictor, True)
```

여기서 우리는 적당히 상위 K개를 고를 때의 K를 늘리고, 학습된 데이터로 다시 플레이를 해보며 상위 K개의 데이터를 가져오는 것을 반복한다. 이렇게 학습을 진행하면 플레이가 매우 좋은 데이터만 선정하여 다시 학습을 진행하게 되고, 마지막에는 매우 균형 맞추기를 잘하는 신경망을 볼 수 있다.

(3) Frozen Lake 예제 실습

Frozen Lake는 얼어붙은 호수 위를 가상으로 만들어 놓은 것인데, M×N의 게임판에서 상하좌우로 이동을 하면서 시작점에서 도착점까지 물에 빠지지 않고 이동하는 것을 reward 1로 계산한다. 완벽하게 얼어붙은 호수가 아니기 때문에 중간중간 성긴 얼음판(Hole)이 있고 이 지점으로 이동할 경우 물에 빠져 게임이 종료된다. 발을 내딛기 전(action을 취하기 전)까지는 그 앞이 얼음인지 구멍인지 알 수 없기 때문에 이것저것 시도해보면서 빠지지 않고 도착점에 갈 수 있도록 학습을 해야 한다.

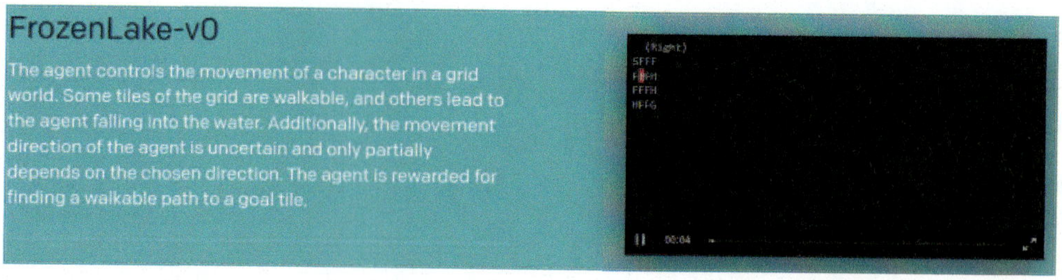

[그림 13.5] https://gym.openai.com/envs/FrozenLake-v0/

▸ **소스코드 다운로드**

https://github.com/openai/gym/blob/master/gym/envs/toy_text/frozen_lake.py

```
import gym  # OpenAI Gym을 사용하기 위해 라이브러리 import
from gym.envs.registration import register
import sys, tty, termios # 키 입력을 위한 라이브러리

# 키입력을 받기 위한 클래스
class _Getch:
  # 키값 리턴
  def __call__(self):
      fd = sys.stdin.fileno()
      old_setting = termios.tcgetattr(fd)
      try:
          tty.setraw(sys.stdin.fileno())
          ch = sys.stdin.read(1)
      finally:
          termios.tcsetattr(fd, termios.TCSADRAIN, old_setting)
      print(ch)
      return ch

inkey = _Getch()

# OpenAI Gym에서 미리 정의되어 있는 action 매핑
LEFT = 0
```

```
DOWN = 1
RIGHT = 2
UP = 3

# 키보드 키와 상하좌우 동작을 매핑
arrow_keys = {
    'w' : UP,
    's' : DOWN,
    'd' : RIGHT,
    'a' : LEFT
}
# Gym 환경설정
# https://gym.openai.com/envs/에 들어가면 다양한 환경을 살펴볼 수 있다.
# Frozen-Lake : https://gym.openai.com/envs/FrozenLake-v0/
register(
    id = 'FrozenLake-v3',
    entry_point='gym.envs.toy_text:FrozenLakeEnv',
    kwargs={
        'map_name' : '4x4', # 4x4 크기의 맵
        'is_slippery' : False # 미끄러질 가능성 없음 (나중에 다룰 것)
    }
)

env = gym.make("FrozenLake-v3")
env.render()

while True:
    # 키 값을 기다린다
    key = inkey()
    # 만약에 우리가 정의한 키 값이 아닌 경우, 게임 종료
    if key not in arrow_keys.keys():
        print("Game aborted!")
        break

    # 키값과 액션 매핑을 사용해서 상하좌우 중 어떤 행동을 취할지 리턴
    action = arrow_keys[key]
    # env.step(action) 은 결정한 행동을 실행한다는 의미이고,
    # 행동의 결과로 이동한 자리가 어딘지(state), 행동의 reward는 얼마인지(reward),
    # 게임이 끝났는지: 구멍에 빠지거나 결승점에 도착하거나 (done), 그 밖의 정보 (info)가
리턴된다.
    state, reward, done, info = env.step(action)

    # 화면에 Frozen Lake 맵과 현재 위치가 어딘지 그림을 그려줌 (Frozen Lake는 콘솔에
출력)
    env.render()
    print("state : {0}, Action : {1}, Reward : {2}, Info : {3}".format(state, action,
reward, info))
```

```
# 게임이 끝났으면 Reward를 출력
# Frozen lake는 결승점에 도착해야만 Reward 1을 받는다.
if done :
    print("Finished with reward {0}".format(reward))
    break
```

13.3 Q-Learning

Q-Learning은 Model 없이(Model-Free) 학습하는 강화학습 알고리즘이다. Q-Learning의 목표는 유한한 마르코프 결정 과정(FMDP)에서 Agent가 특정 상황에서 특정 행동을 하라는 최적의 정책을 배우는 것으로, 현재 상태로부터 시작하여 모든 연속적인 단계들을 거쳤을 때 전체 보상의 예측값을 극대화시킨다. 이것은 한 상태에서 다른 상태로의 전이가 확률적으로 일어나거나 보상이 확률적으로 주어지는 환경에서도 별다른 변형 없이 적용될 수 있다. 또한 "Q"라는 단어는 현재 상태에서 취한 행동의 보상에 대한 quality를 상징한다.

(1) Q-Learning 알고리즘(Q-Table)

아래 4×4 매트릭스를 보자. 현재 State에서 Action을 했으므로 Start에 있던 State는 S이고, 현재 State는 S+1이다. 이에 따라 Agent는 현재 State에서 Action(=Right)을 행동했으므로 그에 따른 보상(Reward)을 돌려받는다. 이런 식으로 모든 Random한 경우의 Action을 취해 State와 보상이 갱신된다.

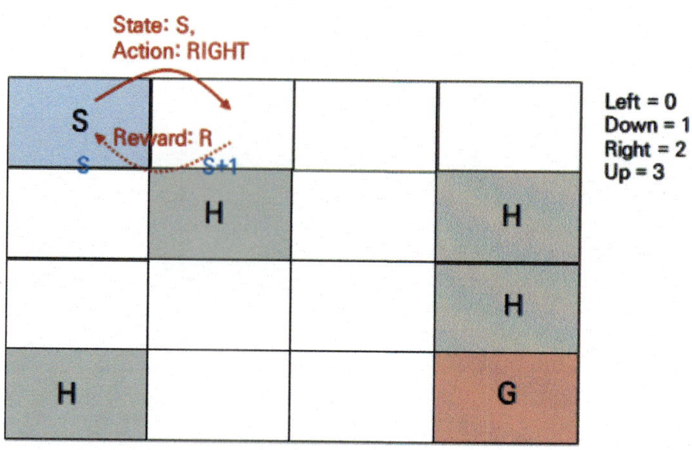

[그림 13.6] Q-table

이때 Agent의 State Sn이 Action을 취함에 따라 Sn+1, Reward들의 값은 어떻게 알아내는 것일까? 여기서 사용되는 것이 Q-Learning이다. 아래의 그림을 한번 살펴보자.

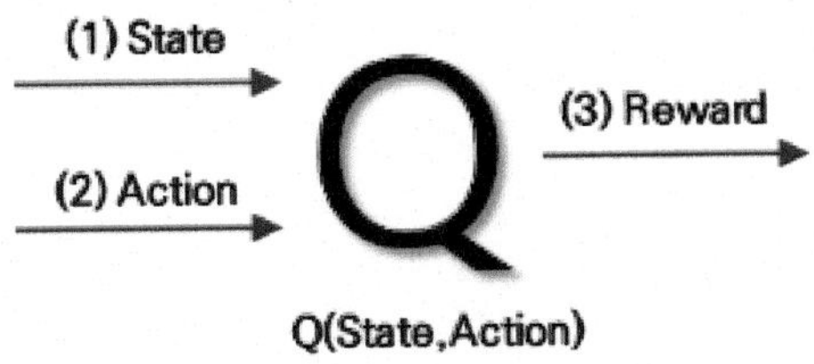

Q에게 현재의 State, Action을 전달해주면 Q함수는 전달받은 인자를 연산을 통해 Reward를 돌려준다. 예를 들면, 정책에 따라 Q함수는 다음과 같은 리워드 값을 돌려받을 수 있다.

Q (s1, LEFT): 0
Q (s1, DOWN): 0.3
Q (s1, RIGHT): 0.5 → max
Q (s1, UP): 0

Q가 최대값이 될 때 인수, 즉 여기서는 right 값이 된다. 이를 수식으로 표현하면,

$$\max_{a} Q(s1, a)$$

Q가 최대값이 되게 하는 변수 a는 무엇인가? 이 값을 argmax 값이라고 하면 다음과 같이 표시할 수 있다.

$$\text{Max Q} = \max_{a'} Q(s, a')$$

$$\text{optical policy}(\pi) = \underset{a}{\text{argmax}}\, Q(s, a)$$

Q를 어떻게 배울 수 있을까?(Q를 어떻게 학습할까?) 이 문제를 풀어보자. 내 위치는 s이고 s'로 갈 때 Q(s, a) → s'이 되며, 보상(reward) r을 받는다. r은 확보된 값, s'에서 Q값은 이미 알고 있으므로 그 다음 단계로의 업데이트 방법은 다음과 같은 식이 된다.

$$Q(s,a) \leftarrow r + \max Q(s',a')$$

16X4 테이블, 즉, 16개 상태(s0, s1, ... s15)와 4개 액션(left, right, up, down)을 표현한 테이블을 가지고 알고리즘을 운영한다. 그림에서는 보상 1로 표시된 곳에 목적지에 도달하는 경로가 된다.

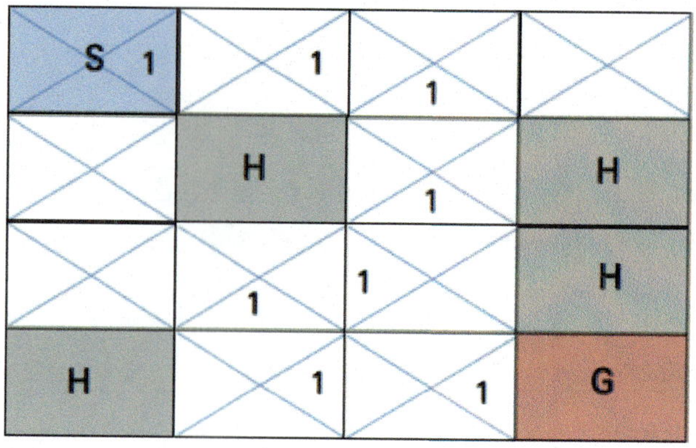

(2) Q-Learning 코드

▸ Q-Leaning 알고리즘과 파이썬 코드 작성

For each s, a initialize table entry $\hat{Q}(s,a) \leftarrow 0$

Observe current state s

Do forever:

- Select an action a and execute it
- Receive immediate reward r
- Observe the new state s'
- Update the table entry for $\hat{Q}(s,a)$ as follows:

$$\hat{Q}(s,a) \leftarrow r + \max_{a'} \hat{Q}(s',a')$$

- $s \leftarrow s'$

```python
# Initialize table with all zeros
Q = np.zeros([env.observation_space.n,env.action_space.n])
# Set learning parameters
num_episodes = 2000

# create lists to contain total rewards and steps per episode
rList = []
for i in range(num_episodes):
    # Reset environment and get first new observation
    state = env.reset()
    rAll = 0
    done = False

    # The Q-Table learning algorithm
    while not done:
        action = rargmax(Q[state, :])

        # Get new state and reward from environment
        new_state, reward, done,_ = env.step(action)

        # Update Q-Table with new knowledge using learning rate
        Q[state,action] = reward + np.max(Q[new_state,:])

        state = new_state
```

- 테이블 이름을 Q로 줌
- np.zero(16, 4) : 16개 상태와 4개 액션 array를 모두 0으로 만듦.
- 2000번 에피소드, 학습횟수

- env.reset() : 현재 스테이트 가져옴. 초기화시킴.
- 루프 무한반복 (done 변수 : 게임 종료변수, hole에 빠지거나 goal에 가면 마침)
- 액션을 하나 선택, 초기에는 Q값이 같으므로, rarmax()으로 랜덤하게 감, 액션을 하나 선택한 후 실행

- env.step(action)으로 액션을 실행시키고, env가 상태, 리워드, 게임 마침 상태를 돌려줌
- Q를 업데이트함. 현재상태에서 리워드와 다음 단계의 최대값 Q를 더하여 구함. np.max가 최대값 구함.
  (; - 모든 4개 액션에 대해)
- 현재 상태를 그 다음상태로 이동시킴

▸ Q값 갱신 과정

- s15에서 r값 1을 받아 s14에서 새로운 Q값을 계산한다. s13도 이런 방식으로 Q값을 구한다.
- s13과 s14에서 Q값 업데이트 과정

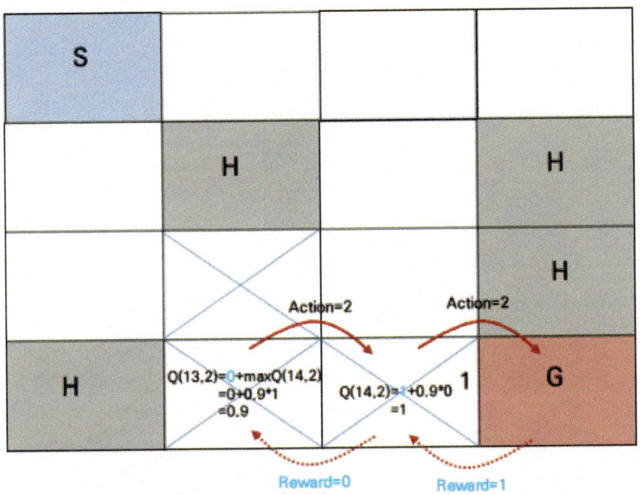

- s9에서 Q값 업데이트 과정

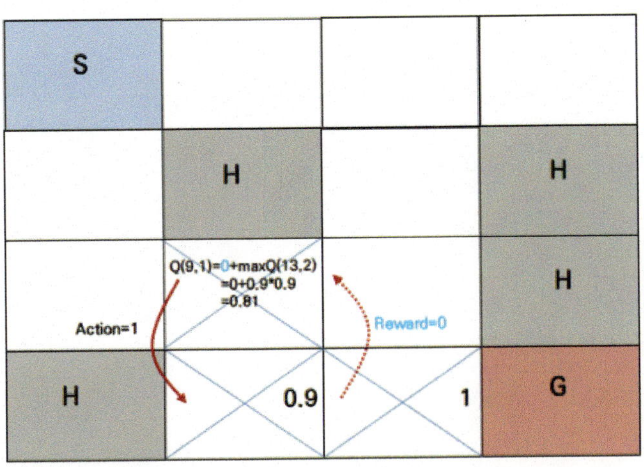

(3) Frozen Lake 예제 실습

① Frozen Lake 게임 개요

이 게임에서 우리가 할 수 있는 Action은 Up, Down, Right, Left 등 4가지 행동이 있다. 우리는 시작 지점과 목표 지점이 어디 있는지 명확히 확인할 수 있고 그에 따라 어떠한 행동(UP, DOWN, RIGHT, LEFT) 해야 하는지 알고 있다. 하지만 이 행동을 컴퓨터가 한다면 시작 지점은 어디인지, 목표 지점은 어디인지 어느 방향이 함정인지 알 방법이 없다. 직접 데이터를 구축해나가며 보상(Reward)에 따른 행동을 실시한다.

이제 강화학습을 사용하여 Frozen Lake 게임을 학습해 보자.

S : 시작 지점 / F : 안전한 구역 / H : 위험한 구역(hole) / G : 목표 지점

Agent는 S에서 시작하여 G로 가는 길을 찾아야 한다.

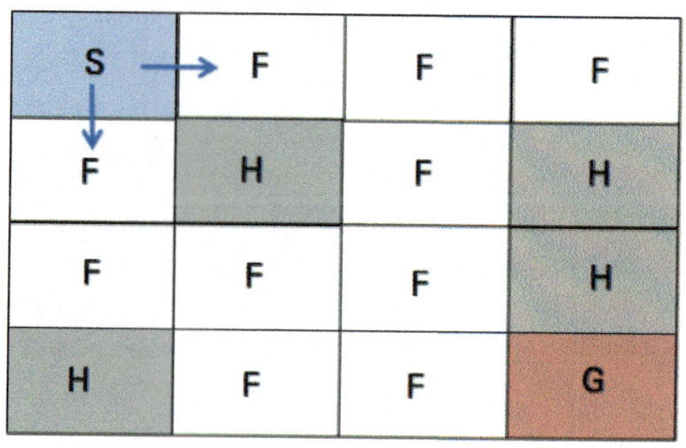

② 환경 세팅

실습에서 사용하는 환경은 Gym 패키지 환경을 설치한다. 이후에 아래와 같이 Frozen Lake 게임을 로드할 수 있다.

```
import gym
import numpy as np
import matplotlib.pyplot as plt
from gym.envs.registration import register

register(
    id='FrozenLake-v3',
    entry_point = 'gym.envs.toy_text:FrozenLakeEnv',
    kwargs={'map_name':'4x4',
            'is_slippery':False}
)

env = gym.make('FrozenLake-v3')
```

③ Q-Table 초기화 및 하이퍼 파라미터 초기화

```
# Q Table을 모두 0으로 초기화한다. : 2차원 (number of state, action space) = (16,4)
Q = np.zeros([env.observation_space.n, env.action_space.n])

# discount 정의 => 미래의 reward를 현재의 reward보다 조금 낮게 본다.
dis = 0.99

# 몇 번 시도를 할 것인가 (에피소드)
num_episodes = 2000

# 에피소드마다 총 리워드의 합을 저장하는 리스트
rList = []
```

Q-learning은 결국 Q를 배우는 것이다. Q는 주어진 state에서 어떤 action을 취할 것인가에 대한 길잡이이다. 이 문제에서 Q라는 2차원 배열에는 현재 state에서 action을 취할 때 얻을 수 있는 보상값을 저장하고 있다. 이 Q 2차원 배열에서 argmax 함수를 이용하면 어떤 action을 취할지를 얻어낼 수 있는 것이다. 이 문제에서 state는 16, action은 4이다(4×4 Frozen Lake 그리고 action은 위, 아래, 왼쪽, 오른쪽 4개).

④ Q-learning 알고리즘에서 Q를 업데이트하는 것

Q(s, a) = R + max(Q(s;, a'))로 업데이트하게 된다. R은 보상(reward)으로 게임 내부에서 지정되는 값이다. 현재 state에서의 어떤 action을 취할 때의 q값은 그 action을 통해 얻어지는 보상과 action으로 변화된 state에서 얻을 수 있는 보상의 최대 값을 더한 것이다. 즉 의미는 현재 보상과 미래에 가능한 보상의 최대치를 더하는 것이다.

이때, Q(s,a) = R + discount(γ) * max(Q(s',a'))로 미래 가능한 보상에 1 미만의 discount factor(γ)를 곱해주어(이 실습에서는 0.99) 미래 보상에 약간의 페널티를 주기도 하는데, 이런 방식을 통해 Q가 조금 더 최적의 방법으로 학습될 수 있다. 즉, 보상을 빨리 받는 쪽으로 움직이게 하는 역할을 한다. 이때 discount는 하이퍼파라미터(hyperparameter)로 여러 번 시도하면서 좋은 값을 찾을 수 있다.

⑤ Q-learning 알고리즘에서 Action을 고르는 것

강화학습에서 action을 고르는 것은 이슈 중 하나이다. 이 실습에서는 두 가지 방법을 쓰는데, 첫 번째는 Random noise 방식이고 두 번째는 E-Greedy 방식이다. Q에서 알려준 방법대로 선택하는 것을 Exploit, 새로운 길로 탐색하는 것을 Exploration이라고 부르고, 이것을 Exploit & Exploration 알고리즘이라고 한다. 둘의 공통적인 아이디어는 '무조건 Q가 시키는 대로만 가지 말고 새로운 길로도 가보자는 것'이다. 왜냐하면 Q가 시키는 것이 최적이 아닐 수 있기 때문이다.

▸ Random noise 방식

Random noise 방식이란 현재 state에서 가능한 action에 따른 Q값(총 4가지)에 random noise를 주어서 이것이 최대값이 되는 action을 action으로 선택하게 되는 방식이다. 그러면 무조건 최대 q값만 따르지 않고 가끔은 다른 action을 취하기도 한다. random noise를 (i+1)로 나누는 것은 여러 번 해보면서 어느 정도 q값이 최적치가 될 것이기 때문에 exploration을 줄이고 exploit 위주로 한다는 것이다.

```
for i in range(num_episodes) :
    state = env.reset()
    rAll = 0
    done = False

    # Q learning 알고리즘
    while not done :
        # Action 중에 가장 R(Reward)이 큰 Action을 고른다.
        # 이 때, random noise 방식으로 decaying Exploit & Exploration 구현
        action = np.argmax(Q[state, :] + np.random.randn(1, env.action_space.n)
/ (i+1))

        # 해당 Action을 했을 때 environment가 변하고, 새로운 state, reward, done
여부를 반환 받음
        new_state, reward, done, _ = env.step(action)

        # Q = R + Q
        Q[state, action] = reward + dis * np.max(Q[new_state, :])

        rAll += reward
        state = new_state

    rList.append(rAll)
```

▸ E-Greedy 방식

E-Greedy 방식은 어떠한 확률값 e를 주어서 e의 확률로 exploration한다는 것이다. 예를 들어, e = 0.99이면 99%의 확률로 exploration하고 1%의 확률로 exploit해서 새로운 길을 찾게 된다. 이 값을 (i/100)으로 나눈 것은 위 random noise 방식과 마찬가지로 여러 번 수행하면서 q값이 최적화될 것이기 때문에 exploration을 줄이면서 exploit 위주로 한다는 뜻이다.

```
for i in range(num_episodes) :
    state = env.reset()
    rAll = 0
    done = False
```

```
    # exploration의 확률 (decaying)
    e = 1./((i / 100) + 1)

    # Q learning 알고리즘
    while not done :

        # E-Greedy 알고리즘으로 action 고르기
        if np.random.rand(1) < e :
            action = env.action_space.sample()
        else :
            action = np.argmax(Q[state, :])

        # 해당 Action을 했을 때 environment가 변하고, 새로운 state, reward, done
여부를 반환 받음
        new_state, reward, done, _ = env.step(action)

        # Q = R + Q
        Q[state, action] = reward + dis * np.max(Q[new_state, :])

        rAll += reward
        state = new_state

    rList.append(rAll)
```

⑥ 최종 결과

Success rate는 Goal까지 실패하지 않고 갈 확률이다. 그래프를 보면 초반에만 실패하고 나중에는 다 성공하도록 Q가 학습되어간다는 것을 볼 수 있다.

```
print("Success rate : "+str(sum(rList) / num_episodes))
print("Final Q-Table Values")
print(Q)

plt.bar(range(len(rList)), rList, color="blue")
plt.show()
```

13.4 DQN(Deep Q-Network)

(1) DQN 개요

DQN(Deep Q-Network)은 AI의 최강자인 Google Deepmind에서 개발한 알고리즘으로, 강화학습에 Deep Learning을 적용하는 방식으로 많은 시나리오에서 자주 사용된다.

이름에서 알 수 있듯이 DQN은 state-action value Q값을 Deep Learning을 통해서 Approximate하는 방식이다. DQN이 나오기 전에는 state-action에 따른 값들을 모두 Table 형태(Q-Table)로 갱신하면서 갖고 있다가 이를 참고하여 Action을 선택하는 방식으로 정책이 구성되어 있었다. 즉, 이렇게 에피소드를 진행하면서 최종적인 누적 보상치를 최대화하도록 Q-Table을 갱신해 나가는 방식이었다.

현재 갖고 있는 Q-Table을 기반으로 정책을 정하되, Updating Policy와 Target Policy가 같으면 On-policy인 SARSA, 두 Policy가 다르면 Off-Policy인 Q-Learning이 된다. 어떤 방식이든 Table을 기반으로 하고, State-Action에 대한 모든 값을 갖고 있어야 하기 때문에 State가 많아지면 엄청나게 큰 Table을 가져야 한다.

가장 예로 많이 드는 Atari Game의 경우, State가 Color-Image이기 때문에 State가 엄청 커지고 Memory 소모도 커지며, Training에도 문제가 생긴다. DQN은 이를 보완하기 위해 Table 형태가 아니라, w라는 가중치를 갖고 있는 Deep Learning 모델로 Approximate한다.

(2) DL(Deep Learning) 적용 시 문제점과 해결방법

① Deep Learning은 Label(정답)이 있는 Data를 학습시키는데, Reinforcement Learning은 Label이 없고, 가끔 들어오는 Reward로 학습시켜야 하기 때문에 제대로 된 학습이 되기 힘들다.

② Deep Learning은 Data Sample이 i.i.d(서로 독립적)이라는 가정을 하지만, Reinforcement Learning에서는 다음 State가 현재 State과 연관성(Correlation)이 크기 때문에 이 가정이 성립하지 않는다.

이러한 문제점 때문에 단순히 Q-Table을 Deep Learning Model로 치환하는 것으로는 제대로 된 학습 효과를 보기 힘들다. 따라서 DQN을 제시한 논문에서는 Experience Replay라는 방법을 사용한다. 쉽게 말하면, '강화학습 Episode를 진행하면서 바로 DL의 Weight를 학습시키는 것이 아니라, Time-Step마다 [S(Current State), A(Action), R(Reward), S'(Next State)] Data set을 모아서 학습하자는 방법'이다.

이렇게 모은 Data를 Random하게 뽑으면 각 Data 간의 Correlation이 줄어들기 때문에 2번 문제를 해결할 수 있으며, 추가적으로 Data를 여러 번 재활용할 수 있다는 부수효과도 얻을 수 있다. 이렇게 만든 Experience-Replay Buffer는 N개의 크기를 갖고 있다가, Buffer가 꽉

차면 일부 Data를 새로운 Sample로 대체하는 방식을 갖게 된다.

쉽게 말해 DQN은 Q-러닝과 딥러닝을 합친 것으로, 앞에서 사용했던 Q-table 대신 신경망을 사용해서 그 신경망 모델이 Q 가치를 근사해낼 수 있도록 학습시키는 것이다. 그래서 이 모델은 주로 approximator(근사기) 또는 approximating function(근사 함수)라고 부르기도 한다. 모델에 대한 표현은 Q(s,a;θ)라고 하고, 여기서 θ는 신경망에서 학습할 가중치를 나타낸다.

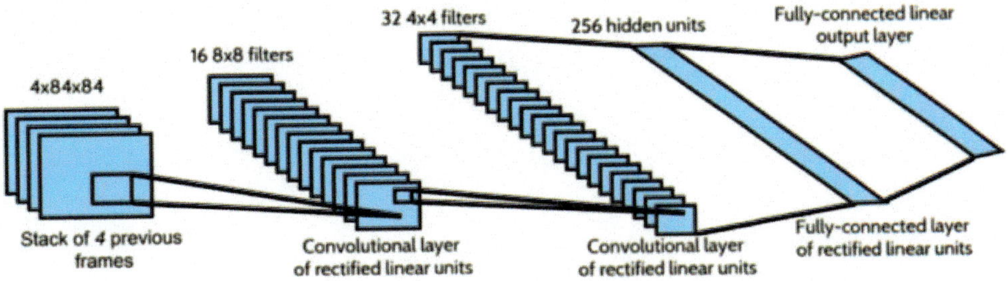

[그림 13.7] DQN 구조

저 자 약 력

박 병 섭

- 1997.2 서강대학교 컴퓨터공학과 공학박사
- 1997.4 ~ 2000.2 국방과학연구소(ADD) 선임연구원
- 2000.3 ~ 2002.8 우석대학교 컴퓨터교육과 교수
- 2002.9 ~ 현재 인하공업전문대학 컴퓨터시스템과 교수

[저서]
유비쿼터스 센서네트워크 프로그래밍 (2011)
자율드론 (2020)

저자와의
협의에 의해
인지 생략

NVIDIA Xavier NX/Jetson TX2를 기반으로
인공지능과 딥러닝 개발환경 구축 및 응용

1판 1쇄 2023년 9월 20일

저 자	박병섭 저
발행인	송광헌
발행처	복두출판사
주 소	서울특별시 영등포구 경인로82길 3-4 센터플러스 807호 (우) 07371
전 화	02-2164-2580
FAX	02-2164-2584
등 록	1993. 11. 22. 제 10-902 호

정가 : 32,000원

ISBN : 979-11-6675-415-9 93000

한국과학기술출판협회 회원사